Nikolay Ivanov Kolev

Hurrikan über dem Balkan

Geschichtsroman

Trilogie
Hurrikan über dem Balkan
Kubrat
Die Lehrer der Bulgaren

Deutsche Literaturgesellschaft

Die Deutsche Nationalbibliothek verzeichnet diese Publikation in der Deutschen Nationalbibliografie; detaillierte bibliografische Daten sind im Internet über dnb.dnb.de abrufbar. Die Schweizerische Nationalbibliothek (SNB) verzeichnet aufgenommene Bücher unter Helveticat.ch und die Österreichische Nationalbibliothek (ÖNB) unter onb.ac.at.

Unsere Bücher werden in namhaften Bibliotheken aufgenommen, darunter an den Universitätsbibliotheken Harvard, Oxford und Princeton.

Autor: Dr. Ing. habil. Nikolay Ivanov Kolev
Titel: Hurrikan über dem Balkan
ISBN: 978-3-03831-308-3
Buchsatz: Nikolay Ivanov Kolev
Lektorat: Dr. Raliza Koleva, Iva Koleva

Deutsche Literaturgesellschaft ist ein Imprint der Europäische Verlagsgesellschaften GmbH, Erscheinungsort: Zug

Sie finden uns im Internet unter: www.deutsche-literaturgesellschaft.de

Titelbild: Vasil Goranov, Knyaz Tervel vor Konstantinopel

Vorwort

Die Geschichte der thrakischen Zivilisation reicht lange vor der Ankunft der Danaer aus Ägypten auf den Balkan zurück. Die ältesten archäologischen Funde sprechen von einer Zivilisation auf dem Gebiet des Balkans vor 7 000 Jahren. Eine Reihe von Weltereignissen des Altertums wie der Trojanische Krieg, die Invasionen von Cyrus, Darius und Xerxes auf den Balkan, von Alexander dem Großen in Asien und der 270 Jahre andauernde Krieg Roms auf dem Balkan sind ein wichtiger Teil der Geschichte der thrakischen Völker. Strabo schrieb im 6. Jahrhundert v. Chr., dass die Thraker das größte Volk nach den Indern waren. Und dieses Volk ist nicht verschwunden. Ein Teil dieses Volkes wurde ein wesentlicher Bestandteil des Oströmischen Reiches und nahm aktiv am kulturellen, sozialen und politischen Leben des Reiches teil. Diese Ereignisse führten dazu, dass ein Teil der Thraker vom südlichen Balkan an die Donau und das Schwarze Meer und schließlich entlang der Flüsse, die in sie münden, verdrängt wurden. Einige von ihnen erreichten Italien, Irland, Schottland, Karthago, Gallien und das heutige Deutschland, die Ostsee, die Wolga und den Ural. Antike Schriftsteller haben über 200 Namen von Zweigen der Thraker aufgezeichnet, angefangen bei den antiken Ariern, die später Pelazger, Mysier und Thraker genannt wurden, bis hin zu Zweigen, die Geten und Goten, Ostgoten, Besigeten, Ogorien, Ugren, europäische Hunnen, Kutriguren, Utiguren, Kotragen, Waren, Bajuwaren und viele andere genannt wurden. Nach dem Tod Attilas wurden all diese Namen von den antiken Schriftstellern allmählich durch einen einzigen ersetzt, nämlich durch „Bulgaren". Der Teil von ihnen, der gezwungen war, vom Balkan auszuwandern, vergaß seine alte Heimat nicht und kehrte immer wieder mit Kriegen zurück.

Diese Trilogie präsentiert drei Fragmente der Geschichte der Bulgaren, die streng auf den Berichten der antiken Autoren basieren[1], oh-

---

[1] Българска история до XII век през погледа на старите автори, 2015, Николай Иванов Колев, ISBN 978-3-00-048101-7, Издателство ГУТА-Н, София, 860 стр. от които 101 цветни.
https://www.book.store.bg/p160783/bylgarska-istoria-do-xii-vek-prez-pogleda-na-starite-avtori-nikolaj-ivanov-kolev.html
Die bulgarische Geschichte bis zum 12. Jahrhundert aus der Sicht der alten Autoren, Nikolay Ivanov Kolev, 2017, ISBN 978-3-00-048101-7, Sofia. 930 Seiten davon 130 in Farbe.

ne die ideologischen Verzerrungen, die durch die imperialen Bestrebungen und Ideologien der „Großmächte" auferlegt wurden.

In „Hurrikan über dem Balkan" erfahren Sie mehr über die Ereignisse auf dem Balkan im 6. und 7. Jahrhundert, während der Herrschaft der Kaiser Anastasius, Justin und Justinian, den Kampf um die kirchliche Unabhängigkeit der Bulgaren und die Gründung ihrer eigenen, unabhängigen Kirche namens Justiniana Prima und viele andere Ereignisse.

Das Buch „Kubrat" lässt Sie an den Ereignissen teilhaben, die mit der Vereinigung aller Bulgaren innerhalb und außerhalb des Reiches und der Erlangung ihrer politischen Unabhängigkeit durch einen außergewöhnlichen Staatsmann - Knyaz Kubrat - zusammenhängen.

Die thrakische Kultur hat eine uralte Tradition und Schrift seit Tausenden von Jahren. Linear A und B sind eine Untermenge des bulgarischen glagolitischen Alphabets, auch Gotisch genannt, das fast bis zum heutigen Tag erhalten geblieben ist und durch die Kalligrafie des kyrillischen Alphabets ersetzt wurde. Die Kultur der Thraker hat über Orpheus und Urfilas bis hin zu den berühmten Lehrern der Bulgaren immer wieder Höhen und Tiefen erlebt. Das Buch „Die Lehrer der Bulgaren" macht Sie mit der Herkunft, dem Leben und dem Werk der herausragenden Gelehrten Kyrill und Methodius bekannt, die zusammen mit ihren Schülern das erste Massenbildungssystem für die Bulgaren und später für alle Slawen schufen.

Dr. Ing. habil. Nikolay Ivanov Kolev
1.9.2023
Herzogenaurach

https://www.book.store.bg/p265092/die-bulgarische-geschichte-bis-zum-12-jahrhundert-aus-der-sicht-der-alten-autoren-nikolay-ivanov-kolev.html
Болгарская история до XII века глазами старых авторов, Николай Иванов Колев, ISBN 978-3-00-048101-7, Издательство ГУТА-Н, София 2022, 930 стр., из них 124 в цвете.
https://www.book.store.bg/p332815/bolgarskaia-istoria-do-xii-veka-glazami-staruih-avtorov.html
Bulgarian History up to the 12th century through the view of the ancient authors, Nikolay Ivanov Kolev, ISBN 978-3-00-048101-7, GUTA-N Publishing House, Sofia, 2022, 894 pages,121 of them are in color.
https://www.book.store.bg/p335108/bulgarian-history-up-to-the-12th-century-through-the-view-of-the-ancient-authors.html

Hurrikan über dem Balkan
(Die thrakischen Imperatoren und die Bulgaren)

Inhaltsverzeichnis

Vitalian 5
Das Duell in Vederiana 11
Konstantinopel 19
Sabinian 20
Mundo 29
Upravda bei Theoderich 37
Bojidara 39
Die lange Mauer 43
Die Bischöfe 47
Der Krieg 48
Erster Marsch Vitalians nach Konstantinopel 52
Die Schlacht von Akra 55
Sozopol 63
Aufstand in Konstantinopel. Der zweite Marsch Vitalians nach
Konstantinopel 65
Der wütende Ipatius 68
Vierter Marsch nach Konstantinopel 76
Justin in Konstantinopel 81
Kaiser Justin 84
Justinian 85
Der Mord an Vitalian 90
Hunialon 92
Tsiligdes 93
Kaiser Justinian 94
Boarix 96
Mundo tritt in den Dienst von Justinian 103
Der Nika-Aufstand 104
Hagia Sophia 109
Mundo übernimmt Salona 112
Justinian zollt Boris Tribut 113
Der Tod eines großen Soldaten 120
Der Konstantinopel-Krieg 123
Der Peloponnesische Krieg 124
Justiniana Prima 125
Der Bürgerkrieg in Groß-Bulgarien 127
Sandil, Sinyon, Hunialon und Justinian 128
Zabergan 134

Slawen auf dem Balkan 144
Awaren in Alanya 146
Awaren auf dem Weg nach Mysia 150
Massive slawische Invasion in Thessalien, Peloponnes und Thrakien 155
Sirmium 158
Kuber 160

Kubrat

Das Hippodrom 169
Der Streit 176
Arianer und Griechen 186
Vertrag zwischen Freunden 195
Martina 207
Die kleinen Ziegen 212
Die Rückkehr 215
Panticapea 222
Die Ziegenhirten (Die Kozaren) 229
Sabina 233
Besuch in Konstantinopel 246
Eine unerhörte Gemeinheit 248
Der erste Schlag gegen die Awaren 252
Der Triumph des Heraclius 259
Bal Tzok 266
Der Tod von Kubrat 273
Altzek zieht nach Italien 276
Kuber 277
Asparuch 286
Krieg auf dem Weißen Meer 300
Die Epopöe der Soldaten von Mavar 306
Der Tod von Asparuch 309

Die Lehrer der Bulgaren

Das Ende des Nikephoros 311
Adrianopel 320
Leo 324

Strahota 327

Zarho 329

Abendessen in Galati 343

Morava, die Franken 353

Prowat und Burdepto 358

Der Vertrag 359

Die Smoljaner 364

Ohrid 367

Die Magnaura-Schule 377

Die Prüfung 387

Professor an der Magnaura-Schule 399

Bagdad, Jahr 851 406

Zurück zu Konstantinopel 413

Ohrid 414

Herson 422

Chasaria 441

Polychroni 454

Das neue Kloster auf dem Fluss Bregalniza 455

Der junge Clement 457

In Ohrid 460

Mähren 466

Bei Kozel 470

In Rom 484

Methodius 492

Nachwort 506

Vitalian

Im Jahr 504: Es war ein warmer und ruhiger Abend über Zaldaba[1] in der Provinz Bulgarien. Eine leichte Brise, die vom Balkan herüber wehte, kühlte die Spuren des heißen Tages. Vitalian lebte außerhalb der Festung in einem geräumigen Haus mit einem großen Garten, durch den ein kalter, nie versiegender Bach floss. Unter einer mit altem Wein bewachsenen Pergola vor dem Haus schwirrte seine ganze Familie umher. Die Kinder spielten im Brunnen mit den Wassermelonen und den gelben Melonen, die gerade zum Abkühlen herausgestellt worden waren und die Frauen eilten hin und her, um das Abendessen zuzubereiten. Es waren fast zwanzig Personen da. Als Oberbefehlshaber des thrakischen Heeres hatte Vitalian einen Palast in Konstantinopel, aber am liebsten verbrachte er seine Zeit am Fuße des Balkans, in diesem wunderbaren Klein-Skythien, reich an allen Früchten der Erde, mit seinen Verwandten, unter ihnen Bulgaren, Geten, Alanen und noch vielen anderen. Jeder war stolz auf seine Abstammung und keiner versäumte es, den anderen aufzuziehen, wenn er eine Ungeschicklichkeit zeigte. Tiudigoto, die Frau seines Bruders, ließ das Messer, mit dem sie gerade das Fleisch schnitt, aus Versehen fallen und Vitalian warf sofort ein:

„Für die Geten gilt: Gebt ihnen Spaß! Was verstehen sie von Messern? Sie wissen nicht einmal, wie sie sie halten sollen."

---

[1] Festung in der Nähe der heutigen Stadt Schumen.

Tiudigoto war nicht nur sehr stolz, sondern auch sehr gebildet und parierte:

„Gut, dass es unser Philosoph Anaharh war, der die Schmiedegebläse für euch erfunden hat, damit ihr die Messer schmieden könnt. Lies es bei Strabo nach, wenn du es nicht glaubst. Und ob wir was von Messern verstehen! Wer hat denn Valens in Adrianopel den Hals durchgeschnitten?", ertönte ihr schallendes Lachen durch die Runde.

Der Ehemann von Vitalians Schwester war ein Kutrigur[2] und konnte diese Neckerei nicht unwidersprochen lassen:

„Sieh an, sieh an! Wir haben euch zuerst von der kimmerischen Halbinsel vertrieben, aber als wir sahen, dass Kaiser Valens im Begriff war, euch von der Erde zu fegen, hatten wir Mitleid mit euch und kamen euch in Adrianopel zu Hilfe. Solch schöne Frauen kann man nicht den Griechen überlassen."

Alle lachten.

Vitalian faltete seine Hände zum Gebet und sprach das Vaterunser. Alle skandierten. Vitalian hatte einen eisernen Charakter, aber er war ein extrem gläubiger Mann. Nach dem Gebet begann das Abendessen.

Das Murmeln des Baches vermischte sich mit dem Gespräch unter dem Weinstock. Schwalben spielten mit einem Kätzchen, flogen zu seinen Pfoten und flogen wieder auf, während es versuchte, sie zu fangen. Die Kinder schauten diesem Schauspiel zu und kicherten vor Freude.

Vineh, das Kind von Vitalians Bruder, war jetzt zwölf Jahre alt und liebte es, Vitalian über viele Dinge

---

[2] Bulgaren von der nördlichen Schwarzmeerküste.

auszufragen. Auch dieses Mal setzte er sich neben ihn. Vitalian schnallte sein getisches Schwert ab und reichte es ihm. Die Augen des Kleinen leuchteten vor Stolz, als er das Schwert entgegennahm. Die Großmütter schauten still zu und freuten sich.

„Onkel, erzähl uns etwas über unseren Urgroßvater Aspar. Es heißt, er war der erste Mann im Reich... es heißt, viele dachten, er würde der nächste Kaiser sein..."

„Er war der würdigste, aber er hatte immer einen Kaiser über sich. Wir sind von den Alanen - wir bauen Städte, seitdem es die Welt gibt. Als die Kutrigur-Bulgaren im Jahre 376 gegen die Ostgoten von Hermanrich im Westen in den Krieg zogen, griffen sie uns gleichzeitig ganz unerwartet an. Der Krieg war heftig und am Ende sahen beide Stämme ein, dass er sinnlos war. Denn in der Tat ist jeder Krieg sinnlos! Ein Teil unseres Volkes ging mit den Besigeten nach Westen, andere schlossen sich den Kutrigur-Bulgaren an und unser Stamm trat in den Dienst von Byzanz. Aspar brachte es bis zum Heermeister von Thrakien, sein Sohn Patriciolus wurde Heermeister von Thrakien..."

„Sein Sohn Vitalian wurde Heermeister von Thrakien," fügten alle im Chor hinzu und brachen in Gelächter aus.

„Unser Neffe Johannes ist Militärkommandant in Konstantinopel, unser hochgeschätzter Verwandter Germanus..."

„... ist Oberbefehlshaber in Konstantinopel...", fügten sie alle im Chor hinzu und begannen wieder zu lachen.

Vineh ließ sich von der allgemeinen Freude nicht anstecken. Er schaute Vitalian verständnislos an:

„Nun, wenn es sinnlos ist, zu kämpfen, warum beschäftigt sich dann unser ganzes Geschlecht mit sinnlosen Angelegenheiten?"

Die einfallsreiche und kluge Frage des kleinen Vineh ließ alle verstummen. Vitalian machte eine lange Pause, wurde ganz ernst und hob die Schultern:

„Ich weiß nicht... nein, ich weiß nicht... Schicksal... wir hielten es für eine würdevolle Pflicht...". Seine Stimme war unsicher als er fortfuhr. „Unser Großvater Aspar erhob seinen Gutsverwalter, den Alanen Leo, zum Kaiser, nachdem Leo ihm versprochen hatte, seinen Enkel, den Sohn von Patriciolus, als Kaizer zu erheben..."

„Also dich.", lächelte Vineh.

„Ich war damals klein und verstand nichts. Aber dann wurde mir erzählt, dass Leo eines Tages den Escuviten[3] befahl, Opa und Papa zu erstechen, wenn sie das Triklinium[4] zum Mittagessen betreten."

„Warum sollte Leo seine besten Generäle und seine persönlichen Wohltäter töten?"

„Aus Eigennutz. Biza, das heutige Konstantinopel, ist schon immer eine thrakische Stadt gewesen und die Thraker waren immer die dominierende Partei, jetzt ist es die Partei der Presynes[5]. Die Thraker waren die ersten, die das Christentum annahmen, vom heiligen Paulus persönlich. Die Griechen betrieben ihre Geschäfte in den Tempeln ihrer unzähligen Götter und dachten nicht daran, zum Christentum zu konvertieren. Als der Thraker Konstantin

---

[3] Kaiserliche Wache.
[4] Ein Raum mit drei kniehohen Betten, die U-förmig angeordnet sind und zwischen denen ein Tisch steht.
[5] Die thrakische Partei.

der Große Licinius besiegte und dann alle anderen mit seinem Heer der Geten..."

„Hört, hört, jetzt kommen wir endlich zur heiligen Wahrheit. Konstantin war nichts ohne uns!", kicherte Tiudigoto und strich sich durch das goldene Haar. Ihre blauen Augen leuchteten vor Vergnügen.

Wieder lachten alle auf. Vitalian fuhr fort:

„Also machte Konstantin das Christentum zur offiziellen Religion, und zwar seiner Soldaten wegen. Die Griechen waren fassungslos. Sie erkannten plötzlich, dass sie keine Führungsrolle im Reich haben würden, wenn es so weiterging, und erhoben sich in einer Revolte gegen alle, die keine Griechen waren. Aber die Griechen machen sich die Hände mit Krieg nicht schmutzig. Sie schmieden lieber Intrigen. Sie erfanden, dass die Goten, Alanen, Gepiden, Vandalen und alle alten Thraker Arianer waren und begannen einen internen Krieg mit ihnen auf Leben und Tod."

„Onkel, und was sind Arianer?"

„Wir, die Arianer, glauben, dass es eine Zeit gab, in der Jesus ein Mensch war und dann wurde er Gott und sie dachten, dass er immer Gott war."

Vitalian bekreuzigte sich und alle folgten ihm.

„Und das nannten sie orthodoxe Religion. Aber das spielt keine Rolle. Wenn es das nicht wäre, wäre es etwas anderes. Aber damit überzeugten die Griechen die Adligen in Konstantinopel, dass ein Mann, der Arianer war, nicht Kaiser werden sollte. Leo, der übrigens auch ein Arianer war, tat so, als ob er die erfundene Geschichte der Griechen glaubte und tötete unseren Großvater und meinen Vater, allerdings aus reinem Eigennutz, um den Mann seiner

Tochter, Zenon dem Isaurier, auf den Thron zu erheben. Zunächst wurde Zenons Sohn als Kaiser ausgerufen, aber Zenon tötete ihn später und übernahm allein den Thron. Ekelhafter Mann!"

„Und gab es niemanden, der sich für die Arianer einsetzte?"

„Ja, Ostri, der Oberbefehlshaber. Er versuchte im Jahre 477, Leo zu stürzen, scheiterte aber und floh mit eurer Urgroßmutter aus Konstantinopel. Eure Urgroßmutter war eine sehr schöne und reiche Gotin, Konkubine von Aspar. Sie warf sich auf ein Pferd und ritt mit Ostri nach Thrakien."

„Aha", kicherte Tiudigoto wieder, „eine schöne und reiche Gotin also?"

„Und ist der neue Durazier[6], Anastasios[7], besser als Zenon?"

„Leider ist Anastasios ein schlaues Ungeheuer.", seine Stimme wurde hart.

Es gab eine lange Pause, in der nur die Geräusche des Tisches und des Feldes zu hören waren.

„Ich denke, wir haben schwere Zeiten vor uns, aber hoffentlich behalte ich nicht Recht."

Einer der uralten Onkel rief mit heiserer Stimme:

„Fangen sie wieder an, unsere Priester zu verfolgen, mein Sohn?"

„Wieder, Großvater, wieder! Es wird erzählt, dass Anastasius Dikor alle arianischen Bischöfe aus ihren Kirchen entfernen will. Manche sagen, er wollte auch alle Thraker in Thessaloniki ausrotten, wie es Theodosius II.

---

[6] Aus der Stadt Duracium, dem heutigen Dratsch.
[7] Oströmischer Kaiser von 11.IV.491 bis 9.VII.518.

im Jahr 413 tat. Damals tötete er 15.000 Menschen. Wenn das passiert, werde ich ihm persönlich den Kopf abreißen."

Rositsa mochte kein trauriges Gerede und erhob ihre dünne Stimme:

„Alle an den Tisch! Kommt es euch nicht in den Sinn, dass es Sadagaren unter uns gibt? Nach dem Tod von Attila brachte Candicus mit seinen Alanen sowohl Skythen als auch Sadagaren nach Kleinskythien und Niedermysien. Und die Sadagaren sind sehr gute Gärtner!"

„Ja, ja!", jubelten sie alle und ahnten, was als Nächstes kam.

„Und sie bauen die süßesten Wassermelonen und Honigmelonen der Welt an!"

„Ja, ja!", jetzt wusste jeder, dass der Nachtisch an der Reihe war.

Rositsa war von dem Stamm der Sadagaren und rief den Kindern fröhlich zu, die Wassermelonen zu holen. Die Frauen wussten, dass, wenn sie die Männer lassen würden, diese die ganze Nacht über Politik reden würden, und ohne sich abzusprechen, fingen sie zu singen an. Sie sangen mehrstimmig alte getischen und hunnischen Lieder. Die hellen Sterne am Himmel lauschten gebannt und zuckten. Ab und zu flog einer von ihnen zur Erde, um besser hören zu können.

Das Duell in Vederiana

Es war der Frühling des Jahres 503. Zu dieser Zeit war Istok aus dem Geschlecht des großen Konstantin

Knyaz[8] von Illyrien. Am Fest des Heiligen Georgs fand in Vederiana[9] außerhalb der Festung ein Volksfest statt. Bei diesem Fest versammelten sich üblicherweise die jungen Soldaten, bevor sie in den Krieg zogen, und ihre Verwandten verabschiedeten sie mit viel Essen, Trinken und Musik. Dieser Tag wurde zu einem Volksfest. Überall wurden Lämmer am Spieß gebraten und man freute sich über die schönen jungen Männer, die herangewachsen waren und das frische Gemüse, das man schon ernten konnte. Die alten Männer sagten: "Ich habe auch dieses Jahr die Zwiebel wachsen sehen, also werde ich das Jahr überleben." Die Helden des Tages waren jedoch die Soldaten, die zwei Tage zuvor aus dem Krieg mit den unabhängigen Bulgaren[10], die oft die Donau überquerten, zurückgekehrt waren. Die jüngeren Soldaten und Kinder drängten sich um sie und lauschten mit Spannung und Freude ihren Erzählungen.

Am Mittag kam Retschirad, der Sohn von Selimir und Lada, mit seinen Soldaten an. Lada war die Schwester von Istok und die Ehefrau von Selimir, einem slawischen Fürsten. Sie hatte mehrere Söhne, darunter Retschirad. Retschirad wollte unbedingt Istok treffen und begab sich auf Istoks Befehl in sein Zelt. Istok begrüßte ihn respektvoll und lud ihn an den Tisch ein. Retschirad setzte sich, probierte aus Höflichkeit die Speisen und nippte ein bisschen von dem Wein. Es lag eine unheilvolle Spannung in der Luft. Keiner fing zu sprechen an, denn beide wussten,

---

[8] Fürstlicher Titel.
[9] Heute Ruinen in Serbien, Geburtsstätte von Kaiser Justinian.
[10] Außerhalb des Oströmisches Reiches existiert in der Zeit die s.g. Groß Bulgarien, ein starker und souveräner Staat.

weswegen Retschirad gekommen war. Der 20-jährige Upravda[11] saß an der rechten Seite seines Vaters Istok. Upravda begann etwas zu sagen, aber Istok sah ihn streng und gebieterisch an. Er stand auf und sagte:

„In diesem Krieg fiel unser tapferer und viel geachteter Wojewode[12] Rasti."

Er schüttete etwas Wein aus und sagte:

„Gott bewahre sein ewiges Andenken!"

„Amen.", antworteten alle Christen.

„Er war auch unser Wojewode!", sagte Retschirad mit gequetschter Stimme.

„Trotz dieses großen Verlustes für uns und deiner Hilfe für den Feind haben wir die Bulgaren von Knyaz[13] Drag und seine Verbündeten jenseits der Donau zurückgewiesen."

Dann begann Retschirad langsam und aufgeregt:

„Knyaze[14], mein Onkel, die Bulgaren jenseits der Donau sind weder deine noch meine Feinde. Dieser sinnlose Krieg scheint kein Ende zu haben. Erinnere dich, wie unsere Vorfahren in Attilas Armee Seite an Seite die Welt beherrschten und jetzt gehorchen sie dem Hund Anastasios, der sogar gegen unsere Religion ist."

Seine Unterlippe bebte vor Wut und er fügte hinzu:

„Anastasios sucht nur nach dem richtigen Zeitpunkt, um unsere Bischöfe zu töten und dann unsere Länder zu unterwerfen. Ihr habt euch Anastasios zu Füßen geworfen!"

---

[11] Der zukünftige Kaiser Justinian.
[12] Kriegsherr.
[13] Fürst.
[14] Knjaze ist der Vokativ von Knjaz (Fürst).

Dies war eine schreckliche Beleidigung für die Nachfolger Konstantins des Großen und sie alle zuckten zusammen. Der junge Upravda sprang augenblicklich auf. Sein Schwert zischte bösartig beim Zug aus der Scheide. Istok sprang ebenfalls auf und legte seine Hände auf seine Schultern, sah ihm tief in die Augen und sagte:

„Ganz ruhig, mein Sohn, ganz ruhig!"

Dann wandte er sich an Retschirad, der ebenfalls mit einem nackten Schwert in der Hand stand, und sagte langsam, aber mit absoluter Entschlossenheit zu ihm:

„Auch wenn du der Sprössling meiner Schwester bist, weißt du, dass wir für diese Beleidigung Vergeltung wollen. Aber wenn wir hier eine Schlacht beginnen, werden auch die Armeen draußen gegeneinander kämpfen. Nicht nur Soldaten werden dann getötet, sondern auch viele, die zum Fest gekommen sind."

„So ist es!", zischte Retschirad, „Und?"

Upravda konnte sich nicht mehr zurückhalten und schrie:

„Lasst uns diesen Streit so austragen, wie es die Alten taten - Kriegsherr gegen Kriegsherr, wobei wir unseren Soldaten vorher schwören lassen, dass, egal wie das Duell ausgeht, die beiden Armeen sich in Frieden zurückziehen werden."

Bevor Istok wieder zu Atem kommen konnte, zischte Retschirad erneut:

„So soll es sein!"

Die Sorge des Vaters um das Leben seines Sohnes wütete in der Seele von Istok. Außerdem schmerzte ihn die Tatsache, dass, wer auch immer gewonnen haben wird, die Trauer über den Verlust eines Verwandten in der Familie bliebe. Aber sie waren ein stolzes Geschlecht und der Stolz und die Ehre von Herrschern standen über allem. Dieses Gefühl überwog bei Istok: "Upravda wird sich früher oder später seinen Widersachern stellen müssen und ich werde nicht immer an seiner Seite sein."

„So soll es sein!", sagte auch Istok nach einer langen Pause.

Die Herolde riefen die Wojewoden beider Seiten. Als sie alle versammelt waren und ihnen die Bedingungen des Duells erklärt wurden, schworen sie alle, dass sie sich unabhängig vom Ausgang des Kampfes an die Abmachung halten würden. Das Gefolge von Upravda brachte sofort Pferde und Waffen zur Auswahl mit. Upravda überprüfte persönlich, dass die Sattelgurte an einer jungen und kräftigen Stute gut angezogen waren, kontrollierte den Sattel, wickelte das Arkanum[15] neu auf und legte es an, nahm eine lange und eine kurze Lanze mit einem langen Lederriemen und band ein Ende an den Sattel, zog seine Stiefel aus, wickelte seine Partenki[16] sorgfältig um seine Füße und zog die Stiefel neu an. Dann legte er sein Festgewand ab und zog ein dickes Baumwollgewand mit einem dicken Kragen an, über das er ein schuppiges Panzerhemd legte. Außerdem warf er einen mittelgroßen Schild über seinen Rücken. Dann zog er einen dicken, weichen Hut an und darüber einen Stahlhelm, aber mit der alten Form der Besen[17].

---

[15] Lasso oder Seil, um Pferde oder andere Tiere zu fangen, sehr beliebt bei den Bulgaren als Kriegswaffe.

[16] Quadratisches Baumwolltuch, anstatt Strümpfen.

[17] Die Besen waren ein hoch entwickeltes thrakisches Volk, von dem die Ostrogoten (im Westen fälschlicherweise Ostgoten genannt) und die Besigeten (im Westen fälschlicherweise Westgoten genannt) stammen.

Retschirads Bewaffnung war die gleiche, aber er benutzte kein Arkanum und sein Schwert war länger.

Die jungen Soldaten und alle Jungen würden ihr ganzes Leben lang über diesen Kampf sprechen. Retschirad war ein sehr erfahrener Kriegsherr, der schon viele harte Kämpfe und Schlachten überlebt hatte. Es tat ihm ein wenig leid, einen 20-jährigen unerfahrenen Soldaten und Cousin, der mit den Entscheidungen seines Vaters nichts zu tun hatte, zu töten, aber er war zuversichtlich, dass es im Falle seines Sieges eine Chance für die Slawen, die Bulgaren Groß Bulgariens und die bulgarischen Foederaten südlich der Donau gab, sich zu vereinen.

Als sich das Volk von der Arena des Zweikampfes entfernte, ritten die Männer zunächst voneinander weg, drehten dann ihre Pferde um und spornten sie aufeinander zu. Retschirad hob seinen langen Speer in die eine Hand und bedeckte mit der anderen seinen Körper mit seinem Schild. Die Bulgaren bemerkten mit Schrecken, dass Upravda seinen Schild über den Rücken geschlungen hielt und nicht die Absicht zu haben schien, ihn zu benutzen. Als sie einen Steinwurf voneinander entfernt waren, legte Upravda den Speer geschickt in seine linke Hand und ritt links an dem heranstürmenden Retschirad vorbei. Ein spontaner Schrei löste sich beim Volk und schallte über den Himmel. Die Speere der beiden flogen in die Luft. Upravda war bereits auf die andere Seite seines Pferdes gesprungen, hielt sich am Steigbügel fest und warf sich zurück auf das Pferd, als Retschirads Speer in den Boden stach. Das passierte in Sekundenschnelle. Mit großer Anstrengung gelang es Retschirad, den unbequemen Schlag von Upravda zu parieren, aber der Speer verwundete sein

Pferd in der Flanke. Es folgte ein neuer, hektischer Auf-
schrei des Volkes.

Im nächsten Galopp aufeinander hielten beide kurze
Speere in den Händen. Als sie näherkamen schleuderte
Upravda den Speer ziellos zur Seite und schwang mit großer Gewandtheit das Arkanum. Retschirad hob seinen
Schild und Speer über seinen Kopf als Hindernis für die
Seilschlinge, aber etwas ganz Unerwartetes geschah: Upravda warf die Seilschlinge direkt vor die Füße von
Retschirads galoppierendem Pferd und zog gerade noch
rechtzeitig am Arkanum. Ein Bein des Pferdes verfing sich
in der Schlinge und das nun verwundete Pferd brach zusammen, so dass es nicht mehr aufstehen konnte. Wieder
schallte ein verzweifelter Schrei über das Feld. Upravda
löste die Schlaufe des Arkanums von seinem Sattel, zog
scharf am Riemen, an dem der kurze Speer gebunden war,
den die Stute noch mitschleifte, und er flog hoch über seinen Kopf. Als er ihn geschickt fing, jubelten ihm die Leute
wieder zu. Retschirad erkannte im letzten Moment, was
geschah, und schaffte es, unverletzt wegzuspringen, bevor
sein Pferd ihn zerquetschen würde.

Beim dritten Ritt hielt Upravda seinen Sieg für gesi-
chert und warf ohne große Vorbereitung den kurzen Speer.
Sofort legte sich Retschirad auf den Boden, warf seinen
Schild beiseite und packte den gefallenen Speer an seinem
Riemen, den er mit einem kräftigen Stoß zu sich heranzog.
Upravda stürzte von seinem Pferd. Ein großer Schrei er-
tönte, diesmal von den Leuten von Retschirad.

Upravda und Retschirad maßen ihre Kräfte nun auf
dem Boden. Upravda spürte, dass sein Gegner ihn mit seinem Schwert an Geschicklichkeit übertraf. Retschirad

wendete unerwartete Kunstgriffe an. Bald zitterten beide vor Erschöpfung. Das Klirren des Stahls durchschnitt ihr lautes Keuchen. Und dann überraschte Upravda Retschirad. Gerade als Retschirad wieder angreifen wollte, warf sich Upravda auf den Boden und schnitt aus einer geschickten Bewegung heraus mit seinem Schild Retschirads Sehnen in der Kniekehle durch. Retschirad fiel auf dem Boden, schaffte es aber Upravda aus der Bewegung eine tiefe Wunde in die Seite zuzufügen. Mit letzter Kraft stand Upravda auf und schlitzte dem stöhnenden Retschirad die Kehle auf. Beide brachen in einer Blutlache zusammen.

Das Blut der beiden Cousins, der eine ein slawischer Bulgare, der andere ein Bulgare, hatte sich bereits im ewigen Frieden vermischt.

Soldaten kamen von beiden Seiten mit Bahren und trugen Upravda und Retschirad zu ihren Zelten. Upravda war am Leben! Seine Wunde war sehr gefährlich. Noch während die Ärzte sie zunähten, diktierte Istok einen Brief an Kaiser Anastasios, in dem er diesen bat, ihm die besten Ärzte zur Verfügung zu stellen. Er beschrieb, was geschehen war und dass nun Frieden mit dem Heer von Retschirad herrsche. Zudem erinnerte er ihn daran, wie er dank ihm Kaiser geworden war und wie, ebenfalls dank ihm, die größten Feinde des Anastasios beseitigt worden waren – Upravda hatten den Aufstand der Isaurier[18] des toten Zeno niedergeschlagen. Vorher hatte Anastasios den Besitz von Zeno konfisziert, Zenos Bruder verhaftet und deportiert und selbst die Brotrationen der isaurischen Soldaten gekürzt.

---

[18] Anwohner von Syrien.

Während das Fest weiterging, wurde eine Karawane aus Wagen und ausgeruhten Pferden gebildet, die in der Abenddämmerung über die Via Egnatia[19] in Richtung Konstantinopel aufbrach. In einem Wagen, auf frisch gemähtem Gras, stöhnte Upravda. Im selben Wagen saß sein Lehrer und Mentor Bogomil.

Die Truppen von Retschirad trugen ihre Wojewoden auf dem Schild und zogen sich trauernd zurück. Die Feier dauerte in wilder Aufregung bis spät in die Nacht.

Konstantinopel

In Konstantinopel wurde Upravda von den besten Ärzten der Welt behandelt. Die Ärzte scherzten, dass bei einem so jungen Rennpferd wie Upravda die Wunden schnell heilten. Und es war tatsächlich so. Als er begann, zum Hippodrom zu gehen und zu üben, lud Anastasios ihn in den Palast ein und schenkte ihm zur Belohnung ein goldenes Schwert mit einer Inschrift. Istok schickte er einen vergoldeten Streitwagen und jedem seiner Soldaten gab er jeweils ein Viertel eines Jahreslohns. Upravda gefiel Anastasios und er begann, ihn zu allen Spielen und Festen mitzunehmen. Sie besuchten auch regelmäßig die Bordelle für Adlige in Konstantinopel.

Upravda war diese Art von Leben nicht gewohnt, aber er konnte nicht sagen, dass er es nicht mochte. Er begann außerdem, mit Anastasios Gottesdienste der Verehrer der Einheit[20], zu denen auch Anastasios gehörte, zu

---

[19] Der römische Weg, der die Adriaküste mit Konstantinopel verbindet.
[20] Sie glauben, dass Jesus immer Gott war und nicht erst Mensch und dann Gott.

besuchen. Dies war nicht der Glaube seiner Vorväter, die
Arianer waren. Dies beunruhigte seinen Mentor Bogomil.
Eines Tages bat Bogomil ihn, einen Spaziergang außerhalb
des Palastes zu machen, wo die Palastspione sie nicht be-
lauschen konnten und sagte zu ihm:

„Sohn, merkst du nicht, was Anastasios aus dir machen will? Du stammst aus dem erlauchtesten Geschlecht,
aus der Linie Konstantins des Großen, du bist fähig und
erfreust dich nach deinem Sieg über Retschirad bereits großer Beliebtheit, du bist ein potenzieller Anwärter auf den
Thron des Reiches. Das weiß er ganz genau. Und wie kann
er am elegantesten einen 20-jährigen Jugendlichen von der
höchsten Macht entfernen, ohne sich der Sünde eines Mor-
des schuldig zu machen? Ganz einfach - indem er ihn mit
Luxus verweichlicht und korrumpiert, indem man ihm die
Würde nimmt! Und obendrein will er dich von der Religion deines Volkes wegreißen."

„Was würden Sie mir raten, Vater?"

„Wir kehren nach Vederiana zurück. Dort braut sich
gerade ein großer Krieg zusammen, du wirst also genug
Arbeit haben."

Upravda reiste kurz danach aus Konstantinopel ab.
Für Anastasios war das willkommen - ein Rivale weniger
in Konstantinopel.

Sabinian

Später Frühling im Jahr 505: Zum Leidwesen seiner
Leibwächter war Konsul Sabinian meist früh auf den Beinen. Und dieser Morgen war keine Ausnahme. Er streckte

sich, lief zum Fluss und warf sich nackt in das Wasser der bulgarischen Morava[21]. Der Fluss war still und kalt. Sabinians Atem wurde schwächer, aber er erholte sich wieder. Er schwamm zum anderen Ende des Flusses und kam zurück. Seine Leibwächter wussten, wie sein Tag beginnt und standen mit einem großen, weichen Baumwollhandtuch am Ufer. Während er sich abtrocknete, schnaubte Sabinian vor Aufregung wie ein Pferd. Seine gebräunte Haut glitzerte und seine Muskeln zuckten, als stünde ihm ein Sportereignis bevor. Er betrat das Zelt und zog sich schnell saubere Unterwäsche, Hose und Stiefel an. Er wickelte einen engen Pojas[22] um seine Taille. Das Leben eines Reiters war kein leichtes und mit der Zeit wurde der Pojas obligatorisch, um die Lenden im Winter und Sommer möglichst bis ins hohe Alter schmerzfrei zu halten. Dann zog er einen weichen, mit Baumwolle gestopften Mantel mit einem weichen, dicken Kragen an, über den ein sarmatisches Schuppenpanzerhemd kam. Er mochte die massiven Stahlpanzer nicht. Sie schränkten seine Handlungsfähigkeit ein. Er war das Schuppenpanzerhemd aus seiner Jugendzeit gewohnt und nahm es gar nicht wahr. Er warf sich die Riemen seiner Schwertscheide über den Kopf und hängte sein peonisches Schwert auf. Dieses Schwert hatte seinem Vater, dem berühmten Sabinian Magnus, gedient, der Theoderich von den Grenzen des Balkans vertrieben hatte. Jedes Mal, wenn er es in die Hand nahm, wurde seine Seele von Trauer und Wut erfüllt. Auf Zenons Befehl vertrieb sein Vater Theoderich, was keinem der römischen Feldherren vergönnt war. Wenn sein Vater Siege

---

[21] Heute Fluss in Serbien, Zufluss zur Donau.
[22] Stofftuch mit Breite ca. 15 cm und Länge 2-3 m.

errang, nahm er den Goten Theoderichs einfach den Proviant und die Waffen weg und ließ sie ziehen, weil er sich ihnen sehr nahe fühlte. Zenon jedoch wollte, dass die Goten getötet wurden, und war der Meinung, dass Sabinian Magnus Verrat beging, indem er seine Befehle nicht ausführte. "Dieser dreckige, haarige, kleinliche, ekelhafte Isaurier.", dachte Sabinian. Sein Vater hingegen war bei allen Senatoren beliebt, weil er darauf bestand, dass die Gesetze befolgt wurden. Aber es war jetzt keine Zeit, darüber nachzudenken. Heute würde ein harter Tag werden. Er musste gegen die von Mundo[23] angeführte Bulgaren kämpfen und diese waren keineswegs schlechtere Soldaten als seine Bulgaren. So etwas war noch nie zuvor passiert.

Er hatte die Pferde auf einer Halbinsel stationiert, die durch den Fluss entstanden war, und mit den Wagen, die mit Waffen und Vorräten beladen waren, die Halbinsel geschlossen. Er hatte 10.000 Bulgaren aus Nisus, Vederiana, Voden, Larissa, Ohrid, Pautalija, Bitolja und Stip mobilisiert. Er ließ die Hilfstruppen in der Festung Horeum Margi[24] auf der anderen Seite des Flusses zurück. Die Bulgaren nannten die Festung "Mährische Kornkammer".

Bald versammelten sich Istok[25] von Vederiana[26], der auch Hilwud genannt wurde, und sein Verwandter Justin[27] vor seinem Zelt. Beide waren starke und sehr erfahrene

---

[23] Herrscher der unabhängigen Bulgaren an der mittleren Donau, einer der Enkel Attilas, später Oberbefehlshaber der Truppen Theoderichs des Großen in Italien und nach Theoderichs Tod Oberbefehlshaber von Justinian.

[24] Im Mittelalter wurde die Stadt Rabnel oder Rabinel genannt, was auf Bulgarisch Ravno bedeutet. Heute ist es die Stadt Kyupriya oder Cupriya in Serbien, mit etwa 20 Tausend Einwohnern.

[25] Vater des Upravda, des späteren Kaisers Justinian.

[26] Heute Caricin Stadt in Serbien 45 km südlich von Nis.

[27] Der zukünftige Kaiser Justin I.

Feldherren und große Verfechter des Glaubens der Thraker und Illyrer. Sie waren von der Partei der Veneti[28]. Justin war mittelgroß, breitschultrig mit breiter Brust, mit gerader Nase in einem runden und gutaussehenden Gesicht, kahl werdend, mit ergrauendem, lockigem und dichtem Haar und Bart. Sein Gesicht, streng und breit, war gerötet. Istok und seine Vorfahren waren unglaubliche Teufel! Sie hatten ihren Status und ihre Macht aus der frühen Antike behalten, egal wie oft die Herrscher des Balkans wechselten. Istok stammte aus dem Volk und dem Geschlecht des Heiligen Konstantin des Großen ab.

Bei Justin und Istok stand ein gutaussehender junger Mann von 23 Jahren mit sehr kräftigem Körperbau und unglaublich wachen Augen. Sabinian sah, dass er wahrscheinlich mit einem der beiden verwandt war und beschloss, einen Scherz zu machen. Er nahm mit beiden Händen zwei Äpfel vom Tisch vor dem Zelt und warf dem jungen Mann mit der linken Hand freundlich lächelnd einen zu. Im selben Moment schleuderte er mit ungeheurer Wucht den anderen Apfel direkt auf sein Herz zu. Der Jüngling wirbelte im Nu herum, so dass der geschleuderte Apfel gegen den über seinen Rücken gebundenen Schild prallte. Gleichzeitig fing er den langsamen Apfel mit einer Hand auf und biss lächelnd in ihn hinein. Justin schnaubte vor Lachen. Istok grinste innerlich, zeigte aber nicht, dass er den Vorfall bemerkt hatte. „Das ist mein Sohn, Knyaze.", sagte Istok. Sabinian war sichtlich erfreut.

„Wie ist dein Name, junger Mann?"

---

[28] Dies ist der Name der slawischen Völker von Triest bis zum Baltikum. Die Partei der Venetier in Konstantinopel, die ursprünglich die thrakischen Athleten im Hippodrom unterstützte, wurde mit der Zeit zu einer politischen Kraft.

„Upravda[29], Knyaze[30]."

„Ah, das ist also der Held des bulgarischen Flusses Morava, von dem alle reden! Schon gut, schon gut, mein gerechter Upravda[31]! Möge die Gerechtigkeit heute auf unserer Seite sein und möge Gott dir die Fähigkeiten geben, diesen Tag zu überstehen. Mögen deine Reflexe dich vor meinesgleichen schützen. Du hast einen guten Start in den Tag erwischt."

Zu dieser Zeit kamen die anderen Feldherren. Es gab Frühstück: große Stücke kaltes gekochtes Rindfleisch, Weißbrot und Zwiebeln. Einige tranken Wasser, andere gekochte Milch. Die Späher kamen auch und berichteten, was in der Nacht in Mundos Lager geschehen war.

„Ihr wisst, Wojewoden, dass nach dem Tod Attilas jene Bulgaren seines Heeres, die den Balkan besetzt hatten, beschlossen, sich mit dem Kaiser zu versöhnen und ihm als Foederaten zu dienen, während die anderen, jenseits des Hemus[32] und der Donau, von Pannonien, Sirmium bis zum Kaukasus, beschlossen, unabhängig von den Römern zu leben, so wie sie immer gelebt hatten. Mundo, der Sohn von Gesma, war der Enkel von Attila. Seine Mutter war eine Gepidin und sein Vater ein Bulgare. Nach dem Tod von Attila übernahmen die Gepiden die Regierung von Pannonien und Sirmium[33]. Der Onkel von Mundo, Traustila, regierte in Sirmium. Als Theoderich sein Volk von Balkan nach Italien führte, stellte sich Traustila ihm in den

---

[29] Der zukünftige Kaiser Justinian. Justinian ist die lateinische Übersetzung von Upravda, der Gerechte.

[30] Vokativ für Knjaz (Fürst).

[31] Der Name bedeutet auf Bulgarisch „der Gerechte".

[32] Balkan Gebirge.

[33] Heute Sremska Mitrovica in Serbien.

Weg, um ihm zu zeigen, dass er nicht zwischen der Drau, der Save und der Donau bleiben konnte - dies war bulgarisches und gepidisches Land. In der Schlacht von 488 wurde Traustila getötet. Theoderich entführte Traustilas und Gesmas Mutter nach Ravenna und ließ ihrem Enkel Mundo ausrichten, dass er sie töten würde, wenn Mundo gegen ihn in den Krieg ziehen würde."

Zu dieser Zeit kam ein Wächter, sagte etwas zu Sabinian, erhielt einen Befehl und verschwand. Sabinian fuhr fort:

„Als er vom Tod Traustilas erfuhr, der damals unser Freund war, griff mein Vater ein und wies die Geten erneut in die Julianischen Alpen zurück. In diesem Krieg kam auch unser Herrscher Buzan ums Leben, für den sich unser Volk sehr rächen wollte. Buzans Nachfolger wurde Drag. Im Jahre 495, als Symmachus[34] Papst war, herrschte unser Volk von Thrakien bis zum alten und neuen Epirus, über ganz Thessalien und Dardanien, das wir den Bezirk von Skopje nennen, und kontrollierten praktisch das ganze Illyricum, ohne dass die Römer es wagten, die Garnisonen zu verlassen. Dann zog der große Komet vorbei. Seitdem hat sich die gotische Bevölkerung nur noch nördlich des Balkans und entlang der Adria aufgehalten. Die gesamte Kriegsbeute wurde über die Donau gebracht, da Irnik, Knyaz von Gottes Gnaden, Mittel für den Krieg jenseits des Kaukasus benötigte. Dies dauerte bis 499. Als Johan Gibb 499 Konsul wurde, ernannte er ausgerechnet den Griechen Aristus zum Kommandanten der illyrischen Armee. Aber Illyricum war bulgarisch! Aristus marschierte

---

[34] 498-514.

mit 15.000 Soldaten und 520 mit Waffen beladenen Wagen von Thrakien aus gegen uns auf das karamysische[35] Feld. Sein Ziel war es, uns ein für alle Mal aus Thrakien und dann aus dem Illyricum zu vertreiben. Wir sahen durch unsere Späher, dass dieser Narr so viele Menschen und Wagen durch die enge Schlucht des Flusses Tscherna[36] fahren wollte. Wir bereiteten ihm einen höflichen Empfang und wie bei einem Übungsschießen, ohne jede Gefahr für uns selbst, schossen wir den ganzen Tag von den Rändern der Klippen über dem Fluss. Dort haben wir mehr als 4.000 Soldaten der Oströmern getötet. Auf ihrer Flucht stürzten viele in den tiefen Abgrund zum Fluss und kamen um. Ihre Anführer Nicostrat, Innocentus, Tancus und Aquilinus kamen ebenfalls um. Nach dieser Schlacht wurde das westmysische Feld das Bitolia[37]-Feld genannt und alle Gebiete Europas wurden für uns geöffnet und wir herrschten fortan unbehelligt auf der gesamten Balkanhalbinsel."

Wieder kam ein anderer Späher, sagte etwas zu ihm, bekam einen Befehl und verschwand. Sabinian fuhr fort:

„In den Jahren 501-502 griffen die Sarazenen erneut Phönizien und Syrien an und die Isaurier setzten ihren Aufstand gegen Anastasios fort. Die Perser hatten mit Hilfe unserer Kutriguren Amida[38] am Tigris belagert. Anastasios[39] schickte ein Heer zu Hilfe von Amida, angeführt von Justin, Vitalian, dem Sohn des Patriciolus, und die Goten Godidescus und Besas, beide äußerst tapfer und kriegserfahren. Sie gehörten zu jenen Goten, die "kleine Goten"

---

[35] kara = Westen, Karamysien ist Westmysien heute das Gebiet um Bitolia.
[36] Fluss Tscherna, rechter Nebenfluss des Vardar.
[37] Heute Stadt in Nord Macedonia.
[38] Heute Diyarbakir.
[39] 11.IV.491-9.VII.518

genannt wurden und die nicht mit Theoderich nach Italien ausgewandert waren, sondern an dem Fluss Jantra[40] bis nach Tomis blieben. Dafür schickte uns Irnik[41], Knyaz von Gottesgnade, eine Nachricht und befahl uns, in Europa einen Krieg mit Byzanz zu beginnen. Im Jahre 502 nutzte unser Volk dies aus und verließ, angeführt von Knyaz Drag, das Illyricum wieder und drang in Thrakien ein. Da Anastasios kein Heer in Europa hatte, nutzte er sein Gold, um Drag zu "überreden", über die Donau zurückzukehren und die Franken anzugreifen, die seit Attilas Tod entlang der Donau vorrückten. So wurde Anastasios ein Steuerzahler von Drag. Dies war eine willkommene Entwicklung für Drag. Er ging die Via Diagonalis[42] hinunter und machte sich donauaufwärts auf den Weg, um die Franken zu vertreiben und die Donau für ein unabhängiges Bulgarien zurückzuerobern. Danach stellte er die bulgarische Kontrolle bis zu den Karpaten wieder her."

Die drei Pferde von Sabinian wurden hereingebracht und für den Tag vorbereitet. Sabinian überprüfte, ob ihre Geschirre richtig unter ihren Bäuchen befestigt waren und ob die Zügel sie nicht verletzen, nickte zustimmend, tätschelte ihre Hälse und fuhr fort:

„Nach Traustilas Tod trat sein Sohn Treserich seine Nachfolge an. Er war bis vor wenigen Tagen König von Sirmium, aber er verließ es aus Angst vor unserer Armee und floh zu Gunderit, dem Herrscher der Gepiden in Unterpannonien. Mundos Onkel, Boyan, ist immer noch in

---

[40] Fluss im Nord Bulgarien.
[41] Der jüngste Sohn von Attila. Er sollte nach der Überlieferung von Priscus, Attilas Geschlecht weiterführen, und so ist es passiert. In der Namensbuch der bulgarischen Herrscher, verfasst in den 8. Jahrhundert ist er eingetragen.
[42] Antike Straßenverbindung auf dem Balkan zwischen Konstantinopel-Sofia-Nisus.

Sirmium. Mundo und ich hatten vereinbart, dass er auf der anderen Seite der Donau lebt, aber er nahm mehrere Festungen auf dieser Seite in Besitz, darunter auch Hertha an der Donau, und hat seitdem Ländereien, die ihm nicht gehören. Als sie sich dort niederließen beschlossen die Gepiden, einen Bischof aus Rom auf den Stuhl des heiligen Andronikos zu berufen, der der erste Bischof in Sirmium war. Dies wiederum erzürnte Anastasios. Anastasios Ziel war es natürlich, uns beide durch zermürbende Kriege zu schwächen. Ein dreckiger Hund mit zwei verschiedenen Augenfarben! Ich habe mich vor einigen Tagen mit Mundo getroffen, um diese Schlacht zu verhindern, aber er wies darauf hin, dass er der rechtmäßige Erbe von Attila sei und weiterhin über Sirmium und die umliegenden Länder herrschen und den Tribut erhalten möchte, der den Gepiden gegeben wurde. Wir stehen aber immer noch in den Diensten des Anastasios als Foederaten[43] und müssen nun seine Interessen wahren. Alle Kampffertigkeiten, die ihr habt, hat auch Mundos Armee. Wir sind 10.000 und Mundo hat etwa 7.000, aber das bedeutet nichts. Es kann also keinen Sieger in diesem Krieg geben, denn weder sie noch wir haben jemals eine Schlacht verloren. Was wir tun werden, ist, durch einen abendlichen Angriff zu versuchen, sie zurück zur Donau zu treiben, bevor Pitsa[44] es erfährt, und wenn wir scheitern, ziehen wir uns in geordneter Weise zur Festung Nato zurück, die nicht weit von hier ist."

Dann hielt er inne und rief:

---

[43] Freie Völker, die durch einen Vertrag, Foedus, verpflichtet sind, den Oströmischen Reich zu unterstützen. Ab dem 3. Jahrhundert erhielten die Führer der Foederaten für ihre Truppen Geldunterhalt.

[44] Feldherr von Theodorich der Große, der zu der Zeit im Italien herrscht.

„Istok, wie weit ist Pitsa gekommen und wie viele Goten[45] hat er?"

„Pitsa ist an der Donau, Knyaze, drei Tage von hier. Es sind 2.000 Fußsoldaten und 500 Reiter. Alles junge Burschen, die nie zuvor gekämpft haben."

Das Lager erwachte und war bereits von dem üblichen Kriegslärm erfüllt: Trompeten, Geklapper, das Klirren von Vorschlaghämmern, das Scheppern von Pferden.

Mundo

Mundo befahl seinen Frauen, ihn in dieser Nacht nicht aufzusuchen. Sein Verstand arbeitete fieberhaft und die einzige Frage, auf die er eine Antwort finden wollte, war, wie sein Großvater Attila in dieser Situation handeln würde? Sabinian im offenen Kampf besiegen? Ein knochenharter Job! Selbst mit seinen erfahrenen Soldaten würde ihn ein solcher Sieg vernichten und selbst danach würde er sich Kean dem Großen[46] unterwerfen müssen - und das konnte er sich überhaupt nicht vorstellen. Er würde zustimmen, anderen untergeordnet zu sein, aber nicht

---

[45] Alle antiken Autoren berichten ausnahmslos, dass die Geten ein altes, hochkultiviertes Volk waren, das von den Thrakern abstammte. Sie werden auch Goten genannt. Die älteste Erwähnung stammt aus der Zeit des Pompeius, der Mithridates bei Byza besiegte und auf einer Säule unter anderem schrieb: "Die Goten sind Geten". Jordanes hat ein Buch über die " Taten der Geten " geschrieben und spricht in seinem Buch nur von Goten. In späterer Zeit werden die Geten hauptsächlich in Ostrogoten und Besigeten unterteilt. Oft werden beide Zweige als Goten bezeichnet. Die Vorstellung, dass die Goten ein germanisches Volk waren, wird durch eine große Anzahl historischer Beweise widerlegt.

[46] Nach den alten Chroniken, war in der Zeit Kean aus der alten königlichen Familie von Dulo ein bulgarischer Herrscher von Pannonien bis Kiew, Sohn des großen Seán.

zweiter unter seinesgleichen sein. Und Kean hatte enorme Macht.

Er hörte ein Klappern und kam heraus aus seinem Zelt. Die Späher hielten die schäumenden Pferde an und sprangen von ihnen ab, während sie den Staub aufwirbelten.

Draußen spielten zwei seiner Wächter ein Spiel mit Kieselsteinen. Man zeichnete vier Quadrate, der kleineren innerhalb der größeren, dann zog man die Diagonalen und der "König" von jedem Spieler musste als erster die andere Ecke erreichen, um zu gewinnen. Die Spieler verständigten sich im Voraus, mit wie vielen Kieselsteinen sie spielen wollten - das waren die "Soldaten", die nicht übersprungen werden durften. Je mehr Kieselsteine verwendet wurden, desto komplizierter wurde das Spiel. Niemand hatte Mundo bei diesem Spiel je besiegt. Bevor er sich seinen Späher zuwandte, warf Mundo einen kurzen Blick auf die Partie und zählte laut sieben aufeinanderfolgender Züge, die den Spieler mit den schwarzen Steinen zum Sieg führen würden. Dies beeindruckte die Soldaten sehr. Überhaupt hatten seine Soldaten großes Vertrauen in seine Befehle. Der Soldat mit den schwarzen Steinen konnte sich aber nur drei Züge von den sieben merken und verlor.

Seine Späher berichteten ihm, dass Theoderichs Armee drei Tage entfernt an der Donau sei. Mundo wandte sich an Argyrus und fragte ihn verzweifelt:

„Gibt es außer den illyrischen Bulgaren von Sabinian noch andere Truppen? Gibt es Anzeichen dafür, dass die thrakischen Truppen aus Adrianopel unterwegs sind?"

„Nein, Knyaze. Sabinian führt diesen Krieg offensichtlich auf eigene Rechnung."

„Woher weißt du das?"

„Von Kaufleuten an der Via Diagonalis und von Kaufleuten in Sardika."

Dann befahl Mundo blitzschnell den Wojewoden, einen Kreis um ihn zu bilden:

„Argyr, reite schnell zu Pitsa und richte ihm Folgendes aus: Wenn seine Kavallerie morgen Abend und seine Infanterie in zwei Tagen hier ist, werde ich in Theoderichs Dienst treten. Meine einzige Bedingung ist, dass Sirmium nach dem Krieg in bulgarischer Hand bleibt - innerhalb des Staates von Theoderich. Wir werden den Zehnten wie einst an Traustila zahlen und seine Grenzen bewachen. Sirmium soll nicht zerstört oder ruiniert werden."

Argyr entgegnete schnell:

„Pitsa hat keine Berechtigung für ein solches Versprechen."

„Aber Toluin und Vitiges[47] schon. Theodorich ist ein sehr kluger Kriegsherr und wird das Kind nicht allein in den Selbstmord schicken. Toluin und Vitiges sollen bei Gott schwören - sie sind christliche Arianer. Das reicht mir. Und beeile dich!"

Mundo befahl sofort 1.000 Reitern, den Fluss fern von Sabinians Lager bei Nacht zu überqueren und sich in den Wäldern auf der Ostseite zu verstecken.

„Wann immer die Schlacht beginnt, ihr wartet darauf, dass sie sich in voller Stärke entfaltet! Dann überquert ihr den Fluss mit gespornten Pferden und greift die Wagenburg von hinten an! Es wird keine große Truppe dort sein. Sobald ihr die Wagenburg eingenommen habt,

---

[47] Später König der Goten 536-540.

verteidigt ihr sie bis zum letzten Mann - an Pfeilen und Speeren wird es euch nicht mangeln, es sei denn, Sabinian hat die Wagen mit Huren gefüllt."

Alle lachten nervös. Vor einem Kampf sind die Nerven immer angespannt und die Menschen reagieren auf alles auf ungewohnte Weise.

„Ich werde euch sehen und alle unsere Kräfte zum Wagenburg leiten. Und möge Gott mit uns sein!

Am nächsten Tag befahl Sabinian, die Schlacht in der Abenddämmerung zu beginnen. Eigentlich war es unmöglich, einen wirklichen Kampf zu beginnen, denn wenn der eine einen fingierten Vorstoß und dann Rücktritt nach seiner Gewohnheit startete, um den Feind zur Verfolgung und in einen Hinterhalt zu locken, kannte der andere diese Taktik und fiel nicht rein. Dennoch gelang es Istok mit seinen Illyrern, einen von Mundos Flügeln zu flankieren, und ein unerbittlicher Kampf begann. Zwei Armeen, die sich noch nie in einer Schlacht zurückgezogen hatten, trafen aufeinander. Die Soldaten beider Armeen wussten, dass ihre Wojewoden das Verhalten eines jeden streng überwachten und dass ihr Aufstieg in der Gesellschaft nur von der Anzahl der getöteten Feinde und von nichts anderem abhing. Mundo verfügte über eine kleine, aber hervorragende Armee aus leicht bewaffneten Sykren, schwer bewaffneten Alanen, mobilen und schnellen Gepiden und bulgarischen berittenen Bogenschützen. Istok ersetzte die erschöpften Soldaten und Pferde nach gallischer Sitte[48]

---

[48] Die Gallier waren frühe Auswanderer von der Balkanhalbinsel nach Westeuropa, die zurückkehrten, um den Balkan bis nach Delphi und Kleinasien zu plündern, wo sie einen Staat gründeten, der bis zu seiner Eroberung durch Rom bestand. Die Methoden der Kriegsführung der Gallier und Sarmaten, die von vielen alten Schriftstellern auch Bulgaren genannt werden, sind sehr ähnlich.

geschickter. Der Vorsprung an Männern zählte und die 1.000 Reiter, die Mundo in Sabinians Rücken geschickt hatte, fehlten Mundo jetzt. Mundo schätzte ein, dass er verlieren würde, wenn es so weiterging. Als es Abend wurde, wurde das Heulen auf dem Schlachtfeld immer unerträglicher, da die Zahl der verwundeten und sterbenden Soldaten und Pferde zunahm. In diesem Moment ertönte ein furchtbares Geräusch in Sabinians Rücken. Man meldete Mundo, dass die 1.000 Reiter Sabinian erfolgreich von hinten überrascht hatten und im Begriff waren, die Wagenburg zu erobern. Die Nachricht verbreitete sich sofort in Mundos Reihen und er befahl den Bogenschützen, ihr Schießen aus der Ferne zu verstärken. Sabinian wusste, dass Mundo ein sehr gerissener Feldherr war, aber dieses Mal schmerzte ihn seine Gerissenheit wirklich. Er beschloss, der Wagenburg zu Hilfe zu eilen, aber diese war vollständig eingenommen. Hinter den Wagen hatten Mundos Bulgaren Stellung bezogen, genau wie die alten Geten, und beschossen nun die Angreifer - jetzt hatten sie auch eine unerschöpfliche Anzahl von Pfeilen, denn die Wagenburg gehörte jetzt ihnen. Die Geten nannten eine solche Verteidigung mit Wagen "karago". Sabinian befahl Justin und Istok, die Soldaten mit einem geordneten Rückzug in die Festung Nato zu retten. Gerade in dem Moment kamen 500 getische Reiter mit jeweils drei Pferden an. Der Wojewode übermittelte Mundo, dass Toluin und Vitiges mit Mundos Vorschlag einverstanden waren und dass Vitiges mit seiner 2.000 Mann starken Infanterie einen Tagesritt entfernt war. Die Geten wechselten die Pferde und gingen unter Mundos Kommando sofort in Aktion. Bei jedem Angriff füllten sie das Universum mit ihrem rasenden

"Borit![49]". Die sabinianischen Soldaten wären wegge-
schmolzen, wäre nicht die Nacht hereingebrochen. An diesem Tag war es die einzig richtige Entscheidung, die Sabinian instinktiv traf - die Schlacht bei Einbruch der
Dunkelheit zu beginnen, wie es Attila einst auf dem kata-
lanischen Feld getan hatte. Ja, nur die Dunkelheit rettete
die meisten von Sabinians Bulgaren. Einige fanden die
Festung Nato, andere machten sich auf den Weg in die nahegelegenen Berge, um zu warten, bis sich die Lage beru-
higt hatte und nach Hause zu kommen. Istok und Justin
brachten ihre Soldaten mit nur wenigen Verlusten nach
Vederiana zurück, aber viele der Krieger aus den anderen
illyrischen Städten mussten erst noch gefunden und nach
Hause gebracht werden.

Am dritten Tag kamen die jungen Geten-Infanteris-
ten an, um Krieg zu „spielen". Tatsächlich war die Gefahr
bereits vorüber und sie übernahmen die Bewachung der
gekaperten Wagenburg. Einzelne Gruppen der Soldaten
von Sabinian würden sicher ihr Glück versuchen und die
Wagenburg unterwegs angreifen. Mundo befahl, die Wagenburg über die Donau und von dort nach Sirmium zu
bringen.

Die Bulgaren in Sirmium empfingen Mundo mit
Freude, denn er war ihr Herrscher. Für sie änderte sich
nichts. Mundo ließ die Verwaltung der Gebiete so wie sie
war. Das Leben ging seinen gewohnten Gang und die Menschen hatten das Gefühl, dass der Frieden diesmal dauerhafter sein würde, denn Mundo und Theoderich waren eine
gewaltige Kraft zusammen. Überhaupt - wenn Bulgaren

---

[49] „In den Kampf!", alt Bulgarisch.

und Goten Seite an Seite kämpften, gewannen sie stets. So war es früher, am 9. August 378, als sie das Heer des Kaisers Valens vernichteten. Valens wurde dann in einer Scheune bei Adrianopel verbrannt.

Der Sieg von Mundo war etwas noch nie Dagewesenes. Das steigerte sein Ansehen so sehr, dass Theoderich ihn, als er davon erfuhr, nach Ravenna einlud, um ihn zum ersten Oberbefehlshaber der Ostrogotischen[50] Armee zu machen, was er 24 Jahre blieb.

Natürlich haben die höfischen Dichter die Taten Theoderich, dem jungen Pitsa und den anderen jungen Kriegsherren zugeschrieben, aber tatsächlich war der Sieg nicht ihr Verdienst. Sie hatten einfach Glück. Bischof Enodius[51] schrieb eine Ode über Theoderich, in der er u.a. von den Bulgaren sprach: „... Dies ist die Nation, die vor dir alles hatte, was sie wollte; eine Nation, in der derjenige einen Titel erworben hat, der seinen Adel mit dem Blut des Feindes erkauft hat, in der das Schlachtfeld das Geschlecht verherrlicht, denn unter ihnen gilt derjenige ohne Zögern als edler, dessen Waffen in der Schlacht mehr Blut vergossen haben; Sie sind ein Volk, das vor dem Kampf mit dir noch nie einem Feind begegnet ist, der ihm widerstehen konnte, und ein Volk, das seine Kriege lange Zeit nur durch Streifzüge gewonnen hat.... "

Mundo verbrachte einen Monat mit seinen Frauen in Sirmium, ohne sein Schlafzimmer zu verlassen, und brach dann nach Ravenna auf.

---

[50] Das Volk, das Theoderich vom Balkan nach Italien brachte, war eine Abspaltung der Geten, die nach ihrem antiken Herrscher Ostrogotha genannt wurden, die Ostrogoten. Dieses Volk wird in der westlichen Geschichtsliteratur fälschlicherweise mit dem deutschen Ausdruck Ostgoten bezeichnet.

[51] Enodius, Lateinische Quellen zur bulgarischen Geschichte, Bd. 1, S. 298

Die Nachricht von der Niederlage Sabinians verbreitete sich schnell im Illyricum. Als Sabinian nach Bitolja zurückkehrte, erzählte er seiner Frau:

„Mein größter Fehler war, dass ich allein in den Krieg zog und mich nicht mit Kean dem Großen verbündete. Jetzt wird es ihm auch nicht mehr möglich sein, Sirmium einzunehmen. Ich hatte auch nicht wirklich angenommen, dass Mundo so gerissen ist, dass er sich mit den Geten verbünden würde, aber das spielt keine Rolle. Er hat sich den Sieg praktisch selbst erkämpft. Sein Urgroßvater, Mundius, war auch ein solch gerissener Mann; die Ugrier nannten ihn Munjuk, den Vater von Attila, nach dem er benannt wurde."

Upravdas Mutter Biglenitsa, was so viel bedeutet wie "Weiße", war Justins Schwester. Die Lateiner nannten sie Albula. Sie und Justins Schwester Lada sowie seine junge Frau Vàlka[52], die die Lateiner auch Ulpina nannten, waren unendlich glücklich, Upravda und Justin wohlbehalten zurückkehren zu sehen. Justin hatte sich in Vàlka verliebt, als sie eine seiner Sklavinnen war und hatte sie geheiratet. Als er nach Hause kam, sagte er ihr, dass sie mit Upravda gehen müsste, um die am Leben gebliebenen Soldaten zu sammeln. Vàlka schlang ihre Arme um seinen Kopf und stöhnte:

„Aber nicht jetzt!"

Justin war todmüde, aber er hatte immer Kraft für die Liebe. Nachdem sie sich geliebt hatten, erinnerte er sich im Halbschlaf daran, wie er als kleiner Junge zusammen mit zwei anderen Illyrern, Zimarchus und Divitistus,

---

[52] Вълка = Wölfin

zu Fuß von Vederiana nach Konstantinopel aufgebrochen war, nur mit einer Guna[53], voll mit Zwieback. Der Kaiser war bei der Soldatenmusterung anwesend. Er bewunderte den ausgezeichneten Körperbau der Jungen, ihre physische Stärke und Schönheit und befahl, sie der Palastwache zuzuweisen.

Upravda bei Theoderich

Nach der Schlacht verstarb Istok. Sie begruben ihn mit großen Ehren in Vederiana. Kean der Große hatte sich jedoch nicht mit dem Verlust von Sirmium abgefunden und drohte immer wieder, in Illyricum einzudringen. Justin beschloss daraufhin, sich mit seinem Feind Theoderich zu versöhnen und ihn zu bitten, Truppen die Donau hinunterzuschicken, um gemeinsam Kean aufzuhalten. Zu diesem Zweck schickte er Upravda zu Theoderich. In Ravenna wurde Upravda mit großen Ehren empfangen. Bei dem feierlichen Empfang war Theoderich der erste, der das Gespräch begann:

„Ich frage mich, ob wir Geten länger Freunde als Feinde der Bulgaren waren; getisch und bulgarisch waren Dialekte der gleichen Sprache."

„Bei Adrianopel gegen Valens waren wir eine Einheit ... und die Erde bebte.", sagte Upravda.

„Ja", nickte Theoderich, "wenn wir zusammen gekämpft haben, waren wir immer eine gewaltige und unbesiegbare Macht. Aber mit Bulgaren zu kämpfen, ist kein

---

[53] Rucksack

Spaziergang, und ich denke, das ist genau das, was du von mir verlangst."

„Ja. Justin weiß, dass es ein schwieriges Unterfangen ist, deshalb schickt er dir dies mit seiner Bitte." Upravda nickte seinem Gefolge zu und sie begannen, den Inhalt mehrerer Truhen herauszunehmen.

"Das ist der Schatz, den man braucht, um 10.000 Soldaten ein Jahr lang zu versorgen", urteilte Theoderich. „Justin scheint volles Vertrauen in dich zu haben und liebt dich offensichtlich sehr."

Upravda sagte nichts.

„Das Gold reicht nicht aus, um die Köpfe von 10.000 meiner Leute zu riskieren, denn ich weiß nicht, ob Justin morgen Sabinians Bulgaren gegen uns halten kann. Sie mögen uns, wie du weißt, nicht besonders. Daher willige ich ein, wenn du dich neben deinem Gold nach alter illyrischer Sitte mit mir verbrüderst und als Geisel bei uns bleibst, bis unsere Truppen von ihrer jährlichen Patrouille auf der Donau zurückkehren."

„Kann der Bruder den Bruder als Geisel nehmen?"

Alle im Saal brachen in freundliches Gelächter aus.

Upravda stimmte zu und schrieb einen Brief an seinen Onkel. Auch Mundo war bei dem Empfang anwesend. Theoderich sprach ihn als seinen engsten Freund an und sagte:

„Du weißt, was du tun musst?"

„Ja, Knyaze!"

Upravda verbrachte eines der besten Jahre seines Lebens in Ravenna. Er bereiste Italien überall dorthin, wo Theoderich regierte, und überall bewunderte er die erstaunliche Baukunst der Römer. Er war beeindruckt von der Erhabenheit des inzwischen zerstörten "Sonnentempels" in Rom. Inmitten der Ruinen ragten acht majestätische Marmorsäulen stolz in den Himmel und funkelten mit der Magie ihrer Kristalle, als wollten sie nicht wissen, was um sie herum geschah. Der Gedanke ging ihm ständig durch den Kopf: "Du musst Ost und West vereinen, du musst viele dieser großartigen Bauwerke restaurieren...!" Wenn Mundo geschäftlich nach Ravenna kam, waren sie oft zusammen und es entstand eine herzliche Freundschaft zwischen ihnen.

Nach etwa einem Jahr war Kean der Große damit beschäftigt, seine Macht von der Theiß bis zum Don zu behaupten und die Spannungen an der Donau ließen nach. Mundo brachte die Patrouillenarmee nach Hause und Upravda verabschiedete sich herzlich von Theoderich. Ein paar Geten-Mädchen weinten als er ging.

Bojidara

Als Upravda aus Ravenna zurückkehrte, war die Freude in Vederiana groß. Auf einem Empfang seines Onkels, unter den vielen Dingen, über die sie sprachen, sagte Justin zu ihm:

„Gott hat bestimmt, dass meine Frau Vukshitsa (Vàlka) und ich keine Kinder haben sollen. Wenn du nicht heiratest und keine Erben hast, wird die Linie von Konstantin abgeschnitten. Fahre also nach Konstantinopel und sieh dich um. Ich brauche sowieso eine Vertrauensperson, die die Steuern hin- und die Löhne der Armee zurückbringt."

Es schien, dass Upravdas Schicksal es war, immer auf Reisen zu sein.

Anastasios begrüßte ihn auch dieses Mal sehr herzlich. Am Abend gingen sie ins Theater und sahen sich eine derbe Komödie an, "Der goldene Esel". Sie brachen in Gelächter aus und beschlossen schließlich, die Künstler zu einem Gelage einzuladen. Eine von den Künstlerinnen machte einen starken Eindruck auf Upravda. Sie schien den Raum des Universums ganz alleine zu füllen. Gott hatte ihr ein schönes Gesicht gegeben, kräftiges schwarzes Haar, schöne blaue Augen und ein glockenhelles, nie verklingendes Lachen. Und all das, was die Männer in den Wahnsinn treibt, war bei ihr in Hülle und Fülle vorhanden. Man konnte diese Frau nicht ansehen und nicht an Sex denken. Sie war eine dieser Frauen, die jedem Mann den Eindruck vermittelte, sie gehöre ihm, und dabei aber ganz alleine entschied, wer der Glückspilz sein darf. Diese Schauspielerin entpuppte sich als Tochter eines bürgerlichen Kaufmanns und war Schauspielerin aus Berufung. Ihr Vater konnte es sich leisten, dass sie die Schule von Theodosius besuchte und sie hatte eine hervorragende Ausbildung erhalten. Sie hatte ein gutes Gedächtnis und konnte die ganze Gesellschaft ständig mit Liedern, Gedichten und schmutzigen Witzen unterhalten. Sie sah während der Vorstellung, in welcher Umgebung sich Anastasios befand und fand großen Gefallen an diesem jungen, starken und gutaussehenden Mann an seiner Seite. Sie wusste noch nicht, wer er war. Als sie in den Palast gebracht wurden und der Tisch gedeckt war, setzte sie sich, ohne zu fragen neben Upravda. Sie beugte sich über seine Beine und streckte ihre

Hände aus, um etwas von den Trauben zu nehmen. Upravda erzitterte und spürte die Wärme ihres Körpers.

„Wie heißt du?", fragte er sie auf Latein.

„Аз съм ти дар от Бога[54]."[55], antwortete sie auf Bulgarisch.

Unterwegs hatte sie sich bereits informiert, dass es sich um den berühmten Thraker aus der Linie des großen Konstantin handelte.

„Ah, Bojidara!"

„Bist du ein Geschenk Gottes nur an mich, Bojidara?", sagte Upravda und lachte herzhaft.

„Wenn du es willst, kann ich die deine sein. Aber du wirst dich auch sehr anstrengen müssen, um mich zu bekommen."

„Oh, das ist gar nicht schwer!"

Ihr schallendes Lachen ließ alle aufschauen.

„Oh, mein hübscher, du weißt gar nicht, was auf dich wartet!"

In dieser Nacht machten sie Liebe, bis sie ganz erschöpft waren. Der Illyrier war unersättlich und konnte weitermachen, was ihr ungemein gut gefiel, denn normalerweise war es andersherum. Nach dieser Nacht wollten sie sich gar nicht mehr voneinander trennen.

Als es an der Zeit war, mit dem Lohn der Soldaten zurückzukehren, schlug Upravda vor, dass Bojidara mit ihm kommen sollte. Sie schenkte ihm ihr süßestes Lächeln und sagte scherzhaft:

„Nur wenn du versprichst, mich als Königin in die königliche Stadt zurückzubringen."

---

[54] Bojidara heißt auf Bulgarisch Geschenk Gottes, auf Latein Theodora.
[55] Ich bin Gottes Geschenk an dich.

Upravda lachte laut und sagte scherzhaft:

„Mein Vater Istok pflegte zu sagen, dass Versprechen nicht gleich ist mit Geben, also verspreche ich es dir!"

Sie küsste ihn und die Sache war erledigt.

Die Nachricht von Bojidara erreichte seine Mutter Biglenitsa und sie war furchtbar aufgebracht.

„Also ist sie eine Tänzerin, also ist sie eine Künstlerin, also ist sie eine leichte Frau, also ist sie überhaupt nichts für unseren Sohn..."

Darauf entgegnete ihr Bruder Justin für gewöhnlich:

„Ich bin einmal mit einem Sack trockenes Brot und barfuß nach Konstantinopel gegangen, und jetzt schau mich an! Beurteile also Menschen nicht nach ihrer Herkunft. Wir sehen sie uns zunächst an und hören, was sie zu sagen hat."

„Die Wahrsagerin sagten mir, dass Bojidara die Vraji-dara[56] des Römischen Reiches werden würde und dass sie Upravda vom rechtschaffenen Leben wegführen würde."

„Herrje, weiße Biglenitsa, seit wann glaubst du Wahrsagern? Sie werden dir für dein Geld immer sagen, was du hören willst. Und weißt du nicht, dass sie sich normalerweise über jemanden informieren, bevor sie "vorhersagen"?"

Als Bojidara ihr Haus betrat, konnte Justin den Blick nicht von ihr abwenden. Aber Bojidara wusste, dass Upravdas Mutter die größten Bedenken gegen sie hegte und noch während der ersten Mahlzeit zubereitet wurde, sprang sie auf und fragte sie:

---

[56] Geschenk des Feindes.

„Mutter, wie kann ich dir helfen?"

Niemand hatte das von dieser feinen Dame erwartet, aber sie sprang auf und begann, bei den Vorbereitungen zu helfen. Nach dem Essen sprachen sie über Persien, über den Krieg um Amida. Es stellte sich heraus, dass Bojidara sehr viel über die staatliche Organisation von Irniks Großbulgarien wusste und die militärischen Aktionen der Bulgaren, Perser sowie Römer im Kaukasus und in Asien im Detail kannte. Upravda schaute verstohlen in das Gesicht seines Onkels und freute sich über dessen erstaunten Gesichtsausdruck. Am Ende des Abendessens sang Bojidara alte mazedonische Lieder und brachte die Seelen aller zum Schmelzen. Auch Vàlka, Justins Frau, war begeistert.

Aber Biglenitsa konnte nicht anders: "Wie kann diese Schlampe noch dazu eine so charmante und schöne Zauberin sein! Nein, sie ist in keinem Fall für meinen Jungen bestimmt."

Nicht lange danach starb Biglenitsa. Justin, als Upravdas Vormund, willigte in Upravdas Heirat mit Bojidara ein.

Die lange Mauer

Im Jahr 505: Kaiser Anastasios hatte die Senatoren in Konstantinopel versammelt. Er begann mit einer allgemeinen Diskussion über den Sieg von Mundo, seinen Übertritt zu Theoderich und den Zustand von Sabinian.

Ein Gespräch mit Anastasios war immer eine große Nervenprobe. Eines seiner Augen war schwarz und das andere blau, weshalb man ihn Anastasios Dicor nannte. Das war einem immer wieder peinlich, denn so etwas hatte man noch nie gesehen und man sollte ihn durch keine Geste beleidigen, denn das konnte tödlich enden.

Anastasios begann langsam:

„Die Tatsache, dass Mundo und Theoderich zusammenkamen, machte die arianische Partei in Europa[57] und Afrika[58] sehr stark. Sabinian verlor zwar die Schlacht, aber nicht seine Soldaten, und die Illyrer wurden dadurch nicht wer weiß wie viel schwächer, wie wir es uns gewünscht hätten. Außerhalb der heutigen Festungsmauern sind in den letzten 100 Jahren einige reiche und unverteidigte Städte entstanden, wie Aphrodisias, Thessos, Kiviris, Sestos und Kallipolis. Sie werden immer verlockend für die Plünderungen der Barbaren sein. Was also in den Jahren 501 und 502 geschah, als die Bulgaren das Kloster Sistan erreichten, also fast bis ins Herz von Konstantinopel, ist sehr gefährlich und darf sich nicht wiederholen. Also habe ich syrische Architekten beauftragt, einen Plan für eine neue Festungsmauer zu entwerfen. Sie wird vom Schwarzen Meer aus starten und Selibria am Marmarameer erreichen."

Dies war eine massive Aktion gegen die Menschen in der Provinz Bulgarien[59] und die Bulgaren in Thrakien, mit denen Vitalian eng befreundet war. Jetzt verstand jeder, warum Vitalian nach Asien geschickt wurde, um für die Stadt Amida gegen Perser und kutrigurische Bulgaren zu kämpfen, obwohl es dafür genügend fähige Strategen

---

[57] Ostrogoten, Besigeten, Gepiden, Langobarden, der Rest der Wandalen u.a. waren in der Zeit in Europa Arianer.

[58] Die Vandalen, die Karthago besetzt hatten, waren ebenfalls Arianer.

[59] Das alte koptische Manuskript von Johannes von Nikiu bezeichnete damals das heutige Nordbulgarien als die Provinz Bulgarien.

niedrigeren Ranges gab, wie die sehr fähigen Goten Godidescus und Besas. So wurde Vitalian eine Zeit lang aus dem politischen Leben in Konstantinopel entfernt.

Anastasios gab das Zeichen und die Architekten legten Pläne der neuen Mauer aus. Der älteste von ihnen begann:

„Sie wissen, dass in alten Zeiten, als Barbisius der Thraker im Sterben lag, er seiner Tochter Phaedalia befahl, das zu bauen, was heute die alte Mauer von Konstantinopel um den Marktplatz ist, die vom Petrion-Viertel bis zur Tür von St. Emilian, in der Nähe von Ravdos, verläuft. Tiberius[60] baute zunächst eine römische Verteidigungsmauer um die wachsende Stadt. Theodosius I.[61] baute 413 eine neue Mauer vom Berg bis zu der des Tiberius. Er baute auch Mauern um die umliegenden Ländereien, die vorher nicht befestigt waren. Bei einem nachfolgenden Erdbeben wurde die Mauer leicht beschädigt, aber 447 wurde sie komplett wieder aufgebaut. Die Befestigungsanlagen, die sich von Endapiria[62] über Eudom[63] bis zum Vlachern-Tor[64] erstrecken, bestehen aus doppelten Mauern, sind 4950 m lang und haben 18 stark gebaute Türme und einen 20 m breiten Graben, der durch Schleusen mit Wasser gefüllt wird. Die innere Wand ist 20 m hoch. Die äußere Mauer, 15 m hoch, wurde 18 m von ihr entfernt gebaut. Obwohl es ein imposantes Bauwerk ist, bietet es uns keinen ausreichenden Schutz gegen die Bulgaren. Es ist daher notwendig, eine neue Wand zu bauen. Es wird

---

[60] Kaiser zwischen 19.VIII.14 und 16.III.37.
[61] 408 bis 28.VII.450.
[62] Heute Edi Cule.
[63] Heute Tekfur Sarai.
[64] Heute Balat Kapusi vom Goldenen Horn.

höchstens 280 Stadien[65] von Konstantinopel entfernt sein und wird sich von einem Meer zum anderen über eine Entfernung von 420 Stadien[66] erstrecken. Der mit Wasser gefüllte Verteidigungsgraben würde die Stadt von einer Halbinsel fast zu einer Insel machen. Diese Mauer wird denjenigen, die von Pontus[67] in die Propontis[68] und das Thrakische Meer[69] übersetzen wollen, völlige Sicherheit geben. Es wird die Barbaren abhalten, die Raubzüge vom Euxinischen Pontus, von Kolchis[70], vom See von Meotis[71] und von den Ländern jenseits des Kaukasus zu machen, ebenso wie diejenigen, die in Europa verstreut sind."

Alle hörten mit großem Interesse zu und befanden, ob sie Anastasios nun liebten oder hassten, das Vorhaben für äußerst wichtig. Anastasios hatte sie nicht versammelt, um sie nach ihrer Meinung zu fragen, sondern um zu befehlen, wer den Bau leiten sollte und woher die Mittel kommen sollten.

„Ich übertrage Patricius Venantius die Verantwortung für den Bau. Das Ziel ist es, die Wand in 512 fertig zu haben. Venantius soll nach dem Konzil bleiben und sich mit den Eunuchen über das Geld und die Leute abstimmen. Alle Anwesenden haben bestimmte Verpflichtungen gegenüber dem Bauvorhaben, die von Venantius mitgeteilt werden."

---

[65] 50,6 km, 1 Stadio = 181 m.
[66] 76,02 km.
[67] Schwarzes Meer
[68] Dardanellen
[69] Ägäis
[70] Georgien
[71] Asowsches Meer

Ein erstaunliches Bauvorhaben begann. 7 Jahre lang wurden die Ressourcen der Stadt für diese Arbeit eingesetzt. Anastasios besichtigte den Bau jeden Monat und unterstützte die kommunale Verwaltung aktiv bei der Bereitstellung der notwendigen Mittel. Im Jahr 512 wurde die Mauer fertiggestellt. Am Tag des St. George's öffneten sie die Schleusen und füllten die Kanäle mit Wasser. Die Stadt Konstantinopel war nun eine Insel. In der Stadt herrschte ein großes Gefühl der Erleichterung. Alle waren glücklich, nur das Heer der Arbeiter war es nicht - und wohin morgen?

Die Bischöfe

Anastasios hatte endlich sein Ziel erreicht. "Jetzt werde ich ein für alle Mal mit den Arianern fertig werden". Aufgrund seiner Verdienste beim Bau der Langen Mauer wurde Venantius zum Konsul ernannt.

Nach den Feierlichkeiten rief Anastasios die Hofschreiber zusammen und befahl:

„Damit der wahre orthodoxe Glaube in Neu-Rom triumphieren kann[72], ordne ich die Verbannung der

---

[72] Da Byzanz, das spätere Konstantinopel, aus einer thrakischen Siedlung auf dem Balkan hervorging und der Balkan von Thrakern besiedelt war, töteten die römischen Eroberer diese nicht, sondern integrierten sie in das wirtschaftliche, politische und militärische Leben. Da die Thraker die große Mehrheit der Bevölkerung und der römischen Aristokratie auf dem Balkan stellten, gaben sie öfters die Generäle und Kaiser des Reiches. Im Oströmischen Reich gab es unter anderem zwei weitere ethnische Gruppen: die Armenier und die Griechen. Sowohl die Armenier als auch die Thraker waren vor allem wegen ihrer Zahl stark, die Griechen vor allem wegen ihrer Bildung, obwohl sowohl Armenier als auch Thraker eine hohe Kultur besaßen. Die Kaiser hatten unterschiedliche Hintergründe und nutzten die ethnischen Unterschiede, um ethnische Gruppen zu spalten, um zu regieren "teile und herrsche". So wird in dieser Zeit der Arianismus als Vorwand für eine falsche Religion angeführt, aber in Wirklichkeit geht es um die Vorherrschaft über

folgenden arianischen Bischöfe an: des Bischofs von Lichnides[73], des Lawrencius, des Bischofs von Serdika[74], des Domnion, des Bischofs von Nikopolis[75], des Alcis, des Bischofs von Nicaea, des Gaian und des Evangelus, des Bischofs von Pautalia[76]!"

Er wartete, bis das Kratzen der Federn verstummte und fuhr dann fort:

„Die Patriarchen von Konstantinopel, Macedonius[77] und Flavianus[78] sollen ebenfalls verbannt werden!"

Wieder wartete er.

„Und die Gehälter der Foederaten von Kleinskythien[79] und Thrakien sollten gestoppt werden."

Dies war ein direkter Schlag gegen Vitalian. Die Schriftgelehrten waren gebildete Männer und wussten genau, was das bedeutete: Bürgerkrieg!

Der Krieg

Die Nachricht verbreitete sich in Europa wie ein Blitz. Die Griechen, die sich auf die Autorität des Kaisers verließen, erklärten sich gegen die gesamte arianische Welt, die riesig war![80]

---

die mächtigen thrakischen Erben: die Goten, Hunnen und Bulgaren in dem Oströmischen Reich. Gegen sie kämpft Kaiser Anastasius.

[73] Ohrid
[74] Sofia
[75] Stadt Aktion Nikopol in Epirus
[76] Kyustendil
[77] 495-511
[78] 505-512
[79] Dobrudscha
[80] Als das Römische Reich Persien, den Kaukasus und die Krim erreichte, war die Amtssprache Latein. Nach der Eroberung Attikas verbreitete sich die hellenische Kultur durch freigelassene Sklaven als Lehrer und Verwalter im ganzen Reich. Bis zum 9. und 10.

Die Nachricht erreichte Vitalian in der Festung von Merkeli[81]. Die konzertierte Verbannung der abhängigen bulgarischen Bischöfe, die Aussetzung der Gehälter der bulgarischen Foederaten in Kleinskythien und Thrakien, die Schließung der arianischen Kirchen in Saloniki... und dies nach der Fertigstellung dieser großen Sicherheitseinrichtung von Konstantinopel... hier gab es keinen Raum für Interpretationen - dies war ein von langer Hand durchdachter Plan, um die arianischen Christen in Neu-Rom geistig und materiell entscheidend zu schwächen. Wenn es den Griechen gelänge, die Einheit der Dreifaltigkeit in der Kirche einzuführen, würde das die bulgarischen, thrakischen und illyrischen Gemeinden, die getischen Gemeinden und deren Selbstorganisation auflösen und die Griechen in alle Kirchen als Verwalter einsetzen.

Vitalian war der Stratege[82] von Thrakien und Mysien. Die Truppen, mit denen er in verschiedenen Kriegen so viel erlebt hatte, waren ihm treu ergeben. Die Generation der berühmtesten Feldherren, wie Aspar, Patritiol und nun er, waren von einem mythischen Heiligenschein der Helden umhüllt und Legenden wurden über sie verbreitet. In der Tat wurde ein Großteil der Truppen aus Europa rekrutiert und so waren natürlich die meisten Christen in der Armee Arianer. Vitalian wusste, dass er in nur drei Tagen 60.000 Soldaten vor Konstantinopel versammeln konnte, aber die große Frage war, wie er sie bezahlen würde, ohne sein Volk zu berauben? Deshalb schickte er, bevor er

---

Jahrhundert war die Amtssprache im Heer weiterhin Latein, doch in der Verwaltung des Reiches hielt ab dem 5. Jahrhundert allmählich griechisch Einzug und damit wuchs der Einfluss der ansonsten wenigen Griechen im Reich.

[81] Heute Ruinen nicht weit von der Stadt Karnobat.

[82] Oberbefehlshaber.

irgendeine Handlung unternahm, eine kleine Truppe von zwanzig seiner treuesten Männer auf sehr schnellen Pferden und als Bauern verkleidet, auf die Straße von Konstantinopel nach Adrianopel. Der 1. September stand bevor und eine Ladung mit den Löhnen der Garnison von Adrianopel sollte von Konstantinopel aus geschickt werden. Gleichzeitig verlegte er 100 Reiter in die Nähe von Adrianopel. 20 waren gleichmäßig über den ganzen Weg verteilt und die Aufgabe eines jeden bestand darin, beim Erkennen des Wagens mit dem Geld in rasendem Tempo zum nächsten Mann zu galoppieren und ihm zu sagen, wo sich die Wagen befanden. Diese Art der Aufklärung nutzte er immer dann, wenn er präzise und fehlerfrei handeln musste. Es war am 1. September, nach der letzten Nachtwache, als er erfuhr, dass der Transport Konstantinopel früh in der Nacht verlassen hatte. Der Rest war einfach. Als er der Ladung persönlich mit einem mächtigen Gefolge begegnete, erkannten die Soldaten ihn, salutierten vor ihrem hochverehrten Oberbefehlshaber und schlossen sich ihm einfach an. Die Adjutanten des Stratege Ipatius, Konstantin von Lydien und Kellerin, der den Transport befehligte, ahnten, worum es ging, und versuchten Widerstand zu leisten, aber Vitalians Bogenschützen ließen sie nicht einmal ihre Schwerter ziehen. Das Gold wurde nach Merkeli gebracht. Als die Garnison von Adrianopel herausfand, dass ihr Lohn verspätet kommen würde, schickte Vitalian ihnen die Nachricht, dass er persönlich, nicht der Kaiser, ihren Unterhalt für das Jahr bezahlte. Gleichzeitig teilte er dem Gouverneur Mackenzie in der Provinz Bulgarien mit, dass er den Unterhalt der bulgarischen Foederaten für ein Jahr übernahm und befahl ihnen, nach Merkeli zu kommen.

Obwohl Vitalian in den vergangenen Jahren der Oberbefehlshaber von Thrakien war, schickte Anastasios immer seinen „Hund" Ipatius, um ihn im Auge zu behalten. Ipatius war der Sohn des Patriziers Secundinus und ein Cousin des Kaisers Anastasios und war dessen Vertrauter. Allerdings hatte er einen abscheulichen Charakter und sorgte aufgrund seines "Status des Unantastbaren" mit seinen Eskapaden für Entsetzen, wo immer er hinging. Er hatte bereits mehrere Offiziersfrauen in Messembria[83] und Odessos[84] vergewaltigt und die Mädchen, die von den Märkten entführt wurden, waren unzählig. Dies sprach sich in der Armee herum und jeder Soldat, der eine Ehefrau oder eine Schwester zu Hause gelassen hatte, war bereit, ihn zu erwürgen. Karin, der Stadtverwalter von Odessos und Vertrauter von Vitalian, war ebenfalls eines der Opfer und wollte sich rächen. Karin schickte heimlich Vitalian eine Nachricht, um ihm mitzuteilen, dass er Vitalians Autorität über Thrakien und über die Provinz Bulgarien anerkenne und wenn Vitalian nach Odessos aufbreche, er ihn heimlich warnen solle, damit Karin ihm die Tore der Festung öffnen kann. Als Zeichen des Vertrauens schickte Karin ihm das Geld der Stadt, denn er wusste, wenn sein Plan scheiterte, würde er sowieso getötet werden und wenn er gewann, würde Vitalian ihm wohlgesonnen sein.

Nachdem die Anastasios' Beamten mit Zustimmung des Bischofs von Thessaloniki und des Patriarchen Timotheus begannen, die arianischen Kirchen in

---

[83] Heute Nessebar am Schwarzen Meer in Bulgarien.
[84] Heute Varna am Schwarzen Meer in Bulgarien.

Thessaloniki zu schließen, waren die Menschen in Illyricum, Epirus und Thessalien erzürnt und schickten eine schriftliche Erklärung an den Papst, dass sie sich vom Patriarchen von Konstantinopel trennen und dem Papst von Rom anschließen würden.

Erster Marsch Vitalians nach Konstantinopel

Drei Tage nach dem Raubüberfall des Transports mit den Gehältern der Soldaten lagerte ein Heer von 60.000 Mann in der Gegend von Anaplus in der Nähe von Konstantinopel, eine Gegend, die berühmt mit der Kirche St. Arachangel Michael war, die von Konstantin dem Großen erbaut war. Vitalian schickte ständig Boten zu Sabinian in Bitolja und zu Justin und dem jungen Upravda in Vederiana und informierte sie detailliert über die Geschehnisse.

Anastasios arrangierte demonstrativ mit Königin Ariadne ein Rennen im Hippodrom, um seine Verachtung für Vitalian zu demonstrieren. Ariadne war Zenos Witwe und Anastasios war tatsächlich mit ihrer Hilfe Kaiser geworden. Sie heirateten kurz nach Zenos Tod, am 20. Mai 491. Allerdings war ihm, während der Rennen nicht zum Lachen zumute, denn ständig wurde ihm gesagt, dass es in Europa keine ihm gegenüber loyale Garnison mehr gäbe. Um Zeit zu gewinnen, beschloss Anastasios, den Patrizier Theodorius zu schicken, um offiziell zu erfahren, was Vitalians Ansprüche waren, erwartete aber nicht, von dessen Antwort überrascht zu sein. Theodorius war Vorgesetzter aller Ehrenämter und Würden. In diesem Fall war er am besten geeignet, die Verhandlungen zu führen, da er der Hauptförderer und Unterstützer des Aufstiegs von Vitalian war. Theodorius wartete auf die Rückkehr der vorderen Wachen, die Vitalians Entscheidung überbrachten, ob er mit ihm sprechen dürfte oder nicht. Die Wachen führten ihn zum Zelt von Vitalian.

„Sei gesund, General!"

„Sei gesund, Theodorius!"

„Anastasios fragt, was er tun soll, damit du ihm gegenüber nicht mehr feindselig bist."

„Einst wollte Patriarch Euphemius Anastasios erst dann mit den kaiserlichen Insignien krönen, wenn er die Beschlüsse des Konzils von Chalcedon eigenhändig unterzeichnet hatte. Erinnerst du dich?"

„Ja, ich erinnere mich!"

„Wie wir heute sehen, lag Euphemius mit seinem Urteil, dass Anastasios ein verräterischer Ketzer und nur allzu fähig war, die kirchlichen Angelegenheiten zu stören, gar nicht so falsch. Er hat seine Ehre verloren, weil er sich nicht an die Beschlüsse des Rates gehalten hat."

„Bist du gekommen, um ihm vom Thron zu stürzen?"

„Nein!"

Vitalian drehte sich um, rief die Schriftgelehrten und begann zu diktieren:

„Der Kaiser soll zusammen mit den Senatoren und den Oberhäuptern jeder Schola einen Eid ablegen, dass sie die zu Unrecht vertriebenen Bischöfe Macedonius und Flavianus wieder inthronisieren, ebenso wie alle anderen Bischöfe!"

Er wartete, bis die Schriftgelehrten ihre Köpfe erhoben hatten, und fuhr fort:

„Es soll ein Konzil im thrakischen Herakleia einberufen werden, zu dem der Bischof von Rom selbst und alle Bischöfe eingeladen werden sollen und durch einen gemeinsamen Beschluss soll gerichtet werden, was gegen die Rechtgläubigen getan wird!"

Theodorius hatte große Sympathie für diesen tapferen Mann, aber er war zu alt, um die Fronten zu wechseln. Er erhob sich, salutierte würdevoll, nickte seinem Gefolge zu, und sie machten sich auf den Rückweg.

Theodorius ahnte, warum Anastasios sich über diese Nachricht freute. Den Papst zu einem Konzil auf die Dardanellen zu bringen, brauchte Zeit, und die war genau das, was er brauchte. Er hatte den Truppen in Opsikon bereits befohlen, den Bosporus zu überqueren und nach Thrakien zu gehen. Gleichzeitig ordnete er an, die Senatoren und Vitalian zur Vereidigung vorzuladen. Vitalian wusste, dass Anastasios ihn bei dieser Gelegenheit töten würde, und schickte Gregorius, seinen Befehlshaber, der Griechisch und Latein sprach, und einige andere, zu denen er volles Vertrauen hatte. Das Treffen fand im Palast statt. Zuerst verteilte Anastasios große Geschenke an die Befehlshaber von Vitalian und versprach, den Soldaten den Lohn zu zahlen. Dann schworen er und die Senatoren, dass sie ein Konzil einberufen und die Bischöfe wieder in ihre Ämter einsetzen würden. Schließlich ordnete Anastasios demonstrativ für die Abgesandten an:

„Bringt bronzene Kreuze über den Türen der Stadtmauern an mit Inschriften, die diesen Eid enthalten."

Bevor sie geendet hatten, sprach Anastasios zu den Befehlshabern von Vitalian:

„Und nun schwört, dass ihr dem Kaiser treu sein werdet!"

Darauf antwortete Gregorius für alle:

„Kaiser, wir haben diesen Eid einmal geschworen und ihn noch nicht gebrochen. Unser Stratege hat uns geschickt, um Zeugen Ihres Eides zu sein. Wir werden ihm alles ausrichten, was wir hier gesehen und gehört haben. Und da Sie geschworen haben, den Vorschlägen des Strategen zuzustimmen, ist das für uns das Ende!"

Gregorius berichtete alles an Vitalian und fügte schließlich hinzu:

„Anastasios lügt! Unsere Späher haben uns bereits informiert, dass die Truppen aus Opsikon hierher marschieren."

„Auch wenn er lügt, bin ich verpflichtet zu warten. Wenn er diesen zweiten Eid bricht, werde ich dafür sorgen, dass er keinen dritten ablegt!"

Acht Tage nach seiner Ankunft befahl Vitalian den Rückzug der Truppen: einen Teil ließ er in Adrianopel, einen Teil in Merkeli und einen Teil in Zaldaba zurück, um die Provinz Bulgarien aus Odessos zu verteidigen.

Die Schlacht von Akra

Zwei Monate vergingen, in denen nichts von dem geschah, was versprochen wurde. Die Bischöfe wurden nicht zurückgeschickt.

Vitalian wusste, dass Anastasios wieder schmutzige Pläne schmiedete, also schickte er einen Gesandten zu Theoderich[85]. Vitalian wollte auch Theoderichs Haltung in einem zukünftigen Krieg erfahren. Die Boten kehrten zurück und überbrachten ihm Theoderichs Erfolgswunsch und die Versicherung, dass Vitalian von Adria bis Sirmium keine Schwierigkeiten haben würde. Theoderich selbst und alle seine Leute waren Arianer und sie sympathisierten natürlich mit Vitalians Kampf für kirchliche Unabhängigkeit. Theoderich schickte sogar einen Brief an Anastasios, indem er ihn bat, die Verfolgung der Arianer einzustellen, weil er nach dieser Logik die Katholiken in Italien verfolgen müsste. Dieser Brief provozierte nur Anastasios' Gelächter und sonst nichts.

Auf Drängen Theoderichs schickte der Erzbischof von Rom Ormisd[86] Bischof Enodius[87] und Erzdiakon Vitalian zum Konzil von Herakleia. Etwa 200 Bischöfe kamen ebenfalls aus verschiedenen Orten. Doch nach langem Warten befahlen Anastasios und Bischof Timotheus von Konstantinopel den Abgesandten einfach zu gehen. Sie sagten ihnen, sie würden sie wissen lassen, wann sie wiederkommen sollten. Nach diesem Vorfall fragte Theodorius Anastasios im Senat:

„Kaiser, wenn wir das Konzil auf unbestimmte Zeit verzögern und die Bischöfe nicht zurückbringen, wird herauskommen, dass Du lügst!

Anastasios lachte laut und sagte:

---

[85] Ein Teil der alten Donaugoten, die Ostrogoten, wanderten unter der Führung ihres Herrschers Theoderich nach Norditalien ein und errichteten für etwa 100 Jahre den Gotenstaat.

[86] 514-523.

[87] 511-517.

„Es gibt ein Gesetz, das besagt, wenn das Reich in Gefahr ist, hat der Kaiser das Recht zu lügen, um es zu retten."

Die Senatoren wussten, dass es ein solches Gesetz nicht gab, aber die Tage der römischen Republik waren lange vorbei und nun waren sie eher Zeugen der Handlungen des Kaisers, als dass sie selbst Gesetze schmiedeten und das Reich regierten. Er diktierte den Schriftgelehrten das Folgende:

„Die Steuer auf Vieh in Bithynien und Kleinasien ist um ein Viertel zu senken. Die Charta des heiligen Throns, die dies bestätigt, ist in der Domkirche zu platzieren."

Anastasios war ein kluger Mann. Damit erfüllte er die Bedingungen der Vitinier, Kilikier und Isaurier[88], um auf seiner Seite gegen Vitalian zu kämpfen, was für sie völliger Selbstmord war, da Vitalian die weit überlegenere Armee hatte. Bei diesem Treffen erklärte Anastasios auch Kyrill zum Strategos von Thrakien und befahl ihm, Vitalian zu vernichten. Kyrill ersetzte effektiv den allseits verhassten Ipatius.

Vitalian wusste, dass ein Kampf mit Kyrill unmittelbar bevorstand, aber das Schicksal wollte es anders haben. Karin, der Stadtverwalter von Odessos, teilte ihm mit, dass Ipatius der mit dem Schiff, mit dem Kyrill in Odessos angekommen war, nach Konstantinopel weggesegelt sei und dass nun die Zeit für Vitalian gekommen sei, Odessos zu betreten. Vitalian zog die Truppen von Merkeli ab und überquerte den Balkan, nicht direkt in Richtung Odessos, sondern nach Zaldaba, und erreichte von dort Odessos. Er

---

[88] In Kleinasien und Syrien lebende Völker.

schickte Späher aus, die als Bauern verkleidet Lebensmittel verkauften und wartete auf ein Zeichen von Karin. Nach zwei Tagen sagten Karins Männer ihm, er solle am nächsten Tag vor Sonnenaufgang bei den Mauern von Odessos sein.

Die erste Aufgabe von Kyrill, dem neuen Strategos von Thrakien in Odessos, war es, ein einwöchiges Festmahl für die örtlichen Granden in der Villa des Stadtgouverneurs zu arrangieren. Es war auch für viele der Mädchen in den Hafenbordellen eine große Freude. Sie dachten, dass Kyrills Orgie kein Ende nehmen würde, und sie wollten kräftig verdienen.

Vitalian zog in der Nacht lautlos 2.000 Reiter zu den Mauern und am Morgen öffneten die Torwächter die Tore, die von Karins Männern mit viel Gold bestochen worden waren. Vitalian machte sich mit 50 Mann unter seinem Kommando, angeführt von dem Hunnen Tarah, auf den Weg zu der Villa des Stadtgouverneurs, in der das Festmahl stattfand. Zur gleichen Zeit überraschten die Reiter die Garnison im Schlaf, wobei niemand getötet wurde. Die Stadt war in der Hand von Vitalian. Im Inneren der Villa stolperte man über die Körper von nackten Mädchen und Männern, die in den willkürlichsten Posen schliefen. Es war, als hätte Vitalian die Feste des Bacchus vor Augen, wie sie üblicherweise auf Vasen abgebildet sind. Als er in einem Raum den goldenen Mantel eines Strategen erblickte, zog er instinktiv sein getisches Schwert. Die beiden nackten Frauen neben Kyrill ahnten nicht einmal, dass ihr Kunde den Geist aufgegeben hatte, und zwar, ohne einen Laut vor sich zu geben! Sie wachten erst auf, als die

Vitalians Soldaten Kyrill hinaustrugen, um ihn ins Meer zu werfen, und sie waren entsetzt.

Vitalian ernannte Karin formell wieder zum Verwalter von Odessos und übergab ihm das Gold mit der Bitte, jedes Schiff zu kaufen, das er konnte. Er brauchte Schiffe. Danach wechselte er die Garnison aus, setzte seine eigenen Männer als Offiziere ein und nahm die Soldaten aus Odessos mit, um nach Adrianopel zu ziehen.

An dem Tag, an dem er Ipatius empfangen sollte, erfuhr Anastasios, was in Odessos geschehen war. Er war wütend! Als Ipatius eintrat, befahl er ihm ohne Einleitung, als Oberbefehlshaber 80.000 Mann nach Zalbada zu führen und es einzunehmen. Alatar der Skyth wurde zu seinem Strategos von Thrakien ernannt und Theodor zu seinem Schatzmeister.

Alatar begann mit kleinen Feindseligkeiten auf der Straße nach Adrianopel. Vitalian hatte kleine Einheiten zur Aufklärung abgestellt und ihnen befohlen, sich nicht auf Feindseligkeiten einzulassen, so viel wie möglich über die ankommenden Truppen zu erfahren und die Nachrichten schnell nach Adrianopel zu bringen. Ipatius und Alatar interpretierten dies als Siege und schlugen Anastasios sogar vor, außerhalb der Stadt zu gehen und an den heiligen Stätten feierliche Gebete zu verrichten und festliche Spektakel für das Volk zu veranstalten. Aber als sie sich Adrianopel näherten, erlebten sie den Schrecken der bulgarischen Kavallerie: Überfälle und Rückzüge ohne Unterbrechung und Wolken von Pfeilen bei jedem Rückzug. Die Bulgaren wechselten häufig die Pferde und schienen überhaupt nicht müde zu werden, mit solcher Intensität zu kämpfen. Von Sonnenaufgang bis Sonnenuntergang hörte der Ansturm der Bulgaren nicht auf, so dass die Truppen nicht einmal essen oder Wasser trinken konnten. Dann beschloss Ipatius, das Heer zurück nach Konstantinopel zu bringen, es auf Schiffe zu verladen und in der Stadt Akra anzulanden. Nach Odessos konnte er nicht mehr. Akra war im Altertum die Schatzkammer der Erben Alexanders in Europa. Wegen der steilen Klippen der Küste war sie nur von einer in die Felsen eingebetteten Bucht aus zugänglich. Eigentlich war es eine schmale Landzunge mit drei parallelen Wällen von Ufer zu Ufer, hinter denen sich die Gebäude befanden. Vor dem Äußersten erstreckte sich ein großes Feld. Die einheimischen Griechen[89] nannten es „Hübsches Akra" oder Kaliakra, weil es auf Klippen über dem Meer lag und sehr schön war. Einen Monat lang waren 80.000 Soldaten in der Provinz Bulgarien stationiert. Mit ihnen war auch der Historiker Julian, der die glorreichen Taten der Römer aufzeichnen sollte. Ipatius errichtete ein riesiges Wagenlager und begann von dort aus mit kleinen Raubzügen. Vitalian führte die Armee über den Balkan und stationierte sie in den Hügeln nicht weit von den Seen von Odessos. Schon beim ersten Kontakt mit den Hunnen-Bulgaren fiel den Soldaten ein junger Mann auf, der ohne Waffe herumhing. Geschickt näherte ein Soldat sich ihm und warf die Schlinge seines Arkanums über den Körper des jungen Manns, um seine Arme an seinen Körper zu binden und ihn vom Pferd zu stoßen. Da das Gewand des Jünglings aus Seide war, führte der Reiter den jungen Mann zu Vitalian. Vitalian unterhielt sich freundlich mit ihm und als er erfuhr, dass er ein Chronist war, gab er ihn noch am

---

[89] Griechische Kaufleute haben sich seit der Antike in den Städten an der Schwarzmeerküste niedergelassen und Handel mit den Nationen des Kontinents betrieben.

selben Abend gegen ein Lösegeld an Ipatius zurück. Der hunnische Soldat erhielt das gesamte Lösegeld. Das Schicksal von Timotheus, einem von Anastasios' engen Leibwächtern, war ein anders. In dieser ersten Begegnung kämpfte er tapfer, wurde aber von drei Hunnen umzingelt, die nacheinander ihre Arkanums nach ihm warfen, ihn vom Pferd stießen und ihn mit ihren Arkanums hielten, so dass er in der Mitte stand. Einer der Bogenschützen schaute den Zenturio an, der Zenturio nickte und der Bogenschütze durchbohrte Timotheus mit dem ersten Pfeil den Hals.

Vitalian beendete die Schlacht für diesen Tag. Die Karren mit Pfeilen aus Zaldaba würden in der Nacht ankommen.

Am nächsten Morgen wurde Ipatius durch das Kreischen der Möwen geweckt. Als er aus dem Zelt kam, fror ihm das Blut in den Adern: Auf dem gesamten Feld um Akra sah man bulgarische Reiter. Sie waren zwei Pfeilwürfe von der Wagenburg entfernt. Sofort befahl Ipatius, die Ochsen anzuspannen, die Wagen zu bewegen und die Truppen in Schlachtordnung aufzustellen, aber es war zu spät. Die Wagenburg wurde durchbrochen und die Reiter schossen wie im Training auf die aus den Zelten kommenden Soldaten. Es herrschte große Panik, einige eilten ans Meer, aber die Küste bei Akra war felsig und steil. Sie starben, wenn nicht an den Pfeilen, so doch an ihren Wunden, nachdem sie in die Abgründe gestürzt waren. Ipatius schaffte es, das Wasser der einzigen Bucht unverletzt zu erreichen, wurde aber erkannt und als nasse Henne an Land geschleppt. Celerian und Paul, die Vitalian mit dem

Kommando über diese Operation beauftragt hatte, winkten den Wojewoden zu:

„Ihm darf kein Haar gekrümmt werden. Er ist der Cousin des Kaisers und so teuer in Gold, dass wir damit die mysische[90] Kavallerie ein Jahr lang versorgen können. Dasselbe gilt für die Zenturien: Sie sind fast alle aus adligen Familien und das Lösegeld für sie wird beträchtlich sein. Die getöteten Ochsen sind sofort zu zerlegen und ihre Fleischstreifen zu salzen und zu trocknen nach mehrmaliger Pressung. Und lagert sie an einem trockenen und luftigen Ort, vorzugsweise in Höhlen auf dem Balkan. Dieses Fleisch ist wertvoller als Gold. Hierfür sind die Wojewoden persönlich verantwortlich. Alle Schiffe aus Akra sollen nach Odessos gebracht werden, der Hafen dort ist viel größer und bequemer."

Vitalian war ein außergewöhnlicher Organisator. Er war vorausschauend sowohl in den kleinsten Dingen als auch in komplexen zwischenmenschlichen und geopolitischen Beziehungen.

Gegen Mittag war die Schlacht praktisch vorbei.

Am Abend kamen die Wojewoden der Bulgaren aus ganz Mysien und Kleinskythien, das jetzt Provinz Bulgarien hieß, zu Vitalians Lager und Vitalians Schatzmeister zahlten ihnen das vereinbarte Gold. Die Bulgaren übergaben alle Gefangenen wie vereinbart. Unter ihnen waren Alatar, der Stratege von Thrakien und Eusignius, und viele andere.

Die Nacht war erfüllt von dem Geruch des Roastbeefs und den Liedern der jubelnden Soldaten.

---

[90] Die alte Bezeichnung der heutigen Nordbulgarien ist Mysien.

Im Laufe der nächsten Woche sammelten sie die Waffen und Habseligkeiten der gefallenen Truppen ein. Sie zählten über 60.000 getötete Männer und eine riesige Menge an Pferden und Ochsen. Der Rest hatte kapituliert. Zu Beginn der zweiten Woche gingen die bulgarischen Soldaten nach Hause. Vitalian besuchte alle Städte in Kleinasien und Mysien und vergewisserte sich persönlich, dass ihre Oberhäupter ihn als Kaiser anerkannten, obwohl er sie nicht darum bat.

Als sie dem Sohn von Atila, Irnik, Knyaz von Gottes Gnaden, die Nachricht über die schreckliche Niederlage des römischen Heeres bei Akra nach Großbulgarien brachten, zögerte er keinen Augenblick die Schwäche der Römer auszunützen und einige der Sibirer nach Süden hinter den Kaukasus zu schicken. In den Jahren 515 bis 516 drangen die sibirischen Bulgaren in das Becken des Flusses Kura[91] ein, gelangten nach Anatolien und kamen bis nach Kappadokien.

Sozopol

Anastasios erfuhr davon und beschloss, den bulgarischen Anführern in Sozopol 100 Goldstücke[92] zu schicken, damit sie in seinen Dienst zurückkehren. Diese Aufgabe vertraute er Uranius an, der Kanzler[93] des Magisters der

---

[91] woher das Gebiet heute seinen Namen hat - Kurdistan
[92] ca. 288 kg
[93] Das Amt veröffentlicht Erlasse und nimmt andere wichtige und verantwortungsvolle Aufgaben wahr.

Oficien[94] war, sowie den Botschaftern Polychronius und Martiarius.

Der Palast von Vitalian in Konstantinopel war noch nicht angegriffen worden. Leider saß seine Frau dort fest und er suchte nach einem Weg, sie herauszuholen. Die Stadt hatte Augen und Ohren und so erfuhr er schnell, dass ein Schiff mit Botschaftern und Gold nach Sozopol gesegelt war. Sofort berief er einen Rat ein und schickte den Kommandanten Kurt mit folgendem Auftrag nach Odessos:

"Kurt, du gehst nach Odessos. Du nimmst alle Handelsschiffe, die du finden kannst. Ihr beladet jedes Schiff mit unseren Soldaten und jeweils einem Griechen. Ihr segelt in den Hafen von Sozopol, zu der Stelle, wo einst die 28 Ellenbogen[95] hohe Goldstatue des Apollo stand und wenn die Patrouillenboote kommen und euch fragen, wer und was ihr seid, zwingt ihr die Griechen unter Androhung der Todesstrafe zu sagen, dass ihr Kaufleute seid und dass ihr Waren zum Verkauf transportiert. Falls sie euch glauben, werden sie die Kette hochziehen und ihr werdet die Stadt wie eine Kirche betreten - durch den Haupteingang. Dann wisst ihr, was zu tun ist. Du nimmst das Gold und schickst es zu mir. Wenn der Plan scheitert, kämpft ihr nicht, sondern geht zurück. In Sozopol haben sie flüssiges Feuer[96]. Wenn ihr euch den Mauern nähert, werden eure Schiffe brennen."

---

[94] Oberbefehlshaber des kaiserlichen Archivs, des Palastzeremoniells, der kaiserlichen Garde und der Rüstungswerkstätten.

[95] Ca. 13 Meter.

[96] Kupferpumpen, die flüssiges, mit Schwefel und Phosphor vermischtes Öl werfen.

Der Plan gelang und Kurt schickte ihm sechs mit Gold beladene Kutter sowie die Botschafter.

Aufstand in Konstantinopel. Der zweite Marsch Vitalians nach Konstantinopel

Anastasios war wütend, aber außerhalb des Palastes tat er so, als sei nichts geschehen. Er organisierte sogar wieder Pferderennen auf dem Hippodrom. Wie es der Zufall wollte, gewannen auch dieses Mal die Pressiner. Die Pressiner waren die kommunale Partei des Teils der Stadt, in dem überwiegend Thraker lebten. Sie waren mehrheitlich Arianer und hatten das Gefühl, dass, so wie Theodosius einst die Thraker von Thessaloniki ungestraft massakriert hatte, Anastasios nun dasselbe mit ihnen tun könnte. Die Spannung erreichte einen solchen Höhepunkt, dass das Volk zum Eingang des Palastes marschierte und begann, die Wachen zu töten. Anastasios verbot die üblichen nächtlichen Feiern nach den Rennen. Das heizte die Stimmung weiter an; die Scharmützel mit den Nachtwächtern waren echte Kämpfe. Sogar der Anführer der Wache, Geta, wurde getötet. Anastasios holte daraufhin reguläre Soldaten aus dem Garnisonsgebiet und trieb die Aufständischen auseinander.

Dies wurde Vitalian berichtet und er urteilte, dass nun die Zeit gekommen sei, Konstantinopel zu betreten. Er hatte 200 Schiffe aus Odessos, Akra und Sozopol zur Verfügung. Die Bedingungen waren günstig: Anastasios hatte Lohn für seine Soldaten auf Jahre hinaus, er hatte Nahrung, er hatte die ganze Provinz Bulgarien hinter sich,

Theoderich war neutral, und Sabinian, Justinian und Upravda warteten nur auf einen günstigen Moment, um ihm zu
helfen. Dann steuerte er die Schiffe an der Küste entlang
nach Konstantinopel, belagerte mit seiner Kavallerie die
Stadt und lagerte bei Lasthenium. Anastasios sah, wie
seine Schatzkammer, anstatt für ihn zu arbeiten, auf seine
Kosten für seinen Feind arbeitete, der von Tag zu Tag stärker wurde und beschloss, dass er wieder lügen, falsche
Versprechen machen und Gold verschenken musste. Er
schickte zur Verhandlung Johannes Valerian, genannt
nach seiner Mutter Valeriana, der die ehrenvollen Ämter
des Stratylaten und Konsuls innehatte. Mit ihm ging Ipatius' Vater - der Patrizier Secundinus, dessen Frau die
Schwester von Anastasios war.

Auch hier wurde die frühere Prozedur wiederholt:

„Sei gesund, General!"

„Sei gesund, Konsul!"

„Der Kaiser hat mich geschickt, um dir die Zeichen
des Gouverneurs von Thrakien zu übermitteln."

Johannes trat vor und überreichte ihm eine Urkunde
mit dem kaiserlichen Siegel und einem goldenen Schwert
mit der Aufschrift "Dem Strategos von Thrakien" und einen Ring mit dem Siegel "Strategos von Thrakien".

„Hier ist ein schriftlicher Eid, dass der Kaiser die Bischöfe wiederherstellen wird. Der Kaiser lädt zu einem
Empfang in den Palast der Blachernae ein."

„Johannes, wir sind keine Kinder, um uns gegenseitig Geschichten zu erzählen. Wir haben bereits solche Eide
erhalten und die Bischöfe sind noch nicht zurückgekehrt.
Es gibt kein Konzil."

„Herr General, lasse mich dir eine persönliche Frage stellen. Du bist ein Alan und dein Volk lebt in der Provinz Bulgarien, jenseits von Hemus[97]. Was kümmert es dich so sehr, ob thrakische oder illyrische Priester verbannt werden? Kämpfst du eigentlich für den Glauben oder für den Thron in Konstantinopel?"

„Konsul, wenn ich den Thron wollte, wärst du jetzt tot und ich würde die Stadt mit meinen Truppen angreifen. Aber jetzt möchte ich dir eine persönliche Frage stellen. Verstehst du nicht, dass hier ein Krieg um die Vorherrschaft der Griechen über die Thraker geführt wird? Mit der Zerstörung der autonomen thrako-illyrischen Christengemeinden zielt ihr zuerst auf die geistige und dann auf die physische Unterwerfung des Balkans! Und das sollen wir akzeptieren? Heute die Thraker, morgen die Illyrer und übermorgen die Provinz Bulgarien. Es scheint, dass wir euch nicht genug geschlagen haben, um euch zu verstehen zu geben, dass wir nicht nur Brüder im Glauben sind, sondern auch Brüder im Kampf. Wollt ihr etwa, dass 2 Millionen Griechen 14 Millionen Bulgaren regieren? Habt ihr schon einmal von einem griechischen Kaiser gehört? Es gibt keinen und es wird keinen geben! Das Imperium ist thrakisch und illyrisch, weil seine Soldaten Thraker und Illyrer sind! Das Reich ist thrakisch und illyrisch, weil seine Generäle Thraker und Illyrer sind! Und wie viele der Kaiser ab Diokletian wurden auf dem Balkan geboren? Unsere Sprache wird überall auf dem Balkan und von den Franken über den Kaukasus bis nach Armenien gesprochen. Ich, Vitalian, und meine Freunde Sabinian, Justin und

---

[97] Früherer Name des Balkangebirges.

Upravda[98] denken, dass die Bulgaren innerhalb des Reiches besser aufgehoben sind als außerhalb, aber Anastasios tut sein Bestes, um den Balkan vom Reich zu trennen."

In diesem Moment trat Patrizier Secundinus heran und fiel weinend vor Vitalian auf die Knie:

„Sohn! Auch du hast Kinder, möge Gott sie beschützen! Der Schmerz, sie zu verlieren, kann durch nichts übertroffen werden. Nimm 5000 Liter Gold und lass meinen Sohn Ipatius frei."

Der Diener von Secundinus brachten die Säcke mit dem Gold. Vitalian wandte sich an die Wache und nickte. Sie erwarteten dieses Angebot und brachten Ipatius mit.

Johannes Valerian sagte nichts mehr. Sie nahmen Ipatius mit und das Gefolge von Johannes Valerian machte sich bereit, in die Stadt aufzubrechen. Dann sagte Vitalian mit leiser, aber bestimmter Stimme:

„Sage Anastasios, dass dies seine letzte Chance ist, die Forderungen der thrakischen und illyrischen Christen zu erfüllen."

Der wütende Ipatius

Als Ipatius die Stadt betrat, wurde er von allen beschimpft und ausgebuht:

"Warum lebst du, du Ochse, wenn über 60.000 deiner Soldaten tot sind und der Rest gefangen. Verdammter Mistkerl! Mit den Hunnen zu kämpfen ist nicht so, als würde man die Frauen seiner Häuptlinge jagen! Hurensohn!"

---

[98] Der zukünftigen Kaiser Justinian.

Ipatius war wütend. Am nächsten Tag im Senat wurde das Gleiche wiederholt.

Dieser Tag war das Fest der Gastra, der Tag, an dem Helena, die Mutter von Konstantin dem Großen, Blumen auf dem Grab Jesu pflanzte, die daraufhin sprossen. Dieser Topf wurde im Kloster von Gastria aufbewahrt. Das Volk war auf den Straßen, um zu feiern.

Am Abend ging Ipatius zu den Festlichkeiten hinaus, aber das Volk erkannte ihn und begann erneut, ihn zu beschimpfen:

„Wo hast du unsere Kinder ausgerottet, du Schurke? Wo sind unsere Söhne? Du feiger Hund! Du hast nur Mut, wenn deine Soldaten die Frauen deiner Offiziere gefesselt halten. Aber auch dafür taugst du nicht mehr! Ein Mühlhaufen! Ein Dreckskerl!"

Ipatius konnte es nicht ertragen, er befahl seiner Wache aufzustehen und machte sich auf den Weg zum Palast von Vitalian. Vitalians Wachen verstanden, dass etwas Schreckliches passieren würde, aber sie rechneten überhaupt nicht damit, dass Ipatius Diener ihnen blitzschnell die Kehle durchschneiden würden. Als Ipatius das Schlafzimmer betrat, sah er Vitalians Frau mit ihren Dienerinnen. Die Soldaten packten jeweils eine der Frauen und vergewaltigten sie unter furchtbaren Schreien wiederholt und lachend. Vitalians Frau wehrte sich mit aller Kraft, konnte aber den wütenden Ipatius nicht loswerden. Sie verließen den Palast erfüllt mit Schrecken und Schreien.

Die Nachricht verbreitete sich unter den Feiernden wie Feuer in einem trockenen Wald. Die Stimmung kippte und die Menschen eilten zu dem Palast der Blachernae. Sie schlachteten jeden einzelnen von Anastasios' Wachen ab.

Anastasios war verwirrt, was da vor sich ging, aber als er es herausfand, verfluchte er seine eigene Sippe und befahl den Truppen, die Garnison zu verlassen und den Aufstand niederzuschlagen. Viele wurden getötet.

Am nächsten Tag erschienen die Strategen im Palast und befragten Anastasios:

„Imperator, was glaubst du, wie Vitalian nach dieser Sache gegen uns kämpfen wird? Er hat bisher keine einzige Siedlung und keine einzige Kirche geplündert. Er bezahlt die Soldaten selbst und unterstützt sie auf eigene Rechnung. Er verhält sich wie ein römischer Stratege. Mit dieser unerhörten Abscheulichkeit wirst du den Ruin von Thrakien verursachen. Übrigens, keiner von uns wird deinem Ipatius folgen, wenn du ihn wieder zum Konsul machst."

Zum ersten Mal spürte Anastasios, wie seine Füße weich wurden. Er wandte sich an den Patrizier Anthemius und sagte:

„Anthemius, ich ernenne dich dieses Jahr zum Konsul!"

Anthemius nickte und verließ mit den anderen Strategen den Palast. Keiner sagte mehr ein Wort.

Als sie Vitalian die Nachricht überbrachten, sagte er nichts, warf sich auf das nächstgelegene Pferd und ließ sich drei Tage lang nicht mehr blicken. Die Wachen folgten seiner Spur und fanden sein Pferd tot vor Erschöpfung und Vitalian zitternd vor Fieber in einer Mühle. Es dauerte eine Woche, bis er sich von dem Fieber erholt hatte. Seine ersten Worte waren:

„Schreiber! Schreiben! An Irnik, Knyaz von Gottes Gnade. Knyaze, schick mir 20.000 sibirische Reiter. Ich

werde sie durch Mysien und Thrakien zu den reichen Vor-
städten von Konstantinopel führen. Was immer sie plündern, gehört ihnen! Die Gründe hast du bereits erfahren."

Dritter Marsch Vitalians nach Konstantinopel. Die War-
nung der Illyrer

Nach 10 Tagen überquerten bei Silistra 60.000
Pferde mit 20.000 bewaffneten Bulgaren der sibirischen
Hunnen die Donau und nach weiteren drei Tagen war die
Umgebung von Konstantinopel vollständig geplündert.
Bei ihrer Rückkehr verschleppten sie viele Menschen und
siedelten sie auf der anderen Seite der Donau an. Pontica[99]
wurde entvölkert.

Nachdem sich die Sibierer zurückgezogen hatten,
befahl Anastasios auch die Verbannung von Bogomil von
Serdika, der Upravdas persönlicher Lehrer und Mentor gewesen war. Daraufhin kamen Justin und Upravda nach
Konstantinopel und baten, vorgelassen zu werden. Anastasios empfing sie kühl mit der Frage:

„Was gibt es?"

„Kaiser, ganz Illyricum will, dass du die Bischöfe
frei lässt."

„Und wenn ich sie nicht zurückschicke?"

„Dann wird sich das ganze rechtgläubige Heer gegen dich stellen! Erinnerst du dich, wessen Armee dir geholfen hat, gegen Zenon an die Macht zu kommen.

Es war in der Tat die illyrische Armee, angeführt
von Justin, die gegen Zenons wilde isaurische Gesetzlose

---

[99] Das südliche europäische Ufer vom Schwarzen Meer.

kämpfte und sie nach einem bitteren Bürgerkrieg besiegte und befriedete.

Anastasios' Adern platzten vor Wut.

„Wache! Was wollen diese dreckigen Bastarde?"

Er zeigte auf Justin und Upravda und zischte:

„Keiner darf den Kaiser bedrohen! In den Kerker mit ihnen!"

Die beiden wurden weggebracht. Anastasios bestach zwei Zeugen, damit sie bezeugten, dass Justin und Upravda ein Komplott gegen ihn schmiedeten und verurteilte sie zum Tode. Aber dadurch fühlte er sich nicht besser. In den folgenden Wochen konnte er nicht schlafen. Tatsächlich hatte er in Europa keinen Fuß mehr auf den Boden bekommen und seine asiatische Armee war vernichtet. Die Eunuchen erklärten ihm, welche Leute er eigentlich eingesperrt hatte: "Das ist die Elite Illyriens und wenn ihnen auch nur ein Haar gekrümmt wird, ist Vitalian die geringste deiner Sorgen." Als ob er das nicht gewusst hatte, war doch Justin Wächter in seinem Palast gewesen, bevor er Sabinians Stratege wurde. Am nächsten Tag verkündete Anastasios, dass ihm die illyrischen Märtyrer Sergius und Bacchus im Traum erschienen waren und furchtbare Drohungen gegen ihn aussprachen, weil er plante, unschuldige Männer zu töten, die der Herrschaft würdiger waren als er selbst. Anastasios befahl, Justin und Upravda freizulassen. Er konnte auf keinen Fall als verrückt bezeichnet werden!

Der unnötige Komplott gegen Anastasios

Bevor sie nach Vederiana aufbrachen, machten Justin und Upravda in Adrianopel Halt und trafen sich mit

Vitalian. Das Treffen war herzlich, ein Treffen von starken Männern mit gemeinsamen Interessen. Justin war jetzt ziemlich alt, aber voller Energie wie immer.

„Gott steh dir bei, General!"

„Möge Gott Euch Gutes schenken, Justin und Upravda!"

Am Mittagstisch erzählten die beiden, was sie in Konstantinopel erlebt hatten. Es gab verschiedene Fischsorten, die in Kacheln mit Gemüse gebacken wurden. Es gab auch Wein, aber niemand griff danach. Justin wandte sich an Vitalian und sagte mit leiser, aber entschlossener Stimme:

„Zählen wir die Tage des Hundes!"

„Na los! Und dann?", fragte Vitalian.

„Danach machen wir dich zum Kaiser."

„Nein, das wird die Isaurier, Kilikier und alle Asiaten gegen den Thron aufbringen und der Bürgerkrieg wird nicht aufhören. Es ist klüger für mich, dass du Kaiser wirst und ich deine rechte Hand bin. So wird Frieden in Europa und Asien einkehren."

Vitalian hörte aufmerksam zu. In der darauffolgenden Stille war nur das Klappern von Geschirr zu hören. Draußen hörte man den Lärm der Stadt.

„Theodorich und ich vereinbarten, dass es keine Überfälle von Dardania nach Srem geben würde. In diesem Fall könntest du mit den illyrischen Truppen kommen."

Dann, zum ersten Mal, meldete sich Upravda:

„Ich habe nun zum ersten Mal die neuen Mauern begutachtet. Ich habe sie zwei Tage vor unserer Abfahrt besichtigt. Die Wände sind unüberwindbar! Sollten wir Anastasios nicht besser sagen, dass wir ihm zu Hilfe kommen und mit unseren Truppen in die Stadt einmarschieren? Dort werden wir ihn erledigen. Du musst nur die isaurischen Hunde, die er jetzt gegen dich aufhetzt, in Schach halten. Du hast sie schon einmal zermalmt und sie haben Angst vor dir. Wenn sie davon erfahren, werden auch sie aufgeben und der Krieg ist vorbei."

Die beiden erfahrenen Generäle wussten, dass Upravda ein sehr kluger junger Mann war, aber jetzt erkannten sie mit jeder Faser ihres Körpers, dass er auch ein Talent für hohe Politik hatte. Es entging Vitalian nicht, dass Upravda diese brillante Idee in Form einer Frage geäußert hatte und obwohl sie von ihm kam, mussten sie die endgültige Entscheidung treffen, als ob es ihre eigene Idee gewesen wäre. Justin und Vitalian sahen sich an und sagten beide fast gleichzeitig:

„So soll es sein!"

„In diesem Fall", fuhr Justin fort, „Upravda, gehst du zurück zu Anastasios und bietest ihm Folgendes an: Wenn er die Bischöfe von Ohrid und Pautalia gehen lässt, werden wir mit einer Armee kommen, um ihm gegen Vitalian zu helfen. Mal sehen, wie er antworten wird."

Obst wurde serviert und das Mittagessen endete. Die drei erhoben sich, Justin umarmte Vitalian und damit war die Abmachung geschlossen. Upravda ritt langsam nach Konstantinopel, um Thrakien und die Mauern noch einmal eingehend zu untersuchen. Er kam erst am dritten Tag nach dem Treffen mit Vitalian an. Anastasios war über das Angebot überrascht, aber er war sich schon lange bewusst, dass er sich auf Messers Schneide bewegte, und dieser Vorschlag schien ihm die lang ersehnte Rettung zu sein. Er befahl, den Patriarchen Timotheus herbeizurufen und als der alte Mann kam, sagte er zu ihm:

„Lasse Domnion frei und setze ihn wieder auf seinen Bischofsthron!"

Der Bischof von Sardica war Bogomil, der Bulgare der Upravdas persönlicher Tutor und Lehrer für Latein und Griechisch war. Auf Griechisch nannten sie ihn Theodor und auf Lateinisch Domnion. Upravda liebte ihn sehr und suchte immer seinen Rat.

„Aber, Kaiser, er war ein Ketzer!"

„Tu, was ich dir befehle!", zischte Anastasios. „Gebt auch Evangel frei! Und er soll seinen Bischofsthron in Pautalia[100] einnehmen!"

„Aber, Kaiser..."

„Es gibt kein Aber! Und Lavrenti? Beschimpft er mich immer noch?"

„Ja, Kaiser. Aber Gott heilte ihn von seinem Leiden, während er hier im Exil war, und das Volk begann, ihn als Heiligen zu verehren."

Anastasios urteilte, dass Lavrenti 80 Jahre alt sein müsste und nicht mehr lange leben würde, also befahl er:

„Lasse ihn auch gehen! Er soll seinen Bischofsthron in Ohrid einnehmen. Wir haben genug Heilige hier."

Es herrschte Schweigen und Upravda fragte:

„Und Akatsi, Altsis und Gaian?

„Altsis und Gaian sind tot, begraben in einem Grab.", murmelte der Patriarch.

„Und Akatsi?"

---

[100] Heute Kjustendil in Bulgarien.

„Du bringst zuerst die Armee nach Byzanz und dann werden wir uns auch wegen ihm verständigen."

Damit war die Audienz beendet.

Vierter Marsch nach Konstantinopel

Im Jahr 515 rief Vitalian seine Bulgaren aus Mysien. Er lud sie in Odessos auf Schiffe und lud sie in der Nähe von Siki[101] aus. Die Garnison von Merkeli und Adrianopel positionierte sich die lange Mauer zum Goldenen Tor entlang. Er schickte auch eine Armeeeinheit entlang des europäischen Ufers der Dardanellen, damit es keine Überraschungen bei der Verlegung von Truppen aus Asien über Elyon[102] geben würde. Einzelne Soldateneinheiten aus der Stadt fingen immer wieder Kämpfe an, aber Vitalians Überlegenheit war so groß, dass sie begannen, Soldaten gefangen zu nehmen und sie jeden Sonntag für einen Folis[103] an ihre Verwandten am Goldenen Tor zu verkaufen. Damit verspottete Vitalian einerseits Anastasios, andererseits wollte er den Bürgern von Konstantinopel zeigen, dass er keinen Krieg gegen sie führe. Bald spottete jeder in der Stadt offen über Anastasios. In seiner Verzweiflung befahl Anastasios Ipatius, mit den Esquiviten[104] nach Siki zu ziehen. Die Bulgaren wurden jedoch von bestochenen Männern in Konstantinopel benachrichtigt und in dem Moment, in dem die Schiffe das Goldene Horn überquerten, ergoss sich eine Wolke von Feuerpfeilen über die Schiffe

---

[101] Heute Galata, Stadtteil in Istanbul.
[102] Früherer Name von Troja.
[103] Ein Nomisma hat 288 Folis, 72 Nomismas = 330 Gramm Gold.
[104] Kaisergarde.

und sie fingen Feuer. Die Römer sprangen ins Wasser oder ans Ufer und versuchten zu fliehen, doch dort amüsierten sich die Reiter mit ihren Arkanums und fingen einen Soldaten nach dem anderen wie Kälber ein. Wie groß war die Überraschung, als sie sahen, dass einer der Gefangenen ein seidenes Gewand mit Goldbesatz und vergoldeten Figuren auf dem eisernen Brustpanzer trug. Sie führten ihn zu Vitalian. Als Vitalian ihn erblickte, sprang er blitzschnell, und sein Schwert pfiff am Kopf des Gefangenen vorbei und durchtrennte alle Lederriemen der Rüstung, so dass die Rüstung schließlich von selbst um seine Beine rutschte. Der nächste Pfiff hinterließ blutige Spuren auf Ipatius' Wangen. Ipatius zitterte wie Espenlaub. Jeder erwartete einen Schlag ins Herz, aber er kam nicht. Vitalian hatte sich unter Kontrolle und schrie auf:

„Tarah!"

Tarah sprang auf und zog sein Schwert in der Bewegung.

„Nein! Dieser Hund hat es nicht verdient, mit einem Schlag von seinem unehrenhaften Leben befreit zu werden. Lade einen Schweinestall mit einem Schwein darin auf einen Karren auf, setze ihn auch hinein, und lasse ihn vor den Augen der Armee und aller, die auf den Festungsmauern stehen, vorbeifahren. Erhebt seine Rüstung auf einer Lanze über den Wagen und bindet daran seinen Mantel, damit man schon von weitem erkennt, wer er ist."

Tarah begann, sich vor Lachen zu überschlagen. Tränen kamen ihm aus den Augen. Er fiel fast hin.

„Warum lachst du, verdammt noch mal?", fragte Vitalian gereizt.

„Weil er sein Glück auch im Stall finden könnte!"

Die Truppe lachte laut los, Vitalians Seele hingegen wäre vor Kummer geplatzt.

Als Anastasios von dieser Erniedrigung erfuhr, rief er den Kämmerer und befahl ihm.

„Wir kommen nicht an Vitalian heran, aber wenn wir seinen ersten Häuptling, Tarah, auslöschen können, wäre das gut. Ich höre, dass es unter den Hunnen in Mysien einen namens Turgue gab, der nicht erfreut war, dass Vitalian Tarah zu seiner rechten Hand erhoben hatte. Finde einen Weg, ihn zu bestechen, Tarah auszulöschen oder gefangen zu nehmen, um Ipatius zu rächen. So wird Vitalian zwei seiner besten Kommandanten verlieren."

Das Vorhaben des Kämmerers glückte. Turgue erzählte Tarah, dass es in den Wäldern oberhalb von Pontus wilde Ziegen gab und sie gingen eines Tages auf die Jagd. In Tarahs Gefolge befanden sich auch Vitalians Leibwächter, Anastasios und Dominik. Unterwegs warf einer von Turgues Reitern ein Arkanum nach Tarah und Turgues Gefolge entwaffnete und fesselte Tarah schnell. Anastasios und Dominik zogen ihre Schwerter, wurden aber von den Arkanen von Turgues Soldaten umzingelt und zu Fall gebracht. Sie übergaben die Gefangenen an die isaurischen Vorposten, wohin der Strategos Rufinus mit einer eigens dafür abgestellten Truppe gekommen war. Dies war derselbe Rufinus, der ein großer Freund der Witwe des persischen Königs Kavad gewesen war und der ihrem Sohn Horsoi geholfen hatte, an die Macht zu kommen. Turgue trat in den Dienst der Römer über. So verlor Vitalian zwei seiner besten Wojewoden, zwei seiner persönlichen Leibwächter und einige andere. Nach zwei Tagen verbrannten die Römer Tarah auf dem Scheiterhaufen an einem Ort jenseits von Chalcedon namens Panteichion. Dies war ein Ort an der asiatischen Küste des Marmor-Meeres, in der Nähe von Skutari. Anastasios und Dominik wurden die Hände an den Füßen gefesselt und sie wurden an einem Haken über dem Goldenen Tor aufgehängt. Sie waren Feldherren rasiertem Kopf und einem Haarzopf. Die Köpfe der anderen Gefangenen wurden neben ihnen auf Speeren aufgespießt. Der Anblick war schrecklich! Anastasios und Dominik starben stöhnend vor den Augen der Belagerer. Das beendete auch Ipatius' Qualen - er wurde umgehend umgebracht.

Anastasios' großes Problem war, dass Vitalian zwei-hundert Schiffe in die Dardanellen gebracht hatte, die kein Proviant aus Asien in die Stadt ließen. Das zweite Problem war, dass die Admiräle der oströmische Flotte Petrus und Johannes waren. Johannes war der Sohn von Vitalian und Petrus war sein enger Freund. Es gab keine Kraft, die Johannes dazu bringen konnte, gegen seinen Vater in den Krieg zu ziehen. Und nach dem, was seiner Mutter passiert war, war es auch gefährlich, ihn mit einer Armee zu betrauen. Daraufhin ernannte Anastasios den ehemaligen Präfekten Jures[105] Marinus, der Syrier, zum Kommandanten der Flotte. Er hatte großen Einfluss bei der Truppe. Anastasios erinnerte sich auch an einen Philosophen der Schule des Theodosius, die sich oberhalb des Golfs von Magnauris befand, und befahl, ihn zurückzurufen. Proklos war einer der Gymnosophisten - er ging nackt mit einem Mantel und barfuß. Er war ein sehr talentierter Ingenieur.

---

[105] Berater des Kaisers.

„Philosoph", begann Anastasios, „der Bosporus und die Dardanellen sind voll von Vitalians Schiffen. Wenn sich unsere Schiffe den ihren nähern und die Soldaten in einen Nahkampf geraten, sind die Bulgaren besser. Unsere Kupfersiphons funktionieren, aber das verworfene Erdöl entzündet sich nicht immer. Welchen Rat würdest du mir geben, um mit diese umzugehen?"

„Mach dir keine Sorgen, Kaiser. Ich habe eine Mischung aus Schwefel und Phosphor zusammengebraut. Bei Zugabe zu Erdöl entzündet sich die Flüssigkeit an der Sonne von selbst. Es ist ein wenig gefährlich für diejenigen, die es benutzen, aber wenn man vorsichtig ist, besteht keine Gefahr."

Anastasios befahl dem Chef seiner Leibwache, die Versorgung der Schiffe, die über Siphons verfügten, mit einer solchen Mischung persönlich zu übernehmen. In einer Woche war alles fertig, gerade als die Beobachter berichteten, dass die Flotte von Vitalian bei Siki, an jenem Ort an der Meerenge, die Vitaris genannt wird, gegen St. Thecla angetreten war. Der Tag war wolkenlos. Um drei Uhr des Tages machten sich mehrere Schiffe auf den Weg zum größten Schiff von Vitalian, mit dem Vitalians Admiräle fuhren, und als sie in Reichweite der Pumpen kamen, probierten sie die neue Mischung aus. Die Wirkung war verblüffend. Die Pumpen selbst spuckten tatsächlich Feuer. Die Kommandeure befahlen den Soldaten, ihre Rüstung abzulegen, um sie nicht zu beschweren, und sich ins Wasser zu werfen. Die Römer warfen Fischernetze aus und fingen so diejenigen, die nicht ertrunken waren oder ans Ufer des Siki schwammen. Nach diesem Ereignis beschloss Vitalian, seine Schiffe nicht aufs Spiel zu setzen und zog sie nach Anchialos zurück. Ohne die Flotte war es unmöglich, die Truppen in Siki zu versorgen, also befahl Vitalian auch ihnen, sich zurückzuziehen. Martin war ein talentierter Kommandant und versäumte es nicht, den Vorteil, der sich ihm bot, zu nutzen. Er befahl seinen Schiffen, in Siki anzudocken. Seine Truppen schifften sich aus, formierten sich in Schlachtordnung und rückten systematisch bis zum Kloster St. Mamant vor. Am nächsten Morgen waren keine Soldaten von Vitalian mehr auf der Halbinsel Siki zu sehen.

Der Rückzug von Vitalians Flotte erlaubte den Byzantinern, die Versorgung aus Kleinasien wieder aufzunehmen.

Zum Gedenken an diesen Sieg veranstaltete Anastasios eine feierliche Prozession nach Sosthenium und dankte viele Tage lang in der Kirche des Erzengels Michael. Während dieser Zeit ordnete er an, dem Philosophen vier Zentner[106] Gold zu zahlen, aber Proklos weigerte sich, sie anzunehmen. Proklos war einer jener Wissenschaftler - Naturforscher -, die kein Interesse an menschlichen Dingen hatten und für die es nur das Denken und die Erfahrung als Form der eigenen Existenz gab. Er kehrte nach Athen zurück und starb nicht lange danach.

Justin in Konstantinopel

Nach diesen Ereignissen kamen 10.000 Illyrer, angeführt von Justin und Upravda, zurück nach Konstantinopel und betraten die Stadt. Nach seiner Ankunft wurde

---

[106] 1 Zentner hat 100 Goldliter, 1 Liter sind 330 Gramm Gold

Justin in den Rang eines Konsuls erhoben. In der Stadt herrschte ein Gefühl der Erleichterung.

Anastasios wurde von einem Gedanken gequält - einem einzigen Gedanken: "Wie konnte es sein, dass Vitalian ihm einen Korridor geschaffen hat, um die Mauern kampflos zu erreichen? Er wollte wahrscheinlich keine unnötigen Opfer bringen. Oder..." Er beschloss, Justin und Uravda von ihm fernzuhalten und verstärkte seine persönliche Bewachung. Er war 89 Jahre alt geworden und wollte eines natürlichen Todes sterben.

Justin hatte jedoch eine ausgewählte Truppe seiner treuesten Männer aus Vederiana bei sich, mit denen er viele Höhen und Tiefen des Lebens erlebt hatte und ließ sie jeden Schritt des Anastasios beobachten und verfolgen. Er wusste, dass die Exquviten[107] auch Menschen waren und früher oder später einen Fehler machen würden, so dass sich die Gelegenheit bieten würde, den Mann aus Diracium zu töten.

Am 10. Juli 519 wurde Byzanz überraschend von einem schrecklichen Sturm heimgesucht. Ziegel fielen von Dächern, Bäume stürzten krachend um, einige ältere Gebäude konnten nicht mehr bestehen und stürzten ein, Hunde heulten fürchterlich... Der Sturm erwischte Anastasios und seine Wachen im Hafen. Einer der Holzkräne wurde von einer starken Windböe weggefegt und krachte auf Anastasios. Justins Männer stürzten sofort auf ihn zu. In diesem furchtbaren Sturm, in dem jeder sich zu retten suchte, bemerkten die Cubicularien[108] Andreas, Mizahel und Ardabur nicht Justins Männern. Ehe sie sich versahen,

---

[107] Personenschutz vor Schwerttragenden Soldaten.
[108] Leibwächter

wurden sie zu Boden gestoßen und gefesselt. Als Justins-
männer den mit Holzbalken überschütteten Anastasios erreichten, sahen sie, dass Gott wollte, dass sie nicht in
Sünde wegen Verrats gegen Anastasios beschuldigt werden könnten. Der Mann aus Diracium war bereits tot. Justin war der erste, der von Anastasios' Tod erfuhr. Dies war
ein enormer Vorteil bei dem Kampf um die Nachfolge, den
es zu nutzen galt. Als die vier Cubicularien gefesselt zu
ihm gebracht wurden, befahl er sofort, Amantius, den Chef
des Palastes, und Andreas auf die Gefängnisinsel zu verbannen und dort zu enthaupten. Sie waren die wichtigsten
Förderer des Manichäismus und waren die praktischen
Vollstrecker aller Verbrechen des Anastasios gegen den
Glauben. Was Mizahel und Ardabur betraf, so befahl er,
sie in die Verbannung nach Serdica zu schicken. Damit
ging er den wichtigsten Schritt auf dem Weg zur Macht -
die Schatzkammer gehörte ihm. Mit einer Schar treuer Soldaten beluden sie einen Karren mit Gold aus der Schatzkammer und zogen von Senator zu Senator. Am nächsten
Tag tagte der Senat und es wunderte niemanden, dass der
70-jährige Justin mit Lob überschüttet, wurde für seine
Siege, für seine Lebensweisheit, für sein gemäßigtes Auftreten gegenüber dem Adel, für die Wichtigkeit der Treue
Illyriens zur Krone, für die Tatsache, dass er der Einzige
war, der die beiden Kirchen[109] versöhnen konnte, und so
weiter. Das war alles richtig, aber nicht selbstverständlich,
denn im neuen Rom wurden die Kaiser schon lange nicht
mehr nach Verdiensten gewählt. Es war ein großer Zufall,
dass dieses Mal ein anständiger Mann auf dem Thron saß.

---

[109] Die von Rom und die von Konstantinopel.

Konsul Eutarch schlug vor, Justin zum Kaiser zu erheben und der Senat stimmte zu. Patriarch Johannes II. von Kappadokien kürte ihn für den Staat. Und Valka, seine Frau, die einst eine Sklavin gewesen war, wurde nun Kaiserin. Die Lateiner nannten sie Lupina.

Kaiser Justin

Justin wusste von seinen Spionen am Hof, dass Amantius in ein geheimes Komplott verwickelt war, um Theokrit auf den Thron zu heben. Sein erster Befehl war, Theokrit einzusperren, "damit er da nicht lebend herauskomme", was auch passierte. Man hörte, dass ein großer Stein auf ihn fiel und er dabei umkam. Seine Verwandten wollten ihn begraben, aber Justin befahl, ihn ins Meer zu werfen.

Die Monophysiten waren eine starke Partei und hatten viele Unterstützer. Justin ließ jedoch alle wissen, dass er nicht die Absicht hatte, um ihretwillen mit der ganzen Welt, mit Vitalian, mit Theoderich und mit jedem anderen in den Krieg zu ziehen. Am Ende flohen viele von ihnen, um der Verfolgung zu entgehen, nach Ägypten.

Erst als er sich auf dem Thron sicher fühlte, sandte er aus, um Vitalian einzuladen. Als Vitalian im Jahr 520 in die Stadt einzog, hatte sich die ganze Stadt auf den Straßen gedrängt, um den de-facto Sieger des vierjährigen Bürgerkriegs zu sehen. Es war, als würden sie einen neuen Kaiser willkommen heißen. Dies gefiel Upravda ganz und gar nicht. Am siebten Tag nach seiner Ankunft, bei einem feierlichen Empfang in der großen Halle des Palastes, umarmte Justin Vitalian und bezeugte ihm vor allen seine herzlichste Dankbarkeit für die Verteidigung des rechten Glaubens und seine immerwährende Freundschaft. Justin ernannte Vitalian 520 formell zum Konsul und Oberbefehlshaber der Armee. Vitalian ernannte Celerian und Paul als seine Assistenten.

Als sich diese Nachricht in der Stadt verbreitete, feierten die Menschen eine Woche lang ununterbrochen. Die Stadttore wurden geöffnet. Bevor die Truppen nach Thrakien und in die Provinz Bulgarien zurückkehrten, gingen viele Soldaten in Gruppen auf den Markt in der Stadt und kauften mit dem im Krieg verdienten Geld Geschenke für Verwandte und andere Notwendigkeiten, erkundeten die Stadt und gaben Geld aus. Die Prostituierten haben damals wahnsinnig viel Geld verdient. Die Stadt wurde in nur einer Woche zu der pulsierenden und schönen Stadt, die sie vor dem Krieg war. Die Nachricht verbreitete sich auf dem Seeweg und Schiffe mit Waren von überall her begannen, das Goldene Horn zu füllen.

Vitalian ließ nur 1.000 seiner Soldaten zurück und befahl dem Rest, zu ihren Garnisonen zurückzukehren.

Justinian

Nach diesen Ereignissen schickte Justin einen freundlichen Brief an Papst Johannes II.[110], aus dem hervorging, dass er den 35-jährigen Streitigkeiten ein Ende setzen wollte und die Einheit der Kirche von Konstantinopel und der Kirche von Rom wünschte. Als Zeichen der

---

[110] 2.I.533-8.V.535.

Freundschaft lud er ihn ein, die Kirche von Konstantinopel, die einst vom Vormund der Kirche von Konstantinopel, Marcian[111], an die Goten abgetreten worden war, nach
dem richtigen Ritus zu weihen, wobei er den Gebrauch der
gotischen Sprache nur für das Singen von Psalmen und für
die Liturgie beibehielt, als Zeichen der Ehrerbietung für
sein illyrisches Volk, das die gleiche Sprache wie die Goten hatte. Unter Kaiser Theodosius[112] wurde diese Kirche
in Brand gesteckt, und die Goten, die verfolgt wurden und
in ihr ihr Heil suchten, wurden mit ihr verbrannt. Dann erhob Gaina einen Aufstand in Konstantinopel, scheiterte
aber und floh nach Thrakien zu den Hunnen, wo er getötet
wurde.

Eigentlich war das auch die Idee von Upravda. Upravda dachte, dass er mit den bulgarischen Foederaten in
Thrakien und Illyrien Frieden schließen musste, um die
Vandalen zu besiegen, und dann mit den Vandalen und
Bulgaren, um Theoderich zu besiegen, und dann mit den
Kutrigur-Bulgaren, um die Utigur-Bulgaren zu besiegen,
und so weiter. Alles in allem war das Zentrum aller Aktionen des 70-jährigen Justin Upravda. Die Lateiner übersetzten seinen bulgarischen Namen mit Justinian und nach und
nach begannen alle, ihn Justinian zu nennen. Er war in der
Blüte seiner Kräfte und war in der Tat gleichzeitig die Le-
gislative und Exekutive des alten Justin, der nicht einmal
lesen und schreiben konnte. Im Gegensatz dazu hatte Justinians Lehrer Bogomil ihm in jahrelanger, systematischer
Arbeit Latein, die Sprache der Armee, und Griechisch

---

[111] 450-457.
[112] 450-457.

beigebracht. Bogomil war ein heiliger Mann, damals Abt des Klosters St. Alexander der Märtyrer.

Justinian widmete einen Großteil seiner Zeit der Beilegung von Gerichtsstreitigkeiten. Gerechtigkeit war für ihn der unerschütterliche und beständige Wille, jedem sein Recht zu verschaffen. Justinian glaubte, dass Freiheit die natürliche Fähigkeit eines jeden sei, zu tun, was er wollte, solange es nicht durch die Kraft des Gesetzes verboten war und so war er zutiefst davon überzeugt, dass es ohne ein funktionierendes Rechtssystem keine Freiheit für die Menschen geben konnte. Außerdem glaubte er, dass es von allen Kräften in der Gesellschaft keine wichtigere geben könne als die Macht der Gesetze, die Ordnung in göttliche und menschliche Angelegenheiten bringt und alle Ungerechtigkeit verbannt.

Justinian urteilte vor seinem Volk nach Gewohnheitsrecht und Vernunft. In Konstantinopel mussten jedoch Hunderte von Gesetzen befolgt werden, die von verschiedenen Kaisern erlassen und geändert wurden. Eines Tages explodierte er, als er zur Lösung eines Falles nur widersprüchliche Gesetze gelesen hatte. Er war es nicht gewohnt, nicht mit allem Schritt halten zu können. Wenn das für ihn so schwierig war, wie würden dann weniger gebildete Richter und Gouverneure zurechtkommen? Er ging in die Schule des Theodosius, versammelte alle Philosophen und unterwies sie wie folgt:

„Sammelt innerhalb eines Jahres alle Gesetze! Identifiziert, diejenigen, die nicht mehr gültig sind und stellt mit den übrigen ein einziges Buch zusammen - geordnet nach dem Thema, das sie behandeln. Nach dem ich das Buch gelesen und überprüft habe, würde ich gerne eure

Meinung dazu hören, ob es widersprüchliche Gesetze gibt, ob es veraltete und nicht durchsetzbare Gesetze gibt und ob es Dinge in der Rechtsprechung gibt, die nicht durch Gesetze gelöst sind. Ruft welchen Anwalt des Imperiums auch immer zu Rat. Alle Kosten werden von der Staatskasse getragen. Ich befehle euch, die Entscheidungen eurer Gespräche zu protokollieren. Sechs Monate lang werden wir die Angelegenheit diskutieren. Nachdem ich den Kodex schließlich genehmigt habe, werdet ihr ihn tausendfach in Griechisch und Latein kopieren und in jedem Verwaltungsbezirk des Reiches verteilen."

Es war eine kolossale Arbeit. Zu Zeiten der Republik wurden diese Dinge natürlich im Senat erledigt, aber nach Caesar machten die Kaiser die Gesetze selbst und es gab keine Institution mehr, die diese Arbeit erledigte.

Es war wirklich eine kolossale Arbeit. Über 100 Personen haben daran gearbeitet. Doch das Ergebnis war spektakulär: Alle Gesetze in einem Buch, dem Justinianischen Kodex, galten überall im Reich gleichermaßen! Das war eine große Erleichterung für alle Richter. Die Anzahl der angefochtenen Verfahren ging zurück. Justin konnte nicht stolzer auf seinen Neffen sein.

Bei dieser Arbeit wurde Justinian von Bogomil unterstützt. Als sie damit fertig waren, erzählte Bogomil bei einem Mittagessen mit Justin, dass in Serdica Licinius in seiner Zeit viele Kirchen zerstört hatte und jetzt gab es keine gute Kirche mehr, aber es gab dort viele Gläubige. Justin und Justinian liebten Bogomil sehr. Justin befahl dann, den Schatzmeister zu rufen und zu bestellen:

„Dass ein Jahreseinkommen aus den Steuern der Stadt Serdika für den Bau eines Tempels ausgegeben werden sollte. Das Volk darf auch seine Steuerpflichten in Form von Arbeitsleistungen beim Bau des Tempels abarbeiten. Die Architekten Isidor von Milet und Antimius von Tral sind zu entsenden. Sie sollen sich an den Entwürfen der Sophienkirche[113] orientieren, die unser Verwandter Konstantin der Große nach dem Sieg über Licinius in Konstantinopel erbaute."

Sowohl Bogomil als auch Patriarch Epitaphios I. von Konstantinopel nahmen an dem Mittagessen teil. Justin wandte sich an den Patriarchen und sagte zu ihm:

„Vater, lass Bogomil dein Vikar in Serdika für den Bau sein. Und wenn du den Tempel geweiht hast, soll er darin Bischof werden."

Er wandte sich an Bogomil und sagte zu ihm:

„Ich danke dir, Bogomil, dass du aus meinem stürmischen Neffen einen so gebildeten Mann gemacht hast. Möge dies deine Belohnung sein. Und ich werde dich noch um eine Sache bitten. Schreib alles über sein Leben in unserer Muttersprache, dem Bulgarischen, mit dem von Urfil für die kleinen Goten geschaffenen Alphabet auf, das man sowohl gotisch als auch glagolitisch nennt[114]."

Er dachte nach und fügte dann hinzu:

„Wem sollen wir die Kirche widmen?"

---

[113] Während des Aufstandes in Konstantinopel, genannt Nika, am 13.I.531, wurde diese Kirche verbrannt. An ihrer Stelle baute Justinian die berühmte Hagia Sophia.

[114] Die als Linear A bezeichnete Schrift, die seit mehr als 3500 v. Chr. aus dem minoischen Kreta bekannt ist, und die als Linear B bezeichnete Schrift, die seit mehr als 1450 v. Chr. aus Mykene bekannt ist, sind Teilmengen der sogenannten glagolitischen Schrift. Die Bulgaren waren das einzige Volk, das diese Schrift bis ins späte Mittelalter bewahrte, bevor sie durch das kyrillische Alphabet ersetzt wurde.

„Der weisen Mutter, der leidenden Sophia.", antwortete Bogomil, „schließlich ist sie eine Nachbildung der Kirche Konstantins."

„So soll es sein!"

Justinian dachte nach und fügte hinzu:

„Nachdem Anastasios uns aus dem Gefängnis entlassen hatte und wir nach Illyricum zurückgekehrt waren, traf uns unsere ganze Familie feierlich in der Nähe der Stadt Shkodra, oberhalb des Flusses Boyana. Es war ein großes Fest. Möge dort eine Kirche errichtet werden, gewidmet den Heiligen Sergius und Bacchus. Für die Pläne, die gleichen Architekten zu engagieren. Ihre Fähigkeiten und Kenntnisse werden von allen, die ihre Arbeiten gesehen haben, bewundert."

„So sei es, Kaiser!", sagte Patriarch Epitaphios.

Der Mord an Vitalian

Während des Bürgerkrieges verloren viele Adelsfamilien in Konstantinopel ihre Söhne. Unter ihnen waren Senatoren, die für Justin gestimmt hatten, die aber nach einer günstigen Gelegenheit suchten, sich an Vitalian zu rächen. Bei Empfängen mit verschiedenen Senatoren bildete sich allmählich eine Gruppe heraus, die zu dem Schluss kam, dass, wenn alle Verschwörer gleichzeitig Vitalian töteten, dies nicht zu Justins Rache führen würde, da Justinian de facto Kaiser war. Justin war alt und eine seiner alten Wunden hatte sich entzündet. Wenn er also plötzlich sterben würde, würde die Macht an Vitalian übergehen, was Justinian auf keinen Fall zulassen würde. Indem sie

Vitalian töteten, nahmen sie also Rache, wohl wissend, dass sie damit Justinian zum Kaiser erheben werden.

Im Jahr 520 waren Vitalian und Rusticus jeweils Konsul. Bei einer Gelegenheit war Vitalian zusammen mit seinen Vertrauten Celerian und Pavel auf dem Weg zum Senat. Als er den Vorraum betrat, bemerkte er, dass die versammelte Gruppe von Senatoren ihn nicht wie üblich begrüßte, aber er beschloss, an ihnen vorbeizugehen. Dann wendeten sie sich blitzschnell gegen ihn, und 16 Schwerter stießen in seinen Körper. Vitalian brach in einer Blutlache zusammen. Celerian und Pavel begannen, ihre Schwerter zu ziehen, aber das gleiche Schicksal ereilte sie. Vitalian genoss nur 7 Monate seines Konsulats.

Wie einst Julius Caesar von den Senatoren erschlagen wurde, so starb nun der stärkste Verteidiger des Glaubens der Thraker und Illyrer, der Geten und Bulgaren auf dem Balkan. Und er hatte, wie Caesar, in seinem Leben weder Schlacht noch Krieg verloren.

Es scheint, dass das Gewinnen aller Schlachten und Kämpfe im Leben eines Mannes keine Garantie für das Glück ist!

Unter dem Einfluss von Justinian entzog Justin den Attentätern ihren Senatorenrang. So viel dazu! Unmittelbar danach ernannte er Justinian zum Konsul anstelle des ermordeten Vitalian. Dies gab vielen Menschen in der Stadt Grund zu der Annahme, dass Justinian von dem Komplott wusste und es im Stillen billigte. Justinians wahre Motive waren jedoch andere - so wie sie den alten Konsul getötet hatten, so konnten sie auch den neuen Konsul töten. Justinian pflegte zu sagen: "Intrigen gegen einen anderen sind Verbrechen."

Hunialon

Zu dieser Zeit lebten die Langobarden, die aus Sachsen gekommen waren, schon seit einiger Zeit in Pannonien. Justinian schenkte den Langobarden Noricum, die pannonischen Festungen und viele andere Orte sowie eine beträchtliche Geldsumme, aber sie hörten nicht auf, die Donau zu überqueren, sich dort niederzulassen, Dalmatien, Illyrien bis nach Epidamnus[115] zu plündern und die Bewohner zu versklaven. Allerdings waren die Langobarden auch eine große Bedrohung für die Gepiden. Im Jahr 526 wandten sich die Gepiden an Großbulgarien mit der Bitte um Hilfe. Sie dachten, dass es, wenn überhaupt, lange dauern würde, bis der Bitte entsprochen würde. Wie groß war ihre Überraschung als nach einem Monat eine Reitertruppe von 12.000 Kutrigur-Bulgaren zu ihnen geschickt wurde, angeführt von ihrem sehr erfahrenen Wojewode Hunialon. Die Gepiden hatten noch einen Friedensvertrag mit den Langobarden und wollten diesen nicht brechen. Aber wie ernährt man eine Kavallerie von 12.000 Mann? Daraufhin bot der Gepidenherrscher Hunialon an, ihn und seine Männer über die Donau ins römische Gebiet zu bringen, um sich dort von Plünderungen zu ernähren. Hunialon begann, systematisch die donauländischen Gebiete des Reiches zu verwüsten.

In diesem Jahr starb auch Theoderich der Große und Mundo verlor seinen engsten Freund und Gönner.

---

[115] Die heutige Stadt Drač.

Tsiligdes

Aufgrund der Bekehrung zum Christentum in Lasika im Jahr 526 durch Byzanz begannen die Perser erneut einen Krieg mit Byzanz. Justin beschloss, sich an Tsiligdes, dem Herrscher der Bulgaren von dem Geschlecht der Hunnen-Severen, zu wenden, damit dieser sein Verbündeter in diesem Krieg wird. Er gab ihm zahlreiche Geschenke und ließ ihn feierlich schwören, ihm gegenüber loyal und ehrenhaft zu handeln. Als Tsiligdes jedoch von der Ermordung Vitalians erfuhr, brach er seinen Schwur und wechselte mit seinem gesamten Heer von 20.000 Mann auf die Seite von persischen Herrscher Kavad. Gerade als sich beide Seiten auf den Kampf vorbereiteten, schickte Justin eine Nachricht an Kavad: "Übrigens ist es wahr, dass wir Brüder in Freundschaft sein sollten und nicht von unseren Feinden verspottet werden sollten. Wir möchten Ihnen mitteilen, dass der Hunne Tsiligdes von uns eine große Geldsumme erhalten hat, um uns im Krieg zu unterstützen, mit der falschen Absicht, Sie zu vernichten. Und nun lasst uns sagen, es sei keine Feindschaft zwischen uns, sondern Friede."

Und Kavad, der dies hörte, fragte Tsiligdes:

„Stimmt es, dass Du von den Römern Geld erhalten hast, um ihnen gegen Persien zu helfen?"

Und Tsiligdes antwortete:

„Ja. Aber sie töteten Vitalian, der unser großer Freund war."

Das war für Kavad kein Grund, Verträge zu brechen. Er war erzürnt, befahl, Tsiligdes sofort den Kopf abzuschlagen, und schickte sein Heer zum Kampf gegen die

20.000. Nur wenige von ihnen entkamen und kehrten mit großer Scham nach Bulgarien zurück. So nahmen Kavad und Justin ihre Freundschaft wieder auf.

Kaiser Justinian

Im Jahr 527 fühlte sich Justin unwohl und wurde schwer krank als Folge einer Kopfwunde, die er durch einen Pfeil in einer seiner vielen Schlachten erhalten hatte. Daraufhin berief er eilig den Senat ein und verkündete, dass er Justinian adoptiere und ihn zum Mitregenten des Reiches ernenne. Die Chronisten notierten den Namen des neuen Kaisers: Flavius Petrus Sabatius Justinian. Es war der 1. April 527. Vier Monate später, am 1. August 527, starb Justin im Alter von 79 Jahren. Er vermachte Justinian die Aufgabe, den Westen und den Osten zu vereinen.

Als Justinian Kaiser wurde, fing Bojidara an, sich Theodora zu nennen. Das war die griechische Übersetzung ihres Namens Bojidara.

Vitalians Ermordung war ein schrecklicher Schlag für die bulgarischen Föderaten in Thrakien und der Provinz Bulgarien und sie weigerten sich, dem Kaiserreich weiter zu dienen. Justinian überlegte lange, wie er ihren Schlag, der früher oder später auf Konstantinopel fallen würde, verhindern konnte. Dann entschied er sich für etwas sehr Riskantes.

Die Stadt Panthekapeia oder Panthekapeion lag am östlichen Ufer der Meerenge von Cimmeria und von ihr aus konnte der gesamte Handel, der mit der Schifffahrt auf dem Tanais[116] und dem Meotischen See verbunden war, kontrolliert werden. Die Stadt Panthekapeia war mal römisch, mal bulgarisch. Damals unterhielt Justinian dort eine kleine Garnison, die von einem Tribun befehligt wurde, und erlaubte gegen einen Tribut in Ochsen den freien Handel mit den Bulgaren. Wegen der Ochsensteuer begannen sie, Panthekapeia auch Bos Foros zu nennen. Der Handel war für beide Seiten profitabel und führte zu vielen regen Kontakten von Bulgaren und Römern. Rechts des Tanais-Flusses lebte das Volk der Utrigur-Bulgaren, links des Tanais das der Kutrigur-Bulgaren. Im Jahr 528 wollte sich der utigurische Knyaz Gord[117] taufen lassen und ein Verbündeter des Kaisers werden. Justinian empfing ihn mit großen Ehren, nahm ihn persönlich "aus dem Taufbecken", überhäufte ihn mit Geschenken und schickte ihn mit einem Vertrag zur Verteidigung des Reiches und mit der Hoffnung, dass Gord sein Volk bekehren würde, zurück in sein Land. Der Knyaz, der in sein Land zurückkehrte, erzählte seinem Bruder von der Liebe und Achtung des Kaisers und davon, dass er Christ geworden sei. An diesen Orten verehren die Menschen überall steinerne Statuen, die sie Baba nennen, nach ihrem ältesten Gott, nach dem auch die Stadt benannt ist, in der er einst lebte, der Schoß[118] von Baba oder Babylon. An besonderen Stellen sind die Statuen jedoch mit weißem Gold überzogen, das sie Elektron[119] nennen. Gord ordnete an, die Beschichtungen einzuschmelzen und die Statuen zu zerstören, wodurch

---

[116] Der Fluss Don.
[117] Auf Deutsch – stolz.
[118] Auf Bulgarisch – lono.
[119] Legierung aus 52% Gold und 48% Silber.

er sein Volk gegen sich aufbrachte. Sein Bruder Moger führte die Unzufriedenen an und Gord wurde getötet. In seinem Zorn nahm Moger auch Panthekapeia ein und massakrierte die kleine Garnison zusammen mit dem Tribun Dalmatius. Als der Kaiser dies erfuhr schickte er den ehemaligen Konsul Johannes, Sohn des Patriziers Rufinus und Enkel des Skythen Johannes, mit einem großen Heer durch die Provinz Bulgarien. Johannes, zusammen mit dem Strategos Badurius, marschierte auf dem Landweg und die Flotte, geführt von Godila, startete in Odesopolis in Richtung Crimea. Als die Utiguren-Bulgaren dies hörten, zogen sie sich wieder von der Stadt zurück.

Boarix

Wallach, Knyaz von Gottesgnaden, kämpfte in Hyrcania[120] zweimal mit Persien. Beide Male nahm er den persischen König Peroz gefangen. Peroz entkam beim ersten Mal, nachdem er vor ihm auf die Knie fiel. Es war eine schreckliche Demütigung für den König der Könige! Die Magier[121] waren wütend. In ihrer Verzweiflung verbreiteten sie die Legende, dass er dies bei Sonnenaufgang getan hatte und angeblich nicht vor Wallach auf die Knie fiel, sondern den Sonnengott anbetete. Dann versprach Peroz, Großbulgarien nicht mehr anzugreifen. Beim zweiten Mal löste sich Peroz mit 20 Eselsladungen Goldmünzen ab, die die Perser Suze nennen, und versprach, 10 weitere zu geben. Dennoch griff er ein drittes Mal an. Wallachs

---

[120] Die Südküste des Kaspischen Meeres.
[121] Priester in Persien. Für den Glauben Zarathustras ist die Sonne der große Gott, den die Gläubigen bei Anbruch der Morgendämmerung, d. h. bei Sonnenaufgang, anbeten.

Großherzigkeit war erschöpft. Wallach hatte in einer Ebene Girkaniens auf ihn gewartet, nachdem er zuvor befohlen hatte, überall Gruben auszugraben, aus denen spitze Pfähle herausragten, und die harten Wege rund um die Gruben mit Zeichen zu markieren, die nur die Bulgaren kannten. Die gesamte persische Armee ging unter. Und Peroz? Sie konnten ihn nicht einmal finden. Es war das Jahr 484.

Boa, eine der Ehefrauen von Peroz, stammte aus einer wohlhabenden persischen Familie und ihre Ehe mit Peroz wurde von ihren Familien arrangiert. Sie war außergewöhnlich schön, mit einem breiten Gesicht, riesigen schwarzen Augen, die von schönen Augenbrauen beschattet wurden. Ihr schwarzes Haar trug sie mal kunstvoll geflochten, mal frei fallend. Sie hatte breite Hüften und kräftige Beine, war aber nicht groß, sie war mittelgroß, aber nicht zierlich, sie hatte eine samtweiße Haut, war aber nicht hell, ihre vollen Lippen lächelten stets, aber sie war alles andere als frivol. Im Gegenteil, sie war eine der bestgebildeten Frauen ihrer Zeit. Von klein auf brachten ihr die Leibwächter ihres Vaters, ehemalige armenische Kriegsherren, bei, wie man präzise mit dem Bogen schießt und wie ein Wirbelwindpferd reitet. Peroz hatte viele Frauen und sie alle empfanden Ehrfurcht vor ihm, aber nicht Boa. Sie war die unabhängigste Frau, die je auf persischem Boden geboren wurde. Die Frauen von Peroz liebten sie nicht und intrigierten ständig gegen sie. Es gab eine spezielle Liste, auf der stand, wann Peroz mit welcher Frau schlafen sollte, die von seiner Mutter geführt wurde. Dies war notwendig, um zu wissen, wer die Mutter des nächsten Kindes war. Obwohl sie laut Protokoll erste Frau von Peroz war, schlief Boa bis zu seinem Tod nicht mit ihm, da Peroz seit seiner Heirat unablässig in Kriege mit den Bulgaren verwickelt war.

Als Wallachs Kavallerie in Bagdad einmarschierte, dachte jeder, Persien sei erledigt. Nur die Gelehrten fürchteten sich nicht; sie wussten, dass die Gründer Persiens ebenfalls aus dem Norden kamen und vom gleichen hunnischen Stamm wie dem von Wallach waren. Wallach betrat den Palast und alle Höflinge fielen auf ihre Augen auf dem Boden, wie es am persischen Königshof üblich war. Boa blieb zum Entsetzen aller stehen. Wallach war unter souveränen Frauen aufgewachsen und konnte sich keine Sklavin als Partnerin vorstellen.

„Wie ist Dein Name?", übersetzte der Dolmetscher.

„Boa, Tochter von Bahadur aus dem Hause Kardama, der im Osten regierte."

Der erste Schreiber von Peroz sagte laut:

„Die erste unter den ersten Ehefrauen des Königs der Könige!"

Der Dolmetscher übersetzte. Wallach konnte seine Augen nicht von ihr abwenden. "Nicht nur die Lippen dieser Frau lachten, ihre Augen lachten, ihr Haar lachte ... sie strahlte einfach Freude und Kraft aus, ja, Freude und Kraft!" Er spürte eine ungewöhnliche Wärme.

„Gut, dass Peroz uns dreimal angegriffen hat, sonst hätten wir nicht so viele Schätze bekommen! Alexander wusste schon früh, was er hier zu suchen hatte!"

Seine Feldherren lachten vergnügt.

Wallach verfügte über eine Armee von 100.000 berittenen Bogenschützen, aber er wusste, dass es unmöglich war, Persien allein mit Waffengewalt zu regieren, ohne sich mit einer edlen persischen Familie zu verbünden. So tat es auch Alexander einst, als er seine Feldherren mit persischen Frauen verheiratete. Seine Ehe mit Boa war etwas noch nie Dagewesenes. Sie wurde sowohl von den Bogolabern[122] als auch von den persischen Magiern[123] geheiligt. Nach dem formellen Ablauf des eigentlichen Festes kamen die Marzapaner[124] von Peroz einer nach dem anderen, überreichten ihm Geschenke und schworen ihm die Treue. Nun war Wallach auch nach den Gesetzen der Weisen, König der Könige, oder, wie die Perser ihn nannten, Schah-in-Schah. Boas Bruder Kawad wurde nach Groß-Bulgarien geschickt, um zu verhindern, dass unerwünschte Ideen in seinen Kopf gelangen.

Das Schicksal macht seltsame Dinge mit Menschen. Auch wenn die Hochzeit aus politischen Gründen stattfand, liebte Boa Wallach und diese Liebe übertrug sich auf ihn. Er war verrückt nach ihr. Ein Jahr später wurde ihr erster Sohn geboren. Sie nannten ihn nach den sibirischen Hunnen, von denen die meisten seiner Soldaten abstammten - Knyaz Zibir. Es war auch ein Aufruf an die Armee, dem Thronfolger gegenüber loyal zu sein. Sein volkstümlicher Name war jedoch Zabergan. Nach einem weiteren Jahr wurde ein zweiter Sohn geboren.

Bei Volksfesten nahm Boa oft an Pferderennen und Bogenschießen teil. Ihre exzellente Treffsicherheit beeindruckte die Soldaten und Wojewoden sehr und das Volk lernte sie allmählich als eine der ihren lieben. Boa hatte auch einen scharfen Verstand. Wallach genoss es, wie sie

---

[122] Gott lobenden, bulgarische Priester.
[123] Persische Priester.
[124] Externe Bojaren von Persien, die den größten Teil der Armee befehligten.

mit Leichtigkeit die verborgenen Absichten der gerissenen Männer um ihn herum aufdeckte und sie in die Schranken wies, aber auf eine Art und Weise, dass sie ihr zustimmten. Boa hatte ein seltenes Talent als Herrscherin und allmählich wurde sie von allen als solche akzeptiert. Nebenbei lernte sie schnell Bulgarisch in den beiden Dialekten Hunnisch und Getisch. Sie hatten auch ziemlich viele Geten in der Armee. Die Geten zwischen den Karpaten und der Donau nannten sie Rix - das heißt, Kaiserin, also nannten sie sie Boarix. Wallach wurde im Land der Geten geboren und allmählich begann man, dieses Land Wallachei zu nennen.

Nach einer vierjährigen Herrschaft setzte Wallach Kavad an die Macht und ließ die Truppen in den Kaukasus und nach Großbulgarien zurückkehren. Boa lernte schnell die Verwaltungsstruktur Groß-Bulgariens von den Karpaten über den Kaukasus bis nach Persien kennen, indem sie nacheinander alle regionalen Wojewoden mit ihren Familien einlud und so enge Beziehungen zu jedem von ihnen aufbaute. Wallach war begeistert davon, wie Boa seine Ziele durch Freundschaft und nicht durch Gewalt erreichte.

Einmal musste Wallach nach Bagdad gehen, um dynastische Streitigkeiten unter dem persischen Adel zu schlichten. Dann kam die Nachricht, dass er gestorben war - während er schlief. Kein Bulgare hat es geglaubt. Boa kannte die Intrigen am persischen Hof und war überzeugt, dass ihr Bruder dies unter dem Einfluss der Magier getan hatte. Sie hielten es für ein Sakrileg, dass ein Barbar das große Persien des Dareios regieren sollte, aber sie wichen geschickt aus und warteten nur auf den günstigen Moment. Sie brachten seine sterblichen Überreste und begruben sie feierlich in Derbent, wobei sie sein Grab nach altem hunnischem Brauch verwischten. Boarix blieb auf dem Thron von Großbulgarien.

Boarix gab vor, ihrem Bruder und den Magiern zu glauben, schickte aber Boten zu Justinian, um ihm mitzuteilen, dass sie ihn treffen wollte. Dies war ein Ereignis von großer politischer Bedeutung und Justinian besprach mit Theodora in aller Ausführlichkeit, wie er ihr begegnen sollte. Im Jahr 527 wurde Zabergan zum Knyaz von Gottesgnaden ausgerufen, aber die wirkliche Macht lag immer noch in den Händen der energischen Boarix. In diesem Jahr wurde auch Justinian Kaiser und Zabergan zog die sibirischen Truppen aus Zentralanatolien ab. Er hinterließ etwa 100.000 Khaaneta, oder, wie die Galater dort sagen, Haushalte, in Arran und Schirwan. Diese zwei Städte hatten etwa eine halbe Million Einwohner. Den Rest nahm er mit nach Groß-Bulgarien.

Im Jahr 528 kamen Boarix und Zabergan zu einem offiziellen Besuch in die Stadt von Konstantin.

Der Empfang war hervorragend. Einen solchen Empfang hatte es im Ostreich seit Jahren nicht mehr gegeben. Beim ersten protokollarischen Empfang ließ Boarix Truhen mit einer großen Menge Silber und Edelsteinen vor Justinian und Theodora öffnen. Theodoras Augen leuchteten. Justinian antwortete mit Würde und beschenkte sie mit vielen königlichen Gewändern, verschiedenen Silbergefäßen und nicht wenig Geld.

Nach der feierlichen Zeremonie, den Gesängen des Chores und den theatralischen Darbietungen zogen sich die Herrscher in das Triklinium zurück. Es waren nur die vier. Sowohl Justinian als auch Theodora waren erfreut, dass Boarix hervorragendes Bulgarisch sprach. Boarix erzählte ihnen von Wallach und erklärte seine feste Absicht, seine Politik zu ändern, aber auf dem Papier ein Freund Persiens zu bleiben.

„Das ist sehr vernünftig!", bemerkte Theodora.

Justinian nippte an seinem Wein und begann:

„Während des Krieges um Amida wurde der Kriegsherr Glom von uns ausgetrickst und getötet. Sein Sohn setzte aus Trauer um seinen Vater das christliche Kloster von St. Simeon in Brand und ging zu den nördlicheren Hunnen von Aster, um ihre Hilfe gegen uns zu erbitten. Unsere Späher berichteten uns, dass Aster und Glom nun mit 20.000 Reitern auf uns zu marschierten, um Persien zu helfen. Dafür müssten sie durch Dein Gebiet."

Boarix lächelte und sagte beiläufig:

„Es wird ein wenig schwierig für sie sein und sie werden kaum Bagdad oder Eure Grenzen erreichen. Wenn Du willst, können einige die Stadt von Konstantin erreichen."

„Warum nicht?", lächelte Theodora fröhlich.

Die Verabschiedung war nicht weniger feierlich als die Begrüßung.

Damit war das Schicksal der Mission von Aster und Glom besiegelt. Im Jahr 528 hatte Boarix Zabergan, Knyaz von Gottesgnaden geschickt und er hatte die Hauptstreitmacht des persischen Feldherrs, Airland, leicht besiegt. Airland selbst und Aster fielen in der Schlacht und Glom wurde lebend gefangen genommen und nach Konstantinopel geschickt. Justinian befahl, ihn auf der rechten Seite des Goldenen Tores zu erhängen, in der Nähe von St. Conon. Dies war ein großes Ereignis und alle Chronisten, persische, armenische, syrische und griechische, haben es aufgezeichnet, wobei sie den Namen von Aster als Styrax oder Tyranx und den von Glom als Glomos oder Aglanos notierten.

Ohne die Hilfe von Boarix konnte Kavad das neu eroberte Amida[125] nicht halten. Er unterzeichnete einen Friedensvertrag mit Justinian und zog sich zurück. Zabergan überquerte sofort den Euphrat und kam nach Antiochia. Zunächst stieß er auf keinen besonderen Widerstand. Viele Siedlungen und Tempel wurden geplündert und anschließend niedergebrannt. Nur der Hunne Besa, den Wallach damals persönlich zum Statthalter von Maiferkat ernannt hatte, leistete entschlossenen Widerstand und erbeutete in einer Schlacht sogar 500 Pferde. Die Reiter von Zabergan zogen sich daraufhin nach Nordpersien zurück. Seitdem ist Besa sehr reich geworden.

Kavad starb im 9. Indiktion, d.h. im Jahr 531, nachdem der Vertrag über die Übergabe von Amida an die Römer unterzeichnet worden war.

Mundo tritt in den Dienst von Justinian

Als er hörte, dass Hunialon in 526 die Donau überquert hatte, zog Mundo mit seiner Armee los und erreichte den großen Fluss. In Sirmium organisierte er eine Verteidigung gegen Hunialon, entschied aber nach einigen Aufklärungsschlachten, dass seine Kräfte nicht ausreichen würden, um die Stadt zu schützen. Im Jahr 529 schickte er Boten zu Justinian mit dem Angebot, ihm zu dienen.

---

[125] Heute Diyarbakir.

Justinians Freude war riesengroß, denn Mundo war zu dieser Zeit neben seinem Belizar[126], den die Griechen Belisarius nannten, einer der fähigsten Feldherren. Außerdem ging mit dem Übergang von Mundo an das Ostreich auch die Stadt Sirmium über, was eine wichtige Errungenschaft war. Mundo kam mit seinem Sohn Maurice in Konstantinopel an. Justinian zeichnete ihn mit großen Ehren aus.

Mundos erste Aufgabe als Knyaz von Illyrien und Oberbefehlshaber der illyrischen Infanterie und Kavallerie war es, die umherziehenden Banden der Geten in Illyrien zu verjagen. Es war das Jahr 530. Die Konsuln in Konstantinopel waren Lampadius und Orestes. Die anderen byzantinischen Befehlshaber trauten sich nicht nach Illyrien - sie hatten mehr Angst vor den Bulgaren als vor den Geten, die das Gebiet terrorisierten. Mundo war der erste aller römischen Kriegsherren, der die Geten angriff und sie vertrieb, wobei er zu viele von ihnen tötete.

Der Nika-Aufstand

Die Griechen waren furchtbar empört darüber, dass Justinian mit den Arianern, also mit dem ganzen Balkan, mit Theoderich und mit dem Papst Frieden geschlossen hatte. Auf den Vorwurf, die Arianer seien Heiden, erwiderte Justinian, dass die Griechen selbst immer noch die hellenistischen Tempel in Delphi besuchten. Eines Tages erließ Justinian ein Gesetz, um alle alten Schätze der hellenistischen Tempel zugunsten des Staates zu beschlagnehmen. Er brauchte Geld für den Krieg gegen die

---

[126] Das bulgarische Wort „Belizar" bedeutet auf Deutsch Wesen König.

Vandalen in Afrika. Die Griechen, die sich selbst als die orthodoxesten Christen betrachteten, hatten kein religiöses Argument, um die Schätze zurückzufordern und entwickelten einen schrecklichen Hass gegen ihn. Justinian schloss außerdem Platons Akademie in Athen im Jahr 529. Zu allem Übel gewannen die Athleten und Pferde der reichen Thraker sehr oft im Hippodrom. Die Partei der Pressinen, die vordergründig eine thrakische Partei der Zuschauer der Spiele war, war eine eindeutige politische Kraft in Konstantinopel und frohlockte unverhohlen über ihre neu erworbenen Freiheiten. Die Griechen aber standen mit den Pressinen auf Kriegsfuß und der Bulgare Justinian war ihnen als Vertreter der Pressinen natürlich ein Dorn im Auge. Es war nur eine Frage der Zeit, bis die Parteinahme in einen Putschversuch umschlug. Im Jahr 531, nach einem der Wettkämpfe, bei dem die Pressiner erneut gewannen, verwandelten die Parteien die Straßen von Konstantinopel in ein militärisches Theater. Auf beiden Seiten wurden Menschen massakriert. Justinian ließ die Schuldigen verhaften und verurteilte sie wegen Totschlags zum Tode. Die Parteien, insbesondere die griechischen, forderten jedoch eine Freilassung der Gefangenen.

Im Jahr 532 wandelte Justinian die Todesurteile in Haftstrafen um, was den Mob jedoch nicht besänftigte. Diesmal zeigten die Griechen unmissverständlich, dass sie gegen die Bulgaren waren, indem sie die Kirche der Heiligen Sophia verbrannten, die vom großen Konstantin, ein Vorfahre Justinians, erbaut worden war. Dies war ein unerhörter Vorgang. Ein Plan wurde geschmiedet, um Justinian abzusetzen und seinen Neffen Ipatius auf den Thron zu setzen. Die Rebellen wählten das Wort "Sieg", das im

Griechischen "Nika" ausgesprochen wird, um sich in der Kriegsführung zu identifizieren. Am vereinbarten Tag marschierten sie zum Hippodrom. Als sie dort eintraten, ging Ipatius, der ebenfalls im Palast wohnte, sofort auf den Balkon hinaus, wo der Kaiser zu sitzen pflegte und setzte sich auf den kaiserlichen Thron, von dem aus der Kaiser immer die Gewohnheit hatte, die Reiter- und Turnwettbewerbe zu beobachten. Die Menge skandierte: "Ipatius, Kaiser!"

Justinian hatte viele Spione und war über das Datum des Aufstandes informiert worden. Also sorgte er dafür, dass zwei seiner talentiertesten Kommandeure, die Bulgaren Mundo und Belizar, in der Stadt waren. Justinian war mit Mundo befreundet, seit er „Geisel" unter Theoderich war. Die beiden teilten auch die unbeschwerten Erinnerungen an Zeiten, in denen sie nicht genug von den jungen Mädchen in Ravenna bekommen konnten. Mundo, der bereits zum Knyaz und Strategos von Illyrien ernannt worden war, wurde nach Konstantinopel berufen, um das hunnische Volk Heruli[127] mitzubringen. Viele Schriftsteller berichten, dass die Heruli in einer Schlacht völlig vernichtet wurden, aber die Heruli lebten weiter und waren als Soldaten für die leichte Infanterie eines jeden Staates gefragt. Belizar hingegen brachte aus dem Krieg mit den Persern ein in harten und gefährlichen Kämpfen erprobtes Heer zurück, in dem es viele Speerträger und Schildträger gab. Sie hatten vereinbart, dass Belizar sich draußen und Mundo im Palast aufhalten sollte. Mundo ging aus dem Palast in Richtung der Menge durch den Eingang, der "Schnecke"

---

[127] 3. Jahrhundert nördliche Schwarzmeerküste, 5. Jahrhundert entlang des Flusses Theiß

genannt wurde, weil er spiralförmig nach unten verlief. Zunächst steuerte Belizar auf Ipatius und den kaiserlichen Thron zu, aber als er das nahe gelegene Gebäude erreichte, in dem die Militärwache des Palastes seit einiger Zeit stationiert war, rief er den Soldaten zu und befahl ihnen, ihm so schnell wie möglich die Tür zu öffnen, damit er auf den Usurpator zugehen konnte. Die Soldaten waren jedoch entschlossen, keiner der beiden Seiten zu helfen, bis eine von ihnen eindeutig den Sieg errungen hatte. Also waren sie ungehorsam und öffneten die Tür nicht. So eilte Belizar zum Kaiser und erklärte, dass ihre Sache verloren sei, denn auch die Soldaten, die mit der Palastwache betraut waren, hätten sich gegen ihn aufgelehnt. Dann befahl ihm Justinian:

„Gehe zum Chaldäischen Tor und den dortigen Vorräumen!"

Belizar durchquerte Ruinen und halbverbrannte Orte, und mit großer Mühe und Gefahr für sich und seine Soldaten gelang es ihm, das Hippodrom zu erreichen. Als er das Tor der Veneter[128] erreichte, das sich rechts vom Kaiserthron befindet, wollte er sich zunächst auf den Weg zu Ipatius machen, da sich dort eine kleine Tür befand, die verschlossen war und von innen von den Soldaten des Ipatius bewacht wurde. Belizar schätzte jedoch, dass er, wenn er diese enge Treppe betrat, sehr leicht eingeschlossen werden und so mit seinen Männern umkommen würde. Die einzige Möglichkeit, diesen Tag zu überstehen, bestand darin, zuerst den Mob abzuschlachten und dann

---

[128] kommunale öffentliche Organisationen: veneti, prasini, levci und russii entsprechend blau, grün, weiß und rot

einfach und bequem zu Justinian hinüberzugehen und seinen Schutz zu übernehmen.

„Bereit zum Kampf!", rief er über das hektische Getöse hinweg.

Ganz kühl reihten sich die Soldaten Schild an Schild und richteten Schwerter und Speere nach vorne über sie. Sie sahen aus, wie eine tief über dem Boden hängende, bleischwarze Wolke, die Eissplitter wie große Steine herabregnen ließ. Das Blut des Mobs begann den Sand zu tränken. Es gab ein furchtbares Geheul der Sterbenden. Die Luft war gesättigt mit dem faulen Atem von Eingeweiden und Blut. "Eins-zwei, eins-zwei...", stürmten die Soldaten. Der Mob wollte fliehen, aber sie konnten nirgendwo hin. In ihrer Verzweiflung warfen sie sich hin und wollten mit ihrem Gewicht, die tödlichen Eisenmaschinen zu stoppen. Obwohl sie sehr geschickt waren, waren Belizars Soldaten nicht die mythischen Spartaner, von denen die Griechen beschworen, dass sie mit 300 Mann eine Million Soldaten des Xerxes in Angst und Schrecken versetzt hätten und ihr Untergang war mehr als sicher. Außerdem befanden sich Soldaten des Ipatius in der Menge. In diesem Moment platzte Mundo durch jenen Ausgang des Hippodroms herein, den die Leute Necra nannten, was „Tod" bedeutete. Durch diese Tür wurden bei Spielen gewöhnlich die Erschlagenen aus dem Hippodrom getragen. Erst am späten Nachmittag standen sich die Truppen von Belizar und Mundo gegenüber. Einen solchen Anblick hatte das Hippodrom seit seiner Erbauung nicht mehr erlebt. Die Körper von 30.000 Männern wanden sich im blutigen Sand und das Stöhnen der Sterbenden erschütterte Himmel und Erde. Die Soldaten, blutverschmiert wie Metzger, knieten tief atmend und glaubten nicht, dass sie noch lebten. An der Seite von Mundo kämpften Boraid[129], Bruder des berühmten Kriegsherrn German, und Justus[130], beide Neffen Justinians. Dann machten sie sich auf den Weg zur Wendeltreppe und die Soldaten öffneten die Tür und ließen sie hinauf zu Ipatius gehen. Ipatius und sein Bruder Pompeius zitterten.

Ohne sie zu fesseln, brachten sie sie zu Justinian.

Überall auf dieser Erde werden gescheiterte Putschisten getötet.

Es war der 13. Januar 532.

Hagia Sophia

Vierzig Tage nach dem Aufstand befahl Justinian, den Patriarchen Mina und die Architekten Isidor von Milet und Antimus von Tralus vorzuladen, die die prächtige Kirche der Heiligen Sergius und Bacchus gebaut hatten und die Bewunderung aller hervorgerufen hatten. Sie hatten auch die Pläne für die Kirchen in Sardica und die in der Nähe der Stadt Shkodra, oberhalb des Flusses Boyana, erstellt. Auch die Schriftgelehrten wurden hinzugezogen. Justinian wandte sich an die Architekten und sagte:

„Mein lieber Isidor, mein lieber Antimus, wir haben immer dein göttliches Talent bewundert, schöne Bauwerke zu errichten, die das Auge erfreuen, den Geist in Erstaunen versetzen und die Seele zu Gott erheben. Ihr wisst, dass die Hagia Sophia in den Jahren 324-337 im Auftrag unseres

---

[129] Bruder des German, nach dem Tod des German 548-549 Vormund seiner Kinder.
[130] gestorben im Jahr 545.

Vorfahren Konstantin des Großen auf dem Augustion-Marktplatz errichtet wurde. Wann immer die Griechen den Thrako-Illyrern Schaden zufügen wollten, verbrannten sie sie. So war es in 404 und in 415. Im Jahr 404 verließen einige der Arianer von Gaina die Stadt, weil sie verfolgt wurden und sich Theodosius widersetzten, Theodosius wiederum massakrierte diejenigen, die in der Stadt blieben, setzte ihre Kirche in Brand und verbrannte diejenigen, die in ihr das Heil suchten, und dann, im Jahr 415, baute er sie wieder auf."

Justinian blickte einen Moment auf den Bosporus und fuhr fort:

„Ich möchte, dass Ihr an dieser Stelle einen Tempel für die heilige weise Mutter Sophia errichtet, der nicht nur vom wilden Mob nicht zerstört werden kann, weil er riesig und der Mob unbedeutend ist, sondern weil er einen beispiellosen Stolz und eine Schönheit ausstrahlt, die jeden Wilden in seinen grausamen Absichten betäubt. Und möge dieser Tempel der schönste auf Erden sein, zu Ehren unseres Gottes und zur Zierde der Stadt Konstantins!"

Dann wandte er sich an die Schriftgelehrten und fragte sie, ob sie bereit wären, eine Novelle[131] zu schreiben.

„Ja, mein Herr, es wird eine Novelle mit der Nummer 43 sein."

„Ich ordne an, dass auf dem Marktplatz von Augustion, an der Stelle der von den Griechen verbrannten Hagia Sophia, ein Tempel von noch nie dagewesener Größe und Schönheit errichtet werden soll. Die Steuereinnahmen des Reiches für drei Jahre sollen für diesen Zweck verwendet

---

[131] Neues Gesetz.

werden. 10.000 Bauleute sollten beschäftigt und die Kirche im Jahr 537 fertiggestellt werden. Zur Verwendung sollen Gold, Silber, Elfenbein bereitgestellt werden. Er dachte an das unvergessliche Italien. Die 8 prächtigen Marmorsäulen sollen aus Rom aus dem jetzt bröckelnden "Sonnentempel" geholt werden. Auch die 8 Säulen aus grünem Marmor aus Ephesus. Nach der Einweihung ordne ich an, dass die Steuern der Handwerkszünfte für den Unterhalt der Kirche verwendet werden. Der Bau, und dann die Kirche selbst, sollte jederzeit von 100 Soldaten bewacht werden. Es sollen 60 Priester, 100 Diakone, 40 Diakonissen, 90 Subdiakone, 110 Vorleser, 25 Sänger dazu bestellt werden. Insgesamt 525 Männer."

Nach 5 Jahren war der Tempel fertig[132]. Am 27. Dezember 537 wurde er von Patriarch Mina offiziell eingeweiht. Auf dem kostbaren Thron, der zwei Menschengrößen über dem Podium stand, befand sich die Inschrift: "Dir, o Christus, von Deinen Sklaven Justinian und Theodora". An diesem großen Festtag blickte Justinian zum Himmel auf und rief aus:

„Salomon[133], ich habe dich übertroffen!"

Theodora war die glücklichste Frau auf Erden.

---

[132] Der Fußabdruck der Kathedrale ist ein Viereck mit den Maßen 75,6×68,4 m. Vom Boden bis zur Spitze der Kuppel - 51 m. Zum Vergleich: In Pliska, der alte Hauptstadt Bulgariens, errichtete Zar Boris eine 99 Meter lange und 30 Meter breite äußerst schöne Kirche.

[133] Der jüdische König, der der berühmten Goldenen Tempel in Jerusalem erbaute.

Mundo übernimmt Salona

Im Jahr 535 tötete Theodatus Theoderichs Tochter Amalasunta, die unter Justinians Schutz stand. Dies war für Justinian Grund genug, einen Krieg mit den Goten zu beginnen, zumal Belizar alle Schätze der Vandalen nach Konstantinopel brachte, nachdem er sie "mit weißen Handschuhen" besiegt hatte. Belizar führte diesen Krieg in Karthago sehr sorgfältig, denn die Vandalen waren mit Thrakern und Illyrern verwandt, sprachen bulgarisch und waren, wie alle Thraker-Illyrer, Arianer. Nach dem Krieg lebten die vandalischen Adligen weiterhin in Ehren in Konstantinopel. Das Ziel sowohl des Vandalenkrieges als auch dieses italischen Krieges war nicht weniger als die Erfüllung des Vermächtnisses Justins, den Westen zu annektieren und das Reich zu seinen alten Dimensionen zu bringen. Nachdem er dies ausführlich mit Mundo und Belizar besprochen hatte, wandte sich Justinian an Mundo:

„Mein Freund, Du kennst Dein Heimatland gut. Gehe und nehme die Stadt Salona ein, die uns Theoderich seinerzeit genommen hat. Salona wird für unsere Absichten, Italien zurückzugewinnen, von großer strategischer Bedeutung sein. Nehme neben Deinen eigenen auch 200 verbündete Hunno-Bulgaren und 300 Mauren. Unterstützt werden Dich die erfahrene Kriegsherren Konstantin, den wir freigekauft haben, und Besas, den ich aus den thrakischen Gebieten herbeirufen werde."

Dann wandte er sich an Belizar:

„Und du, General, nimm 4.000 Reguläre und Föderierte und alle unsere Isaurier, sie sind über 3.000 Mann stark, lade sie auf Schiffe und mache sie am großen Palast des Diokletian an der Adria fest. Dieser Palast ist eine ganze Stadt. Lasse Mundo auf den Bergrücken über der Stadt warten und wenn er die Flotte angreifen sieht, dann rückt er auf dem Landweg vor."

Es war der 31. Juli 536. Die Verteidiger in Salona wurden überrascht und die kleine Garnison dort kapitulierte ohne Verluste.

Im selben Jahr 536 erschütterte ein Erdbeben Pompeyopolis, eine Stadt in Mysien. Die Erde brach auseinander und verschluckte die halbe Stadt mitsamt den Bewohnern.

Justinian zollt Boris Tribut

Nach dem Aufstand wurde Belizar im Jahr 535 zum Konsul ernannt. Daraufhin wurde ihm mitgeteilt, dass eine starke bulgarische Garnison permanent entlang des Flusses Yantra stationiert war. Daraufhin befahl er dem Patrizier Citta, die Bulgaren am Fluss Yantra anzugreifen und sie entweder zu unterwerfen oder über die Donau zu treiben. Citta führte den Befehl aus und diese Garnison zog sich schnell über die Donau zurück, als ob sie den Angriff schon erwartet hätte. Citta berichtete Belizar, dass es sich offensichtlich um einen Erkundungstrupp handelte und dass die Bulgaren etwas weitaus Größeres vorbereiteten.

Wir schreiben das Jahr 539. Virgil war Bischof in Rom. Justinian hielt immer noch Truppen in Afrika und der Balkan war immer noch schlecht verteidigt. Im Sommer passierte das, wovor Citta gewarnt hatte. Kean Knyaz von Gottesgnaden schickte ein starkes bulgarisches Heer unter der Führung von Bulgar und Drag, um die Donau zu überqueren und in Kleinskythien[134] und Mysien[135] einzudringen. Gegen sie schickte Justinian Baduarius, den Strategos von Kleinasien, und Justin, den Strategos von Mysien. Die einheimischen Bulgaren revoltierten und halfen den eigenen Leuten massiv. In der darauffolgenden Schlacht wurde Justin getötet. Justinian setzte daraufhin Konstantin, den Sohn des Florentius, an seiner Stelle ein. Aber auch er konnte die Situation nicht meistern, und nach vielen Opfern zogen sich die Legionen nach Thrakien zurück. Bulgar und Drag meldeten diesen Erfolg Kean Knyaz von Gottesgnaden in Großbulgarien und forderten ein weiteres Heer, um die byzantinischen Kräfte in Europa zu verfolgen und endgültig zu vernichten. Sofort machte sich der Sohn von Knyaz Drag, Boris, mit einer schnellen Kavallerie auf den Weg. Bulgar und Drag warteten jedoch nicht auf ihn, sondern machten sich an die Verfolgung der sich zurückziehenden Armee.

Der Befehlshaber von Illyricum und Knyaz der abhängigen Bulgaren war damals der Bulgare Acum, persönlicher Patensohn von Justinian. Justinian befahl Acum, mit seinem Heer Konstantin in Thrakien zu Hilfe zu kommen. Er schickte auch Godilas zu Konstantins Hilfe. Bulgar und Drag dachten, sie würden nur die Reste der Legionen verfolgen, die sie nördlich des Balkans besiegt hatten, aber sie wurden von Acums ·frischen Kräften überrascht. Der Kampf war erbittert. Die Armee von Großbulgarien verlor nicht nur die Karawane mit ihrer Beute, sondern auch viele Männer. Auch Bulgar und der glorreiche Drag fanden in

---

[134] Heute Dobrudja.
[135] Heute Nordbulgarien.

Thrakien den Tod, und das kurz bevor Drags Sohn mit frischen Truppen kam. Als Boris ankam, waren die Römer erschöpft und Boris errang einen leichten Sieg. Eine hektische Verfolgungsjagd begann. Die römischen Truppen strebten auf die Mauern von Adrianopel zu, aber viele erreichten sie nicht. Boris Reiter waren wütend über den Verlust ihres Herrschers. In den Arkanen der Verfolger fielen die Kommandeure Konstantin, Acum und Godila. Godila zerschnitt den Arkan mit seinem Schwert und floh, Konstantin und Acum wurden lebendig gefangen genommen. Acum wurde sofort nach Groß-Bulgarien geschickt. Konstantin wurde für 1.000 Nomismen an seine Verwandten verkauft. Er kam unglücklich, aber gesund und wohlbehalten in Konstantinopel an.

Hinzu kam ein ominöses Naturphänomen: Im Dezember 539 erschien ein Komet, zunächst mannshoch, dann viel größer. Sein Schleier streckte sich der untergehenden Sonne entgegen. Der Komet folgte der Sonne selbst, denn er befand sich im Sternbild Steinbock und die Sonne im Sternbild Schütze. Einige nannten den Kometen "Schwertstern", weil er wirklich länglich war und sein Kopf zu spitz war, und andere nannten ihn "bärtiger Stern". Er erschien mehr als vierzig Tage lang und verhieß nichts Gutes für die Römer.

Nach der Niederlage der thrakischen und illyrischen Streitkräfte des Reiches und der Entführung von Acum stand Illyricum praktisch schutzlos da. Zu dieser Zeit entstand in Mitteleuropa eine neue Macht, die Allianz der Awaren und Bulgaren, die die beiden römischen Reiche und den Westen fast zwei Jahrhunderte lang terrorisieren sollte. Knyaz Kean schloss im Jahr 540 einen Vertrag mit dem

Herrscher der Awaren über gemeinsame militärische Aktionen, und die Allianz begann mit Raubzügen gegen das Oströmische Reich. Die Awaren nutzten jedoch ihre dominante Rolle im Bündnis aus und behandelten ihre Verbündeten rücksichtslos: Die Verbündeten wurden zuerst in die Schlacht geschickt, und wenn sie den Sieg errungen hatten, wurden sie angewiesen, sich zurückzuziehen, damit die Awaren die Beute ohne großen Aufwand einsammeln konnten. Nun, dieses Mal ging Hunialon mit seiner starken Reitarmee zusammen mit allen Awaren vom Ionischen Golf entlang der Via Ignatia und schaffte es bis an den Stadtrand von Byzanz, ohne auf Widerstand zu stoßen. Und wie konnten sie, wenn an der Front in Mysien und Thrakien die bulgarische Armee stand, die die gesamte römische Armee beschäftigte. Sie überrannten 32 Festungen in Illyricum und die Stadt Kassandra[136], die größte und berühmteste Siedlung auf der Halbinsel Chalkidike. Dann kehren sie alle in ihr Land zurück, nachdem sie große Reichtümer erbeutet und 120.000 Gefangene entführt haben.

Das Imperium lag am Boden.

Nach der Entführung von Acum ernannte Justinian Mundo zum Strategos von Illyricum. Um seinen Posten einzunehmen, musste Mundo jedoch gegen die Bulgaren in Illyricum kämpfen, die auch in Zukunft Föderaten bleiben wollten, aber nicht von Konstantinopel abhängig. Mit seiner angeborenen Energie und seinem Einfallsreichtum gewann Mundo jede Schlacht und schickte viele prominente Kriegsherren nach Konstantinopel. Justinian zwang

---

[136] Die Alten nannten die Halbinsel Potidaea. Diese Stadt wurde später Palena genannt. Sie wurde 316 v. Chr. von dem General Kassander wieder aufgebaut.

sie als wertvolle Trophäen durch das Hippodrom, tötete sie aber nicht, denn es waren seine Landsleute. Er schickte sie zum Kampf nach Armenien und Lazika[137].

Es stellte sich jedoch heraus, dass es sich um besiegte Männer aus Boris' kleinen Einheiten handelte und nicht aus einer wirklich starken Armee. Die frischen Truppen von Boris zogen Richtung Adrianopel. Der erfahrene Belizar führte persönlich mehrere der Schlachten um Konstantinopel an und urteilte am Ende, dass er Boris nicht besiegen konnte. Daraufhin schickte er eine Nachricht an Justinian und dieser befahl, ein Treffen zwischen ihm und Boris zu arrangieren. Es wurde vereinbart, dass sie sich am Ufer des Hebros[138] an der großen Biegung treffen sollten. Drei Männer sollten von jeder Seite kommen und der Rest der Soldaten auf beiden Seiten sollte sich fernhalten bis zum sichtbaren Horizont. Am festgesetzten Tag eilten drei Reiter von der einen und drei von der anderen Seite aufeinander zu. Als sie sich näherten, sprangen alle von ihren Pferden und nur die beiden Herren kamen einander näher.

„Seid gesund, Imperator Upravda!"

„Seid gesund, Knyaz Boris!"

„Es ist offensichtlich, dass du Bulgarisch nicht vergessen hast."

„Wie kann ich es vergessen, wenn ich die Bulgaren wohl oder übel weder innerhalb noch außerhalb meines Palastes loswerden kann?"

Sie lachten beide herzlich.

---

[137] Lazistan, ein Gebiet am Ostufer des Schwarzen Meeres im Südkaukasus, im Altertum Kolchis genannt.
[138] Heute Fluss Mritza genannt.

„Boris, ich bin bereit, eine Wagenladung Gold zu zahlen, damit Knyaz Kean aufhört, Krieg gegen mich zu führen."

„Ich fürchte, mit Gold allein wirst Du mich nicht los."

„Sag mir also, welche Ziele verfolgt Kean mit diesem Krieg?"

„Dieselben, die Du und Justin verfolgten, als Anastasios euch gefangen nehmen ließ. Als ihr Vitalian unterstütztet und Autonomie und Unabhängigkeit für unsere Kirche in Illyricum, Epirus, Dardanien, Thessalien und Mazedonien wolltet."

„Aber es gibt sie! Die Bischöfe wurden zurückgegeben. Im Jahr 535 machte ich Vederiana, meine Heimatstadt, anstelle von Thessaloniki zur Hauptstadt von Illyrien und gab ihr den Erzbischof Cathelianus. Ich schmückte die Stadt angemessen mit verschiedenen Gebäuden, machte sie reich und gab ihr meinen Namen. Was wollt ihr mehr?"

„Ja, diese Autonomie und Unabhängigkeit unserer Kirche existiert, aber sie steht unter den ständigen Angriffen der Griechen und der Bischof von Thessaloniki gilt als Nachfolger des Erzbischofs vom alten Sirmium und diktiert alles. Ein Gesetz ist notwendig, um dem ein Ende zu setzen. Ein Gesetz, das die Unabhängigkeit der Kirche und ihr Recht, einen eigenen Erzbischof zu wählen, offiziell anerkennen würde."

„Wenn ich ein solches Gesetz erlasse, werdet ihr dann alle Feindseligkeiten gegen mich einstellen?"

„Ja!"

„So soll es sein! Ein Wagen voller Gold und vieler wertvoller Geschenke wird in drei Tagen auf dem Weg zu deinem Lager sein. Es dauert einen Monat, bis das Gesetz in Kraft tritt."

„Dann, wenn Du das Gesetz verkündet hast, werde ich die Belagerung von Adrianopel aufheben und ich werde die Soldaten vom Hellespont sammeln und nach Hause gehen."

„Boris, warum setzt ihr Bulgaren von Großbulgarien euch so sehr für Menschen ein, die nicht in eurem Land sind?"

„Du bist ein gelehrter Mann, Upravda, und du weißt, dass wir alle, du und sie, alte Thraker sind. Die Römer vertrieben uns aus unserem geliebten Land, aber unsere Seelen blieben hier. Als einige von uns nach Valens' Tod zurückkehrten, dachten wir, wir würden gut im Imperium leben. Aber du weißt, dass das nicht sein sollte. Ja, unsere Seelen sind hiergeblieben! Seid wohlauf, Imperator!"

„Ich wünsche dem Knyaz Kean viel Gesundheit und Erfolg! Und verwendet dieses Gold gegen Eure neuen "Freunde" die Awaren, nicht mit ihnen gegen uns. Frage Deine Berater, ob die Awaren jemals Freunde hatten, oder ob sie überhaupt Freunde haben. Dann wirst Du erfahren, dass für die Awaren andere entweder Sklaven oder Feinde sind. Sei guten Mutes, Boris!"

Die beiden stolzen Männer warfen sich auf ihre Pferde und ritten mit ihrem kleinen Trupp voneinander fort.

Unterwegs dachte Boris: "Upravdas letzte Bemerkung zeigt, dass er sich der verwickelten Beziehung zwischen Kean und den Awaren voll bewusst ist: Einerseits war Kean stark genug, um jede Schlacht zu gewinnen, andererseits konnte er nicht an allen Grenzen kämpfen. So hatte er beschlossen, sich vorübergehend mit den Awaren zu verbünden, um einen Frieden zu haben, durch den er seinen Staat von der Theiß bis zum Tanais stärken konnte."

Justinian, der sein schönes Pferd anspornte, dachte: "Die Awaren sind auch eine schreckliche Bedrohung für das Reich und die Unterstützung der Bulgaren gegen sie ist für das Reich von lebenswichtigem Interesse. Aber im Moment habe ich keine Garantie, dass Kean sich gegen die Awaren wenden wird. Um das zu erreichen, muss ich mir etwas viel Gerisseneres einfallen lassen."

Zu dieser Zeit hatte Justinian Gesandte zu den Goten geschickt, um Hilfe gegen die Bulgaren zu erhalten. Die Goten wussten jedoch von den Verwüstungen in Illyricum und Dalmatien durch Awaren und Bulgaren und beschlossen, dass gerade jetzt die Zeit war, ihr Herrschaftsgebiet zu erweitern, und schickten Asynarius, Grippus und andere, um Dalmatien mit einer großen Armee anzugreifen.

Der Tod eines großen Soldaten

Das Jahr 540: Mundos Sohn, Maurice, kommandierte bereits beachtliche Truppen in Illyricum. Als er erfuhr, dass sich die gotischen Truppen Saloniki näherten, ging er hin, um sich zu erkundigen, was sie wollten. Schließlich war er unter ihnen aufgewachsen. Er hatte sogar persönliche Freunde unter den Strategen. Aber die Goten griffen sofort die Boten an und dann den Trupp, mit dem er unterwegs war. Es war erschreckend zu sehen, wie tapfere Goten und Bulgaren wieder abgeschlachtet wurden. Einige der Kommandeure der Goten fielen. Auch Maurice wurde erschlagen.

Als Mundo das gemeldet wurde, brüllte er wie ein verwundeter Löwe, warf sich auf dem Boden nieder und schüttelte sich in untröstlichem Weinen:

„Gott, warum strafst du mich auf die grausamste Weise, denn ich habe diesen Bestien 24 Jahre lang gedient, denn unter ihren Wojewoden waren Jungen, mit denen Maurice gespielt hatte und mit denen er aufgewachsen war. Wie viele ihrer Väter habe ich in unzähligen Schlachten gerettet. Habe ich deshalb mein ganzes Leben lang gekämpft, damit mein Sohn auf abscheuliche Weise von seinen Freunden getötet wird."

Die Kriegsherren hatten sich mit gesenkten Köpfen und dieser Schwere in der Brust, die einen am Atmen hindert, um ihn versammelt. Keiner sagte ein Wort.

„Mein Gott! Ich wusste immer, wie ich mich vor meinen Feinden schützen kann, warum hast du mir nicht gezeigt, wie ich mich vor meinen Freunden schützen kann!"

Die Kriegsherren hatten ihn noch nie mit betrübtem Blick gesehen. Er war immer, selbst in den hitzigsten Kämpfen, der kühlste Architekt der Siege. Dieser grauhaarige, aber kräftige und drahtige Mann, der die Stütze zweier starker Staaten gewesen war, ergraute augenblicklich vor Kummer. Alle verstanden, dass Mundo nicht mehr leben wollte.

„Alle Truppen nach Salona!", befahl Mundo mit tiefer und heiserer Stimme und warf sich ohne Brustpanzer auf sein Pferd.

„Wojewode, sollten wir nicht Spähtrupps losschi-
cken? Wir sind noch nie ohne gründliche Aufklärung in
eine Schlacht gezogen."

„Dieses Mal werdet Ihr es tun!"

Die Kavallerie war in einer Stunde auf den Hügeln
oberhalb der Stadt. Vor ihnen lag das riesige, von Diokletian erbaute Amphitheater. Die ganze Stadt aus weißem
Stein blickte auf das smaragdgrüne Wasser des Meeres.
Die Truppen stiegen schnell von den Hügeln herab und
wurden mit müden Pferden in einen verzweifelten und heftigen Kampf verwickelt. Mundo flog vorwärts und sein
Mantel wogte wie der von Mars, dem Kriegsgott. Der erste
Mann, dem er begegnete, nahm nicht einmal wahr, wie
Mundo sein Schwert in die linke Hand verlagerte und im
letzten Moment, bevor sie zum Schlag kamen, von der un-
geschützten Seite nach ihm schlug. Die Truppe brüllte und
folgte ihm. Da war ein großes Summen in seinem Kopf. Er
konnte das Knirschen der Knochen und die schrillen
Schreie derer, die ihm im Weg standen, kaum spüren.
Mundo war eine Kampfmaschine, die 60 Jahre lang immer
weiter verfeinert worden war. Aber 60 Jahre waren eine
lange Zeit... Seine Schläge wurden schwächer, seine Beine
packten das Pferd nicht mehr wie früher und das Pferd
spürte nicht mehr den Willen seines Herrn. Seine Feinde
hatten anhand der blutigen Spur, die sein Pferd hinterließ,
herausgefunden, dass es sich um den berühmten Mundo
handelte, und er war augenblicklich von Reitern umzingelt, die sich nicht trauten, ihn anzugreifen. Mundo brüllte
wieder und schnitt in sie hinein. Der erste fiel, aber die hin-
teren Reiter trieben ein Dutzend Speere auf einmal in seinen Rücken.

Eine berühmte Vorhersage über ihn wurde wahr: "Nach der Eroberung Afrikas wird Mundo mit seinem Sohn untergehen."

Selbst als Toter gewann Mundo auch diesen Kampf. Aber die Zahl der getöteten Bulgaren war groß. Die Griechen nannten einen solchen Sieg „kadamisch", die Bulgaren „pyrrhisch", denn Pyrrhus war ihr Vorfahre, aus Epirus.

Alle alten Männer wussten, dass der Krieg zwischen Goten und Bulgaren sinnlos war, aber das Leben spielte mit den Menschen wie der Wind mit den Herbstblättern. Die Wojewoden befahlen den Rückzug der Truppen.

Es war das Jahr 540.

Im nächsten Jahr, 541, einigte sich Kean der Große erneut mit den neu hinzugekommenen Awaren auf ein gemeinsames Vorgehen gegen das Reich.

Der Konstantinopel-Krieg

Der Tod von Mundo war der Tod eines Mythos der Unbesiegbarkeit. Die Awaren beschlossen, dass es nun an der Zeit war, dass sie wieder belohnt werden, denn Byzanz ohne Mundo war wie ein Hof ohne Hund. Die Bulgaren mussten sie begleiten - sie waren ihre Verbündeten. Boris hatte keine Gewissensbisse, weil die Kirche der Thraker und Illyrer auf dem Balkan noch nicht unabhängig war.

Es folgte ein Angriff auf das thrakische Cherson[139], südlich der Langen Mauer. Viele wurden massakriert. Die Glücklichen wurden versklavt. Mit den erbeuteten

---

[139] Gallipoli

Schiffen ging ein kleiner Teil nach Asien zwischen Sestos[140] und Abydos[141]. Die Siedlungen an der Küste wurden geplündert. Die Armee kehrte dann nach Cherson zurück und zog sich mit dem Rest der Armee und der gesamten Beute nach Pannonien zurück.

Im Jahr 543 wurde Basilius Konsul. In diesem Jahr wütete die große Pest in Italien, Illyricum und im Orient.

Der Peloponnesische Krieg

Im Jahr 545 folgte eine Verwüstung des Illyricum und Thessalien. Die Truppen überquerten dann problemlos die Thermopylen. Mit Ausnahme der Erben Spartas, der Peloponnesier, wurden alle Griechen massakriert. Die Bulgaren betrachteten die Spartaner als Pelasger, d.h. als ihre Verwandten, obwohl sie bereits Griechisch sprachen und sie nicht bekämpften. Sie erzählten noch in ihren Legenden, dass der Name der Halbinsel von Pelops von Brigien kommt, der sie mit seinem Volk, den zukünftigen Spartanern, bevölkerte, und dass die Brigien selbst aus dem Tal des Flusses Bregalnitsa kamen. Und der Name Spartacus war in der Vergangenheit der Name vieler Herrscher des Pontischen Königreich von der Krim bis Astika[142].

Bei jedem solchen Angriff überstieg die Zahl der getöteten und versklavten Römer 200.000.

---

[140] Im thrakischen Cherson, gegenüber von Abydos.
[141] An der asiatischen Küste des Hellespontes.
[142] Gebiet der heutigen Sakargebirge.

Justiniana Prima

Der Nika-Aufstand zeigte die wahre Natur der "Unterstützung", die Justinian unter den Griechen hatte. Da verstand er endlich seinen Vorgänger, Konstantin den Großen. Konstantin stützte seine Macht ausschließlich auf die Arianer. Im Jahr 535, als Belizar Konsul war, ordnete Justinian an, dass seine Heimatstadt Vederiana einen erzbischöflichen Sitz erhalten und anstelle von Thessaloniki Hauptstadt von Illyrien werden sollte. Aber die Bulgaren ließen nicht locker und kämpften an der Seite der Awaren in den vorherigen Kriegen. Die Tötung der Griechen auf dem Peloponnes erleichterte Justinian die Entscheidung, eine unabhängige Kirche der Thraker und Illyrer zu gründen. Am 14. April 545 erließ Kaiser Justinian ein Gesetz, die Novelle 131, das darauf abzielte, den Balkan ein für alle Mal zu befrieden, indem er eine unabhängige Kirche für sein eigenes Volk errichtete. Das Gesetz galt für alle von Bulgaren bewohnten Gebiete, die sich innerhalb der Grenzen des Reiches befanden: Justiniana Prima[143], Inneres Dakien[144], Küstendakien[145], Erstes Mysien[146], Dardanien[147], Prevalitana[148], Zweites Makedonien[149], Zweites

---

[143] Stadt Zaricin in Serbien, 45 km südlich von Nis.

[144] Nis, Sofia, Kyustendil, Sapareva Banya

[145] Nordwestbulgarien zwischen den Flüssen Donau und Vitus, Balkangebirge, Teil des ehemaligen Jugoslawiens.

[146] Nach Aurelian 275: das Becken des Flusses Morava mit der Donau zwischen Belgrad und Dolni Milanovec

[147] Das heutige Nord-Mazedonien.

[148] Ehemaliges Westjugoslawien nach Fluss Drina und Albanien.

[149] Die Stadt Stobi in Gradsko.

Pannonien[150], Batsengebiet[151], Viminacium[152], Rectidiva[153], Literata[154], Aquae[155], Meridium[156]. Dieses Gesetz verbot dem Bischof von Thessaloniki ausdrücklich, sich in die Angelegenheiten der Justiniana Prima einzumischen.

Und so erhielt die unabhängige bulgarische Kirche die höchste offizielle Anerkennung und Schutz.

Justinian glaubte, dass das Maß für den Erfolg von Herrschern darin bestand, dass sie ihre Vorgänger übertroffen hatten. Als er den Senatoren formell die Allgemeingültigkeit der Novelle verkündete, schloss er mit den Worten:

„Wie in unseren Chroniken festgehalten, schuf mein Vorfahr Konstantin der Große nicht nur aus dem kleinen thrakischen Byzanz eine Weltstadt, sondern befestigte auch in der Provinz Bulgarien, d.h. im ehemaligen Mysien und Kleinskythien, die Städte Niš, Preslav, Druster, Pliska und Thomi[157]. Aber ich habe auch ein nicht geringes, nicht von Händen geschaffenen, Werk getan, um die Unabhängigkeit meines Volkes zu stärken - ich habe für sie eine unabhängige Kirche errichtet. Die Befreiung aus physischer und geistiger Sklaverei ist das Geburtsrecht der Völker!"

---

[150] Eine der vier Provinzen der Diözese von Pannonia.
[151] Ruinen der Stadt in Petrovci, ehemaliges Jugoslawien.
[152] Eine Stadt in Obermysien am rechten Ufer der Donau, heute Kostolac.
[153] Residina - Festung in Mysia.
[154] Uj Palanka im ehemaligen Jugoslawien.
[155] Jetzt Ruinen nördlich von Negotin bei Praovo.
[156] Meridio bei dem antiken Schriftsteller Procopius.
[157] Kyustendja

Der Bürgerkrieg in Groß-Bulgarien

Justinian wusste, dass er neben der Novelle auf irgendeine schlaue Art und Weise entweder die unabhängigen Bulgaren von den Awaren lösen oder sie dazu bringen sollte, sich so zu beschäftigen, dass sie ihm keinen Schaden mehr zufügen würden. Der Zufall brachte ihn auf eine interessante Idee. Im Jahr 548 kamen vier Boten der gotischen Thyraskythen[158], um nach einem Bischof zu fragen, nachdem sie erfahren hatten, dass bereits einer nach Abchasien geschickt worden war. An dem offiziellen Empfang bei Justinian nahmen Delegierte und Gäste aus anderen Ländern teil, darunter auch Bulgaren der Königreiche Kutrigur und Utigur. Die Kutriguren lebten westlich des Tanais[159] bis nach Byzanz und die Utiguren östlich über den Kaukasus bis nach Armenien. Die Thyraskythen waren Nachbarn der Utiguren. Justinian war sehr froh und befahl, einen Bischof zu entsenden. Am Ende des Empfangs baten die Goten unerwartet darum, dass Justinian sie privat empfängt. Als sie allein gelassen wurden, erzählten sie ihm Folgendes:

„Kaiser, seit 376 haben wir unter den Bulgaren gelitten, als sie unser Volk von der kimmerischen Halbinsel vertrieben. Wir sind geblieben, aber jetzt sind wir schwach und gehorchen mal Euch mal denen. Die Kutriguren waren furchtbar stark, aber jetzt ist ein Teil ihrer Armee nach Pannonien und ein anderer nach Persien gegangen. Damit sind sie jetzt sogar schwächer als die Utiguren. Es gibt im Moment einen starken Machtkampf zwischen ihnen, und

---

[158] Tiras, der alte Name des Flusses Dnjestr.
[159] Don.

wenn Du die schwächere Partei unterstützen könntest, würde unsere Position verbessert werden, und sie werden ihre Aufmerksamkeit für eine Weile vom Imperium ablenken und wären sicherlich geschwächt.

Justinian dankte ihnen für die interessanten Informationen und schickte sie mit ihrem neuen Bischof und großen Geschenken fort.

Sandil, Sinyon, Hunialon und Justinian

Der Vorfahre von Sandil war Utigur. Utigur und Kutrigur sind die berühmten Brüder, die den beiden Zweigen dieser Bulgaren ihren Namen gaben. Sandil herrschte trotz seines hohen Alters über ein riesiges Gebiet von Tanais bis zum Kaukasus. Im Kaukasus grenzte er an die Bergabchasen und die Tyraskythen. Sandil war überaus klug, in vielen Kriegen bewährt und mit Mut und Tapferkeit ausgestattet. An ihn sandte Justinian die folgende Nachricht:

„Mein lieber Knyaz Sandil, Rom zählt Dich schon seit sehr alten Zeiten zu seinen guten Freunden. Du weißt, wie oft Deine Vorfahren und Du von uns Geschenke und Zahlungen für verschiedene Dienste gegen Perser und andere erhalten haben. Auch die Kutriguren erhalten von uns Geschenke, damit auch sie uns gute Freunde sind, aber stattdessen plündern sie, angeführt von Hunialon und seinen neuen Freunden, täglich und ohne jeden Grund unser Land. Sie sind nun auf unsere Kosten sehr reich geworden. Soll einer der Freunde tatenlos zusehen, wie der andere von den Kutriguren furchtbare Verwüstungen erleidet?

Wir sind bereit, die Zahlungen von den Kutriguren an Dich zu überweisen. Es ist unser Wunsch, wenn Du einwilligst, dass Du gegen sie Krieg führst."

Sandil stimmte zu. Er führte eine Armee über den Fluss Tanais und griff Siedlungen an, deren Männer in Europa und Asien im Krieg waren.

Der Knyaz der Kutriguren, der ihre Verteidigung anführte, war der alte Sinyon, ein Mann von großer Kraft, Ausdauer und Tapferkeit. Derselbe Sinyon, der zusammen mit Wallach in den Diensten der Römer das Kriegsgeschehen in Persien wendete, als sie 526 in Lasica zum Christentum konvertierten. Dies war auch derselbe Sinyon, der an der Seite von Belizar in seinem Feldzug gegen Gelimer und die Vandalen in den Jahren 533-534 in Afrika kämpfte.

Die Kutriguren verteidigten sich hartnäckig, aber ihre Kräfte reichten nicht aus. Einige verließen ihre Siedlungen und machten sich auf den Weg zum Balkan. Schließlich nahmen die Utiguren viele Frauen und Kinder mit in ihr Land. Aus dem Utiguren-Angriff zog Justinian einen weiteren Nutzen. Sie ermöglichte es ihm, Schiffe in die Städte zwischen der Donaumündung und dem Tanais zu schicken und mehrere zehntausend römische Gefangene unbehelligt in ihre Heimat zurückzubringen.

Nun sorgte Justinian dafür, dass Hunialon in Pannonien herausfand, was in seiner Heimat vor sich ging, indem er den General Aratius schickte. Aratius bot Hunialon auch Gold dafür an, dass er sich aus den römischen Gebieten zurückzieht. Der Schmerz von Hunialon und seinen Soldaten über seine Verwandten war groß und sie stimmten schließlich zu, in ihr Land zurückzukehren. Sollten sie aber aus irgendwelchen Gründen daran gehindert werden, einigten sie sich mit Justinian darauf, dass Justinian ihnen erlauben würde, sich in Thrakien niederzulassen. In diesem Fall waren sie verpflichtet, Konstantinopel gegen Angriffe zu verteidigen.

Zu dieser Zeit überlegte Sinyon, der von den Utiguren im Kampf besiegt worden war, wohin er sein Volk bringen sollte. Dann kam der Vorschlag von Justinian. Dann führte Sinyon zweitausend seiner eigenen Männer mitsamt ihren Frauen und Kindern in das römische Land. Justinian, der sich mit Dankbarkeit an die Taten von Sinyon in Libyen erinnerte, nahm ihn gerne auf und erlaubte ihm, sich in den Ländern Thrakiens niederzulassen. So wurde Sinyon vom Freund zum Feind und wieder zum Freund von Justinian.

Ja, Imperien haben keine Verbündeten für immer!

Natürlich wurde all dies Sandil berichtet. Erst jetzt erkannte Sandil, dass Justinian mit ihm spielte: Der von ihm Besiegte würde im Reich leben dürfen und ein weitaus besseres Leben genießen als der Sieger. Da bedauerte er aufrichtig den Schaden, den er seinen Brüdern zugefügt hatte, ließ die Gefangenen in ihre Heimat zurückkehren und sandte, um Justinian das alte bulgarische Sprichwort zu erzählen: "Man sagt, dass der Wolf zwar sein Fell wechseln kann, aber seinen Charakter nicht, weil die Natur es ihm nicht erlaubt, ihn zu ändern. " Dazu fügte er hinzu: "Sei in Zukunft nicht überrascht, wenn Deine Feinde Dich aus einem anderen Grund angreifen: Sie werden sich von der Hoffnung treiben lassen, ein besseres Leben für sich zu arrangieren, nachdem sie Dich beraubt haben."

Justinian und Theodora verstanden, dass sie vor den Gesandten eine aufwendige Vorstellung geben mussten, um die zu erwartende Reaktion wenigstens ein wenig abzumildern. Justinian amüsierte sich zeitweise damit, ein besserer Schauspieler zu sein als Theodora. Die Boten kamen nach Konstantinopel mit dem Schiff aus Panticapaea. Am Hafen wurden sie von den Schwertkämpfern des Kaisers empfangen, die als römische Götter verkleidet waren. Eine große Menschenmenge hatte sich versammelt. Justinian und Theodora kamen auf weißen und schwarzen Pferden: Justinian in einer römischen Rüstung aus braunem Leder, die nach dem Abdruck seiner Figur angefertigt wurde und mit vielen goldenen Verzierungen versehen war. Darauf ein violettes Seidengewand mit Goldstickerei an den Rändern. Unter dem üblichen römischen kurzen Rock trug er nach bulgarischer Sitte eine enge Hose aus weichem Stoff, die seine kräftigen muskulösen Beine nicht verbarg. Theodora liebte diese Beine. Frauen waren immer beeindruckt von Männern mit einem soliden Körperbau, und diese starken Hüftenmuskeln, die sich zur Seite hin ausbeulen, und die starken Gesäßmuskeln waren dafür verantwortlich. Er trug kurze bulgarische Lederstiefel mit schöner Stickerei aus dünnen Gold- und Silberfäden. Auf dem Kopf trug er eine leichte Krone mit Juwelen an den Zacken. Theodora trug ein leichtes weißes Seidenkleid, das mit Bändern knapp unter ihren starken Brüsten befestigt war. Ihre Halsketten ragten über das Relief ihrer Brüste und ihre Ohrringe reichten ihr bis zu den Schultern. Sie trug feine Seidenstrümpfe und Sandalen. Ihr Haar war fein säuberlich zu einer Halbkrone aus indischen Diamanten geflochten.

Jeder erwartete, die Wilden zu sehen, die ab und zu als offizielle Gäste in die große Stadt kamen.

Wie groß war die Überraschung aller, als Männer von ungewöhnlichem, aber äußerst gepflegtem Aussehen von den Schiffen herabstiegen. Sie hatten gepflegte Bärte und Schnurrbärte wie die Perser. Ihr Haar war in der Mitte der Stirn abgeschnitten, wuchs aber hinten frei, wie es die Masageten trugen. Bei einigen waren sie geflochten, mit juwelenbesetzten Kordeln und Bändern in verschiedenen Farben in den Zöpfen. Diese aufwendige Frisur wurde als Hunnenfrisur bezeichnet. Alle trugen extrem weiße Hemden mit sehr weiten Ärmeln, die an den Handgelenken und am Hals eng anliegen. Um den Brustkorb herum waren die Hemden mit wunderschönen mehrfarbigen Stickereien verziert, die mit Gold und Silber besetzt waren und ein Vermögen kosteten. Über den Hemden trugen sie seltsame Mieder, die um die Arme herum weit geschnitten waren, um die Ärmel nicht zu bündeln. Die Westen selbst waren aus mehrlagiger dunkelgrüner oder dunkelbrauner Seide mit rautenförmig eingenähter Baumwollfüllung. Sie hatten eine Unzahl von Knöpfen und Epauletten an der Vorderseite, die nicht geknöpft waren. Sie alle trugen rote Gürtel aus feinem Stoff, die mit starken Ledergürteln umgürtet waren, aber mit farbigen, keramisch emaillierten Pailletten versehen waren, die in verschiedenen geometrischen Figuren angeordnet waren. An den Gürteln befanden sich feine Glöckchen mit einem individuellen Klang, der den Rang des Mannes verriet. Einige trugen enge Hosen, andere weite, damit sie gut reiten können. Alle trugen hohe Lederstiefel geschmückt mit Stickereien. Sie trugen keine Waffen, aber jeder ihrer Leibwächter trug einen mehrschichtigen Bogen mit Hornspitzen, der sorgfältig in einem Etui untergebracht war, um ihn vor dem Regen zu schützen. Ihre Schwerter erinnerten an die der gethischen Schwerte. Die Bürger von Konstantinopel waren verrückt nach Mode und diese Kostüme ließen sie in Exstase geraten.

Die beiden Gruppen hätten nicht unterschiedlicher sein können, aber beide strahlten Würde, Schönheit, Kraft und Macht aus. Auf dem Weg zum Palast genoss Theodora die ekstatischen Schreie der Menge.

Ein Monat verging und bevor sie abreisten, organisierten sie Rennen auf dem Hippodrom. Die Gesandten waren erstaunt, die dekadente Jugend von Konstantinopel auf den Zirkuspartys so gekleidet zu sehen wie sie. Viele hatten sich solche Frisuren extra für die Spiele machen lassen.

Justinian überhäufte sie natürlich mit Geschenken, und Theodora mit Schmeicheleien. Nach dem Sieg über die Vandalen war der Schatz des alten Roms, den die Vandalen zuvor erbeutet hatten, nun in Justinians Händen, dank Belizar, aber auch dank Sinyon!

Aber auch dank Sinyon? Ist dies eine Ironie des Schicksals? Nein. Justinian war einfach ein gerissener Mann.

Zur Freude von Justinian und Theodora kehrten die Gesandten tatsächlich besser gelaunt zurück als sie gekommen waren.

Zabergan

Im Jahr 531 starb der persische König Kavad und wurde von seinem Sohn Horsoi abgelöst. Lasika war zum Christentum konvertiert und kämpfte gegen die persischen Invasoren, indem sie die Magier[160] aus dem Lande vertrieb. Dies gefiel Horsoi überhaupt nicht und er fiel in Armenien und Lasika ein. Theodora schrieb daraufhin einen sehr freundlichen Brief an Zabergan und bat ihn, seinen ganzen Einfluss über Horsoi auszuüben und die Aggression zu stoppen:

"...Wie sehr ich Dich schätze, Zabergan - ich sehe in Dir einen Wohltäter unseres Landes - das weißt Du, da Du vor kurzem als Botschafter bei uns warst. Deine Taten werden meiner Meinung über Dich entsprechen, wenn Du König Horsoi davon überzeugst, eine friedliche Politik mit unserem Land zu verfolgen. Dann verspreche ich Dir eine große Belohnung durch meinen Mann, denn er tut nichts ohne meine Zustimmung."

Da das Blut kein Wasser wird, gab Zabergan diesen Brief seinem Cousin Horsoi und Horsoi benutzte ihn bei einer Revolte seiner Naharhs[161], um zu argumentieren, "Seht her, man sollte ein Land nicht fürchten, das von einer Frau regiert wird."

Im Jahr 540 war Zabergan auf Wunsch von Horsoi Oberbefehlshaber des persischen Heeres bei der Einnahme von Antiochia und leitete anschließend die Verhandlungen mit den Römern in Edessa. Im Jahre 547 kehrte er nach

---

[160] Priester der Zoraustra Religion. „**ustre**men kàm **Zora**-ta" ist Bulgarisch und bedeuten „nach dem Sonnenaufgang strebend".
[161] Befehlshaber der persischen Armee.

Großbulgarien zurück, da Sandil sehr alt war. Sandil hatte ihm wiederholt über Justinians Intrigen geschrieben und ihn angefleht, mit seinem Heer und mit Truppen aus Großbulgarien zu kommen, um Justinian ein für alle Mal eine Lektion zu erteilen.

Bei seinem damaligen Besuch in Konstantinopel hatte Zabergan die Lange Mauer persönlich besichtigt und hatte nicht die Absicht, unmögliche Aufgaben zu übernehmen, aber in jenem Jahr hatte es viele und heftige Erdbeben in Thrakien gegeben und er hielt es für durchaus möglich, dass die Erdbeben sie beschädigt hatten. Dazu kam ein weiterer Umstand. Der Winter 547-548 war ein strenger Winter. Es kam die Meldung, dass die Donau zugefroren war und so konnte sie mit schweren Reitern und Fuhrwerken überquert werden. Zabergan wusste, dass die Römer während des Winters die Soldaten nach Hause entließen und, dass die Zeit zum Plündern des Reiches gekommen war.

In Großbulgarien lebten an allen Flüssen viele Geten, die sich auch Slawen nannten. Selbst Kean der Große hatte begonnen, sie umzusiedeln. Er besiedelte Sedmograd (Siebenbürgen) und das Banat mit Bulgaren aus Pannonien, nachdem die Gepiden es teilweise besetzt hatten, und verdrängte die Slawen von der Theiß bis zu den Ugorischen-Hügeln. Zabergan war der erste Herrscher, der erkannte, dass die Römer besiegt werden konnten, indem man die riesige Bevölkerung der Slawen heranzog. Er einigte sich mit ihren Vojewoden darauf, dass die westlich der Olt lebenden Slawen die mittlere Donau überqueren und in Richtung Adria angreifen sollten, um zu verhindern, dass die illyrischen Truppen während seines Feldzuges zur

Verteidigung Konstantinopels teilnehmen. Und die Slawen, die zwischen der Olt und dem Dnjepr lebten, sollten ihn nach Konstantinopel begleiten.

Zabergan überquerte die Donau mit einer starken Kavallerie. In der Provinz Bulgarien, wie man Kleinskythien und Mysien seit der Zeit des Anastasios offiziell zu nennen begann, traf er auf keinen Widerstand. Dies war zu erwarten. So landete er in Thrakien.

In Thrakien traf er mit einem eilig zusammengestellten Heer auf Sergius, den Stratilat[162], Sohn des Bacchus, des Presbyters, und Edermus, den Strategen, Sohn des Calopodius, des berühmten Cubicularius[163] und Presbyters[164]. Ihre Abteilungen wurden besiegt und die Generäle selbst gefangen genommen. Damit war der Weg nach Konstantinopel frei. Dann schickte Zabergan Reiter zurück, um die großen slawischen Truppen zu mobilisieren. Sobald sie angekommen waren, teilte Zabergan seine Armee auf. Einen Teil schickte er gegen Elada, um die dortigen unverteidigten Siedlungen anzugreifen und zu plündern. Einen anderen Teil schickte er in die thrakische Chersones, und selbst mit 7.000 Reitern marschierte er geradewegs auf Konstantinopel zu, verwüstete unterwegs Felder, griff Städte an, rührte und wühlte alles auf. Alles in Thrakien stand ihm praktisch zur Verfügung. Als seine Soldaten die Mauer erreichten, sahen sie, dass es Stellen gab, an denen es keine Wachen oder Verteidigungsanlagen gab und die ungehindert zerstört werden konnten. Als sie jedoch um die gesamte Mauer herumgingen, sahen sie, dass es auch

---

[162] Kommandeur, später ein Ehrentitel
[163] Eunuchen, die den Kaiser und seine Frau begleiten.
[164] Chef der Cubicularien und Superintendent der kaiserlichen Kammern.

Zerstörungen gab, und passierten sie einfach. Am zweiten Tag siedelten seine Kutrigur-Bulgaren um Melantiada[165] (Apfelgarten), das nicht mehr als 140 Stadien[166] von der Stadt entfernt ist. In seiner Nähe fließt der Fluss Atira, der, nachdem er einen kleinen Raum durchquert hat, allmählich nach Nordosten abzweigt und in die Propontis mündet. Der Hafen, der an seinem Ufer und seiner Mündung liegt, ist daher nach ihm benannt[167]. Sie kamen bis nach Drypia, Nymphäen[168] und dem Dorf Chitos und plünderten alles auf dem Weg. Diejenigen, die mit ihrer Habe entkamen, betraten die Stadt durch die Tore der Theodosius Mauer.

Das Gefühl der Sicherheit, dass Anastasios' Mauer uneinnehmbar war, war bei den Bürgern von Konstantinopel verschwunden. Die Menschen stellten sich Belagerungen vor, die zu einer Verknappung der Vorräte führten, Durchbrüche der Theodosius Mauer, Brandstiftung in der Stadt und was nicht alles. So stürmten oft große Mengen der Bevölkerung, auch in den weiter innen liegenden Straßen, bei jedem weiteren Gerücht, dass die Bulgaren bereits in die Stadt eingedrungen seien, in Panik zur Flucht. Große Unruhe herrschte auch in den Geschäften, aus Angst, vom Mob ausgeraubt zu werden. Unruhe und Angst ergriffen nicht nur die Menge und das gemeine Volk, sondern auch alle Würdenträger und Justinian selbst. Auf seinen Befehl hin wurden die Dekorationen der Tempel außerhalb der Stadt im europäischen Teil und im Küstengebiet, das vom sogenannten Blachernen-Palast und dem Goldenen Horn

---

[165] In Ostthrakien, eine Station an der Zentralstrecke, heute Yarum-Burgas.
[166] 26 km.
[167] Heute Buyukcekmece, nahe Konstantinopel.
[168] Gebiet in der Nähe der Straße, die von der Anastasianischen Mauer nach Konstantinopel führt.

ausging, sich sogar bis zum Euxinischen Pontus erstreckte und am Bosporus endete, abgebaut. Aus all diesen Tempeln wurden die kostbaren Opfergaben und andere Dinge gehoben, auf Wagen geladen und ein Teil innerhalb der Stadt aufgeschichtet, während ein anderer Teil mit Booten an das gegenüberliegende Ufer gebracht wurde. Die Tempel wurden freigelegt, als wären sie gerade erst gebaut worden. Einer der Schriftgelehrten, der Listen mit den Gegenständen anfertigte, fragte Justinian, welche Werte er zu den einzelnen Gegenständen setzen sollte, woraufhin Justinian antwortete:

„Heilige Dinge unterliegen nicht der Bewertung!"

In der Zwischenzeit erreichten die Truppen von Zabergan Potidaea. Vor der Stadt befand sich eine Mauer, die das Festland mit der eher halbinsularen Kassandra trennte. Die Mauer schien baufällig zu sein und die Soldaten überquerten sie problemlos. Sie plünderten die Stadt und die Halbinsel.

Belizar war nun zu alt und gebrechlich, aber sein Kopf arbeitete wie in seinen besten Jahren. Als er sah, dass die Dinge katastrophal liefen, ging er zu Justinian und sagte zu ihm:

„Justinian, dieser Narr Zeno der Isaurier, führte, als er 476 den Aufstand des Basiliskus niederschlug, das idiotische Gesetz zur Bewachung der Mauern ein, wonach zuerst die verwöhnten Söhnchen der Aristokratie zu entsenden sind, die sich mit Bestechungsgeldern die repräsentativen Wachposten aufgeteilt haben. Gemäß diesem Gesetz werden nun diese Söhnchen an die Mauer des

Theodosius[169] geschickt. Dort sind die Scholes[170], die Protectors, die Nummers[171] und der ganze Senat. Du weißt, wie viele der Scholien bei den Kämpfen gestorben sind. Nicht nur das, auch die mitgeschickten Zivilisten kamen um, da es niemanden gab, der sie richtig führen konnte. Wenn Du nicht willst, dass uns die Kutriguren dein Kopf abreißen, musst Du die Verteidigung der Stadt wie einen professionellen Krieg führen. Diese reichen Kinder können nur mit ihren Schwänzen spielen, aber kämpfen können sie nicht."

„Du, mein Freund, hast mit Deinen Siegen auf der ganzen Welt so viel Ruhm erlangt. Fühlst Du Dich jetzt, in Deinen letzten Lebensjahren, stark genug, das Kommando zu übernehmen?"

„Ja!"

„Dann übernimm das Kommando!"

Belizar sammelte kampferprobte Soldaten, machte sie zu Befehlshabern des Mobs und schickte sie auf die Mauer des Theodosius. Er befahl, alle verfügbaren Pferde zu nehmen: die des Kaisers, die berittenen Truppen, die der Gotteshäuser und jeden Mann, der ein Pferd hatte. Er bewaffnete das Heer, ging hinaus in das Dorf Histos, zog einen Graben und begann, einige der Angreifer gefangen zu nehmen und zu töten. Er befahl auch, Bäume zu fällen und hinter der Armee herzuschleppen. Der Wind wirbelte viel Staub auf, der über die Angreifer hinwegwehte. Und als sie meinten, es sei eine große Schar, flohen sie zu den Stätten

---

[169] Wurde im Jahr 413 in einer Entfernung von einem Kilometer nordwestlich der Konstantinischen Mauer erbaut und umfasste in den Grenzen der Stadt die Vlachernes.
[170] Kaiserliche Garde.
[171] Reguläre Truppen.

von St. Stratonicus, im Dekaton[172]. Zabergan erkannte, dass es bereits eine große und gut organisierte Wache auf den Mauern von Konstantinopel gab, und befahl dem Heer, sich in den Bezirk von Tsurulon[173], Arcadipolis, St. Alexander von Zupar, zurückzuziehen, wo sie auf das heilige Pascha[174] warteten.

Dann begannen die Intrigen gegen den großen Feldherrn und er wurde, nachdem er dem Reich erneut unschätzbare Dienste erwiesen hatte, des Kommandos enthoben. Die Angst vor dem Ruhm großer Generäle nach gewonnenen Kriegen war immer eine Bedrohung für die Herrscher und sie setzten sie einfach aus Gewohnheit ab und manchmal töteten sie sie sogar aus Gewohnheit. Der zwischen Philippopolis[175] und Niš[176] geborene General war jedoch einer der Glücklichen, die eines natürlichen Todes starben.

Die thrakische Stadt Chersones lag auf der Halbinsel Gallipoli. An der schmalsten Stelle der Halbinsel befindet sich eine befestigte Mauer von den Dardanellen bis zur Ägäis, die mehrere malerische und wohlhabende Siedlungen im Süden davon schützt. Diese waren es, die den Appetit von Zabergan weckten und der Grund dafür waren, dass ein Teil der Armee dorthin geschickt wurde. Alliierte Truppen von Kutriguren und Slawen belagerten es und begannen einen Krieg, um es einzunehmen.

German, der Sohn des Dorotheus, stammt von der Familie Justinians ab und Justinian kümmerte sich sehr um

---

[172] Zehn Meilen von der Stadt entfernt.
[173] Heute Chorlu.
[174] Ostern.
[175] Heute Plovdiv in Bulgarien.
[176] Heute in Serbien.

ihn. Als er acht Jahre alt war wurde German nach Konstantinopel gebracht und man widmete sich ihm mit großer
Aufmerksamkeit. Er besuchte die Schulen der Grammatiker[177] und daneben die höheren Lehranstalten, so dass er
eine lateinische Bildung erhielt. Justinian wusste selbst,
dass für jeden jungen und wohlhabenden Aristokraten in
Konstantinopel die süße Versuchung bestand, sich unver-
nünftigen Begierden und zügellosen Beschäftigungen hin-
zugeben, wie die Pferderennen und Schlägereien zwischen
den Parteien der Anhänger, denen die jungen Leute sehr
oft und leicht verfallen und mit denen sie sich beschäftigen, wenn sie nicht mit etwas anderem Sinnvollem beschäftigt sind. Als er volljährig wurde, entschied Justinian,
dass sein Ungestüm und die Neigungen seiner Jugend be-
friedigt werden sollten, ebenso wie sein Streben nach
Ruhm und ernannte ihn zur Verteidigung des thrakischen
Cherson als Kommandant der dortigen Armee. German
war recht jung, mit einem gerade frisch gesprossenen Bart,
aber er zeichnete sich durch seinen Sinn für Befehlsgewalt
aus und besaß eine Fähigkeit zu großen Taten, die weit
über sein Alter hinausging.

Zabergan begann mit Angriffen auf der Festungsmauer, brachte Leiter und wandbrechende Maschinen. In
diesen Gefechten zeigte German seine angeborene Fähigkeit, alle Arten von Verteidigungsplänen in Betracht zu
ziehen und sehr genau zu erkennen, was einen Vorteil bringen würde. Es gab keinen Hochmut in ihm, und trotz seiner
Jugend war er nur zu bereit, den älteren Männern um ihn
herum zu gehorchen, die bereits durch zahlreiche frühere

---

[177] Die Lehrer, die den kleinen Kindern Grammatik beibringen.

Schlachten in militärischen Kämpfen geübt waren und ihn in dem, was getan werden musste, anleiteten. Damit erwies sich die Mauer für Zabergan als unüberwindbar.

Die Slawen bauten daraufhin auf eigene Faust 150 Flöße aus Schilf, um das Ende der Mauer am Westufer der Bucht, das sich der Stadt Enos zuwendet, von See aus zu umschließen und 600 gut bewaffnete Soldaten von der unverteidigten Seite in die Stadt zu bringen. Diese Slawen hatten immer im Landesinneren gelebt, fuhren in Booten nur auf Flüssen und hatten keine Vorstellung von der Seemacht des Ostreiches. German brachte Berufssoldaten auf Schiffen aus und beulte oder tötete die Soldaten auf den Schilfbooten mit Leichtigkeit. Diesen Erfolg nutzend, unternahm German einige Tage später einen gewagten Überfall außerhalb der Mauern und fügte den Kutriguren genug Schaden zu, um den Krieg zu beenden. In dieser Schlacht wurde German durch einen Pfeil in den Oberschenkel verwundet. Nach dem Pessach Fest führte Justinian alle aus der Stadt nach Silymbria, um die zerstörte Lange Mauer wieder aufzubauen. Die Arbeiten dauerten bis August. Es wurden auch Befestigungen zur Verteidigung der Stadt Anastassiopolis gegen das Schwarze Meer gebaut.

Justinian befahl daraufhin, Schiffe mit zwei Reihen von Ruderern zu bauen, um die zurückkehrenden Kutriguren an der Überquerung der Donau zu hindern und sie zu vernichten. Er schickte diese Nachricht an Zabergan, in der Hoffnung, ihn zu erschrecken. Zabergan erklärte jedoch, dass er sich nicht zurückziehen würde, bis die Römer ihm den Jahreslohn der Utiguren geben würden und drohte, die Gefangenen sofort abzuschlachten, wenn ihre Verwandten sich nicht beeilen würden, sie freizukaufen. Justinian wurde gezwungen, so viel Gold zu schicken, wie er für das Lösegeld der Gefangenen für ausreichend hielt und dann sollten die Bulgaren und Slawen das Land friedlich verlassen. Sie ließen viele Gefangene frei, darunter auch den Strategen Sergius, den Sohn des Bacchus. Zabergan erklärte auch, dass er bis zum nächsten Winter zu bleiben gedenke, wenn Justinian ihm nicht einen Transport über die Donau verschaffe. Dies bedeutete eine noch größere Ausplünderung des Reiches. Justinian stimmte zu und schickte seinen Neffen, den Kuroplat[178] Justin[179], um sie sicher über den Donau zu bringen.

Zabergan wartete auf das Heer aus Hellas, das mit Beute beladen ankam und das ganze Heer machte sich auf den Weg nach Großbulgarien.

Lange bevor Justin in See stach, schickte Justinian mehrmals Boten mit viel Gold nach Sandilch, mit dem Ziel, dass die Utiguren ihre Verwandten, die Kutriguren, wieder angriffen, die mit immenser Beute zurückkehrten. Wieder versprach er, ihnen Tribut zu zollen. Zunächst sammelte Sandilch das Gold ein und antwortete nicht, aber schließlich, weil er sich nicht mit Justinian streiten wollte, schrieb er ihm den folgenden delikaten Brief:

"Es ist weder gerecht noch anständig, unsere Stammesgenossen zu vernichten, die nicht nur eine Sprache sprechen, die mit der unseren identisch ist, und unsere Mitbürger sind, und die gleiche Kleidung und die gleichen Sitten haben, sondern auch unsere Verwandten sind, wenn auch unter anderen Herrscher. Aber ich werde den Kutriguren sofort ihre Pferde wegnehmen und sie mir aneignen,

---

[178] Vierte Stelle in der Hierarchie.
[179] Der zukünftige Kaiser Justin II.

damit sie nichts zu reiten haben, um den Römern Schaden zuzufügen."

So begann von neuem die Wiedervereinigung des bulgarischen Volkes.

Slawen auf dem Balkan

Die Westslawen hielten, was sie mit Zabergan vereinbart hatten. Im Jahre 548 überquerte ein slawisches Heer gleichzeitig mit Zabergan die Ister und erreichte Epidamnus[180]. Diejenigen, die Widerstand leisteten, wurden massakriert und ihr Besitz wurde geplündert. Junge Männer im Kampfalter wurden gefangen genommen. Die Slawen siedelten sich in vielen Festungen an, auch in solchen, die früher uneinnehmbar schienen, denn nun gab es niemanden mehr, der sie verteidigte. Die römische Armee von Illyricum, die aus 15.000 Soldaten bestand, beobachtete ihre Bewegungen durch Späher, hatte aber Angst, die Garnisonen zu verlassen.

Im Jahr 549, nach der Rückkehr Zabergans, schickte er 3.000 Ostslawen aus, um die Donau und den Hem[181] erneut zu überqueren und den Hebros[182] zu erreichen, wobei er ihnen erfahrene Führer gab. Dort teilte sich ihre Armee in zwei Einheiten von 1.800 und 1.200 Mann. Die eine marschierte wieder nach Illyricum, die andere nach Thrakien. In Thrakien, bei Tsurulon, besiegten die Slawen das zahlreichere Heer des Aswath leicht und folterten und verbrannten ihn selbst. Dann nahmen sie die Stadt Topir und

---

[180] Heute Drac.
[181] Balkangebirge.
[182] Fluss Maritza.

viele andere Festungen ein. Sie kehrten mit dem, was sie erbeutet hatten, und einer großen Anzahl von Gefangenen zurück.

Im Jahr 550 folgte ein neuer Angriff der Westslawen auf Niš. Als German, der Neffe Justinians, der ihnen während des Krieges im thrakischen Chersones viel Angst eingejagt hatte, in Sofia eintraf, waren sie erstaunt und wagten nicht weiterzugehen. German starb unerwartet in Sofia[183] und seine Armee wurde nach Saloniki geschickt. Erst dann nahmen die Slawen den Angriff wieder auf. Im Gegensatz zu den beiden vorangegangenen Angriffen plünderten sie diesmal nicht, sondern blieben in drei Abteilungen aufgeteilt, um in den besetzten Gebieten wie in ihrem eigenen Land zu überwintern, ohne Angst vor den Römern zu haben. Dies war natürlich gleichbedeutend mit Plünderung. Im nächsten Jahr wurden sie in Adrianopel vom General Konstantin empfangen, demselben Konstantin, den seine Verwandten einst von Boris freigekauft hatten. Seine Legion wurde besiegt und zur Schande der Römer wurde die Standarte der Legion erbeutet. Nachdem sie die Umgebung von Adrianopel geplündert hatten, zogen sie zum Schwarzen Meer und plünderten den ganzen Bezirk Astika[184], der seit Jahrhunderten nicht mehr geplündert worden war.

Dann kamen sie an die Lange Mauer. Bei Konstantinopel konnte Konstantin Vergeltung üben und einen Teilsieg erringen. Es gelang ihm, die Standarte und einen Teil der Beute zurückzubekommen.

---

[183] In der Nähe von Sofia heute gibt es ein Dorf mit dem Namen German, möglicherweise liegt seine Grabstädte dort.
[184] Ein Gebiet zwischen dem Sakar-Gebirge und dem Schwarzen Meer.

Am Ende kehrten die Slawen mit einer riesigen Beute über die Donau zurück.

Awaren in Alanya

Alanya, in den nördlichen Ausläufern des Kaukasus im Jahr 565. Am Fluss Kupi-Bulgar fanden die Awaren endlich ein wenig Ruhe. Ihr Lager war riesig. Sie führten immer viele Pferde, Rinder, Bisons mit sich. In der Nähe des Zeltes des Herrschers, den sie Khagan nannten, waren seine Verwandten versammelt und bereiteten das Abendmahl vor. Es war eine dieser Nächte, in denen man den Grund des Universums sehen konnte - Sterne türmten sich auf Sterne und bildeten ein feenhaftes Tuch aus Strahlen. Der kleine Boyan wandte seinen Blick nicht von ihnen ab. Der Khagan kam heraus und ging leise auf ihn zu. Boyan hielt die Leine des Hundes in einer Hand, von dem er sich nicht trennen wollte.

„Was siehst du, Boyan?"

„Lichter, Lichter, als ob flackernde Glühwürmchen in die Höhe gestiegen wären."

„Zeige mir den hellsten von ihnen."

Boyan war sich nicht sicher, was am hellsten war.

Dann nahm ihn der Khagan auf die Knie und erklärte ihm ausführlich, wie man den hellsten von ihnen findet.

„Vater, ist das wichtig?"

„Ja, mein Sohn! Sehr. Wenn ich die Truppe nachts führe, zeigt mir der hellste Stern, wo der Norden ist."

Nach und nach setzten sich alle auf Matten vor das gedeckte Geschirr. Es gab Roastbeef und Getränke aus Stutenmilch, die sie Cubis nannten.

Es wurden verschiedene Gespräche geführt. Boyan fragte ganz unerwartet:

„Vater, warum reisen wir ständig? Werden wir nie an einem Ort sesshaft werden?"

Plötzlich hörten die Unterhaltungen auf. Alle stellten sich diese Frage, aber nicht laut vor dem Khagan. Der Khagan dachte nach, trank einen Schluck aus seiner Cubis und begann langsam:

„Der Exodus der Thraker über die Donau war hauptsächlich entlang der Zuflüsse. Schon in der Antike waren sie von ihren Mündungen entlang der Donau gestartet und nach Norden gewandert. So war es auch bei den Thrakern, die sich an der nördlichen Schwarzmeerküste niederließen. Sie folgten auch den dort einmündenden Flüssen und wanderten nach Norden. Unsere Urgroßväter folgten ihnen, als die Myrmidonen die Ufer des Pontus besetzten und uns von dort vertrieben. Aus den ersten Auswanderern entstanden viele Völker, aber das stärkste von ihnen waren die Anten. Von den letzten Auswanderern, den Nachfolgern der Myrmidonen, sind die stärksten die Bulgaren, die jetzt Kutriguren, Utiguren, Sibirer usw. genannt werden. Wir haben unter ihnen gelebt, solange wir uns erinnern können. In letzter Zeit sind die Anten aber zu einem riesigen Volk angewachsen und haben uns so bedrängt, dass wir sie ständig bekämpfen mussten. Ich beschloss, nach Süden zu gehen, aber wir mussten durch das Gebiet der Bulgaren fahren. Am Anfang hatten wir sehr viel Glück. Einige ihrer

Leute hielten uns für Awaren und begrüßten uns statt mit Waffen mit Geschenken."

„Aber was sind diese Awaren?"

„Die Awaren sind das am weitesten entwickelte und stärkste Volk der Ogori aus der hunnischen Familie der Waren. So begannen die Bulgaren, auch uns Awaren zu nennen, obwohl wir keine sind. Ich beschloss jedoch, dieses Glück zu nutzen, um ohne Opfer in wärmere Gefilde im Süden zu ziehen. Aber die Bulgaren im Süden erwiesen sich als sehr stark und wollten die Weiden nicht mit uns teilen. Wir kämpften hart gegen sie, aber wir sahen, dass wir besiegt werden könnten, wenn wir nicht aufhörten. In diese Kriege mischten sich die Anten ein, mal auf der einen, mal auf der anderen Seite. Dann haben wir mit den Bulgaren vereinbart, die Anten anzugreifen. In diesem Krieg haben wir herausgefunden, dass wir und die Bulgaren eine ernstzunehmende Kraft waren. Die Anten wurden müde und schickten eine Gesandtschaft zu uns, angeführt von Mezamir, dem Sohn des Idarrisii, dem Bruder von Kelagast. Sie boten uns Lösegeld für einige ihrer Gefangenen an und baten um Frieden. Als Zabergan und ich ihnen sagten, dass wir auch dem Frieden zustimmen würden, wenn sie unsere Tributzahler würden, erklärte Merzemir, dass er keinen Tribut zahlen würde, und begann, Beleidigungen auszustoßen, die einem Boten unwürdig waren. Zabergan rief mich zur Seite und erklärte: "Dieser Mann hat den größten Einfluss unter den Anten und ist in der Lage, gegen jeden Feind zu bestehen. Deswegen soll er getötet werden, damit wir dann ohne Angst dieses Land angreifen können." So töteten wir Merzemir und schickten die anderen Boten unversehrt zurück, damit sie von dem beleidigenden Verhalten ihres Anführers berichten konnten und fügten ihnen sogleich eine große Niederlage zu, so dass sie uns wenigstens eine Zeit lang in Ruhe ließen. Aber das war für uns keine dauerhafte Lösung. Also vereinbarte ich mit den Bulgaren, vorerst durch ihr Gebiet zu fahren und in Alanya anzuhalten."

„Und wer ist dieser Römer, der heute gekommen ist?", fragte einer der Wojewoden.

„Ich habe den Herrscher der Alanen, Sarosius, gebeten, uns zu helfen, freundschaftliche Beziehungen zu den Römern aufzubauen. Sarosius wandte sich an den Befehlshaber der Armee in Lazika, Justin[185], den Sohn des German, und dieser wiederum informierte den Kaiser Justinian. Heute kam die Nachricht, dass Justinian uns einlädt, die Stadt von Konstantin zu besuchen."

***

Eine Abordnung der Awaren erreichte die Küste von Lazika und begab sich von dort mit dem Schiff nach Konstantinopel. Justinian war nun sehr alt, empfing sie aber freundlich. Er sah sofort, dass die Anwesenheit der Awaren im Herzen Bulgariens in seinem Interesse lag. Wie groß war seine Überraschung, als die Awaren ihn sogar baten, sich an Orten niederzulassen zu dürfen, die er ihnen empfahl und auf der Seite des Reiches zu kämpfen. Justinian überhäufte sie mit Geschenken und verwies sie auf Mysia.

---

[185] Der zukünftige Kaiser Justin II.

Zur gleichen Zeit erschienen Türken in Alania, angeführt von Han Istemi. Die Türken waren bereits eine bedeutende Macht geworden und verlangten ihrerseits Tribut von den Awaren. Das war für den Khagan natürlich undenkbar und es kam zu schweren Kämpfen, nach denen sich der Khagan entschloss, das Angebot Justinians anzunehmen.

Awaren auf dem Weg nach Mysia

Als der Khagan zu Zabergan sagte, dass er ihn in Freundschaft bittet, durch Großbulgarien nach Mysien zu ziehen, dachte Zabergan lange darüber nach. Einerseits wollte er damit die Awaren loswerden, aber andererseits, was sollten sie auf dem Gebiet der Provinz Bulgarien tun, wo seine Landsleute seit mehreren Jahrhunderten lebten. Auf der anderen Seite stand hinter der "freundlichen" Aufforderung des Khagans eine 20-tausend Mann starke Kavallerie. Zabergan wusste sehr wohl, dass die Ehe mit den Awaren unter Zwang stand und stimmte unter der Bedingung zu, dass sie, sobald sie zwischen den Flüssen Dnjepr und Dnjestr ankommen, gemeinsam gegen die Anten kämpfen würden. Zabergan erinnerte den Khagan daran, dass das Land der Römer wiederholt von Bulgaren und Slawen verwüstet worden war, das Land der Anten aber nie von einem anderen Volk verwüstet worden war, so dass sie viele Reichtümer besaßen.

Sie mussten nicht langen auf die Zusammenstöße mit den Anten warten. In jeder der Schlachten errang die Koalition aus Bulgaren und Awaren Siege, was Zabergan und den Khagan dazu veranlasste, Botschafter zum Fürsten der Anten, Derventius, zu schicken, um ihm die Forderung zu übermitteln, dass die Anten in Zukunft Tribut an die Bulgaren und Awaren zahlen sollten. Derventius war eine Art Prinz der Prinzen, den sie den Großen Prinzen[186] nannten. Boyan, der Son des Khagans war nun volljährig und trat die Nachfolge seines Vaters an. Als Derventius dies hörte, war er wütend:

„Wer soll denn der Mensch unter der Sonne sein, der unsere Macht überwindet? Denn wir sind es gewohnt, das Land eines anderen zu besitzen und nicht umgekehrt jemand unseres. Und wir sind uns dessen sicher, solange es Soldaten und Schwerter gibt."

Zabergan und Boyan sahen, dass die Boten erschlagen werden würden, und erinnerten Derventius an den Brauch, dass auch bei den Slawen Boten unantastbar sind.

„Und waren unsere Boten bei Euch unantastbar? Der Vater dieses Sprösslings, Boyan, erschlug in der Vergangenheit den großen Merzamir. Hängt sie auf!"

Die Boten kehrten nie zurück und Boyan hegte den Wunsch nach schrecklicher Rache in seiner Seele.

„Früher oder später werden sie mir das teuer bezahlen!", sagte er zu Zabergan.

Als die ersten Gesandten der Awaren aus Konstantinopel zurückkehrten und die Geschenke zeigten, mit denen Justinian sie großzügig beschenkt hatte, waren alle Wojewoden erstaunt. Plötzlich musste Boyan jeden von ihnen mal als Boten einsetzen, damit einer nach dem anderen reich werden konnte.

---

[186] Velik Knjas.

Als die Awaren über Mysien kamen, schickten sie wieder eine Deputation zu Justinian und beschwerten sich, dass Justin sie nach Zweite Peonien[187] schicken wollte, wo früher die Herulen[188] gelebt hatten, aber sie wollten in Mysien bleiben. Justinian hatte vorausschauend den General Justin von Lasika nach Mysien versetzt, um die neu angekommenen Awaren zu beaufsichtigen und ihre Bewegungen zu kontrollieren. Die Delegation kam zuerst in Silistra an, wo Justin sie zuerst traf. Diesmal merkte er schnell, dass die Menschen darin nicht die treuesten Anhänger der Khagan waren. Justin hatte ein Gespür für so etwas. Er freundete sich durch Geschenke mit einem Mann namens Kunimon an und hörte eines Abends in einem privaten Gespräch mit ihm Folgendes:

„Sie sprechen überaus sanftmütig und verbergen durch ihre Höflichkeit ihre List, indem sie sich den Römern scheinbar wohlwollend zeigen, damit sie so den Donau passieren können. Doch ihr innigster Wunsch ist ein anderer: Wenn sie den Fluss überqueren, werden sie mit ihrer ganzen Armee angreifen."

Justin benachrichtigte daraufhin schnell Justinian und bat ihn, die Gesandten so lange wie möglich zurückzuhalten, damit er sich gut genug auf den Krieg vorbereiten konnte. Justin glaubte, dass sie den Fluss nicht überqueren würden, bis ihre Boten zurückkehrten. Justinian überhäufte sie daraufhin mit Geschenken und teilte ihnen mit, dass er vorerst andere dringende Angelegenheiten zu erledigen habe und sie die Stadt genießen sollten, während er sie mit Entscheidungen zu den von ihnen aufgeworfenen Fragen

---

[187] Das heutige Ungarn.
[188] Hunnenstamm.

empfing. In der Tat war es ein angenehmer Hausarrest, denn die Awaren verbrachten ihn gerne auf dem Marktplatz. Theodora hatte dafür gesorgt, dass in ihrem Quartier immer Mädchen zur Verfügung standen. Justinian hatte von seinen Spähern erfahren, dass die Awaren unter anderem auch Waffen kauften. "Justin hat recht", dachte er, "das war alles, was mir gefehlt hat, dass die Awaren mein Geld benutzen, um von mir Waffen zu kaufen, mit denen sie mich bekämpfen können." Er ernannte den ehrenhaftesten und unbestechlichsten Kriegsherrn, den er hatte, Bonos, zum Chef der Flusswache. Bonos war ein Bulgare, Kommandeur des Söldnerheeres und der Leibgarde des Kaisers. Bonos kannte alle Furten des Flusses und begann, sie stark zu befestigen. Bevor er die Delegation gehen ließ, befahl Justinian, einen Weg zu finden, ihnen die Waffen abzunehmen. Boyan erkannte, dass sein Spiel verraten worden war und wurde wütend.

In der Nacht vom 13./14. November 565 starb der große Justinian. Seine Begräbnisfeiern waren so großartig wie die auf sein Geheiß errichteten Gebäuden und seine Taten. Was die ägyptischen Pharaonen für ihr letztes Zuhause taten, das war für ihn die Hagia Sophia. Es war der Oberbefehlshaber Justin, der ihn unter dem Namen Justin II. beerbte.

Die Awaren gaben ihre Absichten nicht auf, sondern zogen vorerst nach Pannonien. Zur Zeit Attilas befanden sich awarische Truppen in Pannonien und die Erinnerung an dieses Land war in ihren Köpfen lebendig. Außerdem betrachteten sie, wie die Bulgaren, Attila als ihren Vorfahren. Justin II. erinnerte sie an die Bedingungen des Vertrages: die Verteidigung des Reiches. Die Awaren antworteten ihm, dass sie auf dem Weg nach Pannonien entlang der Donau die Bulgaren und die Gepiden unterwerfen würden. Justin erklärte sich daraufhin bereit, die Kosten zu übernehmen und schickte Vitalian, um dem Statthalter von Illyricum nicht weniger als 800 Nomismen Gold[189] abzunehmen und sie zu Boyan zu schicken.

Während des Vormarsches vereinbarten die Awaren tatsächlich mit den Truppen der Utiguri, Kutriguri und Gepiden, dass sie, wenn sie Pannonien friedlich besetzten, gemeinsam gegen Slawen und Römer kämpfen würden. Sie waren jedoch grausam zu den Slawen und versklavten alle Slawen, die sich ihnen in den Weg stellten.

Entlang der Donau gefiel ihnen die alte römische Siedlung Aquae Collide[190] am besten und sie beschlossen, ihre Hauptstadt für immer hier zu errichten. Sie zwangen die Slawen zum Bau von Befestigungen. Diese Festungsanlagen bestanden aus 9 konzentrischen Kreisen aus doppelten Holzwänden mit einem Erdwall dazwischen und Vegetation darüber und wurden Buduwar[191] genannt. Der Herr der Gepiden, Usibad, floh zu Justin.

Boyan fühlte sich stark und schickte seinen Vertrauten Targitius, um Justin mitzuteilen, dass die Awaren die Utiguren, Kutriguren und Gepiden "besiegt" hätten und deshalb das Geld erhalten sollten, das Justinian einst diesen Völkern gegeben hatte. Außerdem forderte er die Übergabe von Usdibad an ihn. Über all dies lachte Justin II:

---

[189] 3.66 kg
[190] Aquae Collide ist die römische Stadt Aquincum, deren Ruinen sich heute im nordwestlichen Teil von Budapest namens Obuda befinden.
[191] Duvar ist ein bulgarisches Wort und bedeutet einen massiven Steinzaun.

„Wenn Ihr wirklich die Bulgaren von Utiguri und Kutriguri besiegt habt, seid Ihr bereits ein sehr reiches Volk, so dass es ziemlich töricht wäre, wenn ich mein Geld verwenden würde, um Euch gegen mich zu stärken. Was Usibad betrifft, so war er unser Untertan und Ihr könnt nicht über ihn verfügen. Er hat uns Sirmium selbst zurückgegeben und jetzt gebt Ihr uns seine Gepiden zurück!"

Boyans leichtsinniger Versuch, sich ohne Krieg an den Römern zu bereichern, scheiterte also. Targitius drohte, dass sie in diesem Fall Sirmium ohnehin mit Waffengewalt einnehmen würden, und fragte Justin, ob es nicht klüger wäre, wenn er es ihnen kampflos überlässt. Dann sagte Justin zu ihnen:

„Ich würde lieber eine meiner Töchter an Boyan geben als die Stadt."

Massive slawische Invasion in Thessalien, Peloponnes und Thrakien

Die Slawen erkannten schnell, dass die Bulgaren im Gegensatz zu den Awaren, die sie grausam behandelten, stets um Vereinbarungen bemüht waren. Justin II. von Thrakien regierte kurz, bis 578. Bereits 574 adoptierte er auf Anraten seiner Frau Sophia einen begabten Feldherrn, den Thraker Tiberius[192], der ihm auf dem Thron folgte. Im Jahr 578 unterzeichnete der Khagan einen Friedensvertrag mit Tiberius. Da er wusste, dass Tiberius nicht gleichzeitig gegen die Perser und ihn kämpfen konnte, erpresste er

---

[192] Tiberius der Siegreiche (II. Konstantin 578-582).

Tiberius, ihm die riesige Summe von 80.000 Numismen[193] pro Jahr zu zahlen. Trotz des Friedensvertrages schickte Boyan seine slawischen Sklaven, um eine Brücke aus Booten nach Singidunum[194] zu bauen, um es einzunehmen. Der Stratege Johanes musste die Schiffe rausfahren und die Boote versenken. Boyan belagerte daraufhin die Stadt auf dem Landweg. Nach einer Woche boten ihm die Bewohner 2.000 Dareiki[195] und einen mit Gold und Gewändern geschmückten Tisch. Boyan verließ daraufhin die Stadt allein und kehrte nach Sirmium zurück.

Die Anten hingegen einigten sich mit den Erben von Zabergan darauf, Anführer von ihm zu bekommen und in die südlichen Teile der Balkanhalbinsel zu ziehen. Nachdem die Awaren in Pannonien eingezogen waren, hatten die Bulgaren wieder die volle Kontrolle über beide Seiten der unteren Donau - auf der rechten Seite als Föderaten und auf der linken als freie Bulgaren. Von 578 bis 581 befanden sich die Römer im Krieg mit Persien. Damals strömte eine riesige Welle von 100.000 Slawen ins Reich und überquerte mit bulgarischer Hilfe die Donau. Die Slawen wurden von den bulgarischen Führern in die europäischen Gebiete des Reiches geleitet, die noch nicht von Bulgaren besetzt waren. So eroberten sie mit Feuer und Schwert viele Städte und Festungen in ganz Hellas, in der Umgebung von Thessaloniki und in ganz Thrakien bis hin zur Anastasischen Mauer selbst. Sie nahmen auch die Insel Euböa und den Peloponnes in Besitz, mit Ausnahme des felsigen und unzugänglichen Ostteils des Peloponnes von

---

[193] 367 kg. Gold.
[194] Heute Belgrad in Serbien.
[195] Alte persische Goldmünze 8,32 g.

Korinth bis Meleos. Die griechische Bevölkerung wurde massakriert und vertrieben. Die Slawen wurden reich, erwarben viel Gold und Silber, viele Waffen, ganze Herden von Pferden. Alle kaiserlichen Herden wurden ihre Beute. Die römischen Strategen waren täglich mit Schrecken davon überzeugt, dass die Slawen besser Krieg führten als sie selbst. Und so ließen sich die Slawen sorglos und furchtlos in den römischen Provinzen nieder, um dort dauerhaft zu leben, und begannen, sie so frei wie in ihrem eigenen Land zu beherrschen.

Daraufhin schlug Tiberius Boyan vor, 60.000 Reiter, die mit Kettenhemden bekleidet waren, in seinen langen Frachtschiffen von Pannonien nach Illyrien zu verlegen, sie auf der Donau nach Osten ziehen zu lassen und in der unteren Donau wieder in die Walachei zu verlegen. So wollte Boyan mit seiner Armee nicht durch das von Großbulgarien kontrollierte Gebiet reiten, da die Bulgaren nicht wollten, dass er ihre verbündeten Slawen angriff. Endlich kam Boyans lang ersehnte Rache. Der Statthalter Johannes, der damals seinen Dienst als Chef der Inseln in Sirmium beendete und die Regierung der illyrischen Städte erhalten hatte, versetzte sie. Die Slawen, die an den Flüssen lebten, die in die Untere Donau mündeten, wurden ausgeplündert und ruiniert. Viele von ihnen retteten sich in die Tiefen der Karpen[196]. Auf dem Rückweg machte Boyan eine freundliche Geste gegenüber Tiberius, übergab die befreiten römischen Gefangenen und bat ihn, ihm Zimmerleute zu schicken, angeblich für den Bau von Bädern. Stattdessen stellte er den Zimmerleuten jedoch fast die gesamte

---

[196] Karpaten.

awarische Armee zur Verfügung und baute in kurzer Zeit eine Brücke über die Save mit der Absicht, Sirmium einzunehmen.

Tiberius war ein kluger Herrscher und sah, dass seine Söldner das Reich nicht gut verteidigten, also befahl er, 15.000 Sklaven auf dem Markt zu kaufen und aus ihnen eine Armee zu bilden, die er Privatarmee nannte und die er Maurice anvertraute. Mit diesem Heer konnte Maurice die Perser besiegen und 581 Frieden mit ihnen schließen.

So kehrte eine kleine Minderheit von Slawen, sei es aus Schmerz um die Toten in ihre Heimat oder aus Angst, dass das Reich nicht mehr im Krieg mit Persien stand, zurück. Aber die Mehrheit blieb für immer. Von Hellas nach Norden hörte man von nun an überall die slawische und bulgarische Sprache, kaum die griechische.

Sirmium

Bevor er Sirmium angriff, schickte Boyan erneut Targitius nach Konstantinopel, um die seit 3 Jahren unbezahlte Steuer einzufordern. Als Targitius mit der Steuer zurückkehrte, schickte Boyan ihn in die Stadt, um dem Kaiser mitzuteilen, dass er angeblich wieder die Slawen angreifen wolle und fragte, ob man ihn nicht wieder über den Fluss übersetzen könne. Der Kaiser log, dass die Türken bis zur Donaumündung vorrückten und dass die Zeit für die Awaren nicht reif sei. Der Gesandte der Awaren gab vor, damit einverstanden zu sein, doch bei seiner Rückkehr wurde er von den slawischen Invasoren getötet. Dann schickte Boyan Solach, der den Römern schamlos befahl, Sirmium zu verlassen und nur ihre Kleidung mitzunehmen. Tiberius konnte weder Verstärkung noch Lebensmittel nach Sirmium schicken. Als Boyan sich aufmachte, die Stadt anzugreifen, verlangten die Römer deshalb, ihn zu sehen. Das Treffen fand auf den kleinen Inseln des Flusses Sava statt: Casia und Carbonaria. Theognides kam. Boyan saß unter einem weißen Baldachin auf einem goldenen Thron. Vor ihm standen Schwertkämpfer, die ihn mit ihren Schilden vor den Römern beschützen.

„Sei gesund, Boyan!"

„Theognides, sei gesund!"

„Du siehst, dass Dein Widerstand nutzlos ist. Tiberius hat alle seine Truppen und Ressourcen nach Persien geschickt, im Vertrauen auf den Frieden mit mir, und kann Dir mit nichts helfen."

Die Dolmetscher übersetzten.

„Bist du stolz darauf, Boyan, die Verträge mit uns zu brechen?"

„Stolz ist ein Luxus der Mächtigen, Theognides, und nun ziehe Dein Volk mit nur einem Gewand ab, damit kein Blut vergossen wird."

„Wir haben auch Waffen und Du wirst auf starken Widerstand stoßen. Und Ausgänge von Kriegen sind wie leichte Mädchen von wechselhaftem Charakter."

„Oh, mach mir keine Angst! Ich werde die Bulgaren schicken, um die Stadt einzunehmen und auch wenn Du jeden einzelnen von ihnen abschlachtest, wird mir das überhaupt nicht wehe tun!"

Sie trennten sich ohne Verständnis. Es folgten drei Tage mit Angriffen der Bulgaren, angeführt von Asih. Weder der Statthalter der Stadt, Salomon der Stratege, noch der Gesandte des Kaisers, Theognides, konnten die Stadt länger als drei Tage ohne Nahrung halten. Dann erhielt Theognides von Tiberius den Befehl, die Stadt zu übergeben und die Menschen zu retten. Er verließ die Stadt mit den wenigen Soldaten und dem Volk und Calisterius übergab die Stadtschlüssel. So fiel Sirmium im Jahr 581 erneut in die Hände der Bulgaren, und die Awaren fielen in die Stadt ein und raubten so viel, bis sie satt wurden.

Kuber

Am 5. Mai 679 hatte sich eine große Menschenmenge auf dem Feld zwischen dem See und den Mauern von Lichnida[197] versammelt. Der Tag war wieder gekommen, an dem die Rekruten zur Armee geschickt werden. Überall wurden Lammspieße gedreht, die Männer diskutierten aufgeregt über die letzten erfolgreichen Schlachten mit den Awaren und die Frauen bereiteten das festliche Mittagessen vor. Kinder badeten am Seeufer. Die Luft war kristallklar und der Himmel spiegelte sich im smaragdgrünen See, während die umliegenden Berge ihr Spiegelbild darin studierten. Überall, wo man hinschaute, sah man eine in Farben getunkte Landschaft. Vor dem Mittag kamen die Musiker und das Universum war erfüllt von jenem Rhythmus der Hora[198] und Ratschanici[199], die das Herz aller schlagen lässt, egal ob für den Kampf oder für die Liebe. Sie waren alle so bunt und schön gekleidet, dass man nicht

---

[197] Ohrid.
[198] Bulgarischer Volkstanz, der in Reihe getanzt wird.
[199] Bulgarischer Volkstanz, der in Paare getanzt wird. 7/8 ungleichmäßiger Takt: 1,2,3: 1,2,3,4.

sagen konnte, welche Tracht schöner war: die der Berziten aus dem Kaukasus oder die der Kutriguren von der Donau oder die der Slawen aus Pannonien oder die Chernodreshkovtsi[200] aus Thrakien oder die Belodreshkovtsi[201] aus Bitola... Auch die Morovlasi[202] aus den Bergen waren heruntergekommen, um Lämmer zu verkaufen. Lateinische Kaufleute aus Adria verkauften Olivenöl und Bulgaren aus Ihtiman und vom Fluss Jantra verkauften Eisenwaren. Eine Schar junger, zwitschernder und lachender Mädchen mit Blumenkränzen auf den Köpfen wirbelte in der Nähe des Zeltes von Kuber[203] herum. Kuber genoss den Anblick und dachte bei sich: "Da wird einem ganz schwindelig vor lauter Rausch und Glück dieser Menschen. Mein Gott, ich danke Dir, dass Du uns geholfen hast, die Awaren endlich loszuwerden und dabei auch noch unseren Besitz zu behalten", sein Blick schweifte in die Ferne, wo er Pferde- und Viehherden sehen konnte.

Knyaz Kuber war da mit seiner Familie und seinem ganzen Gefolge. Neben ihrem Zelt standen die Zelte seiner Wojewoden mit ihren Familien.

Nachdem sie alle um den langen Tisch Platz genommen hatten, stand Kuber auf und alle wurden still. Dies übertrug sich auf das Feld und auch die Musik wurde leiser. Jeder wollte hören, was der Knyaz von Gottes Gnaden zu sagen hatte.

„Mütter und Väter, Brüder und Schwestern! Ihr schickt heute Eure jungen Männer, um uns allen die größte

---

[200] Schwarz gekleideten.
[201] Weiß gekleideten.
[202] Reste der alten römischen Kolonisten.
[203] Fürst der pannonischen Bulgaren, der die Donau überquerte und sich auf dem Gebiet Illyriens und Mazedoniens niederließ.

Ehre zu erweisen - um uns vor unseren Feinden zu verteidigen! Unser Vater, der Große Kubrat, pflegte zu sagen:
"Der Ruhm des Soldaten gibt uns Land, Luft und Wasser!
Soldatenruhm gibt uns Leben!" Gott sei gepriesen zum
ewigen Gedenken an Kubrat[204]!"

„Amen n n n!"" hallte es durch das Feld. Die Mehrheit der Menschen, die Kuber aus Pannonien mitbrachte,
waren Christen.

„Ewigen Ruhm!", riefen die Kutriguren, Sibirer und
Berziten und viele der Slawen.

Sie waren keine Christen.

„Unser Vater vereinigte zur Zeit des Herakleios alle
Bulgaren: und die Föderaten in Illyricum und Thrakien,
und die freien in Mysien und die in Großbulgarien bis nach
Persien. Und unser Vater hat uns vermacht, unser Volk ein
für alle Mal an den Ort zurückzubringen, von dem es vor
Jahrhunderten vertrieben wurde. Nun sind wir endlich
dort, wo der Korb von Lyco[205] unseren thrakischen Dionysos rettete, so dass er diese Stadt gründete und sie Lichnida nannte. Unser Weg war übersät mit Gefahren. Unser
Weg war mit Gefahren gepflastert. Einige davon überwand
er allein, indem er eine würdige Freundschaft mit dem Kaiser Heraklius pflegte; andere zeigte er uns den Weg, den
wir gemeinsam mit meinen treuen Brüdern gehen sollten.
Jetzt, wo Asparuh[206] vom Dnjepr bis nach Pannonien und
dem Balkan herrscht und wir die Täler von Epirus, Illyrien,
Makedonien und Thessalien mit Menschen und Vieh

---

[204] Auch geschrieben: Krovat, Krobat, Kroat. Der heutige Staat Kroatien ist nach ihm benannt.
[205] Innere Weidenrinde benutz, um Korbe zu stricken.
[206] Sein Bruder.

gefüllt haben, jetzt, wo unsere Verbündeten, die Slawen, den Peloponnes, Euböa, Thessalien und Thrakien beherrschen, eröffnet sich vor uns ein anderes Leben, das Leben freier und stolzer Menschen, die ihre eigene Zukunft schmieden werden."

Ein hysterischer Schrei der Zustimmung schallte durch den Himmel und sein Echo huschte lange Zeit von Gipfel zu Gipfel. Die Trommeln donnerten, die Musik schmetterte und der Jubel ging weiter wie ein Sturm, der die Wälder, die Gräser und die Meere in Wellen erschüttert.

An den Tischen wurde lautstark geredet, es wurde gegessen und getrunken, bis es dunkel wurde. Dann wurden Feuer entzündet und die vielstimmigen schönen Lieder wurden langsamer und nostalgischer. Junge Wojewoden hatten sich um Kuber und sein erster Wojewode, Mavar, versammelt und wollten die seltene Gelegenheit nutzen, mit ihm zu sprechen. Sie wollten so viele Dinge lernen.

„Knyaze", begann der eine, „mein Vater sagte, dass sein Urgroßvater für Sirmium gekämpft hat und dass die Awaren damals sehr stark waren. Was geschah danach?"

Kuber lächelte freundlich, nippte an seinem Wein und antwortete:

„Wir waren damals die schlagkräftige Kraft der Allianz, aber die Awaren behandelten uns ziemlich gemein. Wir haben Siege errungen, indem wir sie mit Opfern bezahlt haben, und sie sind im letzten Moment vorgerückt und haben mehr Beute gemacht als wir. Die Slawen hingegen kämpften in tödlicher Angst vor den Awaren."

Einer der Slawenwojewoden rief:

„Ja, ich habe von meinem Urgroßvater gehört, dass sie uns schikaniert haben."

„Ja, so war es. Besonders unerträglich war es im Winter, wenn die Awaren slawische Frauen nahmen. Dies veranlasste Kubrat, seinen Bruder Samo-Boil zu schicken, um Euren Aufstand zu organisieren. Und das ist gelungen. 32 Jahre lang hattet Ihr die Unabhängigkeit, und Ihr habt Samo-Boil verehrt. Er hatte 12 vendische Ehefrauen, die ihm 22 Söhne und 15 Töchter gebaren."

Dann sagte einer der Kutriguren:

„Ah ah ah, jetzt verstehe ich, warum Ihr Slawen gleich ausseht!"

Die Gesellschaft brach in Gelächter aus.

„Und was geschah nach der Einnahme von Sirmium?"

„Wir hatten uns mit Fürst Ardagast geeinigt und führten 100.000 Slawen zu den Orten, die Zabergan der Knyaz von Gottes Gnaden einige Zeit zuvor geplündert hatte. Dann haben wir den ganzen südlichen Teil der Halbinsel mit Slawen bevölkert, ihnen den Kampf gegen die Römer beigebracht, und die Slawen gibt es bis heute."

„Und mein Großvater hat immer gesagt, dass bei der Belagerung von Konstantinopel auch Awaren dabei waren. Wie sind sie dorthin gekommen, wo doch der Balkan fast ausschließlich von unseren Leuten bevölkert war?"

„Ja, in der Tat, wir haben sie nicht durch unser Land ziehen lassen, denn wir kannten sie als die Banditen, die sie waren. Doch Boyan fuhr die Donau hinunter und nahm eine Festung nach der anderen ein. Dann ging er durch den Balkan, durch die östlichen Pässe zwischen Odessos und Messembria und kam so hinunter nach Adrianopolis und

Konstantinopel. Dann kämpften wir zusammen mit Slawen und Awaren, aber es gelang uns nicht, Konstantinopel einzunehmen. Die Römer hatten einen General, Comentiol. Dieser Armleuchter hatte nur einen einzigen Sieg in seinem Leben, und zwar über die slawischen Armeen.

„Warum, was ist dann passiert?"

„Danach gab es viele Schlachten auf dem Rückweg, aber er verlor sie immer wieder. Tiberius wollte das Heer über die Donau überwintern lassen, aber wir haben sie vor Angst erstarren lassen und die Soldaten selbst wollten nicht. Seine Soldaten rebellierten. Schließlich hat es sogar Kaiser Mauritius auf sich genommen, uns mitzuteilen, dass er diese Armee sich selbst überlässt. Könnt Ihr Euch das vorstellen? Der Kaiser verrät seine Soldaten! Einige Eurer Großväter sind aus dieser Armee. Da rissen ihm die anderen Soldaten, angeführt von Phokas, den Kopf ab."

„Und was ist mit Comentiol passiert?"

„Comentiol floh wie ein verängstigtes Kaninchen durch den Trayan-Pass, und das im Winter. Seine Begleiter erfroren, und wie ein gerupfter Sperling erreichte er Adrianopel. Die Soldaten verspotteten ihn von den Mauern aus und wollten ihn nicht rein lassen. Comentiol wurde vor Gericht gestellt, aber Mauritius, bevor Phocas ihn auslöschte, bestach die Richter und bekam ihn frei. Schließlich hatte Mauritius ihn dazu aufgefordert."

„Und wer brachte die Awaren zurück nach Pannonien?"

„Comentiol wurde durch Petrus, den Bruder des Kaisers, ersetzt. Aber er hat uns einmal in der Nähe von Nove am Jantra angegriffen, obwohl Waffenruhe herrschte, und wir haben eine Legion von ihm aufgelöst.

Er musste sich bei uns entschuldigen und eine Strafe für seine Taten zahlen. Dann ernannten die Römer Priscus, einen begabten General, als Oberbefehlshaber. Er überquerte zuerst die Donau und kämpfte sehr erfolgreich gegen unsere Slawen. Dann kam er zurück, ging zur Mündung der Theiß und fuhr Strom auf. Er war ein sehr kluger Krieger und gewann viele Schlachten. Dadurch beruhigten sich die Awaren ein wenig.

„Und Thessaloniki?", fragte sein erster Wojewode, Mavar.

„Wir haben Thessaloniki fünfmal angegriffen, konnten es aber nicht einnehmen, obwohl es voll von Thrakern war. Jetzt haben wir mit dem Imperator vereinbart, es mit unseren Leuten zu besiedeln. Der Kaiser denkt im Moment, dass wir, nachdem wir die Awaren bekämpft haben, sein Volk sind. Aber schauen wir mal!"

Der Mavar lachte laut und sagte auch vieldeutig:

„Mal sehen!"

„Man sagt, dass Boyan einst beinahe Herakleios getötet hätte. Stimmt das?"

„Teilweise. Als Boyan sah, dass wir uns von ihm getrennt hatten und ihm nicht mehr gehorchten, sann er eine Gemeinheit aus. Er schickte Boten, um Herakleios mitzuteilen, dass er ewigen Frieden schließen wolle. Herakleios, der Freund von Kubrat, war ein kluger Mann. Mein Vater sagte mir, er glaube ihm nicht, aber er habe wegen des schweren Krieges mit Persien keine Wahl gehabt. Dann hatte er alles verkauft, ja wirklich alles, was verkauft werden konnte, um ein ausreichendes Heer gegen die Perser aufzurüsten, um unseren Vater für den Kampf in Asien zu bezahlen und um die unersättliche Kehle von Boyan und seinen Bojaren zu füllen. So bereitete Herakleios die Feierlichkeiten zur Unterzeichnung des Friedensvertrages, Aufführungen und Spiele vor und lud Boyan in die Nähe von Herakleia ein. Boyan versteckte vor dem Treffen Soldaten in den Wäldern nahe der Langen Mauer, und als sie beide aufeinander gingen, begannen die Soldaten, die Römer zu umzingeln. Herakleios zog sich aus, verkleidete sich als Bauer, legte seine Krone wie ein Armband an den Arm und entkam mit aller Kraft nur knapp im Galopp zu Anastasios' Mauer. Dann kam ein großer Raubüberfall. Wir haben auch viele Menschen nach Pannonien gebracht, fast 200.000. Einige Eurer Vorfahren gehören auch zu diesem Volk."

„Und dann?"

„Dann beschlossen wir, dass es an der Zeit war, Konstantinopel einzunehmen. Wir vereinbarten mit dem persischen König, mit einer Armee aus Asien zu kommen und gleichzeitig Konstantinopel anzugreifen. Herakleios aber schickte seinen klugen Bruder Georgii gegen die Perser und dieser errang viele Siege. So kam nur eine kleine Armee von 3.000 Persern an den Bosporus. Obendrein kehrte Georgiis Armee siegreich aus Persien zurück. Damals erfüllte Kubrat seinen Vertrag mit Herakleios und sagte sich endgültig von Boyan los. Das war's! Von da an setzten die Awaren nie wieder einen Fuß auf unser Land diesseits der Donau."

Dieses Erlebnis der Soldaten um Kuber wird unvergesslich bleiben. Sie würden ihren Enkelkindern und Urenkeln davon erzählen.

Die Spiegelungen der Berge im Ohrid-See wurden unmerklich durch die Spiegelungen von Tausenden von schillernden Sternen ersetzt, die ebenfalls dieser unglaublichen Geschichte von der Rückkehr des bulgarischen Volkes in seine alte Heimat gelauscht hatten. Ab und zu flog einer von ihnen auf die Erde, um besser hören zu können.

ENDE

Die römischen Provinzen auf der Balkanhalbinsel in dem zweiten Jahrhundert. Unten links: Die römischen Provinzen auf der Balkanhalbinsel nach der Reform von Diocletian im Jahre 293.

Kubrat

Das Hippodrom

„Retorno o o o o!"

Die Adern im Hals des Strategen Priscus würden vor Anspannung platzen. Die Brise, die vom Bosporus herüberwehte, konnte seine braungebrannte, verschwitzte Haut überhaupt nicht kühlen. Kubrat war am anderen Ende des Hippodroms und verschwand vom galoppierenden Pferd.

„Er ist verunglückt!", stöhnte Priscus.

Kubrat hatte starke Arme. Er hatte sich hinter dem galoppierenden Pferd versteckt und hielt sich am Sattelbrett fest. Nachdem er seine Füße für einen Moment auf dem Boden ruhen ließ, warf er sich ab und stieg wieder auf. Mit dieser Finte wich er fliegenden Speeren und Pfeilen aus der Ferne aus. Heraclius schrie vor Freude auf, und General Priscus seufzte. Auch Martina, die Cousine des Heraclius, kreischte in rasender Freude vom Palastbalkon. Der Palast bildete eine der Mauern des Hippodroms, und von der großen Halle trat man auf einen Balkon hinaus, von dem aus man das gesamte Hippodrom und den Bosporus sehen konnte. Der Blick reichte weit nach Asien hinein. Heraclius war ein wenig eifersüchtig auf Kubrat, denn Martina hatte sich in ihn verguckt, und er selbst war sehr angetan von ihr. Kubrat hatte ihm mehrmals erzählt, dass in seinem Volk Sex zwischen Cousins und Cousinen verboten sei und die christliche Religion dies verbiete, aber das beeindruckte Heraclius nicht. Martina war außerdem zart, schön, klug, gewitzt und gerissen.

Sollte der Prinz verunglücken, würde Phoca General Priscus einfach das Fell abziehen, ungeachtet der unendlichen Anzahl von Schlachten, in denen Priscus das Reich beschützt hatte. Die Soldaten erhoben Phoca, diesen Blutsauger, im Jahr 602 zur Macht, nachdem Mauritius ein ganzes Heer von 20.000 Mann an die Awaren ausgeliefert hatte. Mauritius tat dies, weil es viele Meutereien im Heer gab, Verweigerungen, über die Donau zu ziehen und andere, von denen er fälschlicherweise dachte, sie seien gegen ihn persönlich gerichtet. Die Soldaten fürchteten einfach die Bulgaren, die auch den Slawen beibrachten, wie man erfolgreich kämpft. Aber die anderen Soldaten, die Überlebenden, haben ihn erledigt. Die Kutriguren hatten sich gerade von den Awaren getrennt, und Jurgana, der Onkel von Kubrat, schloss 594 einen Vertrag über gegenseitige Hilfe mit Mauritius. Kubrat war damals zehn Jahre alt. Die Kutriguren waren eine unbezwingbare Streitmacht für das Awarische Khaganat[207] und ein Schrecken für Byzanz. Es war weltweit das größte Ereignis in den letzten 150 Jahren, denn es veränderte das Kräfteverhältnis in der Welt schlagartig zugunsten des Ostreiches. Der kleine Kubrat blieb als Geisel für die Erfüllung des Vertrages. Priscus rechnete nicht mehr mit einer Bedrohung durch die Awaren, sondern durch das Volk dieses Jungen...

Heraclius hatte sich auf seinem Pferd aufgerichtet und starrte ebenfalls auf den galoppierenden Kubrat.

---

[207] Königreich.

Kubrat zeigte ihnen oft ein wenig von seiner Reitkunst und genoss ihre Reaktion. Er war vier Jahre alt, als sein Vater Boris ihn auf das Pferd setzte und befahl:

„Drücke die Beine fest und halte dich an der Mähne fest!"

Mein Gott, wie groß das Pferd war ... und die bebenden Tiermuskeln unter seinen Füßen. Sein Herz wäre geplatzt, aber zur Freude aller Anwesenden hielt er sich oben. Dann nahm er ihn herunter, reichte ihm die Zügel und befahl ihm, ihn zu tränken. Hinter dem kleinen Jungen sah das riesige Tier bedrohlich aus. Er hatte Angst zu gehen, aber als er es wagte, spürte er, wie das Pferd ihm sanftmütig folgte. Kerka, seine Mutter, ritt nicht schlechter als die besten Soldaten seines Vaters und beobachtete gebannt, was passieren würde. Sie unterrichteten die Jungen meist in den Untiefen der Flüsse. Oft fielen die Jungen, aber ein Schlag ins Wasser brach ihnen nicht die Knochen oder ließ sie hinken. Im Alter von sechs Jahren konnten sie bereits auf einem Pferd leben, auf ihm schlafen, essen, toben und sich mit ihren unzähligen Spielen amüsieren. Priscus, so sehr er auch befürchtete, dass Kubrat sich verletzt, fand es interessant.

„Wie, verzeih mir, St. Georg, haben diese Hunnen diese Kunst erreicht, nicht für einzelne Athleten, wie in unserer Arena, sondern für ihr ganzes Volk."

Der General schrieb gerade eine Anweisung für die Reorganisation der Armee, und das war eines der Probleme der aus Afrika und Asien gesammelten Soldaten. Die thrakisch-illyrischen Föderaten unterschieden sich in der Reitkunst nicht von den Hunnen.

Mit der heutigen Übung wollte Priscus, dass Kubrat Heraclius zeigt, wie man mit dem Bogen in die entgegengesetzte Richtung einer Fahrt schießt. Hunnen taten in der Regel so, als würden sie schießen, wenn sie sich näherten. Wenn sie sich näherten, begannen sie sich zurückzuziehen, beschleunigten ihre Pferde, trieben sie in einen Ravan[208], und erst dann setzte der „hunnische Schrecken" ein - sie drehten sich um, hielten den Atem an und feuerten einen Pfeil mit Präzision ab. Dann holten sie Luft, und noch einmal. Die Geschwindigkeit der verfolgenden Pferde addierte sich mit der Geschwindigkeit der Pfeile und die Schläge waren sehr kraftvoll. Heraclius hatte das Gefühl, dass er diese Technik nie lernen würde. Zuerst musste das Pferd ihr absoluter Freund sein und sie mussten eins mit ihm werden. Zweitens wurde er beim Rückwärtsschießen nur mit den Füßen gesteuert, die Hände waren beschäftigt. Und drittens wurden nicht alle Pferde für den Ravanlauf trainiert. Bei einem Ravan bewegt sich jedes Bein des Pferdes zu einem anderen Zeitpunkt und der Reiter schwingt nicht viel. Dies verbessert die Schussgenauigkeit. Es gab hunnische Krieger, die einen fliegenden Vogel vom Pferderücken aus erschießen konnten. Sie trainierten nun schon den zweiten Monat, und Heraclius hatte gelernt, sein Pferd mit den Füßen zu lenken - das war schon etwas. Nach einer Stunde Ritt winkte Priscus mit der Hand, die Adjutanten nahmen die Pferde, und die drei machten sich, verschwitzt und staubig, auf den Weg zum alten thrakischen Gemeinschaftsbad namens Zeuxippus, das Septimius Severus stark verbessert hatte. Kubrat verstand dieses Wort; es

---

[208] Bei einem Ravan bewegt sich jedes Bein des Pferdes zu einem anderen Zeitpunkt und der Reiter schwingt nicht viel.

bedeutete im Bulgarischen, wie auch im Thrakischen, die sich kaum unterscheiden, Sonne. Die Sklaven im Bad begrüßten sie freudig, schrubbten sie anständig, massierten sie, rieben sie mit duftenden Ölen ein und ließen sie im Caldarium, um sich mit anderen Bürgern zu unterhalten. Kubrat hat schon in jungen Jahren die Musik der Sprachen fangen können, als lernte er Lieder. Bei den Hunnen war das Aufsagen von allerlei Märchen, Fabeln, Rätseln, Anleitungen zum Aufbau des Jahres und zum Rechnen in Versform und viele Anleitungen zu Handwerk und Krieg sehr verbreitet. Die Geschichtenerzähler, die in der Regel ein Instrument spielten und faszinierend singen konnten, waren gern gesehene Gäste bei jeder Feier und hatten ein anständiges Einkommen. Die Hunnen hatten zwar eine Schrift, aber eine seltsame Vorstellung von Büchern. Sie sagten, dass das Geschriebene nutzlos ist, wenn es nicht in den Köpfen der Menschen ist, die es benötigen. Was ist also Lehre - Lehre ist verstandenes und auswendig gelerntes Wissen! Sie wählten kluge Kinder als ihre Nachfolger und ihre Ausbildung dauerte mindestens 20 Jahre. In den bulgarischen Siedlungen von Pannonien bis zum Kaukasus konnte man neben dem Bulgarischen immer auch den getischen Dialekt und die lateinische Sprache hören. Nur am königlichen Hof gab es Griechen als Dolmetscher. In Berzitia[209] - Ost-Kaukasus und Girkania[210] – südliche Küste des Kaspischen Meeres, wurde türkische und persische Sprache gehört. Kubrat sprach und schrieb ausgezeichnet

---

[209] Westküste des Kaspischen Meeres.
[210] Land an der Südküste des Kaspischen Meeres.

Persisch und Sanskrit[211]. Sein Großvater Zabergan hatte Persien in vier Jahren erobert und eine Welle persischer Gefangenen strömte an die nördliche Schwarzmeerküste. Er hatte auch persische Soraustra[212] Magier und indische Bramanen unter den Hoflehrern. Und das Bulgarische, das Thrakische und das Sanskritische waren chaldäische Sprachen, und nicht sehr verschieden. Im bulgarischen Dialekt konnte er in Roski-Buchstaben schreiben, im benachbarten gotischen Dialekt in Urfil-Buchstaben, die die Bulgaren Glagoliza und die Slowenen und Kroaten Gotika nannten. Das Schreiben bereitete Kubrat große Freude. Er, anders als seine Landsleute, empfand Ehrfurcht vor dem Buch.

Priscus erhob sich langsam, machte ein Zeichen, und die Sklaven begannen, ihn anzuziehen. Das galt auch für die jungen Herren. Nach dem Ausgang gab es links eine kleine Gasse, in die nur lächelnde Männer gingen. Priscus ging darauf zu, Heraclius lächelte zweideutig und folgte ihm, sah jedoch, dass er kein Glück haben würde. Priscus beorderte sie zurück in den Palast, und er ging weiter zum Bordell für Adlige.

Der Stern war damals Bojidara, wie die Thraker sie nannten. Die Griechen nannten sie Theodora, denn „theo" bedeutet Gott, und „dar" ist in beiden Sprachen ein altpersisches Wort mit Bedeutung „schenken". Sie war 25 Jahre alt, gebildet, ... weiß der Teufel woher, sprach Latein, Griechisch und Thrakisch. Die Ehrfurcht vor freien Frauen aus der Zeit Alexanders des Großen war lange vorbei, aber sie

---

[211] Im Gegensatz zu der verbreiteten Schreibweise „Sanskrit", richtig ist nach Awesta „Samskrit", was aus dem Wort „sam" – *nur* und „skrit" *geheim* herkommt. Die Aussprache und die Bedeutung beider Sprachen Samskrit und Bulgarisch ist identisch.
[212] Mit bulgarischer Bedeutung „nach Sonnenaufgang strebend".

fand einen Weg, sich Respekt zu verschaffen. Manche sagten, sie sei von patrizischer Abstammung, aber ihr Mann war ermordet worden, und Spekulanten hatten sich ihrer Ländereien bemächtigt, und sie stand vor dem Nichts. Sie lebte in einem kleinen, aber ordentlichen und sauberen Haus, verkehrte mit dem berühmtesten Arzt von Byzanz und konnte in der Bibliothek von Theodosius II. gesehen werden. Sie hatte ein unglaubliches Gedächtnis und erinnerte sich an alles, was ihre Gäste sagten, und verband es miteinander, während sie dachten, sie sei harmlos. Priscus merkte sehr schnell, dass ihr beiläufig hingeworfener Rat von großem Wert war. Einmal erwähnte er, dass freie Eftaliten aus Sogdiana gekommen waren, um zu bitten, dass der Seidenmarkt in Byzanz für sie geöffnet würde, da die Türken die persischen Märkte für sie verschlossen. Bojidara sah ihm tief in die Augen, dann senkte sie den Blick und schien achtlos zu murmeln:

„Warum kaufst du nicht ihre gesamte Ladung? Andernfalls würde Valerius sie kaufen und, bevor es jemand merkte, an Seeleute verkaufen, die nach Antiochia, Alexandria, Karthago oder wo auch immer unterwegs waren."

Sie betrachtete sich im Spiegel, als ob sie nichts Wichtiges gesagt hätte, und richtete ihr Haar.

Zwei Tage später verwandelte Priscus zehn Liter Gold in 30 Liter. Bojidaras Rat war buchstäblich Gold wert. Bojidara erhielt eine Halskette mit blau-grünen Steinen, Lapislazuli aus Bactra, und einen Sklaven als Diener. Priscus deutete an, dass er sich freuen würde, wenn sie keine anderen empfangen würde, und Bojidara biss ihm spielerisch in den nackten Hals, was "gut" bedeuten sollte.

Der Streit

Der Haussklave weckte Kubrat und wies auf den Sonnenaufgang in Asien hin. Es war die beste Sache in der Königsstadt. Es blieb jedoch keine Zeit, ihn zu genießen, denn unten wartete eine Gruppe von Palastgardisten auf den traditionellen Morgenlauf. Es war ein Alptraum für Kubrat. Alles zu Pferd, ja - das war kein Problem, aber die lange Straße zur Stadt Messe bis Anastasius' Mauer und zurückzulaufen... Jeden Morgen startete er todmüde ins Leben. Und Heraclius schaffte es mit Leichtigkeit. Die Griechen laufen von klein auf wie den Rehen. Deshalb sind ihre Gesäßmuskeln so stark entwickelt, und auf beiden Seiten wölbten sich Muskelgruppen über ihre Beine. Am Anfang der Straße, nach dem Hauptmeilenstein Million erwiderte Heraclius gewöhnlich den Spott für seine miserable Reiterei, aber das ärgerte Kubrat nicht, denn in seinem Volk war die Fröhlichkeit im Leben immer präsent. Er hatte bemerkt, dass die Griechen beleidigt waren, wenn er seine üblichen Witze machte, was die Bulgaren nur aufheiterte. Nach den Statuen heidnischer Gottheiten schloss Kubrat müde die Augen und konzentrierte sich auf die Überwindung des Seitenstechens - die Athleten nannten dies die erste Krise. In der Nähe des Strategnon-Forums, das für die militärische Ausbildung der Armee genutzt wurde und ebenfalls vom Septimius Severus gebaut wurde, konnte man die donnernden Befehle der Offiziere und das Getrampel der Soldaten hören. Priscus belehrte sie darüber, dass Herrscher Kriege führen und dass der Krieg die größte physische Belastung neben der finanziellen ist, und dass Herrscher unter normalen Bedingungen normalerweise gute Entscheidungen treffen, aber wenn sie todmüde sind, machen sie die Art von Fehlern, die Tausende von Leben kosten. Deshalb begannen sie ihre Lehraktivitäten erst nach dem Morgenlauf, dem Bad und dem Frühstück.

Die Schule, in der sie fast den ganzen Tag verbrachten, wurde durch ein Gesetz des Kaisers Theodosius II. vom 27. Februar 425 im südlichen Teil der Kaiserstadt, oberhalb der Magnaura-Bucht, gegründet. Dieses Gesetz bestimmte die Anzahl und Art der Universitätsabteilungen sowie die Professoren, die sogenannten Meister. Sie lehrten Homer, Dialektik und alle philosophischen Wissenschaften, Rhetorik, Geometrie, Arithmetik, Astronomie, Musik und alle anderen hellenischen Künste. Der Patriarch Cyriacus war einer der Lehrer dort. Normalerweise waren griechische Kleriker trocken und mit mageren Gesichtern, aber dieser hier knisterte vor Gesundheit und Kraft, wie Priscus. Er hatte mehr das Aussehen eines Metzgers als eines Philosophen. Er hatte einst Phocas versteckt, als seine Feinde ihn verfolgten, und nachdem Phocas an die Macht gekommen war, machte er ihn zum Patriarchen. Er lehrte sie griechische Grammatik und die Geschichte des Christentums. Kubrat war mit seinem Naturtalent in Griechisch sehr weit fortgeschritten, und sein Flirt mit Martina im Palast half ihm sehr. Er nannte sie sein ätherisches Wörterbuch, worüber Martina schallend lachte:

„Ich habe dich noch nie ein Wörterbuch küssen sehen!"

Latein hatte er gelernt, als sie in Pannonien lebten, bevor er nach Konstantinopel kam. Er ging oft in die Bibliothek der Hagia Sophia und vergrub sich in die historischen Manuskripte lateinischer Autoren. Es wurde gesagt, dass, nachdem Mark Anton die Bibliothek von Alexandria verbrannt hatte, diese die größte der Welt war. Er liebte die lateinischen Autoren mehr, weil sie lakonischer und sachlicher waren. Die Griechen, wenn ihnen ein Ereignis nicht gefiel, haben es immer so gedreht, dass sie sowohl die Wahrheit sagen konnten als auch sich nicht dafür schämen mussten. Wenn sie zum Beispiel eine verlorene Schlacht beschrieben, sagten sie, dass sie sie zunächst gewonnen hatten und dann jemand mit einem Teil ihrer Armee das Schlachtfeld verließ, weil er den Thron an sich reißen wollte, und so verloren sie. Aber auch unter ihnen gab es viele gebildete und gewissenhafte Schreiber. Hauptsächlich Patriarchen, Berater von Militärführern, Staatssekretäre und Juristen. Irgendwo las man, dass Alexander einst die Perser mit Soldaten aus Epirus, Illyricum und Makedonien besiegte. Dann stellte er ihnen eine Charta der ewigen Herrlichkeit aus, die in dieser Bibliothek aufbewahrt wurde. Er brannte vor Verlangen, sie zu finden, denn der Awarenstaat hatte ein Meer von Geten erobert, die sich auch Slawen[213] nennen, und die sagten, dass Alexander selbst ihnen den Namen gegeben hatte. Also wollte er diese Charta finden. Er hasste die Art und Weise, wie der awarischen Khagan[214] bat[215] Bajan die Slawen behandelte. Die Awaren betrachteten sie als minderwertige Sklaven. Sie liebten es, sie zu demütigen, indem sie zu ihrer eigenen Belustigung slawische Frauen an ihre Karren spannten. Sie schickten die Slawen meist zuerst in den Kampf und bedrohten sie so grausam, dass die Slawen mehr Angst vor

---

[213] ruhmreich.
[214] König.
[215] Der Ältere.

den Awaren in ihrem Rücken hatten als vor ihren Feinden vor ihnen. Und wenn sich der Sieg auf ihre Seite neigte, holten sie sie zurück und traten selbst in den Kampf ein, um belohnt zu werden. Aber die größte Demütigung für die Slawen war die Überwinterung der Awaren. Sie nahmen die Frauen und Töchter der Slawen und lebten mit ihnen den ganzen Winter. Die jüngere Generation der Slawen zu seiner Zeit war bereit, alles zu tun, um die Awaren loszuwerden. Die Bulgaren auch. Das war es, was sie miteinander verband. Die Bulgaren, als die Schlagkraft des awarischen Khaganats, hatten es natürlich mit einer riesigen Menge an Slawen zu tun. Doch im Gegensatz zu den Awaren schlossen sein Onkel Jurgana und sein Vater Boris Verträge mit ihnen, durch die die Slawen einen Anteil an der Beute der Feldzüge erhielten. Viele bulgarische Bogenschützen heirateten respektvoll slawische Frauen.

Cyriacus kannte viele Passagen der Ilias auswendig, und das faszinierte die jungen Prinzen. Nachdem er eine Passage rezitiert hatte, blickte er in die Ferne des Meeres, als ob er Ilion durch die Dardanellen sehen wollte, und fuhr unbewusst fort:

„Achilles war ein Thraker mit einer Privatarmee. Er kämpfte gegen Troja auf der Seite der Griechen gegen sein eigenes Volk. Sie sind Myrmidonier. Für Johannes Malala, Procopius von Caesarea und viele andere Philosophen gibt es keinen Zweifel daran, dass Achilles mit den Atriden aufbrach und sein eigenes Heer von dreitausend Mann anführte, damals Myrmidonier genannt, heute Bulgaren."

Einen Moment lang war es so still. Die griechische Jugend wurde immer in einem antibulgarischen Geist erzogen, und dies war ein Schock für sie. Alle wandten sich sofort Kubrat zu, als hätte er persönlich Troja erobert und jede von deren Illusionen zerstört, dass sie etwas anderes als barbarische Bulgaren seien.

„Sie lebten ursprünglich auf der Cimmerischen Halbinsel, fuhr Cyriacus fort. - Seit die Gallier dort siedelten, im dritten Jh. v. Chr., wird die Halbinsel Galata genannt. Sein Volk konnte Achilles' ekelhaften Charakter nicht ertragen und verbannte ihn nach Epirus und Peonia. Als die Römer gegen Perseus und dann gegen die Thraker und Peonier kämpften, war der Krieg schrecklich. Aemilius Paulus Makedon, römischer Konsul in den Jahren 182 und 168 v. Chr., zerstörte 70 Städte und machte 150.000 Menschen zu Sklaven. Er überließ die Städte den Soldaten zur Plünderung und brachte 167 v. Chr. Beute mit Schiffen nach Italien, die von großem Wert war. Aber selbst als sie sie besiegten, waren die Römer gezwungen, in ihren befestigten Siedlungen wie in einem Gefängnis zu leben. Eine große Anzahl von Peoniern wanderte zwischen den Flüssen Drava und Sava. Die Griechen nennen sie immer noch Peoni, und die Lateiner Panoni. Die Perser nennen sie Gebri, was auf Griechisch Cimri heißt.

„Und warum nennt man sie Myrmidonen, also Ameisen?", fragte Heraclius.

„Es ist nicht wegen der berühmten Legende, dass Zeus die Ameisen von Ägina während einer großen Hungersnot in Menschen verwandelte. Sie sind in der Tat zahlreich und erstrecken sich von den Franken bis Armenien. Sie werden so genannt, weil sie wie Ameisen die Steine von den Feldern entfernen, um sie mit dem Pflug zu bearbeiten. Die Bulgaren haben ein starkes berittenes Heer, aber sie holen sich ihren Reichtum aus dem Land durch

Arbeit. Gehen Sie zu den Bäckermärkten. Es gibt eine schöne Statue eines Bulgaren, der mit einem Ochsen pflügt, als ob er bereit wäre, eine Furche in die ganze Erde zu pflügen. Was für ein herrlicher Anblick für die Zuschauer!"

Heraclius kannte diese Statue, und Kubrat beschloss, sie unbedingt zu sehen. Cyriacus war von der alten hellenischen Schule. In seinen eigenen Überlegungen hielt er sich stets an die nachweisbare Wahrheit und weigerte sich, von anderen Strömungen abzuweichen. Er war jedoch ein sehr gerissener Grieche. Wenn er etwas manipulieren wollte, verband er es mit 99% Wahrheit, um es glaubwürdig zu machen. Wieder kam ihn ein Zitat von Homer in den Sinn:

„Homer ist der größte Dichter der Griechen! Und stellt euch vor, er war blind.

Heraclius erhob spontan Einspruch:

„Aber wie hat er dann die Ilias und die Odyssee auswendig gelernt, das ist doch ein ganzes Regal voller Schriftrollen in der Bibliothek, man kann sie nicht in einem Leben niederschreiben, geschweige denn auswendig lernen."

Cyriacus lächelte zufrieden. Seine Schule. Der Fürst denkt mit seinem Kopf.

Kubrat war jedoch letzte Woche auf ein lateinisches Manuskript von Didorus gestoßen, aus dem er sich an Folgendes erinnerte:

„Aber hier habt Ihr die Botschaft des Dionysos: Unter den Griechen war Lin der erste, der verschiedene Rhythmen und Lieder entdeckte, und als Cadmus die Buchstaben aus Phönizien mitbrachte, wie sie auch phönizisch genannt werden, war Lin wiederum der erste, der sie ins Griechische übersetzte, der jedem Buchstaben einen Namen gab und seine Form festlegte. Nun bilden die Buchstaben eine Gruppe, also ein Alphabet, und werden phönizisch genannt, weil sie aus Phönizien zu den Griechen gebracht wurden, aber als Einzelbuchstaben waren die Pelasger die ersten, die die mitgebrachten Buchstaben benutzten, und so wurden sie pelasgisch genannt. Lin, der für seine Dichtkunst und seinen Gesang bewundert wurde, hatte viele Schüler, aber drei von ihnen waren sehr berühmt: Herakles, Tamyra und Orpheus."

Cyriacus erschauderte. Er wusste, dass aus den Hunnen viele kluge Männer hervorgingen, aber einen solchen Jüngling hatte er noch nie getroffen. Kubrat fuhr in überlegenem Latein fort:

„Nun fertigte Lin, wie man sagt, eine Komposition in pelasgischen Buchstaben über die Taten des ersten Dionysos an, über die anderen mythischen Legenden, und stellte sie unter seine Memoiren. So wie Orpheus und Pronapides, der Lehrer Homers und ein begnadeter Liederschreiber war, pelasgische Buchstaben benutzten, so reiste auch Timoetes, Sohn des Timoetes', Sohn des Laomedon, der zur gleichen Zeit wie Orpheus lebte, durch viele Länder der bevölkerten Welt und betrat den westlichen Teil Libyens bis zum Ozean. Er besuchte auch Nysa, wo die alten Eingeborenen der Stadt erzählen, dass Dionysos dort aufwuchs und, nachdem er von den Nysanern die Werke dieses Gottes ein für alle Mal gelernt hatte, das "Phrygische Gedicht", wie es genannt wird, komponierte, indem er sowohl Sprache als auch Buchstaben in der alten Weise benutzte."

Die Jünger waren verwirrt. Viele von ihnen waren mehr von den Spielen im Hippodrom, von den Kämpfen der "Farben", d.h. den Kämpfen der Kommunalparteien in der Königsstadt, oder von der neuen awarischen Mode mitgerissen, und diese Dinge interessierten sie nicht. Aber dieser Star Kubrat war beeindruckend. Kubrat schien über ein Spiel zu plaudern, als er fortfuhr:

„Und aus der Naturgeschichte von Plinius dem Älteren erfuhr ich, dass auch das erste lateinische Alphabet pelasgisch war. Dies ist, was Plinius sagt."

Die Klasse war verstummt. Nur das Kreischen der Möwen ging umher.

„Ich bin der Meinung, dass die Assyrer schon immer eine Schrift hatten, aber andere wie Gellius bestehen darauf, dass sie in Ägypten von Merkur erfunden wurde, während andere meinen, sie sei in Syrien entdeckt worden; Die beiden Philosophenschulen glauben, dass Cadmus ein Alphabet mit 16 Buchstaben aus Phönizien nach Griechenland brachte, und dass Palamides zur Zeit des Trojanischen Krieges die vier Buchstaben hinzufügte, und nach ihm fügte Simonides, der lyrische Dichter, vier weitere hinzu, die alle Laute darstellen, die auch im römischen Alphabet anerkannt sind. Aristoteles besteht darauf, dass das ursprüngliche Alphabet 18 Buchstaben hatte und dass diese eher von Epipharmus als von Palamides hinzugefügt wurden. Anticlelides berichtet von einem Mann namens Menus, der das Alphabet in Ägypten 15.000 Jahre vor Phoron, dem ältesten König der Griechen, erfunden haben soll, und er versucht, dies durch architektonische Monumente zu beweisen. Andererseits lehrt Ephigenius, einer der Autoren ersten Grades, dass die Babylonier astronomische

Beobachtungen von 730.000 Jahren auf gebrannten Ziegeln aufgezeichnet haben; und diejenigen, die den kürzesten Zeitraum angeben, Berosus und Critodemus, sagen 490.000 Jahre; daraus folgt, dass ein Alphabet seit sehr alten Zeiten in Gebrauch war."

Tränen strömten aus den Augen von Cyriacus. Dieser, vom Aussehen her wie ein "Schlächter", war ein äußerst sensibler Gelehrter, und die außergewöhnlichen intellektuellen Qualitäten von Kubrat erschütterten ihn bis ins Mark. Er drehte seinen Schülern den Rücken zu, damit sie ihn nicht ansahen, während er sich unter Kontrolle hatte, und nahm langsam "die Kurve".

„Ja, ... wenn Homer der beste Schüler von Pronapides war, muss er auf Pelasgisch geschrieben haben. Und wenn er geschrieben hat, war er nicht blind. Er mag im Alter erblindet sein, aber er war definitiv nicht blind als Jugendlicher. Und wenn er kurz nach dem Trojanischen Krieg lebte, also im 11. Jahrhundert v. Chr., und die griechische Schrift seit dem 6. Jahrhundert v. Chr. bekannt war, dann wurden die Ilias und die Odyssee zuerst auf Pelasgisch niedergeschrieben und Hunderte von Jahren später ins Griechische übersetzt. Daraus folgt aber nicht, dass er kein Grieche ist, so wie du, Kubrat, Latein sprichst und kein Römer bist."

Kubrat dachte einen Moment nach und begann in nicht ganz korrektem Griechisch Pausanias zu rezitieren, der sagte:

„Im Heiligtum von Delphi sind für Homer die Verse "...Du suchst deines Vaters Land, hast aber nur deiner Mutter Land" gefunden."

Und nachdem er einen Moment lang nachgedacht hatte, fuhr er fort:

„...die Bewohner von Ios zeigen auf der Insel das Grab von Homer und in einem anderen Teil das von Klymene, von der sie sagen, dass sie die Mutter von Homer war, aber kein Wort wird über den Vater gesagt?"

Kubrat dachte einen Moment lang nach und fuhr dann fort:

„Homer wird ein Meonid oder ein meonischer Dichter genannt, entweder weil er der Sohn von Meon war oder weil er in Meonia in Kleinasien geboren wurde, und Strabo sagt uns, dass Mysen und Meonen und Meionen ein und dasselbe sind. Das bedeutet, dass Homer ein Thraker und kein Grieche war. "

Heraclius hatte den Mund geöffnet und schaute seinen Freund mit ungebremster Begeisterung an. Heilige Jungfrau Maria, Verteidigerin unserer Stadt, danke, dass du mir diesen Freund geschickt hast. Er bekreuzigte sich dreimal. Die Mädchen sahen Kubrat an, als wäre er Apollo, und ihre Fantasien malten Dinge, die sie nicht mit ihren Eltern teilen wollten. Nur Maurice jr. brodelte vor Hass. Sein Clan war der Rivale von Heraclius um die oberste Macht. Im Bündnis mit den Kutriguren würden die Herakliden unschlagbar sein, dachte er. Die Eifersucht kommt meist blitzschnell und macht die Seele eines Menschen zur Hölle. Keiner beachtete ihn.

Cyriacus befahl ihnen, in den Pausen die Sonnenuhr zu achten und um drei nach Mittag zum Unterricht in Geschichte des Christentums zu kommen. Er war aufgebracht. Wie er nicht von selbst auf Kubrats Schlussfolgerungen gekommen war. Man vertraut zu sehr den

Gymnosophisten[216], die Philosophie lehren. Man sollte die alten Schriftsteller selbst lesen und das Gesagte nicht für bare Münze nehmen, ohne es zu überprüfen.

Alle rannten die Treppe hinunter zu den Fischern, die gebratenen frischen Fisch und verdünnten Wein für zwei Obolus[217] anboten.

Arianer und Griechen

Cyriacus war in der Lage, das Alte Testament als Teil der Weltgeschichte zu erzählen. Er versäumte es jedoch nicht, darauf hinzuweisen, dass die Juden sehr eitel waren und dass eine Handvoll Menschen nicht die Welt repräsentieren konnte.

„Aber warum ist das so?"

Cyriacus hob den Zeigefinger nach vorne und verkündete mit Pathos:

„Wer schreibt, der bleibt!"

Dann schaute er die schwätzenden Mädchen an, hielt einen langen Moment inne, bis sie sich schämten und zuzuhören begannen, und fuhr fort:

„Caesar beschrieb seinen Feldzug gegen die Gallier, obwohl diese selbst keine vitale Bedrohung für Rom darstellten und blieb als Gott. Scipio war kein schlechterer Soldat als Caesar, vernichtete die Karthager, die das Imperium fast zerschlugen, blieb aber nicht als Gott, weil er keine Zeile geschrieben hat."

---

[216] Philosophen, die ihre Studenten halbnackt unterrichteten.
[217] Kleine Münze.

In dieser Lektion zielte Cyriacus darauf ab, ihnen den administrativen Aufbau der Gemeinden zu erklären, die Diokletianische Verwaltungsgliederung, etc. Die Kirche verschlingt riesige Gelder, und wenn die Verwalter von morgen den Aufbau und die Geldströme darin nicht kennen, können sie das Imperium zerstören. Cyriacus lehrte sie, dass es keinen größeren Fanatismus als religiösen Fanatismus gab, dass er eine Kraft und ein Alptraum für das Reich sein konnte.

„Und was brachte Konstantin den Großen dazu, das Christentum einzuführen? Die nicht-christliche Kultur umgibt uns überall, wie kann die christliche Kultur ihr überlegen sein?"

Die Frage kam von Valeria. Sie war ziemlich fromm, lebte aber in einem märchenhaften Palast am Marmarameer, voll mit schönen pergamischen Statuen, Brunnen, Pavillons, ...

„Es hat sich selbst eingeführt! Cassius ließ einst Sklaven entlang der Via Appia kreuzigen, nachdem sie sich unter der Führung von Spartacus dem Thraker aufgelehnt hatten. Der Gestank der verwesenden Leichen, das Stöhnen und die Qualen der tagelang sterbenden Sklaven erfüllten die ganze damalige Welt. Cassius war damals der reichste Narr und verstand die Volkspsychologie nicht. Das Ergebnis war das Gegenteil von dem, was er erreichen wollte. Das Volk machte einen Kult um das Kreuz, um die Qualen und um die Erlösung davon ... und siehe, gehe in die Kirchen von den Säulen des Herkules'[218] bis nach Indien, und du wirst überall einen toten, gequälten Menschen

---

[218] Gibraltar.

sehen, als Symbol der höchsten Erlösung. Traurige Religion. Geht zu den indischen Tempeln, seht Frauen mit hundert Brüsten, Liebe, Tanzfreude, Sex und was nicht alles."

Valeria war das ziemlich peinlich, aber Cyriacus war ein guter Psychologe und beruhigte sie sofort:

„Ihr seid die Blüte des neuen Roms, junge Dame! Ihr werdet herrschen. Ihr müsst die Dinge wissen, wie sie sind. Den Rest lernt Ihr in den Gottesdiensten. Konstantin hat die Religion seiner Geten-Armee legalisiert! Der heilige Paulus verbreitete das Christentum unter den Geten. Sie brauchten wenig; ihr Orpheus hatte sie bereits gelehrt, an die Brüderlichkeit unter den Menschen ohne Rücksicht auf die Rasse zu glauben."

„Aber Orpheus war zur Zeit des Trojanischen Krieges 100 Jahre alt, er lebte also im 12. Jahrhundert v. Chr. Wie kann ein Glaube so lange erhalten bleiben? - Die Frage kam wieder von Kubrat. Woher hat dieser Junge seinen Geschmack für diese Dinge?"

„Zelmox, Anacharsis und die anderen thrakischen Philosophen hielten diesen Glauben für Jahrhunderte nach ihm aufrecht. Aber Ihr solltet wissen, dass Religionen ewig leben. Sie werden nur durch Supermächte oder Naturkatastrophen, die Menschen physisch zerstören, verändert."

„Und warum braucht man überhaupt eine Religion, kann man die menschlichen Angelegenheiten nicht allein mit der Vernunft regeln?"

Ja, in der Tat, Heraclius war auch einer der ganz Intelligenten, dachte Cyriacus wieder.

„Es kann nicht sein, weil der Mensch unvollkommen ist. Er ist gierig, neidisch, unehrlich und sucht immer seinen eigenen Vorteil auf Kosten anderer. Ich spreche nicht von Menschen mit kranker Psyche, die Monster sind, ich spreche vom einfachen Menschen. Also müssen Gesetze und Gerichte bemüht werden. Das Wichtigste vor Gericht ist der Eid, der Eid, die Wahrheit zu sagen, und nichts als die Wahrheit selbst. Aber bei welcher Macht schwörst du, dass du wirklich Angst empfindest und die Wahrheit sagst? Bei Gott! Denkt deshalb daran. Ihr seid reiche Kinder. Die Macht des neuen Roms liegt in den Händen von hundert Familien wie der Euren. Behaltet den Glauben, was auch immer es sein mag, oder es wird kein Imperium geben und Ihr werdet weg sein. Denkt daran, dass Aeneas, als er den modernen Staat in Rom schuf, zuerst die Religion und dann die Gesetze einführte. Die Trojaner waren sich dessen wohl bewusst."

Deutlicher hätte es nicht sein können. Es gab etwas eminent Rationales in der Regierung des Reiches, das Kubrat unbedingt verstehen wollte. Seine Vorfahren waren seit 172 vor Christus im Krieg mit dem Reich, hatten zwei Armeen und zwei Kaiser in der Schlacht vernichtet, sogar 548 überquerte sein Urgroßvater Zabergan, nachdem er Antiochia für seinen Cousin, den Perserkönig Kavad, erobert hatte, im Winter die Donau und plünderte die gesamte Balkanhalbinsel, aber das Reich existiert immer noch.

„Hat es jemals einen Fall gegeben, in dem das Reich aufgrund eines religiösen Verbots am Rande des Ruins stand?", fragte Ignatius.

„Oh ja, und das ist noch gar nicht so lange her. Im Jahr 513 begann Anastasius einen Krieg gegen den Einfluss der gotischen Arianer in Konstantinopel, indem er ihre Bischöfe verbannte und sie durch Männer ersetzte, die der griechischen Aristokratie gegenüber loyal waren. Die

Bischöfe von Ohrid, Sofia, Epirus, Niš, Kyustendil und Konstantinopel wurden interniert. Dies verursachte einen Sturm der Entrüstung bei ihren freien Brüdern, die Föderaten waren und in der Provinz Bulgarien, in Mysien, lebten, und den Aufstand von Vitalian. Die Nichtzahlung der Gehälter der Föderaten[219], die für ihren Unterhalt notwendig waren, wurde zum Anlass genommen. Der Krieg war schrecklich. Die freien föderierten Truppen der Goten und Bulgaren aus den Provinzen Bulgarien und Mysien kämpften für die kirchliche Freiheit ihrer Landsleute in den genannten Provinzen. Vitalian, gebürtig aus Zaldaba[220] in Klein-Skythien, war vor diesen Ereignissen Konsul und Oberbefehlshaber der thrakischen Armee. Drei Tage lang versammelte er 60.000 seiner Geten und Bulgaren. Anastasius verlegte Truppen aus Asien, aber die Geten und die Hunnen waren die besten Soldaten des Reiches und niemand konnte sie besiegen. Schließlich begann Vitalian, das Imperium zu verspotten. Er verkaufte Gefangene für je einen Obolus, brachte den gefangenen Stratege Ipatius in einem Käfig zu den Märkten, und das war nicht alles. Es wird erzählt, dass sein Hass auf Ipatius auch eine persönliche Grundlage hatte, da er einst seine Frau vergewaltigte."

Valeria hörte interessiert zu:

„Waren die Arianer etwa keine Christen? Warum kämpft man gegen sie?"

„Ja, sie sind Christen. Und die ersten Christen nach denen in Palästina."

---

[219] Bei den Föderaten handelt es sich um die Truppen von Nationen, die nicht von Rom besiegt, sondern zum Militärdienst eingezogen wurden.
[220] Heute Schumen im Nordbulgarien.

„Seltsam, ich dachte, die Griechen waren die ersten Christen!"

„Nein, Paulus kam nach seiner Vision in Asien mit einem Dolmetscher namens Sila[221] zunächst nach Makedonien und gründete dort die ersten christlichen Gemeinden. Die Griechen hassten anfangs das Christentum. Die Einnahmen aus den Tempeln in Delphi, Athen und den anderen waren enorm. Die Pilger schliefen in fremden Herbergen, kauften Souvenirs, bezahlten für den Transport, für Theater, für Spiele, für Wahrsagerei, die Prostitution blühte... Eine ganze Stadt, wie zum Beispiel Korinth, lebte allein von der Prostitution. Das Imperium verehrte die Götter jeder Nation, und das waren viele... Sie durch einen Gott zu ersetzen, bedeutete für viele Gebiete den wirtschaftlichen Ruin, und das tat es auch. Seht, was mit dem blühenden Antiochia geschah, nachdem es christlich wurde. Erst später, nach dem Konstantin dem Großen, erkannten die Griechen, dass sie, wenn sie das Christentum annahmen, mehr Einfluss im Reich außerhalb der Küstenstädte gewinnen konnten. Was auch passierte. Sie erhoben sogar die Parole, dass jeder Christ ein Grieche sei, was natürlich völliger Unsinn ist. Die Thrako-Illyrer bildeten die Grundlage des neuen Roms und die Griechen begannen mit ihnen einen Kampf um die innere Macht in Byzanz. Theodosius begann damit im Jahr 447. Er überflutete die Straßen von Thessaloniki mit Blut und tötete auf betrügerische Weise 15.000 Arianer, die hauptsächlich Thraker waren. Der damalige Patriarch Milet vergab ihm diese Sünde für den Rest seines Lebens nicht, obwohl

---

[221] Sila ist ein bulgarisches Wort und bedeutet Kraft.

Theodosius es scheinheilig auf sich nahm, zu bereuen, zu fasten, Opfer zu bringen, viele Tränen zu vergießen und um Gnade und Vergebung für seine Sünde zu bitten. Theodosius aber war ein begnadeter Staatsmann und tötete die Thraker, denn er wusste, dass sie den Hunnen helfen würden, Thessaloniki von innen zu erobern."

Kubrat dachte darüber nach. Heute ist Thessaloniki voll von Bulgaren, aber es ist dem Reich unterstellt. Ja, das ist der Weg, um die Macht zu übernehmen, von innen...

Cyriacus fuhr fort:

„So verstärkten sich die Griechen dann vorübergehend in Thessaloniki. Der Kampf der Griechen gegen die Thrako-Illyrer war also die Hauptursache für diesen Bürgerkrieg. Und... sonst haben sie einen kirchlichen Anlass erfunden. Die Arianer glaubten, wie alle anderen auch, an Gott, seinen Sohn und den Heiligen Geist. Die Arianer glaubten, dass Jesus ein Mensch war, wie wir aus dem Neuen Testament wissen, und nach seiner Auferstehung Gott wurde, und dass der Heilige Geist von Gott gesandt wurde, um den Menschen durch den Sohn das Heil zu vermitteln. Die Griechen gingen davon aus, dass Gott, der Sohn und der Heilige Geist ewig existieren."

„Aber ihr, Kinder, ich sage es euch noch einmal, werdet die zukünftigen Herrscher dieses Reiches sein, und ihr dürft euch nicht täuschen lassen. Die europäischen Provinzen sind die wichtigsten für das Ostreich, und in ihnen sind die Thrako-Illyrer das Hauptvolk. Und als solche sehen wir sie auch heute noch in allen Schichten unserer Gesellschaft. Die Griechen kämpften gegen sie."

Heraclius brannte vor Neugierde.

„Und wie hat dieser Krieg geendet?"

„Um 512 baute Anastasius die Lange Mauer hauptsächlich gegen die Angriffe der Bulgaren. Dann, im Jahr
515, beschloss Vitalian, die Stadt auf dem Seeweg anzugreifen, aber der berühmte Philosoph Proclus riet A-
nastasius, Flammenwerfer-Siphons zu verwenden, und Vitalians Flotte wurde zerstreut. Proclus erfand auch eine
Mischung, die sich im Sonnenlicht selbst entzündete. Aber
das war noch nicht das Ende des Krieges. Daraufhin
schickten die inneren Thraker-Illyrer von Niš aus ihre
Landsleute Upravda, den späteren großen Kaiser Justinian,
und seinen Onkel, den alten Justin, um Anastasius zu erklären, dass wenn er die Bischöfe nicht wieder einsetze,
wird er sich gegen das gesamte orthodoxe Heer der Illyrer
gestellt sehen. Anastasius war wütend. Keiner darf den
Kaiser bedrohen! Er bestach zwei Personen und diese erhoben eine falsche Anschuldigung gegen die beiden, dass
sie angeblich ein Komplott vorbereiteten und ließen sie in-
haftieren. Von diesem Moment an konnte er nicht mehr
schlafen, da es keine Kraft mehr gab, die ihn stützte, und
unter dem Vorwand, dass ihm angeblich zwei Heilige erschienen seien und ihn beraten hätten, ließ er sie frei und
brachte fast alle Bischöfe zurück. Nach seinem Tod im
Jahr 519 erhob das thrakische Heer Justin an die Macht.
Justin versöhnte sich mit Vitalian und machte ihn zum
Oberbefehlshaber. Vitalian kehrte in die Königsstadt zurück und lebte dort. Es vergingen nicht einmal ein paar
Monate und er wurde, wie Julius Cäsar brutal von vielen
Menschen erstochen. Dies geschah im siebten Monat sei-
nes Konsulats, im Jahr 520. Es wurde nie geklärt, ob dies
das Werk Justins war, um seinen Neffen Upravda auf den
Thron zu setzen, oder ob die Verwandten der unzähligen

Toten des Bürgerkriegs ihn aus Hass und Rache liquidierten."

„So endete also der Krieg und es kam zum Frieden, sagte Heraclius."

„Nein, mein junger Prinz. Im Jahr 535 stand der Patrizier Cita gegen Bulgaren am Fluss Jantra. Cita kämpfte gegen die Bulgaren und ging siegreich daraus hervor, obwohl die Bulgaren mit dem Reich im Frieden waren. Aus Rache durchquerten die Bulgaren im selben Jahr die beiden Mysien, das Land von Pannonien bis zum Schwarzen Meer, und plünderten alles. Sie ließen sich in Makedonien und dem restlichen Illyrien nieder, wo immer es ihnen gefiel. Sie errichteten ihre Hauptstadt an einem Ort in der Nähe der alten Stadt Lichnida. Diese Siedlung vergrößerte sich und wurde zur Stadt Ohrid. Justinian erließ am 14. April 535 unter dem Konsulat des erlauchten Belisarius seine berühmte Novelle, in der er verfügte, dass die bulgarische Kirche mit einem Patriarchen in Ohrid selbständig und von jedermann unabhängig wurde."

Kubrat kannte die Novelle von Justinian auswendig.

Endlich war Cyriacus fertig:

„Die Griechen, obwohl sie schon unter Justinian Christen waren, hatten ihre Schätze in den alten Tempeln aufbewahrt. Von einem Kampf mit den sogenannten Hellenen, den Anhängern des alten Glaubens, wurde sogar bis zurzeit Justinians berichtet, der schließlich ihren Besitz konfisziert wurde."

Cyriacus hielt einen langen Moment inne und dachte tief nach. Ich denke, wir hatten Glück mit Justinian, er war ein Thraker, aber er dachte, sein Volk würde sich besser innerhalb des Reiches entwickeln, nicht außerhalb davon.

Deshalb hat er auf das Imperium bestanden. Er allein sammelte alle bis zu seiner Zeit erlassenen Gesetze in einem Buch, das heute noch als Codex Justinianus bezeichnet wird.

Vertrag zwischen Freunden

Der Vater von Kubrat war der tapfere Boris. Die Türken nannten ihn al-Buri. Boris überließ Kubrat während der Geiselnahme ein paar seiner treuesten Bogenschützen als persönliche Wachen. Zwei von ihnen, Aygan und Hunialon, begleiteten ihn überall hin. Aygan war in einer Familie von erblichen Kriegsherren aufgewachsen. Sein Ururgroßvater hatte 395 die Übernahme Syriens unter Konsul Rufinus geleitet. An diesem Tag machten Kubrat und Heraklius in Begleitung von Aygan und Hunialon einen Spaziergang entlang des Hafens am Goldenen Horn. Es handelte sich dabei um eine Seeschleuse, die eine sehr günstige Bucht darstellte. Es war voll mit allen möglichen Schiffen. Befestigte Mauern umgaben die Stadt und verhinderten, dass man vom Ufer aus eindringen konnte. Dahinter lag die Galata. Dort gab es auch eine Festung, aber viel kleiner als die der Stadt. Heraclius erklärte ihnen, dass bei Seeangriffen eine Kette zwischen den beiden Ufern am Eingang zum Goldenen Horn gespannt wird, um große Schiffe an der Einfahrt in die Bucht zu hindern. Kubrat schätzte eilig das Gewicht der Kette ab und sagte, dass sie ein enormes Gewicht haben würde.

„Wie haben sie es geschafft?"

Heraclius lächelte und sagte, sie benutzten ein System von Archimedes' Rollen, das Polyspasten genannt wurde. Mit diesen wird die Kraft von hundert Männern um ein Vielfaches erhöht, und wenn sie beginnen, das an die Kette gebundene Seil zu spannen, heben sie es mit Leichtigkeit vom Grund bis etwa fünf Ellen unter die Wasseroberfläche.

Das Hellenistische in der Wissenschaft dieses Landes war etwas, das Kubrat unglaublich anzog. Wie kam es, dass sich so viele andere Völker zur hellenistischen Kultur hingezogen fühlten und selbst so viel zu ihr beitrugen? Die Antwort fand er einige Zeit später in der Bibliothek der Hagia Sophia in einem sehr alten Manuskript von Isokrates, der im fünften Jahrhundert v. Chr. gelebt hatte: "...der Name Hellenen bedeutet nicht die Sippe oder die Abstammung, sondern den Geist, die Überzeugung und die Bildung." Erst jetzt dämmerte ihm, erst jetzt fügte Kubrat die vielen Berichte aus den Manuskripten zusammen, die er in der Hagia Sophia gelesen hatte: Homer, der ein thrakischer Meonid war und aus Kleinasien stammte, wurde von den Griechen wegen seiner schönen Lieder vereinnahmt. Das Gleiche galt für den phrygischen Fabeldichter, einen Araber, Äsop, der wegen seiner schönen Fabeln als Hellene bezeichnet wurde! Aristoteles von Stagira (Chalcedon) war zwar ein "barbarischer" Makedonier, aber aufgrund seiner berühmten Schriften, deren Inhalt aus Büchern stammte, die sein Schüler Alexander der Große aus Indien, Chaldäa, Ägypten und Persien geschickt hatte, wird seine Nationalität bestritten. Das Gleiche gilt für Lukian, der zwar persischer Abstammung war, aber weil er seine Werke auf Griechisch schrieb, wird er als Hellene betrachtet. Ja, es sind so viele andere Nationalitäten, die dazu beitrugen, diese große Kultur über andere zu erheben. Die großen Schiffe hatten zwei oder drei Reihen von Rudern. Es gab arabisch bäuchige Schiffe mit Fächersegeln, viele phönizische, überhaupt Leute aus der ganzen Welt. Die Warenströme waren enorm. Über die Wälle ragten die hölzernen Konstruktionen der Kräne, die ebenfalls Polyspasten verwendeten. Für einige der Kräne dienten Dutzende von Sklaven als Antrieb. Und es gab welche, bei denen kräftige Pferde Schrauben anzogen und Lasten hoben und senkten. Überall stand alles zum Verkauf, also wirklich alles, was man sich vorstellen konnte.

Sie fanden eine urige kleine Hütte mit Tischen unter Weinreben und ließen sich in deren dichten Schatten nieder. Heraclius hob einen Kelch mit Wein und sagte:

„Kubrat, warum schneidet sich Hunialon die Haare über die Augen und Aygan nicht. Denn sie sind beide Hunnen."

Sowohl Aygan als auch Hunialon hatten bereits im Kaiserreich gedient und verstanden genug Latein und Griechisch. Latein war die Kommandosprache in der Armee - sie nannten es die Vätersprache. Kubrat sah sie an und die drei lachten laut. Kubrat begann zu erklären und lachte:

„Wir Bulgaren legen großen Wert auf unser Aussehen und unsere Kleidung. Wie du siehst, kleiden sich neuerdings sogar die Jugendlichen in Konstantinopel wie wir und haben begonnen, ihre Haare wie wir zu tragen. Aygan ist vom Volk der Waren und Hunialon ist vom Volk der Hunnen."

„Na, was ist der Unterschied, Ihr seid Hunnen und alle Hunnen sind gleich."

Die drei brachen wieder in Gelächter aus und freuten sich über Heraclius' Unwissenheit.

„Nein, Zwillinge unseres Herrschers wurden uns einst geboren. Er nannte sie Hun und War. Nachdem der Herrscher gestorben war, wurde die Nation zwischen den beiden Brüdern aufgeteilt. Wir haben also eine Sprache, einen Glauben, aber wir haben kleine Unterschiede in der Mode. Die Waren zum Beispiel tragen ihr Haar mit Bändern hochgebunden und geflochten. Zur Zeit Attilas gefiel das sogar den Franken sehr gut, und sie führten es ein, allerdings nur für ihre Adligen."

„Und wenn auch du ein Hunne bist, warum heißt genau dein Volk, das an der Nordküste des Schwarzen Meeres und an der Westküste des Kaspischen Meeres lebt, Kutriguren?"

Die drei brachen wieder in Gelächter aus. Und jeder dachte: "Wir haben sie nicht genug im Kriege geschlagen. Wie immer kümmern sie sich nicht besonders um uns."

„Aus dem gleichen Grund. Wir sind alle Ugoren, Menschen, die ursprünglich in den Wäldern lebten, nachdem die Myrmidonen die Flüsse hinauf ins Landesinnere gezogen waren. Die wichtigsten Flüsse sind der Attil, der jetzt Bolga heißt, weil er von Bulgaren bewohnt wird, der Tanais, der jetzt Don heißt, der alte Boristen oder Danapur - manche nennen ihn Dnjepr, der Danaster - manche nennen ihn Dniester, ... der Bug, der Olt, die Theiß, die Ister, die Drau, die Save ... Aus diesen Ugoren entstanden die Hunnen und die Waren. Und im Süden wurden auch zwei Brüder eines Ugoren-Herrschers geboren. Einer war kleiner, also nannten sie ihn Kutrigur, und der andere wurde Utigur genannt. Übrigens sind Kute und Ute die am weitesten verbreiteten Namen in unserem Land. Und wiederum wurde nach dem Tod des Vaters die Nation zwischen den beiden aufgeteilt und nach ihnen beiden benannt. Die Utiguren blieben im Osten und die Kutriguren im Westen von Tanais[222]. Aber wir tragen alle gerne weiße Baumwollhemden mit sehr weiten Ärmeln, die am Handgelenk fest geschlossen sind, Mieder, die um die Arme herum weit geschnitten sind, um unsere Bewegung nicht zu behindern, und die mit schöner Stickerei bedeckt sind, und was uns äußerlich am meisten von euch Römern unterscheidet, wir tragen Hosen. Einst ritten nur römische Offiziere auf Pferden, und kannst du dir den Anblick vorstellen, wie sie in ihren Röcken auf die Pferde gesprungen sind? All ihre verborgene Würde wurde zur Schau gestellt."

Wieder steckten alle drei Heraclius mit ihrem Lachen an.

„Und was die Haare angeht, so lassen wir sie lang und pflegen sie. Ihr haltet die Spartaner für Griechen, aber sie stammen auch von den Pelasgern ab, es ist egal, dass sie jetzt griechisch sprechen. Sie verehren das Tragen langer Haare seit der Antike. Deshalb haben wir bei der Einnahme des Peloponnes' im Jahr 545 nur die Griechen vertrieben, die Spartaner aber nicht angerührt. Dann haben wir 200.000 Menschen aus Attika, Thessalien, Makedonien und Thrakien nach Pannonien umgesiedelt. Wir Bulgaren wollten das nicht, aber es wurde uns von den Awaren

---

[222] Don.

aufgezwungen. Die Awaren waren in der Lage, mit nur 10-20 Tausend Reitern an einen völlig neuen Ort zu ziehen. Dann beginnen sie Kriege mit den umliegenden Völkern und nehmen Frauen und Sklaven gefangen, mit denen sie Familien gründen. Wir Bulgaren haben Familien, wir ziehen mit ihnen um und kümmern uns um sie. Deshalb sehen unsere Nachbarn uns als vernünftige Menschen und die A-waren als Bestien an."

„Und die Stiefel, wie schafft Ihr es, dass sich die Stiefel der Form des jeweiligen Fußes anpassen?"

„Nun, das ist unmöglich, aber unsere Handwerker machen Holzformen von einer bestimmten Anzahl von unterschiedlich großen Fußleisten und nageln nasses Leder darauf. Wenn es trocknet, nimmt es die Form der Leiste an und diese bildet die Stirnseite des Stiefels. Die Stiefel hier können von sehr billig bis sehr teuer werden, je nach Leder und Stickerei darauf."

„Und was sind das für Abdeckungen, die man bei Regen benutzt?"

„Ach, das sind die alten Achillesmänteln, mit einer Fibel befestigt, im Sommer aus dünnem Stoff, im Winter aus dicker Wollfüllung. Wir legen Wolle in Wasser und pressen sie zwischen glatten Steinplatten. Dann trocknen wir es in der Sonne gepresst. Die Fasern sind so verlötet miteinander, dass sie kein Wasser durchlassen. Haben Sie schon einmal mit einem nassen Bogen geschossen?"

„Ja, habe ich. So ein Schreck. Die Pfeile werden vor dem Schützen ausgespuckt."

Die Hunnen brachen wieder in ein freundliches Lachen aus.

„Deshalb tragen wir bei nassem Wetter die Bogen unter dem Mantel. Bei uns sind der Bogen und das Pferd heilig. Um einen Bogen zu bauen, dauert es ein paar Jahre. Man verwendet elastischen Knochen und Hartholz, die mit roher Rindersehne zusammengelötet werden. Es dauert sehr lange, bis es getrocknet ist. Die Spitzen sind gehörnt. Der Bogen hat eine Rückbiegung und wird immer schlaff getragen, um nicht zu ermüden. Nur vor der Benutzung werden seine Saiten gespannt."

„Und die Pferde?"

„Als unser Volk in Thessalien und Epirus lebte, hatten sie nicht viele Pferde. Nach ihrer Abwanderung, teils nach Gallien, teils an die Atil, die Danastre, die Danaper, den Bug und andere Flüsse, wurden die Pferde in riesigen Herden wild gezüchtet. Es genügt, die Schluchten zu den Bergtälern zu kontrollieren, und sie gehören Euch. Diejenigen von den, die wir als Kriegspferde identifizieren, werden beritten, beschnitten und, nachdem sie mit dem Zeichen des von Gottesgnade Knyaz gebrannt wurden, wieder frei gelassen. Wir fangen sie erst am Vorabend des Kampfes wieder ein. Das Leben unserer Menschen hängt von diesen Pferden ab. Wenn also jemand zu einer anderen Zeit auf ihnen reitet, töten wir ihn. Wir gehen immer mit zwei oder drei frischen Pferden in die Schlacht. Wenn ein Pferd getötet wird, bringt unser Sklave ein anderes. Wenn ein Soldat getötet wird, geht der Sklave an seiner Stelle hinaus."

„Und warum beschneidet ihr sie, es sind doch schöne Pferde, wollt ihr nicht, dass sie ein Erbe haben?"

Die Hunnen brachen wieder in hemmungsloses Gelächter aus.

„Heraclius, mein Lieber, stell dir vor, ich stehe mit meinen Männern im Hinterhalt, um dich zu fangen, doch du reitest auf einer Stute. Was, denkst du, wird mein Ross tun. Er wird wiehern, er wird schnauben, er wird mich verraten, und du wirst deinen weißen Arsch retten."

„Ich verstehe!", lachte Heraclius. „Übrigens habe ich gesehen, dass Bulgaren in der Stadt Sklaven verkaufen. Wir haben sogar ein Gesetz, das ihren Verkauf regelt. Und es scheint mir, dass die Hunnen freie Menschen sind und keine Sklaven haben. Habt ihr eigentlich Sklaven oder habt ihr keine?", fragte Heraclius.

„Die Kriegsgefangenen sind für ein Jahr Sklaven bei uns. Nach diesem Jahr können sie sich entweder mit eigenem oder fremdem Geld freikaufen und in ihr Heimatland zurückkehren oder wenn sie das nicht können, bleiben sie, aber als freie Bürger, mit den gleichen Rechten und Pflichten wie wir. Wenn das Land also mehr als ein Jahr in Frieden lebt, haben wir keine Sklaven. Viele von ihnen ziehen es vor zu bleiben, weil sie bei uns Waffen tragen und sich im Kriegsfall verteidigen können, während bei Euch die Zivilbevölkerung im Kriegsfall hilflos ist. Und sie denken, dass in Eurem Land die Gesetze zu Gunsten der Reichen wirken und das gemeine Volk den Reichen oft ausgeliefert ist. Nicht, dass solche Dinge nicht auch in unserem Land vorkommen, aber es ist bei uns zulande sehr begrenzt. Ein weiterer Grund ist, dass in unserem Land die Armee eine Volksmiliz ist und wir keine Steuern dafür erheben. Die Steuern in unserem Land sind also vernachlässigbar niedrig."

Der Fisch war vorzüglich. Frischer Thunfisch. Biza war einst eine unscheinbare Siedlung, die aber dadurch reich wurde, dass im Herbst der Thunfisch auf dem Weg vom Mittelmeer ins Schwarze Meer sich in das Goldene Horn verirrt. In der kurzen Zeit sättigt ein größerer Strom von Fischen die Bucht, und für die Einheimischen war das das größte Fest. Die Thraker salzten es in steinernen Trögen und hielten es lange fermentiert, mit einem ausgezeichneten Geschmack. Und die Griechen und Lateiner legten es in Öl und Salz ein und es wurde mit der Zeit zu einer köstlichen Paste. Viele Menschen wissen es nicht, aber das Öl enthält eine Säure, die die Gräten der Fische zersetzt."

„Ah!", dachte Heraclius. „Sie sind jetzt schon so viele Jahre hier, haben Sie jemals eine gebackene junge Ziege gegessen, gefüllt mit Lauch, Zwiebeln und Knoblauch und bedeckt mit Fischpaste?"

„N e e e e e!". Die Augen der Hunnen leuchteten!

Heraclius winkte den Diener zu und bestellte den Braten für den nächsten Nachmittag. In der Stadt aßen sie nach italienischer Sitte - zweimal am Tag.

Die Diener und der Rest der Leute im Gasthaus starrten die edlen Gäste an und ließen sie nicht aus den Augen. Die jungen Männer schwärmten von der Mode, und die Mädchen von diesen gutaussehenden, schönen, reichen Männern.

„Awaren!", flüsterten sie leise. „Edle Awaren! Sein Hemd und seine Stiefel haben goldene und silberne Stickereien..."

Viele junge Männer gingen auch unlauteren Geschäften nach, um sich solche Kleider zu kaufen; Konstantinopel war verrückt nach dieser Mode.

Heraclius hörte etwas von den Nachbartischen und fragte:

„Kubrat, warum nennen euch die Menschen in der Stadt Awaren?"

„Denn vor Jahren begann unser Volk, sich wie die Awaren zu kleiden. Wie du siehst, ist unsere Kleidung sehr schön. Nun macht in eurem Land niemand einen Unterschied, aber die Menschen, die ihr seht, die Thrakien, Mysien, Makedonien, Epirus, Illyricum, Thessalien füllen, sind unser Volk. Das sind Bulgaren. Den Großteil Eurer Armee besteht aus Bulgaren. Hör dir ihre Rede an. Es ist wie bei uns."

„Warum, sprechen manche Awaren eine andere Sprache?"

„Ja, sie sind auch Awaren wie Aygan, aber auch sie haben sich vor einiger Zeit in zwei Zweige gespalten. Das Volk des Aygan blieb hier, und der andere Zweig wanderte zum Hindukusch. Sie haben, lange Zeit getrennt, ihre Sprache unterschiedlich entwickelt. Dort begannen sie, statt Ugori, Uiguren genannt zu werden. Ein kluges und starkes Volk, sie haben auch Schrift. Nach Jahren kamen einige von ihnen zurück und vermischten sich mit den einheimischen Ugori und beeinflussten ein bisschen deren Sprache. Im Heer von Attila gab es nur wenige von ihnen. Die meisten waren von uns und den Geten. Übrigens warst du nicht bei jenem Vortrag von Theophylact Simocatta anwesend, dem Ägypter, den Cyriacus einst eingeladen hatte, zu uns über diese Dinge zu sprechen. Du kennst ihn, er ist kaiserlicher Sekretär und Präfekt. So erzählte er uns, dass er diese Dinge in seiner Chronik aufgezeichnet hatte."

„Und warum haben mache plötzlich angefangen, sie Pseudoawaren zu nennen?"

„Die meisten Awaren sind die Westawaren, die an den Germanen grenzen. Das sind die alten Pemen oder Bemen[223]. Die später gekommenen wurden irrtümlich für Awaren gehalten und deswegen werden sie von den Gebildeten Pseudoawaren genannt. Die beiden Gruppen vereinigten sich und heute sind sie Eins. Ihre brutale Art, einen Staat zu organisieren, erlaubt es einigen wenigen Menschen, eine riesige Nation zu unterwerfen. Viele der Unsrigen waren damals erschrocken, erkannten sie als Herrscher an und nannten ihren Herrscher Khagan, um sich bei ihm einzuschmeicheln. Mein Onkel, Jurgan, kämpfte mit den Pseudo-Awaren, und sie konnten ihn aber nicht besiegen. Aber am Ende sah er, dass er die Kutriguren zu Tode zermürben würde, wenn er den Krieg fortsetzte, und er einigte sich mit ihnen auf gemeinsame Feindseligkeiten gegen euch und die Franken."

„Und gibt es andere Awaren, und wenn ja, wo sind sie jetzt?", fragte Todor, der Bruder von Heraclius.

„Ja, die gibt es. Diese Awaren sind die Euthaliten, die jetzt über Girkania[224] und das Gebiet zwischen den Flüssen Amudarya und Sardarya herrschen. Sie sind das größte Volk der Ogoren. Schau dir ihren Staat in Girkania an, wie den euren - Gesetze, Gerichte, gerecht geregeltes Leben, Verträge respektierend und, im Gegensatz zu Euch, nur zur Verteidigung des Eigenen kämpfend ..."

Hier hielt Kubrat inne. Dann nahm er Heraclius' Hände in die seinen, als wolle er ihm einen Heiratsantrag

---

[223] Bömen.
[224] Land an der Südküste des Kaspischen Meeres.

machen, sah ihm forschend in die Augen und fragte ihn leise, aber bestimmt:

„Wenn der Allmächtige beschlossen hat, dass du Kaiser von Byzanz werden sollst und ich der von Gottesgnade Knyaz der Bulgaren werde, wirst du mir dann helfen, die Awaren loszuwerden?"

Heraclius wusste genau, was gemeint war, und fragte seinerseits:

„Wirst du mir gegen die Perser helfen, den Derbent-Pass zu befestigen und sie in ihre früheren Grenzen zurückzubringen? Dann werden dir die Sibiren in Berzitia untertan sein!"

„Dies ist ein gewaltiges Unterfangen. Mein Ururgroßvater Wallach kämpfte von 459 bis 484 drei große Kriege mit den Persern, um sie zu besiegen. Würdest du, als Antwort auf eine solche gewaltige Anstrengung, zustimmen, dass alle Bulgaren in Europa innerhalb von Byzanz frei werden sollten?"

Aygan und Hunialon waren atemlos. Diese beiden kampferprobten Männer wussten besser als selbst die jungen Männer, dass ihre Nationen in Frieden ruhen würden, wenn dies geschehen würde. Aber sie waren sich sehr bewusst, dass nur diese jungen Männer von Gott gesegnet waren, diese Arbeit zu tun. An diesem Moment waren sie bereit, Kubrat sogar in die Hölle zu folgen.

Heraclius und Kubrat erhoben sich langsam, es schien eine Ewigkeit zu dauern, schritten aufeinander zu und umarmten sich. Heraclius küsste das Kreuz, das er um den Hals trug, und sagte: "Ich schwöre." Er wusste schon lange, dass die Bulgaren nicht schwören. Sie glaubten, dass derjenige, der schwor, nachdem er es gesagt hatte, selbst die Glaubwürdigkeit seiner eigenen Worte untergrub. Das Wort ist genug. Er erinnerte sich daran, wie der berühmte General Sabinianus Magnus von Bulgarien sich geweigert hatte, Zeno zu schwören, dass er die Ostrogoten bekämpfen würde, sie aber trotzdem nach Italien vertrieben hatte. Aygan und Hunialon hielten sich jedoch nicht zurück, sondern sprangen zu einem der Pferde, die am Eingang des Gasthauses angebunden waren, nahmen ihm den Sattel ab und brachten es. Kubrat nahm instinktiv den Wasserkrug, füllte seinen Becher und schüttete ihn auf die Steinplatten, dann wendete er den Sattel, ging zum Pferd und berührte das dreifache Zaumzeug, zupfte einen Grashalm von der Gräser an der Mauer und hob ihn hoch. Die Gäste schauten zu und niemand verstand, worum es ging. Einige bekreuzigten sich, denn sie hatten das Gefühl, dass dies eine dämonische Angelegenheit war.

In wenigen Jahren würde die Welt wissen, dass diese jungen Männer nichts Geringeres vorhatten, als die damalige Welt in Mitteleuropa, auf dem Balkan und rund um das Schwarze Meer zu teilen und zu versöhnen. Und das geschah nicht im Kaiserpalast, sondern am Ufer des Goldenen Horns, mit Thunfisch und Rotwein. Generell hat der Rotwein der Menschheit nicht selten Gutes gebracht.

Martina

In den Palast zu gelangen, konnte nicht geräuschlos geschehen, da die Wachen die Passwörter überprüften, bevor sie jemanden hineinließen. Martina hörte den Tumult und schlüpfte schnell aus dem Bett. Sie musste nur zwei verlassene Korridore entlanglaufen, um sich in Kubrats Schlafzimmer wiederzufinden. Die Schlafzimmer der edlen Geiseln wurden nicht abgeschlossen. Als Kubrat eintrat, roch er ein angenehmes und sehr vertrautes Parfüm. Die ganze Wärme des Universums wartete auf ihn im Bett. Martina kicherte und schlängelte sich wie eine Katze. Sie hatte eine Tante, die ihr die Augen geöffnet hatte, wann sie jemanden lieben konnte, ohne schwanger zu werden, und Martina war ihr sehr dankbar. Die beiden brannten vor Verlangen füreinander von dem Moment an, als sie sich zum ersten Mal sahen. Es war nicht ihr erstes Treffen. Sie hatten versucht, ihre Gefühle geheim zu halten, denn die Prinzessinnenehe war in Byzanz Staatspolitik.

„Es gibt Neuigkeiten aus Groß-Bulgarien! Sie rufen mich zurückzukehren und den Thron zu akzeptieren."

Martina schüttelte sich in untröstlichem Weinen. Sie liebten sich wieder, woraufhin Kubrat in einen Halbschlaf sank.

Es war das Jahr 604.

Aygan konnte sie aus dem Zimmer neben dem Vorraum hören, in dem er wohnte. Am Morgen, nach der dritten Nachtwache, würde er sie wecken.

Im Halbschlaf spielte Kubrat die zehn Jahre, die er in der Königsstadt verbracht hatte, im Kopf noch einmal durch. Es war wie ein Wimpernschlag. Er erinnerte sich an seine Aufnahme und Taufe vor zehn Jahren, im Jahr 594. Es war nach Priscus' Krieg gegen die Slawen auf der anderen Seite der Donau, als Bat Bajan[225] 5.000 gefangene Slawen als Lösegeld nahm, um den Römern die Rückkehr zu ermöglichen.

Der Empfang fand wie folgt statt. In Justinians Triklinium[226] wurde ein Podium aufgestellt, das mit einer seidenen Decke bedeckt war. Auf dem Podium standen ein goldener Thron und daneben ein goldener Sessel. Hinter den beiden Vorhängen waren zwei silberne Tische platziert. Die Blasinstrumente wurden außerhalb der Vorhänge platziert. Der Kaiser wurde eingeladen. Er verließ das Augustinum, ging durch die Apsis[227], das Hypodrom und den inneren Durchgang desselben Augustinums und setzte sich beim Eintreten auf den Thron. Seine Frau saß neben ihm. Die Ränge und Peers[228] traten ein ... und ihre Frauen.

Boris, der Vater von Kubrat, betrat den Palast mit seinen Verwandten und auserwählten Höflingen. Nach ihm schritten die Vertreter der inneren und äußeren Bojaren und der bulgarischen Kaufleute, und alle standen dicht am Vorhang. Sie gingen durch den Garten und betraten das Triklinium der Kandidaten und dann das Triklinium mit dem Baldachin, in dem die Magistrate in den Rang erhoben werden. Dann ging der von Gottesgnade Knyaz durch den Goldenen Arm, d.h. durch das Tor des Herrschers, und blieb vor dem Logothet[229] stehen. Der Logothet stellte ihm im Auftrag des Kaisers die folgenden Fragen:

---

[225] Herrscher der Awaren.
[226] Ein Raum mit drei kniehohen Betten, die U-förmig angeordnet sind und zwischen denen ein Tisch steht.
[227] Gewölbe.
[228] Die Ebenbürtigen.
[229] Berater des Kaisers.

„Wie geht es dem Freund unseres heiligen Kaisers, dem im Gottesgnade Herrscher Bulgariens?"

„Wie geht es der im Gottesgnade Herrscherin?"

„Wie geht es den Kanartikin[230], die Wulliatarkan[231], den Söhnen des im Gottesgnade Herrschers von Bulgarien und dem Rest seiner Kinder?"

„Wie geht es den sechs großen Bojaren?"

„Wie geht es den anderen internen und externen[232] Bojaren?"

„Wie geht es den Menschen?"

Dann trat der Knyaz ein und setzte sich in die Skilia. Und damit war der erste Empfang beendet. Der Kaiser erhob sich vom Thron und ging in seine Gemächer, um sich auszuruhen.

Dann wurden der von Gottesgnade Knyaz und sein Gefolge durch Justinians Triklinium in ihre Gemächer zur Ruhe geleitet.

Nach der Pause setzte sich der Kaiser in Justinians Triklinium. Neben ihm saßen die Kaiserin und die karminrot gekleideten Kinder. Dann wurde der von Gottesgnade Knyaz zur eigentlichen Privataudienz eingeladen. Die beiden Herrscher versanken in ein langes Gespräch, in dem sie zahlreiche Dinge besprachen. Kubrat war überall. Für ihn war diese Welt so neu, fremd, aufregend, erhaben...

Das Mittagessen fand an diesem Tag im Triklinium von Justinian statt. Der Kaiser und die Kaiserin saßen auf dem Thron, und Boris neben ihnen. Auch die jungen

---

[230] Der Kronprinz.
[231] Verwalter.
[232] Persische Tradition, Marzapans - Bojaren, die in den Grenzgebieten herrschen.

Prinzessinnen waren eingeladen und verneigten sich tief vor den Herrschern. Die Herrscher verneigten sich leicht zur Begrüßung. Dann setzten sie sich zu den edlen Damen, genannt Zaosti. Die Augen der bulgarischen Soldaten, die unentwegt mit dem Knyaz gingen, wandten sich nicht von den Schönheiten ab. Die Chöre der Kirchen der Heiligen Apostel und der Hagia Sophia nahmen ebenfalls an dem Mittagessen teil. Sie sangen Lieder zum Lob des Kaisers. Es gab auch alle Arten von Bühnenunterhaltung.

Zur gleichen Zeit fand ein weiteres Mittagessen im goldenen Saal statt. Dort haben die Vertreter der bulgarischen Adeligen, Kaufleute und andere Adelige zu Mittag gegessen. Außerdem wurden riesige Geschenke an jeden entsprechend seinem Rang verteilt.

Nachdem sich der Kaiser von der Tafel erhoben hatte, wurden die Desserts in der Aristaria serviert, wo ein kleiner goldener Tisch stand, auf dem mit Emaille und Edelsteinen verzierte Teller standen. Mauritius, die Kaiserin, ihre Kinder und der von Gottesgnade Knyaz saßen um diese herrlichen Köstlichkeiten herum. Dann überreichten sie dem Knyaz eine goldene Platte mit Edelsteinen im Wert von 500 Milarisii, den zwölf Vertretern der inneren und äußeren Bojaren Geschenke im Wert von je 20 Milarisii und ihr Dienern je 8 Milarisii.

Während des privaten Gesprächs vereinbarten die beiden Herrscher, dass die Bulgaren sich aus dem Bündnis mit den Awaren zurückziehen sollten, dass Boris' Sohn als Geisel in Konstantinopel bleiben sollte und dass Boris' Gefolge bekehrt werden sollte.

Eine Woche später fand die feierliche Bekehrung in Hagia Sophia statt. Mauritius nahm Boris persönlich, nachdem er vom Patriarchen Iohan IV. dem Fastenden symbolisch mit Wasser übergossen wurde, taufte ihn neu und küsste ihn. Die übrigen byzantinischen Patrizier haben jeweils einen Vertreter der großen Bojaren und anderer Adliger getauft. Nach der Taufe gab es wieder ein feierliches Mittagessen, bei dem wieder riesige Geschenke an alle, auch an die Dienerschaft, verteilt wurden.

Es geschah, dass zu dieser Zeit der Bischof von Nicäa, Johannes, der dem Patriarchen assistierte und der dieses Ereignis in seiner Chronik festhalten sollte, in der königlichen Stadt war.

Durch die ganze Nacht weinte Martina neben Kubrat. Wieder liebten sie sich bis zur Erschöpfung, und da sie keine Kraft mehr hatten, sanken sie in den schwerelosen Schlaf der süßesten Müdigkeit der Welt.

Die kleinen Ziegen

Am nächsten Tag hatte Kubrat den ganzen Vormittag ein Treffen mit dem Schatzmeister von Phocas. Die Philosophen der Theodosius Schule berechneten die Kosten der militärischen Operationen, für die Byzanz Großbulgarien helfen würde, wie diese Kosten über die Zeit verteilt werden würden und aus welchen Einnahmen in der Staatskasse sie gedeckt werden würden. Solche Berechnungen waren für Kubrat nicht neu. Als Junge hatte er seinen Onkel oft sagen hören: "Was auch immer du tust, Handel und Produktion dürfen nicht aufhören, sonst bist du nichts. Unterstützt die Reichen, denn sie unterstützen die Armee."

Auch Heraclius nahm an dem Treffen mit dem Schatzmeister teil. Als die Sonne nach dem Mittag schwächer wurde, machten er, Aygan und Hunialon sich auf den Weg zum Gasthaus von gestern. Heraclius ließ Evdokia holen. Der Inhaber war zu einem Lächeln zerflossen und sagte ihnen, dass das Etablissement den Herren ganz zur Verfügung stehe. Gerade als sie sich gesetzt hatten, kam Evdokia mit ihrem Gefolge an. Heraclius' Eltern bestanden darauf, dass er Evdokia kennenlernt, da sie die geeignetste Partei für ihn wäre. Evdokias mächtige Familie wiederum sah Heraclius' aufsteigenden Stern voraus, und alle begrüßten die Beziehung. Evdokia war etwas älter als Heraclius, hatte eine üppige Gestalt und ein herausforderndes Auftreten. Es gab auch eine Menge Klatsch und Tratsch über sie, dem Heraclius keine Beachtung schenkte, da er sich dachte - ich bin auch kein Heiliger.

Für die Prinzen und ihr Gefolge wurden mehrere kleine Ziegen vorbereitet. Sie wurden in großen tiefen irdenen Schalen mit Deckel gebraten: wie bestellt - gefüllt mit Lauch, Zwiebeln und Knoblauch. Das Gemüse gab die nötige Feuchtigkeit, damit sie nicht trocken wurden. Einer nach dem anderen nahmen ein paar Köche die schweren Tabletts heraus und öffneten den Deckel. Die Duftwolke stieg zum Heiligen Petrus auf, begleitet von den begeisterten Rufen aller. Dann wurden sie mit der flüssigen Fischpaste übergossen. Ihr Aroma war göttlich. Alle waren gut gelaunt, sprachen Plattitüden, Klatsch und Tratsch aus der Stadt, machten Witze. Kubrat wusste, wie man mit jedem Spaß haben kann. Er erzählte ihnen, dass es in Attilas Heer einst einen buckligen Mauren namens Zerkon gegeben hatte, für den man eine spezielle militärische Ausrüstung angefertigt hatte und ihn als Maskottchen in jede Schlacht mitnahm. Die Soldaten brachen bei seinem Anblick in Gelächter aus und zogen fröhlich in die Schlacht. Einmal verschwand er. Attila schickte nach Thrakien, um ihn zu suchen, und am Ende brachten sie ihn zurück, gerade als die Delegation des Priscus am Hof Attilas war. Da fragte ihn Attila vor den edlen Gästen und seinen Höflingen:

„Warum bist du weggelaufen? Gibt es überhaupt etwas, das du in meinem Hof vermisst hast."

Und er antwortete vor allen:

„Eine Frau ... du hast mir eine Frau versprochen!", sagte er in verdorbenem Thrakisch, vermischt mit lateinischen Worten.

Sie brachen alle in Gelächter aus. Und was tat Attila: Er befahl einer der Hofdamen, die die schärfste Zunge hatte, ihn zu heiraten. Die Gesellschaft brach erneut in Gelächter aus.

Dann kamen thrakische Sänger und Musiker und unterhielten sie den ganzen Abend. Evdokia flirtete gleichzeitig mit Heraclius und Kubrat. Kubrat achtete jedoch darauf, seine Freundschaft mit Heraclius nicht zu verderben. Das machte Evdokia umso aufgeregter, ihm den Hof zu machen, aber Heraclius durchschaute ihr Spiel schnell und sah der Heiterkeit fröhlich zu – seins ist seins! Da fragte Evdokia Kubrat ganz unschuldig:

„Aber du, Kubrat, was hast du mit Attila zu tun?"

Kubrat schenkte ihr sein schönstes Lächeln.

„Attila stammte aus dem ruhmreichen Geschlecht der Dolopen, die in alten Zeiten aus Epirus nach Pannonien kamen. Irnik, sein Sohn, ebenfalls. Sie sind meine Vorfahren. Ich gehöre auch zu dieser Familie. Wir haben die

Völker jenseits der Donau fast fünf Jahrhunderte lang beherrscht."

Jeder wusste über Attila Bescheid und blickte mit unverhohlener Bewunderung auf den prächtig angezogenen und schönen Kubrat. Diese Hunnen waren also keine Wilden, Mongolen mit entstellten Gesichtern, oder was auch immer, wie sie üblicherweise von der Volksfurcht gemalt wurden, sondern schöne und wohlgesittete Menschen. Diese jungen Männer von etwa 20 Jahren waren der Traum eines jeden reichen Mädchens in Konstantinopel.

Die Rückkehr

Die Rückkehr Kubrats nach Panticapaea war ein Staatsakt von großer Bedeutung. Sie fand nach erheblicher Vorbereitung statt.

Zunächst wurden nach der Nachricht, dass die Türken Siege über die Evthaliten in Sogdiana errungen hatten, Gesandte geschickt, um zu sehen, ob die evthalitische Armee nicht nach Westen verlegt werden könnte, um den Kutriguren zu helfen. Es stellte sich heraus, dass es das konnte. Vor dem Jahr 602 reisten 30.000 Reiter mit ihren Familien in einem Winter zwei Monate lang vom Hindukusch bis zu den Ausläufern des Nordkaukasus. Das war eine beachtliche militärische Macht. Die Bewegung blieb von den kaukasischen Völkern nicht unbemerkt. Viele armenische und syrische Historikern vermerkten es in ihren Chroniken. Kubrat schickte Gesandte mit Aygan an der Spitze, die auf dem Seeweg die Krim erreichten, und von dort zu den Hunderten der neu angekommenen Bulgaren

im alten Alanien. Er überbrachte ihnen die Glückwünsche
des Kaisers und bat sie, sich in Mysien niederzulassen und
Freunde des Reiches zu werden. 10.000 folgten dem Vorschlag und siedelten sich, Aygan folgend, in Mysien bei
den dort bereits lebenden Bulgaren an. Die Überfahrt über
die Donau, an welcher Kubrat persönlich teilnahm, er-
folgte mit kaiserlichen Schiffen. Von dem Tag an, als der
letzte evthalitische Soldat am Südufer landete, wagten die
Awaren keinen Fuß mehr nach Mysien zu setzen. Die anderen 20.000 machten sich auf den Weg nach Berzitia und
ließen sich dort nieder. Dies versetzte die Uzen in großes
Erstaunen, und etwa ein Jahrhundert lang konnten sie den
Bulgaren nichts anhaben. Die Uzen besaßen riesige Pferdeherden und stellten eine wachsende Bedrohung für alle
ihre Nachbarn dar. Es wurde gesagt, dass einer ihrer Herrscher 100.000 Pferde hatte. Sie lebten in den Steppen und
hatten keinen Zugang zu den Reichtümern an den Küsten.
Sie wurden auch Westtürken genannt. Damit hat Kubrat
sein zweites Problem gelöst. Im Jahre 602 kamen die A-
waren an Niš vorbei zu den Fluss Axios herunter, auf dem
nun so viele Waren lebten, dass sie ihn Wardar nannten,
und belagerten mit vielen Slawen zum wiederholten Mal
Thessaloniki. Kubrat nahm Kontakt zu den Slawen auf und
überredete sie, das Bündnis mit den Awaren zu verlassen -
mit dem Versprechen von Mauritius, dass Byzanz sie an
der Struma nicht belästigen würde. Dies geschah am siebten Tag der Belagerung. Natürlich dachten die Bürger von
Thessaloniki, dass der heilige Demetrius ihnen geholfen
hatte, wie er es immer tat, aber es war Kubrat. Thessaloniki
war übrigens voll von Bulgaren und Slawen, und Kubrat
hatte nicht die Absicht, Bat Bajan zu begünstigen, um

dieses Juwel des Reiches einzunehmen. Zum Glück dachte auch der Kaiser so. Ein weiteres Ereignis fand zu dieser Zeit statt. Kubrat suchte nach einer Möglichkeit, den Awaren eine militärische Niederlage zu verpassen. Mit Manövern allein, ohne militärische Siege, würde man sie nicht loswerden. Er baute eine ununterbrochene Beziehung zu Pannonien über mehrere Kanäle auf. Das war nicht schwer, denn die gesamte Balkanhalbinsel war bereits von Bulgaren bevölkert, einige unter byzantinischer Kontrolle, andere unter der Kontrolle von Großbulgarien. Es stellte sich heraus, dass einer der Kommandeure der bulgarischen Kavallerie, die 602 mit den Awaren nach Thessaloniki geschickt wurde, in engem Kontakt mit ihm stand. Daraufhin schlug er Mauritius folgendes vor: der Stratege von Illyricum sollte die zurückkehrende awarisch-bulgarische Armee bei Niš treffen und eine Schlacht anordnen. Da sich die Slawen bei Thessaloniki bereits von den Awaren getrennt hatten, würden die Awaren in der kommenden Schlacht die Bulgaren schicken, um an ihrer Stelle den ersten Schlag zu führen. Dann taten die Legionen so, als würden sie die Schlacht verlieren, und begannen, sich auf eine starke zweite Linie zurückzuziehen, die sie vorher errichtet hatten. Dann würden die Awaren, gemäß ihrer Gewohnheit, die Bulgaren sicherlich zurückziehen und beginnen, die Legion auf Beute zu verfolgen. Dann drehen sie sich um und schlagen mit aller Kraft zu. Die Awaren ohne die Bulgaren können ihnen nicht widerstehen. Und so war es auch.

Bat Bayan tobte vor Wut! Zum ersten Mal seit vielen Jahren verlor seine Kavallerie einen Kampf. Natürlich schöpfte er sofort Verdacht gegen die Bulgaren und erteilte den Befehl, Jurgana vom bulgarischen Thron abzusetzen und seinen Bruder, Kubrats Vater, Boris, einzusetzen. Aber das Volk wollte nicht, nicht weil es Boris hasste, sondern weil es Jurgana sehr liebte und darauf bestand, dass Jurgana bleiben sollte. So überzeugte er das Volk, da er aus dem Geschlecht der Bogolabri-Adligen, also für Gott arbeitenden, stamme, dass er geistigen Oberhaupt wird, aber nicht Staatsoberhaupt. Erst dann beschloss die Volksversammlung in Panticapaea, dass Boris den Thron besteigen sollte. Es folgte eine Nachricht nach der anderen. Kubrats Spione waren kaum in der Lage, ihm die sich schnell ändernden Ereignisse zu melden. Danach rief Bayan Boris zu einer Besprechung von Staatsangelegenheiten nach Aqua Collide[233] in Pannonia. Alle, angeführt von Jurgana, rieten ihm, nicht zu gehen, aber er ging und Bayan ließ ihn töten. Er verbreitete das Gerücht, dass er vom Pferd gefallen sei, was für alle Bulgaren ein Hohn war, und sie hassten ihn umso mehr. Dann berief der Rat der Bojaren in Großbulgarien Kubrat zum rechtmäßigen Knyaz von Gottesgnade. Sie schickten schnelle Schiffe, um ihn zurück auf die Krim zu bringen. Interessanterweise haben weder Mauritius noch Phocas, der Mauritius hasste, diese Politik geändert. Beide wussten, dass Kubrat ihre beste Chance war, ein für alle Mal mit den Awaren fertig zu werden.

Kubrat hat sich ein zweites Jahr lang auf seine Rückkehr vorbereitet. Zunächst lernte er mit den Tutoren der Schule von Theodosius und den Stabsoffizieren am Hof, die Komponenten der strategischen Kriegsführung zu berechnen und zu planen: woher die materiellen Ressourcen

---

[233] Heute Budapest.

kommen würden, wie viele Bogenschützen für einen Feldzug benötigt wurden, wie viele Pferde, wie viel Nahrung, wie viele Waffenwerkstätten folgen sollten, wie sich Material und Nahrung durch die Zeit bewegen würden. Es war eine Wissenschaft, die von Babyloniern, Persern, Römern und Byzantinern entwickelt wurde und äußerst nützlich war. Erst jetzt verstand er, wie Justinian mit 10.000 Mann die Hagia Sophia in nur fünf Jahren bauen konnte. Die Lateiner hatten militärische Tabellen für alles, für den Verbrauch pro Soldat und Tag, Reisebeschreibungen mit den Entfernungen von Festung zu Festung, geographische Hilfsmittel und Bücher, die Strategikons genannt wurden. Zu Beginn seiner Ausbildung an der Schule schenkte er Strabo und Ptolemäus wenig Beachtung, musste aber deren Geographien auswendig lernen. Leider waren sie nicht genau in der Beschreibung der Länder, die Großbulgarien nun beherrschte.

Kubrats große strategische Ziele waren die Vorbereitung von zwei Armeen. Man brach von Kiy[234] auf, durchquerte die ugrischen Pässe der Nordkarpaten, verbündete sich mit den Pemi-Slawen[235] in Pannonien und trieb die Awaren an den Fluss, der ihren Namen trägt, die Oder. Die Slawen nannten die Awaren Odren. Mit einem unabhängigen bulgarisch-slawischen Staat in Pannonien war der Druck der Awaren auf die zwischen Drau und Save lebenden Bulgaren ausgeschlossen. Die zweite Operation, die er sich ausgedacht hatte, bestand darin, die Evthaliten aus Berzitia heranzuziehen, sie in mehrere Tagesmärsche nach Pannonien zu führen, um entscheidende Schläge

---

[234] Heute Kiev, benannt nach seinen Brüdern.
[235] Heute Böhmen genannt.

gegen die Awaren durchzuführen, wodurch er die Rückkehr der großen Masse der kürzlich vom Balkan vertriebenen Bevölkerung nach Karamyzien, Makedonien, Epirus,
Thessalien und Illyricum erleichtern würde. Karamizien
wurde auch das Bitola-Feld genannt. Die große Unbekannte waren die slawischen Anten, ein zahlreiches und
mächtiges Volk nördlich von Großbulgarien.

Kubrat war sich der Größe dieses Werkes voll bewusst und erhob mit einem kräftigen Atemzug seine Augen und Hände zum Himmel um Hilfe und Inspiration.

Heraclius war nicht weniger aktiv. Im Auftrag des
Kaisers Phocas schickte er nach der Niederlage der Awaren bei Niš Gesandte zu den Franken, um einige strittige
Fragen zu klären. Tatsächlich bestand ihre Hauptaufgabe
darin, die slawischen Herrscher der Sorben, die rund um
den Fluss Elbe lebten, zu treffen und ihnen vorzuschlagen,
die lange Reise mit ihrem ganzen Volk nach Thessalien zu
unternehmen. Interessanterweise war dies genau das, was
Bat Bayan von ihnen wollte, aber sie lehnten ihn aus Angst
vor den Byzantinern ab. Die Sorben wurden von den Franken unterdrückt, aber sie trauten der Freundschaft der
Odren überhaupt nicht. Es war eine seltene Gelegenheit für
sie, sich mit dem Einverständnis der Odren und den Byzantinern von den Franken zu befreien. Die meisten
stimmten zu und wanderten erst aus, als Heraclius 610 an
die Macht kam, aber viele blieben[236]. Nur die Freundschaft
von Heraclius und Kubrat ermöglichte den Durchzug der
Sorben durch das bulgarische Illyricum. Die Bulgaren

---

[236] Bis heute noch leben Sorben um die Stadt Bautzen in Ostdeutschland.

organisierten für sie Märkte in den Zwischenlagern, und sie zogen wie durch ein freundliches Land.

Zwanzig Trieren[237] wurden mit Eigentum beladen, das Kubrat während seines 10-jährigen Aufenthalts in der Königsstadt erworben hatte. Es gab viel Gold, ein Geschenk von Phocas und der Familie von Heraclius. Mit einem Teil des Geldes kaufte er viele Bücher. Aber die Schiffe waren hauptsächlich mit Schwertern aus Damaskus und Geschenken für die Adelsfamilien gefüllt, auf deren Unterstützung er gleich zu Beginn seiner Herrschaft angewiesen war. Zwei der Schiffe waren mit angeheuerten Mechanikern besetzt, die sich mit dem Bau von Kriegsmaschinen auskannten. Es gab auch Verbindungsoffiziere, die der Logothet des Dromes[238] für ihn ausgewählt hatte. Kubrat wusste, dass er mit diesen "Freunden" vorsichtig sein musste. Dies waren hochqualifizierte byzantinische Soldaten für spezielle Aufgaben. Einige von ihnen waren wilde und grausame Isaurier[239].

Es war einer der späten Septembertage, an denen der Pontus[240] noch schwimmbar war.

Vor zwei Jahren erhob Phocas Kubrat in einer feierlichen Zeremonie in den Rang eines Patriziers[241]. Er wurde mit vielen goldenen Gefäßen, Ringen, auf denen "dem Patrizier Kubrat" stand, einem goldenen geraden Schwert und den bei solchen Anlässen üblichen Summen in Gold beschenkt.[242] Phocas erwies ihm nun die Ehre eines

---

[237] Schiffe mit drei Reihen von Ruderern.
[238] Außenminister.
[239] Aus Syrien.
[240] Schwarzes Meer.
[241] Siebter Rang in der Hierarchie.
[242] Der Schatz von Kubrat wurde in Malaja Perpschina in Ukraine gefunden.

offiziellen Empfangs eines Gastherrschers und einer voll-
ständigen Zeremonie nach Protokoll. Patriarch Thomas I.,
der die Nachfolge von Cyriacus angetreten hatte, feierte in
Hagia Sophia in Anwesenheit des gesamten Adels der Königsstadt einen Lobpreisgottesdienst. Es war ein großartiger Gottesdienst. Die ganze Stadt erfuhr, dass der neue
Hunnenkaiser Kubrat, ein Freund von Byzanz, war und
dass er nach Großbulgarien aufbrechen würde.

Die Eingeweihten beobachteten Martina mit Neugierde. Sie nahm an allen Zeremonien teil und schaffte mit
der Würde einer Göttin das Unmögliche - ihren unglaublichen Kummer zu zügeln und ihn hinter dem Protokoll zu
verstecken. Auch Kubrat brach das Herz, als er ihrem
Blick begegnete. Die Nacht vor der Abreise verbrachte sie
bei Kubrat. Sie sprachen kaum miteinander. Was hielt die
Zukunft für sie bereit? Würde das Schicksal sie jemals zu-
sammenbringen? Ihre Seelen waren kosmische Abgründe.

Panticapea

Die Schwarzmeerküste wurde seit der Antike von
Griechen besiedelt, die vor allem von der ionischen Küste
kamen. Diese Städte lagen meist an Orten mit tiefen und
natürlich geschützten Häfen. Das Gebiet des Kimmerischen Bosporus erinnerte sehr an das Goldene Horn. Der
Meotis-See[243] war ein Binnenmeer und die Schifffahrt auf
ihm konnte durch die Kontrolle der Meerenge, die sie den
kimmerischen Büffel-Pass oder Bosporus[244] nannten,

---

[243] Asowsches Meer.
[244] Meerenge von Kertsch.

leicht kontrolliert werden. Diese Koloniestädte existierten vor allem wegen des Handels zwischen den Ureinwohnern und dem Rest der Welt und er war sehr lukrativ. So verhielt es sich, wenn die Natur den Menschen freundlich gesonnen war. Wenn jedoch eine Naturkatastrophe, ein Krieg oder ein anderes Unheil eintrat, konnten die Ureinwohner die Städte erpressen: Bei einer Hungersnot zum Beispiel sagten sie entweder wir ernten für euch, oder ihr müsst uns eine Steuer zahlen, damit ihr frei ernten könnt. So entwickelte sich aus dieser Praxis nach und nach eine feste Steuer. Manchmal kam es aber auch vor, dass die Ureinwohner die Städte und deren Verwaltung einfach übernahmen. Dies war in jenen Jahren bezüglich der Städte an der nördlichen Schwarzmeerküste der Fall. Von Irnik[245] an wurden sie fast alle von den Kutriguren kontrolliert. Als Irnik und Wallach im Krieg mit Persien standen, erlangte Panticapaea eine besondere Stellung als Hauptstadt der Kutriguren, da sie auf halbem Weg zwischen der unteren Donau und Berzitia an der westlichen Küste des Kaspischen Meeres lag. Truppen und Waren bewegten sich in alle Richtungen und passierten Panticapaea. Der Handel war enorm. Pelze, Metall und alle Arten von Leder- und Metallarbeiten bezog man bei Menschen, die am Fluss Attila lebten, den man wegen der vielen Bulgaren, die dort lebten, auch den bulgarischen Fluss nannte[246]. Ein Teil davon wurde dort entladen, wo sich die Tanais dem Attila näherte, und auf Schiffe umgeladen, die dann weiter auf den Tanais fuhren. Auf diese Weise erreichten sie den Meothischen See und die Städte der Krim. Die Skandinavier

---

[245] Der jüngste Sohn von Attila.
[246] Bolga.

fuhren die Flüsse hinauf, die in die Ostsee mündeten, brachten ihre Ladungen zu den Quellen des Danaster und des Danaper und fuhren von dort hinunter zum Pontus. Sie waren gute Händler und gefürchtete Halsabschneider. Waren wurden von den Alpen über die Drau, die Save, den Inn und die Donau nach Istrien, in den Pontus und von dort überall hin transportiert. So war Groß-Bulgarien zu einem Handelsland mit einem riesigen Umsatz geworden. Im Jahr 581 nahmen die Türken die Krim ein, konnten sie aber nicht lange halten. Byzanz hielt Cherson, Kipi und Phanagoria.

Nach zwei Wochen anstrengender Seefahrt sah die Flotte von Kubrat die Mauern von Panticapaea. Die letzte Strecke war kurz. Daher konnte die genaue Ankunftszeit in Panticapaea bekannt gegeben werden, um den feierlichen Empfang zu arrangieren. Die Machtübernahme war ein Akt von großer Bedeutung, und Kubrat unterschätzte nicht den Eindruck, den sie bei den Bürgern des Metropoliten hinterlassen würde. So wurden noch in derselben Nacht Dutzende von Ochsen von Privatleuten auf seine Initiative und von den Bojaren auf seinen Befehl hin, geschlachtet, gereinigt, mit Kräutern und Salz gewürzt und auf Spießen über großen Feuerstellen auf schwachem Feuer aufgespannt. Die Brise trug den Geruch von Braten überall hin. Sie haben es gerochen, bevor sie das Fort gesehen haben. Alle waren froh. Nur Kubrat war tief in Gedanken versunken. Kenne ich meine Leute noch so gut? Zehn Jahre in Konstantinopel hatten den Jungen, der die weiten Steppen liebte, zu einem raffinierten und berechnenden Politiker geformt.

Die ganze Stadt hatte sich am Hafen versammelt. Alle waren festlich gekleidet. Gostun, der Vizekönig, traf ihn am Hafen. Nachdem sie die Pferde aus den Trireren geholt hatten, ritt Kubrats Gefolge langsam auf sie zu. Kubrat hatte ein Seidengewand angezogen, bestickt mit den modischsten Mustern der Zeit. Die bulgarischen Schneider von Konstantinopel waren nicht weit hinter der Mode von Panticapaea. Tatsächlich verkauften sie in Byzanz mehr luxuriöse bulgarische Stickereien als in Großbulgarien verkauft wurden. Nur die Stickereien des Umhangs von Kubrat waren aus Gold und Silber auf grüner Seide. Das Hemd, mit seinen weiten Ärmeln, die an den Handgelenken eng anliegen, und seinen Gold- und Silberstickereien um den Hals, glänzte in der Sonne in wundersamem Weiß. Er hatte ein schmales rotes seidenes Tuch um sein Kreuz gewickelt, darüber ein Ledergürtel, an dem zwei Reihen von klingelnden Glöckchen befestigt waren. An dem Gürtel, an zwei vergoldeten Ketten, hing das goldene Schwert, ein Geschenk des Kaisers[247]. Die Hose war weiß, aus dünner Wolle, mit prächtigen Stickereien um die Taschen aus Märzkordel, schwarz und rot[248]. Seine Stiefel waren Sommerstiefel, kurz, bestickt, ebenfalls mit Glöckchen am Rücken. Auf dem Pferd war alles einfach, wie bei jedem bulgarischen Soldaten. Aygan und Hunialon konnten sich keine glücklichere Zeit in ihrem Leben vorstellen. Die Leute schrien ekstatisch vor Freude.

Nachdem er das Tor der Festung durchschritten hatte, fand sich Kubrat unter einem langen Streifen weißer,

---

[247] Der Schwert wird in der Hermitage in St. Peterburg aufbewahrt.
[248] Im März schenken sich die Bulgaren bis heute noch, solche weiß-rote Fadenbündeln für Gesundheit.

dünner Tücher wieder, die einen Schatten für die Passanten auf der Straße bildeten. Auf beiden Seiten der Straße standen Mädchen, die diese Tücher mit erhobenen Händen hielten. Vor Kubrat gingen junge Mädchen in Reihen und sangen bulgarische Lieder, um ihn zu begrüßen. Als Kubrat sich dem Palast von Jurgana näherte, empfing ihn die Frau des Ichirguboil[249] mit vielen Dienern, von denen einige Essen und andere Wein brachten: dies ist ein Zeichen des höchsten Respekts unter den Bulgaren. Sie grüßte Kubrat und bot ihm eine Kostprobe von dem an, was sie ihm als Zeichen ihrer Wertschätzung anbot. Um der Frau seines ersten Befehlshabers, dem Oberhaupt der Bogenschützen, eine Freude zu machen, nahm er, vom Pferd herabsteigend, etwas von der Speise aus der silbernen Schale, die der Diener hochhielt. Nachdem er den Wein aus dem ihm gereichten Becher probiert hatte, machte er sich, begleitet vom unaufhörlichen Geschrei der Begrüßenden, auf den Weg zum Palast, der alle Gebäude in Panticapaea überragte.

Der Ichirguboil Gostun hatte für ihn den Palast von Jurgana geräumt. Jurgana begann, mehr und mehr Zeit am Oberlauf des Athel[250] und der Kama zu verbringen. Er fühlte sich dort sehr wohl. Diener und Sklaven trugen Kubrats Hab und Gut auf Karren von den Schiffen zum Palast.

Außerhalb des Palastes wartete wieder Gostun, der Vizekönig, auf ihn, aber diesmal mit tausend Bogenschützen in Ehrenformation. Gostun übergab ihm zwei Schlüssel, den des Palastes und den der Schatzkammer. Die Bogenschützen zogen ihre Schwerter und begannen sie auf die kleinen Rundschilde zu donnern. Sie waren aus Stahl,

---

[249] Ersten Befehlshabers, dem Oberhaupt der Bogenschützen.
[250] Wolga.

geschmiedet mit vier kleinen Haken, die symmetrisch an den Kanten angebracht waren. Sie waren rot gestrichen, mit drei goldenen Löwen übereinander in der Mitte. Kubrat ging in die Mitte ihnen gegenüber und wandte sich ihnen zu. Da ritten sie alle, einer nach dem andern, mit ihren Pferden auf ihn zu und sprangen von ihnen vor ihm ab und nahmen ihre Helme ab und zogen ihre weichen Unterhüte aus und verneigten sich tief vor ihm. Nachdem sie das Ende seines Mantels geküsst hatten, sagten sie so laut, dass alle sie hören konnten:

„Ich bin treu bis an dein Grab, Kriegsherr - führe mich, wohin du willst!"

Sie setzten den Helm auf, warfen sich wieder auf die Pferde und stellten die alte Formation wieder her. Die Bulgaren nannten dies den Eid der Soldaten. Die Römer, die eine solche Zeremonie zum ersten Mal sahen, waren erstaunt. In Byzanz durften außer den Leibgardisten keine anderen Soldaten in die Nähe des Kaisers kommen, aus Angst vor einem Attentat, und diese hier schworen ihm die Treue in einem Abstand, aus dem sie einen Dolch in sein Herz stoßen konnten!

Die ansässigen Bojaren, ihre Sippenangehörigen und Diener bildeten die andere große Gruppe der Begrüßenden vor dem Palast. Die Bojaren betrachteten Kubrat prüfend und kritisch. Zuerst ärgerte es sie, dass er sich nicht einfach kleidete, wie es die Tradition ihres Volkes war, aber als sie sahen, welchen Eindruck dies auf die Menschen machte, nickten sie respektvoll zustimmend mit dem Kopf. Die Zeiten sind anders! Schlicht im Krieg, geschmückt in der Parade.

Es war der 9.9.603[251].

Aber das Kreuz um seinen Hals ... Der verstorbene Boris, Gott gebe ihm Ruhe, und einige andere waren bereits Christen. Viele Berziten am Kaspischen Meer waren Christen. Viele an der Schwarzmeerküste waren schon lange Christen. Alle Hunnen im alten Gallien, in Kleinasien und in Armenien waren Christen. Aber die meisten der alten Menschen der Ugoren waren es nicht. Die Rossen waren es nicht. Und sie waren sehr mächtig. Die Uiguren waren es nicht. Die Bulgaren am Fluss Attila waren es nicht. Die Geten um die Donau waren es, aber alle anderen Slawen nördlich von ihnen nicht... Die alten Männer erinnerten sich noch daran, wie Gord[252] im Jahre 528 in Konstantinopel zum Christentum konvertiert war, genau wie Kubrat. Kaiser Upravda, den die Lateiner Justinian nannten, war sehr stolz, einen solchen Freund gewonnen zu haben. Als er nach Panticapaea zurückkehrte, befahl Gord, die Götzenbilder, die aus Silber und Elektron bestanden, einzuschmelzen. Die Leute wurden verrückt. Sein Bruder Magyar tötete ihn mit der Zustimmung des Volkes und übernahm den Thron, wobei er auch die byzantinischen Kolonien übernahm. Als der Kaiser dies erfuhr, schickte er den ehemaligen Konsul Johannes, Enkel des skythischen Johannes und Sohn des Patriziers Rufinus, mit einem großen Heer von bulgarischen Föderaten und Geten. Er kam auf dem Landweg von Odesopolis mit Godila und dem Strategen Badurius. Als sie dies hörten, verließen die freien Bulgaren die byzantinischen Kolonien kampflos.

---

[251] Nach dem alten bulgarischen Kalender sind 1.1, 3.3, 5.5 usw. die Männer Feiertagen an den wichtigen Ereignissen, einschließlich Staatsakts, organisiert werden.
[252] Der Stolze.

Wie würde der junge Herrscher damit umgehen? Der Volksrat zur Proklamation von Kubrat sollte im März abgehalten werden, wenn auch die ausländischen Bojaren teilnehmen konnten, da sie selten im Winter kämpften. Einer der Schreiber der evthalitischen Bojaren hatte aufgezeichnet: "Kubrat aus der Familie Dulo kam im Jahr des Schegors im Monat Wetschem an die Macht, das heißt am 3.3.604 n. Chr. Der Tag wurde nicht genannt, denn die offiziellen Männerfeste in Bulgarien waren immer am 1.1, 3.3, 5.5 usw., wie in Persien, und an diesen wurden wichtige staatliche Bekanntmachungen verkündet."

Die Ziegenhirten (Die Kozaren)

Die erste und wichtigste Aufgabe des neuen bulgarischen Herrschers war die Neuordnung der Staatseinnahmen und des Vermögens.

Die Bulgaren in den verschiedenen Teilen ihres riesigen Landes verwendeten unterschiedliche Zahlungsmittel. Es gab kein einheitliches Münzsystem wie bei den Byzantinern, Persern oder Chinesen. Entlang des Flusses Attila war die Zahlungseinheit der Pelz aus Zobel. Die nördlichen Nachbarn der Bulgaren nannten es Goldpeltz, ein schönes Fell mit vielen feinen Fasern unterschiedlicher Länge und manchmal unterschiedlicher Farbe. Wenn eine junge Frau im Winter eine solche Mütze oder einen solchen Kragen trug und ein leichter Wind wehte, flatterte die Haaren wie heiße Luft in der Wüste. Das Mädchen verwandelte sich in einen Engel. Sie verehrten den Pelz, besonders die Urus-Frauen. In Byzanz war er so viel Gold wert, wie er wog. Die Bulgaren am Fluss Attila hatten auch eine Silbermine, und so hatten sie bald begonnen, halbmondförmige Gussstücke zu verwenden, die so aneinander zusammengeschmolzen waren, dass man Stücke davon abbrechen konnte, und zwar so viele, wie sie brauchten, je nach Wert. Man nannte sie Rubel von rubja, was brechen bedeutet. Große Schulden und Zahlungen wurden mit Pferden, Bisons oder roten Rindern bezahlt. Die Slawen kümmerten sich um Schweine, die Bulgaren sehr selten. An den Küsten der Meere wurden die Münzen der Reiche verwendet, die der Perser, genannt Zuse, und die der Römer, genannt Nomismen. Auch die Skandinavier hatten gelernt, neben dem natürlichen Tausch auch das Geld der beiden Imperien zu verwenden. Säbel aus Damaskus und Schwerter aus Skandinavien, die extrem elastisch waren und im Kampf kaum zerbrachen, wurden ebenfalls als Zahlungsmittel verwendet. Der Wert von Gold und Silber wurde in den Weltreichen weitgehend nach Angebot und Nachfrage bestimmt. Auch Azurit aus Baktrien und Bernstein aus Baltikum wurden anstelle von Geld verwendet. Eisen wurde auch mit den Uzen gehandelt. Als Kubrat an die Macht kam, war sein erster Befehl ein Verbot der Eisenausfuhr für die Uzen. Die Uzen waren ein großes Volk geworden, reich an Pferden, aber was sie nicht hatten, waren Schwerter aus Eisen. Allerdings hatten sie von den Mongolen gelernt, sie selbst herzustellen, sofern sie Eisen hatten. Kubrat's zweiter Befehl betraf die Seide. Die Türken wollten Großbulgarien umgehen und direkt mit Byzanz handeln. Kubrat befahl, dass alle Seide, die den Fluss Attila überquerte oder die bulgarische Kaspische Küste erreichte, aufgekauft werden sollte. Nur bulgarische Kaufleute durften Seide auf Schiffe verladen und nach Konstantinopel bringen oder über den Derbent-Pass transportieren. Er brachte diejenigen, die durch den verbotenen Eisenhandel Verluste erlitten hatten, listig auf die Idee, sich der Seide zuzuwenden. Es gab also keine Unzufriedenen.

Das größte seiner unmittelbaren Probleme waren jedoch die Kozaren. Kozaren und Bulgaren waren ein Volk. Sie wurden auch Kozaken genannt. Und von den Urussen, weil sie jedes bulgarische "o" wie ein "a" aussprachen, wurden Kasaken genannt. Die Griechen buchstabierten sie Agatirzi von „aga" – Ziege, d.h. Ziegenhirten. Kubrat hatte bei Herodot von ihnen gelesen, nämlich dass lange vor Christus, als die Hunnen den Oberlauf des Flusses Bug erreichten, die Kozaren ihre Nachbarn an den Nordkarpaten waren. Viele Menschen nannten diejenigen, die am Fluss Bug lebten, Bugaren. Obwohl die beiden zu einem Volk gehörten, fanden die Bulgaren Ackerland und kultivierten es, während die Kozaren lange Zeit den Ackerbau vermieden hatten. Es wird gesagt, dass es vor vielen Jahren viele Tiere und wenige Menschen auf dem Land gab und dass gute Jäger nur von der Jagd leben konnten, aber das war nicht mehr der Fall. In Europa und Asien war das schon lange nicht mehr so. Die Chasaren versuchten jedoch weiterhin, von der Jagd und, wenn das nicht reichte, von Raub zu leben. Als Attila hörte, dass sie interne Kriege führten, befahl er seinem Ichirguboi Onegazius und seinem ältesten Sohn Elak, sie zu unterwerfen und Steuern an die Bulgaren zu zahlen. Attila operierte zwischen dem Kaukasus und dem Ozean, und es war für ihn ein leichtes Spiel, eine Armee von einer halben Million aufzustellen. Doch der Krieg war hart. Sein Sohn kam mit einem gebrochenen Arm zurück. Einige der Kozaren wurden zu Steuerzahlern gemacht, aber Kuridah und seine Leute rappelten sich auf und entkamen. Attila versuchte, ihn nach Aqua Collide zu locken, aber dieser schlaue Mann ließ ausrichten, dass jeder, der der Sonne zu nahekomme, sich verbrennen könne. Dies wusste Kubrat aus dem Bericht über den Besuch von Priscus dem Thraker bei Attila. Ein großartiger Bericht! Irnik hielt die Zügel streng in der Hand, und dieser Zustand ist bis heute erhalten geblieben, aber die Kozaren von Curidach kamen an die Mündung der Attila[253] und bedrohten die Bulgaren ständig. Dass sie die gleiche Sprache sprachen, machte keinen Unterschied. Sie waren mutig, gute Reiter und Bogenschützen und suchten stets, sich bei demjenigen als Söldner zu verpflichten, der am meisten zahlte. Jetzt machten die Türken ihnen schöne Augen und hofften, sie gegen die Bulgaren aufzubringen. Dann hatte Kubrat die Idee, 5.000 Evthaliten von denen, die vom Hindokusch gekommen waren und sich in Berzitia niedergelassen hatten, in die Region der Attila-Mündung zu versetzen und sie zusammen mit den Kozaren mit der Kontrolle des Seidenhandels in diesem Gebiet zu betrauen. Die Evthaliten brauchte man nicht zu überreden; sie hatten die Sogdianer hundert Jahre lang beherrscht und verstanden sehr gut, was für ein Segen das war. Er verhandelte lange mit den Kozaren und bat sie schließlich gütlich, ihm im Erfolgsfall nur ein Zehntel des Gewinns zu geben - es bestand kein Risiko für sie. Nach zwei Jahren haben sich alle Probleme mit den Kozaren gelegt. Einige blieben auf Tanis

---

[253] Wolga.

und die Bulgaren lehrten sie, die Felder zu pflügen, anstatt zu rauben. So näherten sich die Bulgaren den Kozaren weitgehend an und es kam zum Frieden. Lasst uns sehen, wie lange, sagten seine Bojaren: die Türken streben mit allen Mitteln nach einem Bündnis mit ihnen. Sollten, Gott bewahre, die Türken schließlich Sogdiana und Girkania erobern, dann könnte das Seidengeschäft nicht mehr funktionieren, da seine Route von ihnen beherrscht werden würde. Darauf antwortete Kubrat immer mit dem Erheben seines Trinkpokals:

„Aber wir leben heute und heute haben wir ein Problem gelöst. Die nach uns müssen auch zu tun haben. Erziehen Sie also Ihre Kinder gut!"

Die Bojaren haben gelacht.

Sie liebten ihn. Seit er zurückkam, gab es weniger Streit und mehr Probleme wurden gelöst. Den Menschen ging es besser.

Sabina

Die Anten haben viele Male Boten geschickt, um die Erlaubnis zu bitten, die Danastre und den Danapur hinunterzufahren und auf eigene Faust am Schwarzen Meer Handel zu treiben. Kubrats Antwort war immer dieselbe: Wir werden für Sie einen Markt an den Seen arrangieren, von denen diese Flüsse ausgehen, und dort könnten Sie ganz bequem alles verkaufen und kaufen, was Sie wollten. Kubrat gründete dort sogar eine Stadt, nannte sie Novgrad, von den Anten Nov Gorod[254] genannt und errichtete viele

---

[254] Neue Stadt.

bewachte Lagerhäuser für Waren. Er organisierte den Bau von Booten auf den Flüssen, um Slawen anzulocken. Sie verdienten gut, indem sie ihre Boote, die sie im Winter gebaut hatten, im Frühjahr an die Bulgaren verkauften.

Die Anten wussten, dass die Bulgaren ihre Waren am Schwarzen Meer um ein Vielfaches teurer verkauften, und waren entschlossen, für dieses Recht Krieg zu führen. Ihre Organisation war schlecht, sie zankten sich untereinander, dennoch waren sie ein beachtlicher Haufen. Kubrat siedelte die alten Gallier aus Gallidj (Galicien) in den Norden um, um die Zahl der Soldaten im Norden zu erhöhen. Es trafen jedoch ständig Berichte über spontane Plünderungen in den mit den Bulgaren verbündeten ugorischen Siedlungen ein. Dann rief Kubrat Eisenwerker aus den Ausläufern des Urals herbei. Dort gab es ein Gebiet, in dem sie seit Jahrtausenden hervorragendes Eisen einfach von der Oberfläche abbauten. Die Plätze waren zu riesigen Gruben geworden. Er bat Jurgana, für sie Siedlungen entlang des mittleren Attila zu organisieren und für eine Versorgung mit Holz zu sorgen, aus dem sie Kohle machten. Er versorgte sie dann mit Zeichnungen von römischen und gethischen Feuerstellen mit Lederblasebalg für die Luftzufuhr und den Rest erledigten die aufmerksamen Uralschmiede selbst. Die Geten rühmten sich immer, dass ihr Philosoph Zelmox das Lederblasebalg, den Anker und das Rad erfunden hatte. Das Rad konnte es nicht sein, dachte Kubrat, denn auf den Vasen von Kerameikos, einem Stadtteil von Athen, waren seit der Zeit des Trojanischen Krieges Streitwagen abgebildet. Eine ganze Stahlindustrie war entstanden. Tatsächlich stellten sie auch Eisenkessel - auf Bulgarisch Kazans genannt - her und aus diesem Grund nannten sie eine der Siedlungen Kazan[255]. Kubrat zeigte ihnen auch Zeichnungen von mechanischen römischen Bögen. Die Handwerker in Kasan waren begeistert, und in zwei Jahren produzierten sie weitschießende mechanische Bögen, deren Pfeile die Rüstung jedes Reiters durchschlugen. Einige der Handwerker waren mit Handelskarawanen aus China gekommen und sagten, dass sie auch in China mechanische Bögen gesehen hätten, allerdings mit einem anderen Abzugsmechanismus. Sie begannen, den chinesischen Auslöser zu verwenden, da er sich nicht verkeilte, wenn er nicht sollte. Sie haben ihn allerdings aus Bronze gemacht. Sie wussten aus Erfahrung, dass Reibungsteile besser aus Bronze gefertigt sein sollten. Dann rief er den Edelmann Adai aus Berzitia und befahl ihm, einige der schweren Reiter mit diesen Bögen auszurüsten und nördlich von Kiy[256] in Stellung zu gehen. Im folgenden Frühjahr berichteten seine Späher, dass etwa 50.000 Anten eine Armee gebildet hatten und in Booten auf dem Danaster unterwegs waren. An der ersten Stromschnelle brachten sie die Boote an Land und trugen sie auf ihren Schultern bis zum Ufer nach der Stromschnelle, wo sie sie wieder zu Wasser ließen. Dort wartete Adai auf sie. Im Abstand von zwei Tagesritten hatten sie schnelle Patrouillen gebildet, die ständig wechselten. Das Ziel war es, sicherzustellen, dass niemand, der Adais Armee entdeckte, die Anten warnen würde. Lebensmittel wurden schon vor Monaten herangeschafft und ein System von Lagerhäusern für die Adai eingerichtet. Außerdem transportierten sie 200.000 Pfeile. An dem Tag, an dem die Anten mit ihren Booten in die

---

[255] Die Stadt existiert bis heute.
[256] Kiev

Pässe entlang der Klippen, die die Schwellen umgeben, einfuhren, war Adai bereit. Er befahl, die Avantgarde der Anten nicht anzugreifen. Dann setzten sie riesige Baumstämme über dem Ein- und Ausgang der Pässe in Brand, die daraufhin zusammenbrachen und bei den Anten Panik auslösten. Aber die Slawen waren gute Soldaten und erholten sich schnell, verließen die Boote, nahmen ihre riesigen Schilde und begannen, die Hügel zu erklimmen, um in Reichweite ihrer eigenen Bögen zu kommen. Aber auf eine Entfernung so viel wie zwei gewöhnliche Pfeile fliegen können, weiter waren die neuen mechanischen Bögen an der Reihe. Zehn Männer bedienten ein Scharfschütze, bespannten die Bögen und platzierten sie auf nivellierten Schäften. Hinter den Bogenschützen standen Karren mit Pfeilen. Es folgte eine Salve nach der anderen und die Slawen wurden durch ihre Schilde durchbohrt. Es war erbärmlich zuzusehen, denn die Slawen waren tapfere Soldaten. Etwa 30.000 Anten blieben in diesem Tal, der Rest ergab sich. Als sie den Ardagast, der König der Anten, Bericht erstatteten, schrie er wütend auf, rief alle seine verbliebenen Befehlshaber zusammen und schwor sie und ihre Enkel und Urenkel darauf ein, Bulgarien eines Tages zu vernichten. Kubrat schickte die gefangenen Anten ins Donaudelta, um dort Schiffe für die bulgarischen Kaufleute zu bauen. Dort gab es andere Anten, so dass sie ihr neues Leben leichter organisieren konnten.

Adai kam nach Panticapaea und wurde begrüßt, wie es sich für einen Helden gehört. Seine Familie war seit Beginn des Feldzuges zu Kubrat gekommen und Kubrat kümmerte sich mit großer Fürsorge um sie. Kubrat verstand es, die Menschen mit Aufmerksamkeit zu umgeben, so dass sie sich als Mittelpunkt des Universums fühlten. Dies führte immer zu guten Ergebnissen. Das wurde natürlich Adai berichtet und half ihm, seine Aufgabe zu erfüllen.

Zu Ehren des Siegers wurden Pferderennen veranstaltet. Der Preis für den Sieger waren 12 Pferde und 12 rote Rinder. Es war ein Vermögen. Die Reiter umkreisten die Wälle von Panticapaea von Ufer zu Ufer und zurück. Die Bürger beobachteten das Spektakel von den Mauern aus. Die Adligen waren auf dem Hügel außerhalb der Stadt stationiert. Die Luft war mit dem Duft von gebratenem Büffel erfüllt, als das Rennen begann. Kubrat erblickte Sabina, die neben seiner Mutter und Adai saß, und erschauderte. Sie hatte eine verblüffende Ähnlichkeit mit Martina. Seine Seele wäre geplatzt, er wäre vor Aufregung in Ohnmacht gefallen und es dauerte eine Weile, bis er wieder begriff, dass der Tag frühlingshaft und sehr hell war.

Die bulgarischen Herrscher hätten vielleicht mehr Frauen haben können, aber das Christentum verlangte eine. Die bulgarischen Herrscher konnten Konkubinen haben, aber das Christentum verbot das. Kubrat lebte in beiden Welten, zumal seine Bojaren es verlangten und er versuchte, maßvoll zu herrschen. Das Rennen wurde von einem Bogenschützen aus Karauna gewonnen. Die Westhunnen wurden auch Karaunnen genannt. Die Bulgaren nannten Karaunna die Region zwischen Donau und Hemus[257], die jahrtausendelang auch Mysia genannt wurde. Dieser Reiter hatte als Bundesgenosse der Byzantiner an vielen Kriegen teilgenommen und nun als Soldat

---

[257] Balkangebirge.

der Adai. Er selbst besaß Pferdeherden und züchtete guten Rassen. Sein Pferd war ein Sechsjähriger mit leuchtend rotem Haar, dünnen Beinen und einer starken Brust. Adai, die anwesenden Bojaren und ihr Gefolge kamen herunter, um dieses wunderbare Tier zu inspizieren. Kubrat gab Adai die Ehre, den Preis zu verkünden. Das Volk applaudierte. Dann wurden lange Seitenbretter aus den Karen geholt und aufgebaut, auf denen weiße Tücher ausgebreitet wurden. Auf ihnen wurde das Essen serviert. Kubrat setzte sich absichtlich Sabina gegenüber. Sie hatte natürlich ihr ganzes Leben lang von ihm gehört. Nach außen hin wirkte sie stolz und war sich ihres Ranges bewusst. Es war offensichtlich, dass sie einen starken Charakter hatte - bei dem Vater!

„Herr, wie feiern die Byzantiner?", fragte Sabina neugierig.

„Es hängt von der Stellung und der Bildung der Menschen ab, wie in unserem Land. Aber bei ihnen gibt es keine Volksfeste. Nur kirchliche Feste sind beliebt."

„Herr, warum sollte es überhaupt Feste geben?"

„Der Mensch wird mit Sorgen geboren und lebt mit Sorgen und überwindet seine Sorgen meist allein. Das Fest ist die einzige Zeit, in der er viele freundliche Menschen sieht, sieht, dass er nicht allein ist, seine Seele wird mit neuer Energie gefüllt, verbindet sich mit den Seelen der anderen, und am nächsten Tag ist er stärker."

Alle haben diesem Gespräch zugehört.

„Aber in einem Krieg, der eher eine Qual ist, ist der Soldat allein. Unsere Bogenschützen helfen sich gegenseitig: wenn einer in Schwierigkeiten gerät, hilft ihm ein anderer. Nach diesem Kriterium sollte der Krieg ein Festtag sein."

Kubrat lächelte erstaunt. Sabina war ein kluges Mädchen.

„Wenn ein Soldat verwundet wird, spürt er den Schmerz persönlich. Seine Kameraden können mitfühlen, ihm bei diesem Schicksal beistehen, aber der Schmerz ist sein eigener. Um ein Fest zu feiern, muss man also Freude mit anderen teilen, nicht Trauer und Schmerz. Krieg ist ein Fest nur für den Teufel! Für uns Menschen ist es das größte Übel. Wir führen Kriege, wenn wir glauben, dass die Opfer in ihnen viel geringer sein werden als die Folgen der Ereignisse, die wir bekämpfen. Hier, im Krieg mit den Anten, opferten dein Vater und ich hundert unserer Jungen, um die wir mit ihren Müttern gleichermaßen trauern, aber dieses Opfer rettete Hunderttausende der Unsrigen."

Kubrat stand auf. Alle folgten ihm. Er schüttete Wein auf den Boden aus. Alle taten es ihm gleich. Eine Weile lang herrschte ernste Stille. Sie gedachten der Toten. Dann setzten sich alle wieder hin.

„Und kann es eine Welt ohne Kriege geben? Können Menschen ihre Probleme einfach so lösen, nach Vernunft und Menschlichkeit?"

Inmitten dieser Stille schien diese Frage zum Himmel zu schreien. Diese Frage führte ihn gedanklich in die Magnaura-Schule, als er Cyriacs die Frage stellte, ob es eine Welt ohne Religion geben könnte.

„Wenn ein Mann und eine Frau zwar zusammen im Bett liegen, aber keine gemeinsamen Vorstellungen davon haben, was gut oder böse ist, aber auch keine gemeinsamen Träume - dann sind sie nicht glücklich!"

Ihre Augen trafen sich. Sie hatte warme braune Augen und langes kastanienbraunes Haar. Ihre Haut war weiß und weich wie Samt. Ihre saftigen Lippen schrien: "Küss mich!" Sie hatte auch Grübchen auf den Wangen und wenn sie lächelte, waren alle Männer bereit aufzuspringen und ihr zu gehorchen. Sie trug ein grünes seidenes Kopftuch mit schwarzen Stickereien an den Rändern. In die Stickereien waren kleine goldene Geldstücke eingewebt, die die Evthaliten „zitternden Plättchen" nannten. Ihre Brüste wurden durch ein schwarzes Kleid gebändigt. Das Kleid nannte man Saya. Der Saya hatte eine weite Öffnung um den Hals, die mit einer zwei Finger breiten Spitze mit geometrischen Mustern verziert war, in die auch goldene Faden eingewebt waren. Die Hemden der Frauen waren wie die Hemden der Männer, nur dass sie lang waren und mit Stickereien versehen, die auch unter dem Saya zu sehen waren. Sie hatten Stickereien um den Hals und um die Knöpfe. Auf dem Rücken hatte der Saya zwei lange Bänder, die von oben herunterfielen und deren Enden bestickt waren. Diese wurden früher zum Umgürten der Kinder verwendet, dienten aber schon lange nur noch als Zierde. Die Schürze hatte alle Farben des Regenbogens, ebenso wie die gestrickten Strümpfe. Ihre schlanke Taille wurde durch einen kräftigen Ledergürtel mit einer Stoffinnenseite, die mit Fesseln in geometrischen Formen bedeckt war, weiter betont. Der Gürtel war mit großen Schlössern aus Silber befestigt, auf denen Glutvögel eingearbeitet waren. Wenn die Frauen kämpften, und bei den Bulgaren war das normal, benutzten sie dieselben festlichen Gürtel, die sie über ihren Gewändern trugen. An ihnen hingen sie das Schwert. Im Allgemeinen waren die bulgarischen Frauen die unabhängigsten Frauen der Welt. Am abhängigsten waren die Frauen der Araber. Kubrat erholte sich von dem Rausch, sie anzusehen, und fuhr fort:

„Wenn die Menschen keine gemeinsamen Vorstellungen davon haben, was gut oder böse ist, können sie nicht in Frieden leben. Deshalb haben wir Bulgaren seit Jahrtausenden so viele Märchen, die unsere Mütter und Großmütter den Kindern erzählt haben, um sie zu lehren, zwischen Gut und Böse zu unterscheiden. Kriege werden von den Müttern und Großmüttern gewonnen, die den Soldaten dies beigebracht haben. Wenn die Soldaten nicht den Glauben hätten, dass sie für eine gute Sache kämpfen, würden sie immer verlieren, und wir Bulgaren sind seit Anbeginn der Welt dabei, also sind unsere Geschichten gut. Du hast mich vorhin gefragt, wie feiern die Byzantiner. Die Griechen z. B. erzählen sich untereinander ihre Lustbarkeiten und Legenden von ihren alten Göttern. Aber diese Legenden sind voll von Grausamkeit, Mord, Inzest, Verrat, Untreue, Eifersucht. Im Allgemeinen lehrt die alte griechische Religion die Menschen nicht das Gute. Wir hingegen glauben: Der Glaube ist das, was stärker ist als eine gute Waffe."

„Nun, wenn du kein Essen hast, hilft dir der Glaube nicht.", wagte Sabina zu unterbrechen.

Alle brachen in Gelächter aus.

„Das ist richtig.", sagte Kubrat.

„Wie ist dein Name?"

Sabina stand auf, neigte den Kopf und sagte:

„Sabina aus der Familie von Adai, mein Herr.", sagte sie und setzte sich.

„Sabina, jetzt wirst du sehen, was der Glaube an das Gute bewirkt. Ich werde dir eine Frage stellen. Wenn jemand dir den Glauben nähme, dass du einen würdigen Ehemann finden wirst, dass du kluge und schöne Kinder haben wirst, dass du mit ihnen glücklich sein und in Frieden leben wirst, was wird dann von dir übrigbleiben?"

Sabina zitterte vor Angst:

„Nichts! Das wäre für mich der größte Raubüberfall."

Kubrat sah in ihren Augen seine zukünftigen Söhne und Töchter und beschloss, sie zu heiraten. Aber sie war eine freie Bulgarin und konnte ablehnen. Er musste sie persönlich fragen, bevor er ihren Vater formell fragen würde. Er beschloss, dass er es tun würde, wenn sie alle aufstehen würden, um zu tanzen und fuhr aufgeregt fort:

„Du siehst, der Glaube ist der wichtigste Teil eines Menschen. Man kann ihn nicht sehen oder anfassen, aber er regiert unsere Angelegenheiten. Unser Glaube ist unser Heiliger Geist."

Alle schauten Kubrat zustimmend an, sogar der Bokolaber[258]. Er wusste genau, dass es von hier aus nur ein kleiner Schritt zur christlichen Predigt war und er beobachtete Kubrat neugierig, ob er ihn gehen würde. Aber Kubrat machte der Schritt nicht. Die beste Eigenschaft dieses Mannes war seine vernünftige Toleranz gegenüber den unterschiedlichen Überzeugungen der Menschen, solange sie der Gesellschaft nicht schadeten. Er glaubte nicht, dass eine Religion einer anderen überlegen sei. Im letzten Jahrhundert waren die nördlichen Hänge des Kaukasus voll mit

---

[258] Der heidnischer Priester.

Juden, die aus Persien flohen. Nun gab es also nicht weniger als drei Religionen im Lande. Kubrat erkundigte sich ständig, ob es Meinungsverschiedenheiten aus religiösen Gründen gebe und ordnete an, dass jedes Volk einen Richter aus dem eigenen Volk bekommen sollte. Juden sollten Juden richten, Christen sollten Christen richten, Sonnengläubige, wie die meisten Bulgaren waren, sollten ihre eigenen Bojaren als Richter haben, die Perser in seinem Staat sollten Magier als Richter haben, die Walachrömer sollten Walachrömer als Richter haben, die nicht-christlichen Slawen sollten nicht-christliche Slawen als Richter haben, und so weiter. Bei Streitigkeiten zwischen Militärs gab es jedoch ein Gericht. Das war der Bojarenrat für Todesurteile und für alles andere war er persönlich der Richter. Dies war ein Überbleibsel des makedonischen Alexanders. Nur unter Alexander hatte das gesamte Heer das alleinige Recht, Militärs zum Tode zu verurteilen, was zwar richtig ist, aber heute nicht mehr praktisch organisiert werden könnte. Deshalb bewahrten die Bulgaren den Brauch einer Volksversammlung, um vor den Kriegen ihre Führer zu bestimmen. Darin lag eine tiefe Bedeutung. Die Mütter und die Menschen fühlten am besten, wem sie das Leben ihrer Kinder und ihr eigenes Leben anvertrauen konnten. Es war nicht möglich, einen Unbekannten oder jemanden mit einem schlechten Ruf zu wählen. Der Erfolg auf dem Schlachtfeld war also das einzige Kriterium für den Aufstieg eines Oberbefehlshabers und damit in der Gesellschaft. Cassiodorus der Lateiner hatte es verstanden. Als Theoderich, Sohn des Tiudomir aus dem Volk der Ostrogoten, 505 eine Schlacht gegen die Bulgaren bei Sirmium gewann, schrieb Cassiodorus das größte Lob der Bulgaren, das Kubrat je gelesen hatte: „... Dies ist die Nation, die vor dir alles hatte, was sie begehrte; eine Nation, in der diese einen Titel erworben haben, die ihren Adel mit dem Blut des Feindes erkauft haben, in der das Schlachtfeld die Rasse verherrlicht, denn unter ihnen gilt derjenige ohne Zögern als edler, dessen Arme in der Schlacht blutiger gewesen sind; Sie sind ein Volk, das vor dem Kampf mit dir noch nie einem Feind begegnet war, der ihm widerstehen konnte, und ein Volk, das seine Kriege lange Zeit nur durch Streifzüge geführt hat."

Die Musikanten begannen zu spielen. Die Leute sprangen auf. Die Soldaten ordneten ihre Waffen auf Pyramiden an, überließen es dem diensthabenden Mann, sie zu bewachen, und alle begannen zu tanzen. Alle erhoben sich, Männer, Frauen, Jung und Alt, alle tanzten.

Sabina und Kubrat verließen unbewusst als letzte den Tisch. Kubrat nahm sie in die Arme, versank in ihren schönen Augen und Sabina wusste, was er sagen wollte.

„Liebe Sabina, willst du mich heiraten?"

„Ich schon, Kubrat!"

„Morgen schicke ich Ehestifter zu deinem Vater."

„Schick sie!"

Plötzlich brach sie in ein schallendes Lachen aus:

„Aber es wird nicht billig!"

Auch Kubrat hat laut gelacht:

„Nun, ich hoffe, ich habe in meinen Junggesellenjahren etwas gespart."

Sie liefen beide zu den Tanzenden. Adai war es gewohnt, alles zu beobachten, was um ihn herum geschah. Es war einer der Schlüssel zu den Siegen, die er genoss. Er verstand augenblicklich, dass er morgen auf Ehestifter warten würde, und seine Seele war mit Freude erfüllt. Er drehte sich zu seiner Frau und zeigte mit dem Kopf auf die beiden. Sie küsste ihn, ohne ein Wort zu sagen, und alle verloren sich in den Tanz.

Von allen Dingen auf der Welt tanzten die bulgarischen Frauen am liebsten. Sie konnten sich in Ohnmacht tanzen, tanzten bis zur völligen Erschöpfung. Dies war eine sehr alte Sitte der thrakischen Besen, die in dieser eigentümlichen Raserei sogar Dörfer überfielen.

Erst tanzten sie den Horo, dann kamen die Peonischen Tänze. Man nannte sie Ratschenitsa (Tanzen, während man sich an den Händen hält), man weiß nicht, warum. Eigentlich spielten beim Ratschenitsa Tanzen Paare gegeneinander und hielten nicht Händchen. Dann kam ein besonderer Tanz, der sehr stolz mit Würde und Anmut getanzt wurde. Der Takt war seltsam, eins-zwei-drei, eins-zwei-drei-vier... Es herrschte der Glauben, dass die thrakischen Päonen[259], die bulgarischen Vorfahren, mit Liedern und Musik in den Kampf zogen. Mit gleichmäßigen Schlägen konnten ihre Gegner den Rhythmus der Schläge leicht erfassen. Einer ihrer Herrscher erfand jedoch die ungleichmäßigen Schläge, und von da an gewannen sie ihre Kämpfe. Die Soldaten übten immer noch den Päonenkampf, wie er auferlegt wurde, wenn sie völlig erschöpft waren und die Pferde in Kampf getötet wurden. Es bildeten sich zwei Reihen Soldaten. Die vordere – kämpfende, und die hintere - ruhende Männer, die geschützt hinter deren Schilden knieten. Die Erfahrenen wussten sogar, wie man so schläft und vertrauten ganz auf ihre Kameraden. Dann

---

[259] Peja heist auf Bulgarisch singen.

wechselten sie. So zogen sie sich auch ohne Pferde zurück und gaben nur wenige Opfer.

Das fröhliche Treiben dauerte bis zur dritten Nachtwache.

Die Hochzeit fand zwei Monate später statt, da es der Vorbereitung und Zeit bedurfte, um die inneren und äußeren Bojaren sowie die Herrscher benachbarter befreundeter Länder oder jeweils deren Vertreter einzuladen. Im Jahr 610 war Heraclius Kaiser geworden und Kubrat schickte ihm ein besonderes Geschenk: Hengste zur Zucht von Pferden, die von Geburt an Ravan (gleichmäßig) laufen können. Heraclius war froh, dass Kubrat als Knyaz von Gottesgnaden seinen Sinn für Humor nicht verloren hatte. Heraclius schickte ihm wie vereinbart eine riesige Summe in Gold für den Krieg gegen die Awaren, die als Hochzeitsgeschenk getarnt wurde, um die awarischen Spione am Hof nicht zu verärgern. Er schickte ihm auch eine Reihe von Sportgeräten, die im Zehnkampf benötigt werden: einen Diskus, einen Speer usw., um ihn an das "Vergnügen" der morgendlichen Läufe zu erinnern.

Besuch in Konstantinopel

Im Jahr 613 kam ein Schiff, um eine offizielle Einladung von Heraclius an Kubrat zu überbringen, der Königsstadt Konstantinopel einen Freundschaftsbesuch abzustatten. Kubrat war sehr mit den Kriegen mit den Awaren beschäftigt und konnte das Land nicht verlassen. Da kam ihm der Gedanke, dass es für seinen polytheistischen Staat gut wäre, wenn der Bogolober[260] und die ihm unterstellten Priester zum Christentum konvertieren würden. Damit hätte er de facto einen obersten christlichen Bischof in seinem Land. Er lud seinen Onkel Jurgana ein und legte ihm seine Pläne vor. Jurgana war schon sehr alt, hatte viel gesehen und verstand Kubrats Argumente. In Pannonien hat er keinen Fuß gesetzt, aber in Konstantinopel - warum nicht.

Jurganas Besuch in Konstantinopel war glamourös. Heraclius empfing Jurgana freudig. Bei der ersten Protokollbesprechung erkundigte er sich stundenlang nach Kubrat, nach allem, was ihn umgab, danach, ob das Gelöbnis, das er abgelegt hatte, noch gelte. Über die Vorbereitungen in Berzitia zum Krieg mit Persien, über die Stärke der Türken usw. Jurgana versicherte ihm mit all seiner Autorität, dass die Politik Groß Bulgariens unveränderlich sei und dass Vorbereitungen im Gange seien, den Awaren einen erheblichen Schlag zu versetzen, und dass der Bruder des Knyaz von Gottesgnaden persönlich an der Spitze dieser Sache stehe. Ohne etwas zu verschweigen, erzählte Jurgana ihm, dass die Ratsherren der Meinung waren, dass die Anhäufung von materiellen Ressourcen und Männern noch nicht für einen sicheren Sieg ausreichte und dass es mehrere Jahre dauern würde, bis sie den Awaren das Genick brechen konnten. Die zweite Protokoll-Audienz endete in der Hagia Sophia. Jurgan wurde von Sergius von Konstantinopel getauft. Die römischen Fürsten adoptierten die hunnischen Fürsten durch die göttliche Taufe. Heraclius gab ihnen königliche Geschenke und Würden.

---

[260] Hohepriester.

Er ehrte Jurgana mit der Würde eines Patriziers und einem goldenen Schwert, wie es Kubrat damals erhalten hatte.

Jurganas Diener hielten Augen und Ohren auf in Konstantinopel. Sie erfuhren eine Reihe von Details über das Palastleben und die Behandlung der Araber und Perser durch Byzanz.

Eine unerhörte Gemeinheit

Es war das Jahr 619. Bat Bayan saß im ersten Ring seiner Hauptstadt und besprach mit seinen Wojewoden die allgemeine Situation. Slawen wieder in seine Abhängigkeit zu bringen, war zuvor kein Problem, weil er sie bei Problemen sofort mit massiver Gewalt wieder auf den "geraden Weg" zurückbrachte. Da er jedoch Boris tötete, erhielt er keine Truppen von Großbulgarien und den Kozaren. Auch die Bulgaren in Illyricum verweigerten ihm sehr oft ihre Unterstützung. Jetzt konnte er nicht die awarische Armee aufstellen und nach Adria oder Konstantinopel gehen und die Bulgaren gegen die Franken zurücklassen, oder umgekehrt die Bulgaren gegen die Franken kämpfen lassen und sich mit den Awaren um die inneren Angelegenheiten kümmern. Und er wollte mit Konstantinopel ein für alle Mal fertig sein. Bat Bayan war nicht verrückt und wusste genau, dass er diese Aufgabe ohne Ressourcen nicht lösen konnte. Deshalb entschied er sich für eine unerhörte Gemeinheit. Er schickte Gesandte zu Heraclius, um einen Friedensvertrag zu schließen. Heraclius war überglücklich, antwortete mit Geschenken und schickte den Patrizier Anastasius und den Quästor Cosmas, um ihm

ihre Zustimmung zu übermitteln. Bat Bayan zeigte scheinbar freundliche Gefühle, sprach schmeichelnde und verlo-
ckende Worte zu ihnen und täuschte sie, er sei ein Freund
der Römer. Er versprach, zum Kaiser zu kommen, um einen Vertrag zu schließen. Die Boten kehrten zurück und
berichteten dem Kaiser von seinem Wohlwollen. Der Kaiser war wiederum überglücklich und beschloss, sich mit
ihm in der Stadt Heraklea zu treffen, wie es von den Botschaftern vereinbart worden war. Er schickte Theater-
Equipagen vor und bereitete alles Notwendige für die
Durchführung von Reiterwettbewerben beim Empfang
vor. Er kam nach Silymbria in seinen prächtigsten Gewändern. Auch sein Gefolge glänzte mit Gold und Silber. Dort
schlug er sein Lager auf. Nach drei Tagen erreichte Bat
Bayan mit einem großen Heer von Awaren die Stadt Heraklea. Er wählte die tapfersten und kriegerischsten der a-
warischen Reiter aus und schickte sie in die Wildnis rund
um die Lange Mauer. Er verstreute sie und stationierte sie
heimlich in den bewaldeten Stellen der dortigen Berge, damit sie dem Kaiser in den Rücken fallen, ihn und seine
Leute umzingeln und leicht überwältigen konnten. Am
festgesetzten Tag kam Heraclius' Gefolge aus dem Lager
und machte sich auf den Weg zur Tribüne. Heraclius aber
bemerkte die ungewöhnliche Unruhe am ganzen Horizont,
und die Schwertkämpfer berichteten ihm, dass die Awaren
in voller Kampfbereitschaft auf sie zusteuerten. Heraclius
verfiel zum ersten Mal in kindlichen Schrecken. „Was bin
ich doch für ein Narr!" Er wusste, dass die Jungfrau ihn
nicht retten würde, und befahl, einen der Armen zu entklei-
den, warf seine purpurroten Gewänder ab und zog sich
seine erbärmliche und armselige Kleidung an, um für

diejenigen, die ihm begegnen könnten, wie ein einfacher Bürger auszusehen, warf die königliche Krone auf seinen Arm und stürzte sich auf sein Pferd und galoppierte schamhaft auf Anastasius' Mauer zu. Sie hatten das große Glück, dass die Awaren sich zuerst dem Gefolge und den reichen Besuchern widmeten. Als sie sahen, dass Heraclius nicht da war, ärgerten sie sich und begannen, ihn wütend zu verfolgen. Sie kamen auf dem Feld vor der Hauptstadt an, das Evdomon genannt wird. Dies ist ein Ort an einer Säule, die sieben Meilen von der Stadt entfernt, auf halbem Weg nach Regium, am Ufer des Propontus, liegt. Bayan befahl ihnen, dort zu lagern. In der nächsten Woche zerstreuten sie sich bis zur Brücke des Barbis-Flusses, am Nordufer des Goldenen Horns. Sie plünderten den Ort erbittert und massakrierten die römische Bevölkerung ohne Gnade. Sie beschlagnahmten das königliche Gewand und edle Kleider, dann die Theaterausrüstung und ergriffen alle, die sie trugen. Die Gesamtzahl der Gefangenen erreichte 270.000 Männer und Frauen. So berichteten übereinstimmend einige, die entkommen waren. Sie brachten alle Gefangenen, zusammen mit den geplünderten Sachen über die Donau, ohne dass sich ihnen jemand widersetzte. Es war eine schreckliche Schande. Valerius wagte es, im Senat offen gegen Heraclius zu sprechen und es gab viele Patrizier, die Heraclius für einen Narren hielten, weil er die thrakischen Legionen nicht an den Ort des Geschehens gebracht und keine gründliche Erkundung vorgenommen hatte. Er war auch wütend, da sie Recht hatten!

In jenen Jahren ging auch eine große Bedrohung von den Persern aus, und obwohl Kubrat ihm meldete, dass er für die Operation gegen sie bereit sei, musste er auch

Truppen aus Europa freilassen, um sich den Persern entgegenzustellen.

In der Zwischenzeit hatte er Evdokia geheiratet. Ihnen wurde ein Sohn geboren, den sie nach dem großen Konstantin benannten. Es stellte sich heraus, dass der Klatsch, den er zuvor ignoriert hatte, wahr war. Evdokia war eine sehr süße und attraktive Frau, aber sie benahm sich bei jedem so, dass jeder dachte, sie sei mehr als seine beste Freundin. Sie war natürlich eine kluge Frau und wählte ihre Liebhaber. Und ihr Auftreten und ihre Intelligenz verschafften ihr ein breites Netzwerk an Freunden. Heraclius blieb nicht hinterher und unterhielt mehrere Konkubinen. Evdokia war auch mit ihnen befreundet. Mit der schönen Geten-Frau Thiodogota hatte er einen Sohn, Johannes, dem die Geten auch den glorreichen Namen Atalarich gegeben hatten. Im Jahr 622 beschloss Heraclius, mit den Awaren Frieden zu schließen, schickte ihnen Geschenke, versprach ihnen 200.000 weitere Nomismen, versprach, ihnen den kleinen Johannes als Geisel zu geben, das Kind seiner Schwester Maria, das Kind des Evtropius, das Kind des Patriziers Bonos von einer seiner Konkubinen, das ebenfalls Johannes hieß. Aufgrund der Kriege plagten Hungersnöte den römischen Staat, und ansteckende tödliche Krankheiten vernichteten die Menschen. Um die Steuer an die Awaren zu bezahlen, befahl Heraclius, die Kirchenschätze zu verkaufen. Patriarch Sergius war dagegen, aber Heraclius erklärte ihm, dass Jesus ein armes Leben geführt hatte und dass die Kirche kein Gold brauchte, um sein Leben zu preisen und ein Beispiel zu geben.

Heraclius zog dann über den Euxinischen Pontus und durch Lysika nach Persien. Zur gleichen Zeit machte sich ein Heer von 20.000 Sibirern und Evthaliten, persönlich geführt von Kubrat, auf den Weg zum Derbent-Pass.

Der erste Schlag gegen die Awaren

Sabina und Kubrat hatten fünf Söhne, der erste - Boyan wurde 610 geboren, der zweite - Kotrag 611, der dritte - Asparuh - 612, der vierte Kuber 620. Altiok wurde im Jahr 622 geboren.

Königinnen, die keine Jungen zur Welt brachten, waren die unglücklichsten Frauen der Welt. Sabina jedoch war die glücklichste Frau auf Erden!

Die Vorbereitungen für den Krieg in Pannonien nahmen viel Zeit in Anspruch, aber es hat sich gelohnt. Es wurde eine neue Armee ausgerüstet und ausgebildet, in der sie Bulgaren aus der Walachei, Ugrier und viele Slawen durch einen Vertrag mobilisierten. Sie stimmten bereitwillig zu, weil sie wussten, dass sie ihren Mitmenschen zu Hilfe kommen würden. Trotzdem schloss Kubrat Verträge mit deren Älteren. Im Frühjahr 623 besetzten Spähtrupps, die von den Kindern seines Bruders angeführt wurden, die ugorischen Pässe der Karpaten. Die Awaren waren im Frieden mit Byzanz und erwarteten am wenigsten einen Schlag oder eine Revolte. Kundschafter teilten den Slawen in Böhmen mit, dass der lang ersehnte Augenblick gekommen sei, und befahlen ihnen, unter dem Vorwand, die Jugend auszubilden, diese in Militärlagern zu sammeln und zu bewaffnen. Diese Praxis erregte bei den Awaren kein Misstrauen.

Alle Bojaren von Kubrat wussten, dass bereits 469 von Gottesgnade Knyaz Kean der Große, der Großvater von Salan, mit der Zustimmung von Anastasius aus Großbulgarien nach Dakien gekommen war. Im Jahre 505, nachdem die Bulgaren Sirmium verloren hatten, besiedelten sie massiv das Land zwischen der Theiß und der Donau bis zu den Grenzen der Ruthenen, also der Kiewer Slawen, und der Polonier. Das Land zwischen der Theiß und dem Wald von Igfon, dem Gebirgszug von Bihor in Westsiebenbürgen, das in Richtung Erdevelu liegt, vom Fluss Morus bis zum Fluss Zomus, wurde damals von dem Bojaren Morut besetzt. Dieses Land war von den Kosaken bewohnt worden, bevor einige von ihnen zur Mündung des Athil am Kaspischen Meer aufbrachen. Und das Land zwischen dem Fluss Morut bis zur Festung Ursua hatten die Bulgaren mit Hilfe des Kuman-Häuptlings Glad besetzt, der von Bodin an die Donau gekommen war, aus dessen Geschlecht Ochtum stammte. Ein bayerischer Geograph hätte damals festgehalten: "...Bulgarien ist ein weites Gebiet mit einem zahlreichen Volk und hat fünf Festungen. Wegen ihrer großen Zahl brauchen die Bulgaren keine Festungen, um sich zu verteidigen."

Mit dem Gold des Heraklius' kaufte Kubrat Viehherden, die die Kumanen zur Versorgung des Heeres bereitstellten. So verlief die Bewegung der Kavallerie durch dieses Gebiet reibungslos. Nach zwei Wochen überquerte die bulgarische Kavallerie die Theiß und erreichte die böhmische Morava. Die Slawen schlossen sich als Ganzes den Bulgaren für zwei Tage an. Als Bayan Boten schickte, um die Slawen zu mobilisieren, fanden sie nur alte Männer, Frauen und Kinder in ihren Dörfern. Sie hätten Boris nicht töten sollen, sagten ihm die Generäle. „Jetzt bleibt uns nichts anderes übrig, als Böhmen abzutreten, damit wir das Gebiet zwischen Drau und Save und der unteren Donau und Oberpannonien halten können. Hoffen wir, dass die Franken nicht verstehen, dass die Slawen nicht mehr in unserer Armee sind." Die fränkischen Könige befanden sich in einem internen Krieg und hatten keinen Erfolg, aber ihre Kaufleute dachten, dass es nun sicher sei, zu den Slawen zu gehen und mit allem zu handeln und schwärmten wie Heuschrecken aus. Ihre Kaufleute verstanden, dass die Bulgaren das Gebiet kontrollierten, und die Bulgaren taten alles, um den Handel am Laufen zu halten.

Kubrats Bruder Samuel war ein umsichtiger General. Er veranlasste seine Berater, die Daten an die Späher zu melden und über mögliche Verluste zu berichten. Mit solchen Überlegungen kam er zu dem Schluss, den Kampf aufzunehmen oder zu vermeiden. Während der Schlachten traten slawische und bulgarische Einheiten immer gleichzeitig ins Gefecht; dies war Kubrats ausdrücklicher Befehl. Kubrat wollte bei den Slawen nicht das alte Gefühl wecken, dass "... die Bulgaren keine besseren Herren sind als die Awaren, und sie versuchen uns zuerst zu schwächen, indem sie uns zuerst in die Schlacht schicken...". Die Slawen erwiesen sich als ausgezeichnete Soldaten und gehorchten diesmal dem allgemeinen Plan. Das war etwas, was bei den wiederholten Belagerungen von Konstantinopel und Thessaloniki nie passiert ist. Im Allgemeinen waren die böhmischen Slawen von allen Slawen auf der Erde in ihrer Entwicklung am weitesten fortgeschritten und begriffen die Vorteile komplexer und geplanter Aktionen perfekt. Samuel war sich bewusst, dass man dieses Volk zu einem Freund und Verbündeten machen sollte, und nicht zu einem Steuerzahler. Sie gewannen jede der vier Schlachten, bis sie Aquae Collide erreichten. Dort waren die Dinge etwas komplizierter. Man muss wissen, wie der "Ring" der Awaren eingerichtet wurde, ihre Hauptfestung, wo sie auch die Schätze aus dem geplünderten europäischen Byzanz aufbewahrten. Ein Mönch aus dem Kloster Sengal, der dort gewesen war, bewahrte der Nachwelt die Beschreibung der Awaren-Zitadelle: "...So breit war ein Gürtel, das heißt, so viel Raum umfasste sie, wie der Raum von Zürich bis Konstanz, und so war sie aus Eichen-, Buchen- und Kiefernstämmen gebaut, dass sie sich von einer Seite zur anderen 20 Schritte in der Breite (5,914 m) erstreckte und auf die gleiche Höhe stieg. Und der ganze Raum im Inneren war mit den härtesten Steinen oder zäher Lehm gefüllt. Die Oberfläche dieser Böschungen wurde dann vollständig mit Torf bedeckt. Zwischen den Rasenflächen waren Bäume gepflanzt, die, wie wir sehen konnten, an der Spitze abgeschnitten, zur Seite fallen gelassen wurden und so ihre Äste und Laub abgeschnitten werden könnten. Und so wurden zwischen diesen Befestigungen ihre Siedlungen und Gutshöfe so platziert, dass von einem zum anderen eine menschliche Stimme zu hören war. Und gegenüber diesen Gebäuden auf jenen uneinnehmbaren Mauern waren kleine breite Tore, durch die sie gewöhnlich zum Plündern herauskamen, nicht nur durch den äußeren, sondern auch durch den inneren Gürtel. Auch vom zweiten Gürtel, der ähnlich wie der erste aufgebaut war, bis zum dritten waren es 10 teutonische Meilen, was 40 italienischen Meilen (59,12 km) entspricht. Zwischen den anderen Ringen war der gleiche Abstand wie beim neunten Ring, obwohl die Dicke der Ringmauern kleiner war. Und von Ring zu Ring waren ihre Herrschaftsgebiete und Wohnstätten ringsum so gebaut, dass jedes Signal der Trompeten zwischen ihnen gehört werden konnte. In diesen Befestigungen häuften sie jahrelang alle möglichen Reichtümer aus allen westlichen Ländern an, und sowohl Goten als auch Vandalen den Frieden der Menschen störten, verwüsteten sie das Abendland fast vollständig."

Die Awaren taten mehrmals, was die Franken als Hexerei bezeichneten. Sie trieben riesige Bisonherden von einem Ort zum anderen und versuchten, durch Samuels Lager zu kommen. Nach ihnen flogen die Bogenschützen auf schnellen Pferden und beendeten, was nicht zertreten wurde. Und dann wieder zurück. Die bulgarische Kavallerie wich dem Schlag leicht aus, da die Pferde selbst das Rumpeln der wütenden Herden schon von weitem spüren konnten. Doch für die Fußslawen war dies katastrophal. Einer der engsten Mitarbeiter von Kubrat, Again, starb ebenfalls in dieser Schlacht.

Samuel schickte Boten zu Bayan und teilte ihm mit, dass alle die erreichten Grenzen für sich behalten würden und dass er den Krieg mit Bat Bayan beende. Er schickte ihm ein Geschenk, von dem er wusste, dass es ihn berühren würde: 12 Jagdfalken aus Berzitia. Es war tatsächlich ein königliches Geschenk, das Bayan an seine alte Heimat erinnerte. Bayan spürte immer, wer der Stärkere war und wich gerade noch rechtzeitig zurück, um zum Leben zu erwachen.

Samuel lebte inmitten der großen Verehrung der Slawen. Sie benannten ihre Berge nach seinen Söhnen, Tatra, Banat.... Er bot ihnen an, ihren eigenen Herrscher aufzustellen, aber alle waren sich einig, dass er sie regieren sollte. Samuel war nicht wie Kubrat, er war ein Anbeter der Sonne und des Feuers. Er hatte 12 wendische[261] Ehefrauen, die ihm 22 Söhne und 15 Töchter gebaren. Ein Bulgare in fränkischen Diensten, namens Fredegar Bolgar, hat dieses Ereignis in seiner Chronik vermerkt. Der neue Staat nannte sich Duloba, weil er ebenfalls aus der Familie der Dulo stammte. Kubrat befahl ihm, zurückzukehren, aber er widersetzte sich ihm zum ersten Mal und kehrte nicht zurück. Nachdem er eine slawische Armee organisiert hatte, schickte er die berzitische Kavallerie zurück, um nicht in einen Krieg mit dem von Gottesgnade Knyaz zu geraten. Die Reiter kehrten zurück, und es gab ein großes Volksfest zu ihren Ehren. Die Frauen waren froh, ihre Väter und Ehemänner lebend zu sehen. Viele von ihnen kamen mit Beute nach Hause. Viele der jungen Männer brachten slawische Ehefrauen mit und lebten mit ihnen zusammen. Diese Menschen liebten Samuel. Sie nannten ihn liebevoll Samu. Aus diesem Grund und aus brüderlichem Gefühl heraus wollte Kubrat seinen Bruder nicht dafür bestrafen, dass er seinen Befehl nicht befolgte. Keiner der Bojaren sprach die Sache an, denn auch sie sahen, dass Kubrat sich diesmal als großer Staatsmann zeigte.

Kubrat adoptierte die beiden Jungen von Again, vertraute ihnen das Kommando ihres Vaters an und schickte sie zusammen mit seinem Sohn Altzek nach Singidunum,

---

[261] Wenden=Veneten=Slawen

um Kubers Einmarsch in das Awarengebiet nach dem Tod von Bat Bayan vorzubereiten. Bayan war alt, Kubrat ahnte, dass dies bald geschehen könnte und wollte den Moment nutzen. Er wies Altzek an, Kontakt zu den Bulgaren in Illyricum zu halten und sich mit ihnen abzustimmen.

Und so war die Gefahr für Bulgarien aus dem Westen beseitigt. Kubrat bildete eine neue Armee, nahm die erfahrensten Rückkehrer aus Böhmen und marschierte an die Wolga. Es gab eine große Anzahl von Türken, die hier und dort verstreut waren und den Bulgaren schadeten. Zum Glück kämpften sie auch untereinander. Sein Ziel war es, diese Meinungsverschiedenheit auszunutzen und diejenigen, die sich nicht mit ihm versöhnten, über die Wolga zu vertreiben, woher sie gekommen waren. Der Feldzug verlief gut, und durch kleine Feindseligkeiten erreichte er sein Ziel. Dann begab er sich zum Unterlauf der Wolga und marschierte von ihrer Mündung in Richtung Berzitia. Als er den Derbent-Pass erreichte, gab es keine Gebiete mehr, die nicht von Bulgaren kontrolliert wurden. So lebte man von der Donau bis zur Wolga, von der Stadt Banja, die die Griechen Phanagoria nannten, bis zum Hauptlager von Horisdan, auch Batavil[262] genannt, also der Hauptresidenz des Herrschers, in Frieden. Kubrat fand immer Zeit, in den Hauptresidenzen Tiganak und Balthavar und dem zwei Tagesreisen entfernten Ort, an dem Jurgana begraben ist, Halt zu machen. Dies war auf halbem Weg zwischen dem Schwarzen Meer und dem Baltischen Meer. Wann immer er zum Andenken ging, befahl er seinen Höflingen: Wenn er stirbt, sollte auch er in der Familiengruft begraben

---

[262] Heute die Stadt Poltava.

werden, in der Jurgana lag. Mögen sein goldenes Schwert und seine Siegel mit ihm sein[263].

Es war das Jahr 623.

Im Jahr 664 gelang es den Franken, Samuel, den Bruder von Kubrat, zu besiegen, und er kehrte nach Großbulgarien zurück. Das Territorium von Duloba zerfiel in zahlreiche Fürstentümer, die von Bulgaren, Franken und Awaren kontrolliert wurden.

Der Triumph des Heraclius

Die Briefe von Kubrat kamen ständig. Der Logothete des Dromes[264], hatte eine ständige Post von Pantikapea nach Konstantinopel organisiert. Handelsschiffe wurden eingesetzt und verließen die Häfen jeden Tag in beide Richtungen. Die Operation von Kubrat in Böhmen war eine große Freude für Heraklius. Es zeigte seine unzerbrechliche Freundschaft mit den Kutriguren.

Im Jahr 625 kamen Boten der Euthaliten aus Hyrkanien und Spione vom Hof Bayans und brachten Kubrat die Nachricht, dass Bayan tot sei, dass der persische König mit seinem Nachfolger einen Vertrag für einen gemeinsamen Angriff auf Konstantinopel schließe. Sein Befehlshaber Sarvaraz würde von Asien aus angreifen, und die Awaren, Bulgaren, Slawen und Gepiden würden von Westen her angreifen.

Dies war nicht unerwartet. Bayan war der klügste Mann, den die Awaren je hatten, und er selbst plante diesen

---

[263] Wie das Schwert, auch die drei Siegel sind heute in der Ermitage in St. Peterburg.
[264] Postminister.

Zug - einen koordinierten Angriff auf Konstantinopel von Asien und Europa aus. Nur war es ihm nicht bestimmt, das Ergebnis zu sehen.

Heraclius schlenderte am Abend auf dem Balkon seines Palastes. Es waren viele Menschen in der Halle. Seine Brüder waren gekommen, und seine Cousine Martina, nach der er ein immer stärkeres Verlangen verspürte. Aber jetzt waren seine Gedanken ganz woanders. Den ganzen Tag lang hatte er Gesandte empfangen, mit Ministern gesprochen... Der Sprössling von Bayan, wie ihn ein byzantinischer Dichter nannte, lockte noch immer Bulgaren von außerhalb Groß-Bulgariens an, um seine Absichten zu verwirklichen. Wie sollte er diese Bulgaren von den Awaren loslösen? Der Logikunterricht in der Schule hat geholfen. Er warf Optionen aus, richtig oder falsch, und begann, ihre Vor- und Nachteile zu diskutieren. Am Ende gab es nur eines: Verträge mit den den Awaren unterworfenen Bulgaren und mit den abhängigen Bulgaren in Europa zu schließen, nach denen sie sich im entscheidenden Moment des Angriffs auf Konstantinopel zurückziehen würden. Im Gegenzug würde Heraclius ihnen durch einen Vertrag die Unabhängigkeit von Byzanz garantieren. Dies würde sie nicht den Awaren ausliefern, wie es geschehen wäre, wenn sie offen revoltiert hätten. Viele sahen in diesem Schritt eine Verzweiflungstat, aber es war nicht das erste Mal, dass sich das Reich zurückziehen musste, um wieder aufleben zu lassen und dann wiederzugewinnen, was es verloren hatte. Sie hatten ohnehin aufgehört, Steuern von den Bulgaren zu erheben.

Die Gesandten des Awaren-Untertanen Bulgaren reisten ab. Bevor er die Antwort abwartete, überprüfte

Heraclius die Truppen in Adrianopolis, teilte sie in drei Teile ein: Einen schickte er zur Bewachung der Hauptstadt. Einen zweiten Teil übergab er an seinen Bruder Theodor und befahl ihm, gegen Schahin zu kämpfen. Es stellte sich heraus, dass Schahin die Rekruten anführte, und als er mit Theodor konfrontiert wurde, gewann Theodor den Kampf. Mit der dritten Einheit bereitete sich Heraclius persönlich auf den Marsch auf Lasika vor. Er berief Patriarch Sergius und die Archonten formell in den Palast und den Rest des Volkes auf das Hippodrom vor dem Palast. Sie gingen auf den Balkon hinaus, und Heraclius übergab ihnen seine Kinder, Evdokia und Konstantin, und übergab die Herrschaft an den Patrizier Bonos. Am nächsten Tag brach er durch den Euxinischen Pontus und Lasica nach Persien auf.

Es war das Jahr 622.

Der alte Plan wurde endlich gestartet. Kubrat rückte bis zum Derbent-Pass vor und engagierte ein großes Heer von Persern gegen sich. Die andere Armee von Schahin wurde von Todor liquidiert. Als der persische König Horzoi davon erfuhr, wurde er wütend gegen Schahin. Und Schahin wurde krank vor Verzweiflung und starb. Für den Marsch nach Konstantinopel waren also nur noch sehr wenige Soldaten für Sariarav übrig - nicht mehr als 3.000.

Bayans Nachfolger jedoch erreichte Konstantinopel mit 30.000 Soldaten und verkündete den Bürgern hochmütig, "nur ihr Leben zu nehmen" und die Stadt zu verlassen, wie Bayan es einst bei der Einnahme von Sirmium erklärt hatte. Die Awaren und Bulgaren hatten Belagerungsmaschinen aufgestellt, Gräben um die Mauern gegraben und führten einen Angriffskrieg, um Teile der Mauer zu erobern und in die Stadt einzudringen. Am asiatischen Ufer kam Sariarav nach drei Tagen mit 3.000 Persern an. Eigentlich war es für den Krieg bedeutungslos - sie hatten keine Schiffe, um den Bosporus zu überqueren. Es waren 12.000 reguläre Armee in der Stadt, Armenier und nicht weniger als eine halbe Million Menschen. Die Lagerhallen waren voll mit Lebensmitteln. Die Industrie der Stadt funktionierte. Die Seeverbindungen wurden nicht gekappt. Das große Problem war die Seuche, die seit zehn Jahren wütete. Slawen fuhren mit unzähligen Booten auf die Flüsse Struma, Mesta, Evros und versuchten, über das Goldene Horn die Mauern zu durchbrechen. Dies war natürlich kein Problem für die Schlachtschiffe der Stadt und die Slawen wurden nach vielen Verlusten zurückgeschlagen. Nachdem sich die Slawen zurückgezogen hatten, geschah das Wunder: Die bulgarischen Truppen zogen sich ebenfalls zurück! Der Kern der Awaren waren 7.000 und sie eilten durch die bulgarischen Gebiete nach Illyricum, bevor ihr Weg gesperrt wurde. Bevor er abreiste, traf sich der Khagan mit Bonos und wollte mit ihm über den Frieden verhandeln. Bonos aber wusste, dass sich die Machtverhältnisse geändert hatten, und teilte ihm mit unverhohlener Schadenfreude mit, dass Heraclius' Bruder mit seinem Heer nach Hause gehe, wodurch Bonos' Recht zu verhandeln nicht mehr bestehe, und dass Heraclius, da er bald zurück sei, "ihm folgen werde, um Bedingungen zu vereinbaren."

Patriarch Sergius, das Oberhaupt der Verteidigung, hatte angeordnet, die große Ikone der Jungfrau Maria aus der Sophienkirche zu entfernen. Während der Kämpfe war sie an den Zacken der Festungsmauern entlang getragen worden, und die Bürger von Konstantinopel dachten, dass die Mutter Gottes sie auch diesmal gerettet hatte. Nein, die Vereinbarung zwischen Kubrat und Heraclius hat sie gerettet!

Viele Jahre später würde ein Kaiser und Philosoph namens Konstantin Porphirogennitos in seiner Chronik schreiben: "Die Bulgaren wurden unter Heraclius unabhängig!"

In Ohrid wird seit vielen Jahren das Jahr 622 mit einem feierlichen Gottesdienst als das Jahr der Unabhängigkeit des Balkanbulgariens gefeiert. Dies wurde immer mit dem Fest des Heiligen Georgs, am fünften Mai, kombiniert. In ganz Illyricum brachten die Menschen morgens gebratene Lämmer in die Öfen, bestrichen mit Schmalz, gesalzen und mit frischen Zwiebeln. Die Reicheren - ganze Lämmer, die Ärmeren - Schultern, aber für alle, für alle Familien, ist dies der heiligste Feiertag. Die Bäcker stehen nach den ersten Hähnen auf und fangen an, den Ofen füllen. Wenn der Ofen voll ist, versigelt der Becker den Deckelrand mit Schlamm. Gegen Mittag kommen die Leute, um ihre Tabletts zu holen, der Duft von Lammbraten zieht durch die Straßen, Hunde laufen den Männern, die die Tabletts tragen, schwanzwedelnd und jubelnd hinterher. Die ganze Welt jubelt. Nach dem Mittagessen sammeln sich alle auf dem Stadtplatz, oder, wie die Kosaren und Kutriguren ihn nennen, dem Maidan. Sie spielen, singen und tanzen bis Mitternacht.

Drei Jahre später, im Jahre 625, bewaffnete Heraclius einen seiner Patrizier namens Andreas, einen weisen und begabten Mann, und schickte ihn zu den Hunnen von Kubrat, wobei er ihnen große und unermessliche

Schätze versprach: "Streckt nur eure Hand zu mir aus für diese große Rache, und ich werde mich verpflichten, die Gier der goldliebenden Völker der Langhaarigen mit grausamen Gewohnheiten zu sättigen". Die armenischen Historiker notierten dieses Ereignis in der Geschichte von Aluank, so nannten sie das kaukasische Albanien.

Bereits 622 kam eine Streitmacht von Türken nach Lazika, von denen einige Kubrat fürchteten. Sie nannten ihn den nördlichen Herrscher. Heraclius beschloss, sie für den Krieg mit Persien anzuwerben und schloss mit ihnen in Tiflis einen Vertrag. Kubrat hatte in Berzitia den äußere Bojaren Djebu als seinen Vizekönig zurückgelassen. Djebu schickte Botschafter nach Konstantinopel, um einen Vertrag mit Heraclius zu schließen, und begann dann einen Krieg mit Persien, wobei er die Armee seinem Sohn Zeevil übergab, der der Neffe des "Königs des Nordens", d.h. von Kubrat, war. Die verbündeten Truppen eroberten 628 die Festung Derbent und dann Tiflis. Heraclius verließ die Belagerung von Tiflis frühzeitig und kämpfte erfolgreich gegen Horsoi II. weiter. Die Marzapaner in Persien waren mit der Politik Horsois äußerst unzufrieden, was zur Ermordung Horsois durch seine Verwandten und zur Nachfolge durch seinen Sohn führte. Sein Sohn schloss schließlich Frieden mit Byzanz. Der lang ersehnte Sieg hatte jedoch unangenehme Folgen für seinen Freund Kubrat. Die Türken in der Armee marschierten zusammen mit den Bulgaren in Persien ein, und ihre Macht in Berzitia wuchs. Wenig später verheiratete Heraclius seine Tochter Evdokia mit dem türkischen Khagan Ton-yabgu. Dies machte Ton-yabgu so sehr hochmutig, dass er begann, die Steuern für sich zu behalten und sie nicht an die Staatskasse abzuführen. Der Großvater von Ton-yabgu war der bulgarische Bojar Kul-bagatur aus der königlichen Familie von Dulo, und er hielt es für sein Recht, sich von Kubrat zu lösen. Kubrat befahl daraufhin, ihn zu töten, sagte aber den äußeren Bojaren, dass jeder persönlich mit seinem Leben dafür verantwortlich sei, wenn Augustina, der Tochter des Heraclius', ein Haar vom Kopf falle. Sie berieten sich und entschieden, dass dies ohne offene militärische Aktion passieren soll. Im Jahr 630 führten Verschwörer den Auftrag aus, als Evdokia zu einem Freundschaftsbesuch in Panticapaea war. Sie erlaubten Augustina, ihre Mitgift zu nehmen und sie nach Konstantinopel zurückzubringen.

Ein Patriarch von Konstantinopel notierte dieses Ereignis.

Nachdem er Augustina persönlich weggeschickt hatte, befahl Kubrat, seinen Sohn Boyan von dem Fluss Wolga zu ihm zu kommen.

„Boyan, deine Zeit ist gekommen. Du bist jetzt 20 Jahre alt. Übernimm in meinem Namen unsere Ländereien entlang der Flüsse Kama und Wolga und von Wolga Mündung, entlang der Küste des Kaspischen Meeres bis zum Derbent-Pass. Jurgana hat dich geliebt, und du bist oft mit ihm in diesen Ländern gewesen, du kennst die Menschen, ihre Sitten, die Quellen ihres Reichtums und ihre Schwächen. Wir brachten Truppen nach Europa, und die Uzen warteten darauf und schickten ständig Reiter zum Delta von Wolga, bis nach Berzitia. Es ist durchaus möglich, dass sie sich eines Tages so verstärken, dass sie Berzitia von Großbulgarien abschneiden. Was wir nicht verhindern können, müssen wir für uns erträglich machen. Versuche, den Handel in diesen Ländern so zu organisieren, dass sie nicht ohneeinander profitieren können. So dass, selbst wenn ein neuer Staat entsteht, es immer noch Bulgaren in ihm geben wird, neben Türken, Juden, Persern und allen anderen. Und wenn einer gestärkt wird, soll der andere nicht untergehen. Solange ihr euere Aktionen mit Kuber und Asparuh koordiniert, gibt es keine Macht, die euch besiegen kann.

Kubrat kannte seine Kinder und sah in Boyan die Sanftheit von Sabinas Charakter. Er würde lieber verhandeln als kämpfen. Es ist eine hervorragende Eigenschaft, wenn niemand auf dein Leben aus ist und wenn es jemanden gibt, der dich beschützt. Aber das ist im Leben nicht immer so. Kubrat versank in seinen Gedanken. Boyan wartete auf ihn, dann standen sie beide auf, umarmten sich und gingen auseinander.

Bal Tzok

Endlich ist die Zeit für Bal Tzok, Kubrats Adoptivheld, gekommen, den Auftrag auszuführen. Er rief jedoch nicht die Bulgaren von Illyricum zu größerer Stärke zusammen, wie Kubrat es ihm befohlen hatte, sondern entschied, dass er Bayans Erben überrumpeln konnte. Mit ein paar Nachtmärschen näherte er sich Aquae Collide und passierte unbemerkt den ersten Ring der Verteidigung. Der junge Aware war unerfahren, aber es gab noch erfahrene Kriegsherren um ihn herum, und sie waren nicht einen Moment lang im Zweifel, auf wessen Seite sie bei diesem Putschversuch stehen sollten. Wenn die Bulgaren in Awaria an die Macht kämen, war nicht abzusehen, wer ihre

Privilegien behalten würde; schließlich hatte Bayan Boris nicht persönlich getötet, und Kubrat würde sich sicher an denen rächen, die ihre Hände mit dem Blut seines Vaters befleckt hatten. Die Überraschung misslang, im Ring waren die Awaren unschlagbar.

Es folgten mehrere Kämpfe und Bal Tzok war gezwungen zu fliehen. Am nächsten waren die Bayowaren an der Reihe. Auch sie waren Ogoren von dem Geschlecht War. Da sie aber am frühesten aus den Ausläufern des Kaukasus eingewandert waren, nannte man sie die alten War, d.h. die Bayo[265]-Wari. Sie sprachen auch Bulgarisch. Sie kamen mit den damaligen Truppen Attilas, und nachdem sie unter seinem Kommando bis zum Meer gekämpft hatten, ließ Attila sie am Fuße der Alpen, am Oberlauf der Donau und des Inns nieder. Sie waren ein sehr unabhängiges Volk, wie alle Bulgaren, und überlegten, wie sie sich aus den Fängen der Franken befreien könnten.

Am Ende setzten sich die Awaren durch. Bal Tzok kam mit 9.000 Bulgaren, zusammen mit ihren Frauen und Kindern, an die fränkische Grenze und appellierte an Dagobert, den Knyaz der Bayowaren, sie als Untertanen seines Staates zu akzeptieren. Dagobert befahl seinen Bayowaren, sie zum Überwintern aufzunehmen, während er mit den Franken beriet, wie es weitergehen sollte. Sie wurden zum Überwintern an die Häuser der Bayowaren verteilt. Die Franken aber dachten, dass die Bulgaren ihnen bei jedem bulgarischen Angriff helfen würden, und rieten Dagobert, sie zu töten. Dagobert hatte gerade alle Bayowaren in einem Staat organisiert und wollte den Franken nicht

---

[265] Bayo im Bulgarischen höfliche Anrede zum älteren Herrn oder Brüder.

widersprechen - sie waren zahlreich und das stärkste Volk im Westen. Er befahl den Seinen, in einer Nacht alle Bulgaren in deren Häuser samt ihren Frauen und Kindern zu töten. Diese wurde sofort ausgeführt. Es war ein schreckliches Massaker, an das sich die umliegenden Völker, vor allem die Slawen, noch jahrelang mit Abscheu erinnerten. Seinen Gast zu töten, war für die Slawen das größte Verbrechen. Und keiner von diesen Bulgaren blieb am Leben, außer Bal Tzok mit 700 Mann, zusammen mit ihren Frauen und Kindern. Sie machten sich auf den Weg über die Alpen und wurden in der Venetia Marka gerettet. Bal Tsok befreundete sich mit dem Herzog der Veneter, Waluk, und lebte in Venedig. Der fränkische Historiker Fredegar Bolgar hat dieses Ereignis aufgezeichnet. Bal Tzok wurde als Alzek notiert.

Es war das Jahr 632.

Bal Tzok ging zu seinen eigenen Leuten. Es gab schon vor vielen Jahren Bulgaren in Italien. Dann überließ der langobardische Herrscher Alboin seinen Freunden, den Bulgaren, sein eigenes Land in Pannonien, allerdings unter der Bedingung, dass die Langobarden, falls sie jemals gezwungen sein sollten, in ihre Heimat zurückzukehren, ihr altes Land wieder besetzen könnten. Die Langobarden verließen Pannonien und brachen mit Frauen, Kindern und Besitz nach Italien auf, um es zu erobern. Dies geschah zwischen 561 und 568. Alboin brachte eine Vielzahl von Menschen aus verschiedenen Stämmen, die von ihm oder von anderen Königen erobert worden waren, mit nach Italien. Deshalb wurden die Siedlungen, in denen sie lebten, im Jahr 632 Gepiden, Bulgaren, Sarmaten, Pannonier, Svevi, Norizi und mit anderen solchen Namen genannt. In diesen Jahren, 535-554, wurde Italien durch den Krieg zwischen Byzanz und den Ostgoten verwüstet. Die Pest hatte in Ligurien und Venedig so manches Volk vernichtet. Und obendrein waren diese Jahre nicht fruchtbar, und es gab eine schreckliche Hungersnot, die ganz Italien verwüstete. Der Oberbefehlshaber von Justinian I., Narzes, war damals in Italien, aber sein Sieg war bedeutungslos. Alboin brachte auch 20.000 sächsische Männer mit Frauen und Kindern nach Italien. In Oberitalien, das sie auch Lombardei zu nennen begann, vermischten sie sich mit anderen Völkern und viele von ihnen begannen eine neue Sprache zu sprechen. Die Italiener nannten ihre Sprache Tedesco, woraus die Germanen Deutsch gemacht haben.

Kubrat bestand jedoch darauf, dass der Sohn von Bal Tzok nach Großbulgarien zurückgebracht wurde und am Hof seines Großvaters aufwachsen sollte. Von Venetien über die Julianischen Alpen entlang der Drau und der Donau wurde der Junge nach Istrien an die Donaumündung gebracht. Von dort wurde er mit dem Schiff nach Panticapaea gebracht, sehr zur Freude von Kubrat und Sabina. Seltsamerweise hatten sie, getragen von unzähligen Sorgen, nie eine solche Zuneigung für ihre Kinder empfunden wie für dieses kleine Kerlchen. Enkelkinder sind die süßesten Geschöpfe, dachte Kubrat.

Die Nachricht vom gescheiterten Putsch holte Kubrat in Berzitia ein. Kubrat verließ den Rat, zog sich zurück und verbrachte drei Tage in Überlegung. Kuber trug die Züge von Kubrat; er war ein großer und stattlicher Mann, umsichtig und rücksichtsvoll. Er war eine Freude für Sabina und Kubrat. Für Kuber war es an der Zeit, die wichtigste Aufgabe Groß-Bulgariens in Angriff zu nehmen, die

Zerschlagung des Awarenreiches. Seit Jahren wurden Herden gekauft, Mobilisierungspläne mit den Bulgaren im Banat und entlang der Theiß ausgehandelt. Kubrat öffnete die Karten, die er aus Byzanz mitgebracht hatte, und befahl eindeutig, die Awaren zu vernichten und eine große Anzahl von Berziten und alle Bulgaren und Slawen, die während des Feldzuges von 619 in Pannonien vertrieben worden waren, in die folgenden römischen Provinzen zurückzubringen:

> ➢ Erstes oder oberes Mysien, das war das Becken des Flusses Morawa;
> ➢ Zweites oder unteres Mysien, das waren die Länder zwischen der Donau und dem Balkangebirge, Dobrudscha und dem Fluss Vit;
> ➢ Prewalitana oder Prewala, das waren die Ländereien bis zum Fluss Drina und ein Teil von Albanien;
> ➢ Rhodopen, das waren die Länder der Rhodopen, die Küste des Weißen Meeres zwischen den Flüssen Mesta und Maritza;
> ➢ Thrakien, das waren die Länder entlang des Mittellaufs des Flusses Maritza, mit den Städten Philippopolis und Beroea.

Als sie alles noch einmal überdacht hatten, sagte Kubrat:

„Und wenn du mit den Awaren fertig bist, schlage diese Hunde, die Bayowaren, und töte Dagobert."

Nur drei Jahre später wurde Dagobert von den Bulgaren von Illyricum auf dem Stadtplatz von Castra Regina vor aller Augen getötet. Das Blut der massakrierten bulgarischen Männer, Frauen, Kinder und alten Männer klebte noch an den Händen der Bayowaren. Kuber hatte ihnen befohlen, durch die Dörfer zu ziehen, in denen die Bulgaren massakriert worden waren, und alle ihre Habseligkeiten und ihr Vieh in das Untere Pannonien zu bringen. Kuber verbot auch den Handel zwischen Bulgaren und Bayowaren.

Seitdem haben sich die beiden verwandten Völker auseinandergelebt.

Die schöne Evdokia, Heraclius' Frau, starb an einer Krankheit, die die Ärzte nicht heilen konnten. Erst da erkannte Heraclius, dass sie ein wichtiger Teil seines Lebens war. Nach zwei Jahren beschloss er jedoch, seine Cousine Martina zu heiraten. Martina war seit ihrer Jugend eine noch schönere Frau geworden. Der Patriarch wollte sie nicht vermählen. Martina war in Wirklichkeit Heraclius' Nichte, die Tochter seiner Schwester, und ihre Ehe mit Heraclius war inzestuös und in den Augen des Klerus und der Öffentlichkeit illegal. Heraclius setzte seinen Willen durch. Ihnen wurde ein Junge geboren, den sie Heraklion, kleiner Heraclius, nannten. Im Jahr 641 starb Heraclius. Der Senat griff ein und entmachtete Martina zugunsten des Sohnes von Heraclius' erster Frau, Evdokia, Konstantin III. Er musste den Thron mit Heraklion teilen. Valentin, der Autorität im Volk hatte, krönte sie. Sowohl Konstantin als auch Heraklion hatten ein Interesse daran, ohne Martina zu regieren. Martina hatte jedoch eine Partei zu ihrem Schutz in Konstantinopel, die nicht stark genug war. Zu dieser Zeit war Kubrat persönlich mit einer Armee in Kappadokien. Um Martinas Interessen zu schützen, aber auch um sein Handeln zu legitimieren, beschloss er, Martina einen formellen Brief zu schreiben. Zu dieser Zeit befand sich der Bischof von Nikiu in Konstantinopel und hielt den Inhalt von Martinas Brief in seinem Tagebuch fest: „Dieser Brief wurde von Martina und Pyrrhus, dem Patriarchen von Konstantinopel, an den Logotheten David Matargum geschickt, mit dem Auftrag, einen energischen Krieg zu führen, Martina zu seiner Frau zu machen und ihren Stiefsohn Konstantin III. abzusetzen, der mit seinem Bruder Heraclius II. Kaiser war." Niemand in Konstantinopel zweifelte jedoch daran, dass dies das Werk von Kubrat war. Seine Freundschaft mit Heraclius und seine Vorliebe für Martina waren allgemein bekannt.

Martina und ihren Sohn Heraklion ließen Konstantin III. vergiften und brachten so den gesamten Senat und das Volk gegen sich auf. Beim anschließenden Aufstand in Konstantinopel, der von Valentinus angeführt wurde, wurden die beiden, Martina und Heraklion, gefangen genommen, verstümmelt und entstellt und in ein Kloster gebracht. Es war, als hätte Sophokles dieses Schicksal in einer seiner Tragödien vorausgesagt.

Kubrat erfuhr davon und war außer sich. Seine Seele war zerrissen vor Kummer über diese Ungerechtigkeit. Aber er konnte nicht nach Konstantinopel vordringen und damit den Persern erlauben, seine Verbindung mit Berzitia abzuschneiden, und es war ihm auch klar, dass er Konstantinopel nicht einnehmen konnte, also blieb ihm nichts anderes übrig, als sich mit Persien zu versöhnen, indem er nach Berzitia zurückkehrte und den Krieg der Byzantiner gegen die Perser den Byzantinern selbst überließ. Außerdem wurde ihm berichtet, dass die Anten sich erholen und seine Abwesenheit ausnutzen würden.

Der Tod von Kubrat

Nach dem Tod von Heraclius und den Ereignissen um seine Nachfolge kamen Constans II. und sein Bruder Theodosius auf den Thron. Das Volk nannte Constans Konstantin, und er regierte unter diesem Namen. Im Jahr 660 befahl er die Ermordung seines Bruders. Der öffentliche Unmut zwang ihn, nach Westen zu gehen, wo er auch seinen kaiserlichen Hof in Sizilien errichtete. Er leitete eine Reihe erfolgloser militärischer Operationen gegen die Araber und versuchte 663, Italien von Grimwald dem Langobarden einzunehmen, zog sich aber, nachdem er 20.000 Soldaten verloren hatte, wieder nach Sizilien zurück. Am 15.IX.668 töteten ihn Verschwörer im Bad der "Daphne". Ein Chronist berichtet: "...regierte unglücklich 27 Jahre und wurde 668 von einem Armenier in Syrakus, im Bad der Daphne, schändlich ermordet. Herrscher - unglücklich im Leben und im Tod".

Während seiner Herrschaft, im Jahr 664, dem Jahr des Ochsen, starb Kubrat, nachdem er 60 Jahre regiert hatte.

Kubrat wurde von allen geliebt. Eine große Menschenmenge versammelte sich in Balthavar. Balthavar war zwei Tagesreisen vom Grab von Jurgana entfernt. Es lag unten in der Mitte des Dreiecks von Kiy, Kherson und Kharka, auf halbem Weg zwischen dem großen See des Dnjepr und der Kharka, in der Nähe eines kleinen Flusses. Sie bereiteten Kubrat in seiner ganzen königlichen Majestät vor. Neben ihn legten sie sein goldenes Schwert, das ihm der Kaiser gegeben hatte, seine drei Ringe, wie er befohlen hatte, und 800 Gegenstände aus Gold und Silber. Er wurde in der Mitte des Feldes unter einem seidenen Zelt aufgestellt. Die bestbewaffneten Reiter der ganzen bulgarischen Nation umkreisten das Zelt und priesen mit Trauergesang seine Taten: "Groß ist Kubrat, von Gottesgnade Knyaz von Bulgarien, Sohn von Boris, Herr der tapfersten Völker! Mit einer bis dahin unerhörte Weisheit vereinigte er alle Bulgaren in einem Staat, und die an der Kama und Wolga, und die in Berzitia, und die im alten Alanien, und die am Kuban, und die am Pontus, und die an der Donau, und die auf dem ganzen Balkan. Er bezwang die mächtigen Anten, er bezwang die schrecklichen Awaren, er bezwang die Perser, er bezwang die Usen. Er war der größte Freund des Kaisers Heraclius. Die römischen Kaiser belohnten seine Hilfe gegen ihre Feinde mit Gold. Nachdem er all diese Taten zu einem glücklichen Ende gebracht hatte, beendete er sein Leben nicht durch einen Feind verwundet, nicht durch den Verrat seiner Verwandten, sondern inmitten seiner Lieben, sich freuend, keinen Schmerz fühlend, seine Leute nicht verletzend. Wer hätte denn das für den Tod gehalten, wogegen niemand auf den Gedanken käme, zu protestieren?" Dann wurde er mit einem Trauergesang betrauert. Es folgte ein großes Fest an seinem Grab, eine "Strawa[266]" genannt. Nach einem alten thrakischen Brauch weinten sie und freuten sich, dass er sich von den Qualen, die dem menschlichen Fleisch innewohnen, befreit hatte. Gegensätze verbindend, drückten alle die Trauer um den Verstorbenen aus, gemischt mit Freude. In der Nacht legten die Gardisten den Leichnam in einen eisernen Sarkophag, legten das Gold und Silber hinein und vergruben ihn

---

[266] Noch heute bedeutet dieses Wort auf Tschechisch und Bulgarisch Nahrung. Die Zeremonie zum Andenken der Toten in Bulgarien nennt sich „Struwane".

heimlich in der Erde. Damit zeigten sie, dass alles zum mächtigsten Herrscher passte: Eisen, weil er Völker erobert hatte; Gold und Silber, weil er die Auszeichnungen des römischen Staates erhalten hatte. Sie fügten auch Waffen hinzu, die von erschlagenen Feinden genommen wurden, kostbare Gefäße mit dem Glitzern verschiedener Edelsteine und verschiedene Arten von Insignien, mit denen Huldigung gezahlt und die königliche Würde gepriesen wurde.

So haben sich die professionellen Geschichtenerzähler an dieses Ereignis erinnert und es von Generation zu Generation weitergegeben. Sie wussten, dass das Ritual seit der Antike unverändert war. So war es mit Attila, so war es mit seinem Sohn Irnik, so war es mit dem großen Zabergan,...

Die letzten zehn Jahre seines Lebens hatte Kubrat dem Ausbau Bulgariens südlich von Donau gewidmet, der Rückkehr der Menschen von dort, wohin die Römer sie vertrieben hatten. Seine größte Freude waren seine Söhne. Sie standen sich keinen Augenblick lang feindselig gegenüber, und jeder tat, was Kubrat wollte: Boyan bewachte Bulgarien gegen Invasionen aus dem Osten und kümmerte sich um den Handel auf der Wolga; Altzek machte sich nach dessen Tod auf den Weg nach Pannonien, um Kubrats großen Feldzug zur Rückkehr der berzistischen und pannonischen Bulgaren auf dem Balkan vorzubereiten. Kuber sollte von Westen her in das Reich eindringen, um den Balkan zu erobern und sich mit den dortigen Bulgaren zu vereinigen. Asparuh hatte eine starke Kavallerie organisiert und bereitete zwei Millionen Menschen darauf vor, über die untere Donau nach Mysien, Thrakien und Illyricum zu ziehen und sich auch dort mit den Bulgaren zu vereinigen.

Die Griechen haben in ihren Chroniken immer die Taten anderer Völker heruntergespielt. Kubrat verordneten sie eine Fabel des alten Äsop, dass er seinen Kindern sagte, sie sollten sich nicht teilen, indem er sie ein Bündel Stöcke zerbrechen ließ und sie dann einen nach dem anderen zerbrachen. Dann sagten sie, dass seine Kinder nicht auf ihn hörten und jeder seinen eigenen Weg ging, und so ging der Staat zugrunde. Diese Fabel wurde auch von anderen Herrschern erzählt. Kubrat wusste jedoch genau, dass bloße Worte nichts ändern, und er engagierte seine Söhne schon früh in groß angelegten Aktionen, um das Volk vor allen möglichen Gefahren zu schützen. In Jahren größter Gefahr haben sich seine Söhne immer aufeinander verlassen, ihr Handeln koordiniert und jeden Krieg gewonnen. Die Byzantiner zahlten nach Kubrats Tod noch jahrhundertelang Steuern an dieses "untergegangene" Bulgarien.

Altzek zieht nach Italien

Nachdem er älter geworden war und eine Reihe von Kubrats Befehlen erfüllt hatte, ging sein Sohn Altzek nach Sirmium, um sich auf die Ankunft von Kuber vorzubereiten. Zuerst glaubten ihm die Awaren, als er sagte, er wolle sich friedlich mit ihnen zwischen Drava und Sava niederlassen, aber 663, nach Kubrats Tod, erkannte Altzek, dass ein Pogrom gegen sein Volk vorbereitet wurde. Die Awaren glaubten, dass Kubrats Staat nach seinem Tod stark geschwächt sein würde. Kuber war noch nicht angekommen, und seine Kräfte reichten nicht aus, um mit den Awaren fertig zu werden. So beschloss er, nach Italien auszuwandern, wo es bereits viele bulgarische Siedlungen gab. Zusammen mit seinem ganzen Heer und seinen Familien ging er zu König Grimwald von der Lombardei und versprach, ihm zu dienen, wenn er ihm erlauben würde, sich in seinem Land niederzulassen. Grimwald schickte ihn zu seinem Sohn Romuald nach Bevent, dem er befahl, Altzek und seinen Leuten Orte zum Ansiedeln zu geben. Der Herzog Romuald nahm sie gnädig auf und wies ihnen weite, bisher verlassene Orte zur Besiedlung zu, nämlich Sepinum, Bovianum, Isernia und andere Städte mitsamt ihren Ländereien. Altzek selbst hingegen änderte seinen Titel und ordnete anstelle von Knyaz an, dass er Gastaldius, also Statthalter, genannt werden sollte. Dieses Volk behielt seine Sprache für viele Jahre, obwohl es schnell Latein lernte. Die meisten von ihnen wurden Schiffbauer und Bootsfuhrer, und arbeiteten für die Venezianer. Andere siedelten in Richtung Neapel, andere in Bulgaro, bei Bergamo, Bulgaro grasso, bei Como, Terra Bulgarorum, bei Rimini, Monte Bulgaro, usw.

Ein langobardischer Diakon hätte diese Geschichte in seinen Annalen festgehalten.

Kuber

Bei dem awarisch-bulgarischen Angriff auf Byzanz im Jahre 619 wurde fast das ganze Illyricum verwüstet, und zwar seine Provinzen: die beiden Pannonien, die beiden Dakien, Dardanien, Mysien, Prevalitana, Rhodopen und alle anderen Provinzen, außerdem Thrakien und die Ländereien an der Langen Mauer bei Konstantinopel, sowie die übrigen Städte und Siedlungen. Dann wurde die Bevölkerung dieser Länder, 270.000 Männer und Frauen, in das jenseitige Land, nach Pannonien, an die Donau umgesiedelt. Der Hauptort dieser Provinz war einst das sogenannte Sirmium[267]. Die Thraker nannten sie Srem, nach dem König von Odryssen, der sich einst von Alexander mit seinem Volk gerettet hatte. Bayan siedelte all diese Menschen in der Stadt und ihrem Umland an - als seine Untertanen. Nach den Gesetzen der Hunnen waren die Gefangenen nur ein Jahr lang solche. Danach konnten sie wählen: entweder Lösegeld zahlen und in ihr Land zurückkehren, oder in ihrem neuen Land als dessen gleichberechtigte Bürger bleiben. Sie übten lukrative Gewerbe aus und belebten das wirtschaftliche Leben in Pannonien erheblich. Von dieser Zeit an vermischten sie sich mit den Bulgaren, den Awaren und anderen Völkern, bekamen Kinder aus dieser Vermischung und wurden zu einem großen Volk. Ihr Bulgarisch unterschied sich kaum vom Schwarzmeer-Bulgarisch. Sie nannten es Westbulgarisch. Aber ihre Lieder waren wunderschön. Sie erzählten von den alten peonischen Zeiten, von Troja, von Alexander, von Trajan dem Ungläubigen und dem Krieg ihrer christlichen Vorfahren mit ihm, von Liebe, von Hass, von allem... In ihren Liedern waren Trauer und Freude, und mit der Zeit empfanden alle Bulgaren des Landes eine besondere Melancholie, wenn sie sie hörten. Die Kinder wuchsen mit den Geschichten ihrer Eltern auf und sehnten sich danach, eines Tages in

---

[267] Heute die Stadt Sremska Mitrovica.

ihre alte Heimat zurückzukehren. Auf sie hat sich Kuber verlassen. Sie waren alle Christen, und am beliebtesten war bei ihnen die alttestamentarische Geschichte, die erzählte, wie die Hebräer dem Gemetzel des Pharaos entkamen und das Traumland Palästina erreichten. Sogar ein Priester namens Zeleny (der Grüne) hatte ein Lied namens "Gehe" komponiert. Wenn sie es in den Kirchen sangen, schallte es mächtig - dieses Lied wurde zu ihrer Hymne. Dieses Volk wuchs heran und wurde sehr groß. Nach dem gescheiterten Putschversuch vergingen Jahre und die Kräfte der Awaren wurden immer schwächer. Schließlich kam Kuber mit einem berzitischen Heer und ließ sich um Sirmium nieder. Der Khagan erkannte die Situation, die dadurch entstanden war, und da er nichts anderes machen konnte, "beauftragte" Kuber dieses Volk als sein Vertreter zu regieren. Die Form war in diesem Fall für Kuber gleichgültig. Mit seiner starken Kavallerie und den Ressourcen, die er in das Gebiet brachte, war er eine gewaltige Kraft. Kuber hatte einen engen Freund aus der Kindheit namens Mavar. Mavar hatte auch ein außergewöhnliches musikalisches Gedächtnis und sang die Sprachen, in denen er lebte. Er sprach lateinisch, griechisch und die bulgarischen Dialekte, hunnisch und slawisch. Kubrat, so lange er lebte, schien sich in Mavar zu sehen und liebte ihn sehr. Er befahl Mavar, mit seinen Kindern zusammen zu lernen und war froh, dass Kuber einen solchen Freund hatte. Es erinnerte ihn an seine Freundschaft mit Heraclius. Mavar war ein Mann der Tat, und Kuber der Zurückhaltung, derjenige, der viele Züge vorausschauend abwägt, der Stratege.

Es war das Jahr 679. Es waren 60 Jahre seit dem Exodus vergangen und es wuchs bereits eine dritte

Generation heran. Sie erzählten sich ständig von den Ländern ihrer Väter und Großväter und entfachten in den Herzen der anderen den Wunsch zurückzukehren.

Endlich kam die lang ersehnte Zeit, das Frühjahr 679. Alle Soldaten machten sich auf den Weg zu ihren Appellplätzen. Die gesamte Reiterei war nicht im Krieg, sondern damit beschäftigt, die Herden über die Donau, die Drau und die Sava nach Illyricum zu treiben. Die Awaren bewaffneten sich natürlich und begannen, sie zu verfolgen. Dann zeigten die Berziten ihnen ihre Zaubereien. Sie hatten sich in der Nähe von Sirmium in einer Ebene mit versteckten Gruben und nur ihnen bekannten Gängen vorbereitet. Diese Strategie wandte Wallach an, um Peroz' Armee zu vernichten, wo Peroz selbst den Tod fand. Die Awaren nahmen den Köder an und verloren viele Reiter. Kuber lieferte keine großen Schlachten, sondern nur kleine, und zog sich schnell in Lager auf Illyricum zurück, die zuvor sorgfältig vorbereitet worden waren. Die Operation war kompliziert, denn ein ganzes Volk zog mit seinen Habseligkeiten ein. Fast eineinhalb Millionen. Nachdem der letzte Willige die Donau überquert hatte, sammelte sich fast die gesamte Kavallerie gegen die Awaren. Es gab Trupps, die sich ausruhten, andere, die kämpften. Es war ein Fest für die slawischen Kriegern. Nachdem sie die Awaren ohne ihre Herden in das nördliche Pannonien und nach Obersachsen vertrieben hatten, legten sie eine einwöchige Ruhepause ein und eilten auf eigene Faust los. Ihnen folgten die restlichen Sorben der oberen Elbe. Sie bewegten sich nun auf der Spur der Kavallerie in Richtung Balkan. Kurz nach ihnen machten sich die Kroaten auf den Weg nach Dalmatien, ausgehend vom rechten Elbufer. Die

Berziten brachten die berittenen Truppen über die Donau und begannen, ihren Ufern zu bewachen. Sie konfiszierten alle Schiffe auf der Donau. Von diesem Moment an wurde die Donau ein bulgarischer Fluss. Es waren die Drau und die Save an der Reihe. Die Schiffe bewegten sich schnell zu ihren Quellen, und so wurde Niederpannonien bulgarisch, und die awarischen Garnisonen, die von den zentralen Truppen abgeschnitten waren, stimmten zu, friedlich im bulgarischen Staat zu leben.

Und so überquerte Kuber mit diesem riesigen Volk siegreich die Donau und kam auf das Feld von Karamysien. Die Bulgaren nannten es Westmysien, denn die Bulgaren auf dem Fluss Wolga und die Berziten nannten westwärts „Kara". Die einheimischen Bulgaren nannten das Feld Bitola-Feld. Die Perser meinten noch mit Karamysier und Bersiten, die die Griechen als Massageten aufzeichneten. Sie wurden von den dortigen Bulgaren mit Begeisterung begrüßt und halfen dem Neuankömmling. Damit verdreifachten sie ihre Größe. Die wenigen Griechen, die als Fremde in den Städten lebten und entweder byzantinische Verwalter oder Kaufleute waren, wurden vertrieben. Die untergeordnete christliche Bevölkerung, die lateinisch sprach, floh in die Berge und wurde fortan Morowlasi oder Schwarzlateiner genannt. Das Volk verteilte sich über den ganzen Wardar und über die Berge der alten Pelasger, Belasitza, nach Thessalien und Larissa. Neues und altes Epirus, Albanien und Dardanien ohne die Küste wurden besetzt. Ein großer Teil ging nach Thrakien und Illyrien. Die Christen waren froh, in den Städte der Justiniana Prima zahlreiche Kirchen vorzufinden, in denen sie in ihrer eigenen Sprache Gottesdienst hielten.

Und womit hat Ohrid die Bulgaren magisch angezogen? Dies ist ihre uralte Heimat. Das Wort „Liko" bedeutet im Bulgarischen auch heute noch die unter der Rinde der Weidenbäume gewonnenen Streifen, die unter anderem zum Korbflechten verwendet werden. Rund um den Ohridsee wuchsen schon immer Weiden und die Menschen haben schon immer Körbe aus Liko geflochten. Die Griechen nahmen dieses Wort als Likos oder Lichos auf. Daher auch der Name des Sees Lichnida. Nach Diodorus wurde der große Erfinder und Politiker Dionysos, den die Thraker wegen der Wohltaten, die er ihnen brachte, als Gott verehrten, in einem Korb an diesem See gefunden und gründete, nachdem er erwachsen geworden war, die Stadt Lichnida. So kehren die Bulgaren dorthin zurück, wo ihre thrakischen Wurzeln liegen.

Die alten Namen von Städten, Flüssen und Bergen sind seit der Einwanderung der Bulgaren in diese Gebiete fast vollständig verschwunden. Der Fluss Axios wurde Vardar genannt, aus dem Sanskrit „War" Wasser, und „dar", vom Verb schenken. Der Name des Königs Darius bedeutet der Schenkende.

Am Hof von Kuber gab es Stimmen, sich dem Kaiser unterzuordnen. Kuber war wütend, als er solche Vorschläge hörte:

„Sie kennen die Politik von Rom nicht. Sie werden zuerst Wagen mit Gold füllen, um unsere Bojaren zu kaufen. Dann machen sie sie zu Patriziern und führen sie in Paläste, um sie zu beschenken. Der nächste Schritt wird sein, unsere Soldaten über das ganze Reich zu verteilen und dann…, und dann die Bojaren zu töten. Dann nehmen sie sich ihre Karren mit Gold zurück. Der nächste Schritt

ist, die Familien der Soldaten zu vertreiben und damit werden wir nicht nur ihre Sklaven, sondern sie löschen unseren
Namen für immer aus dem Land. Das wurde schon hunderte Male gemacht und sogar einige von uns sind auf diesen Köder hereingefallen. Erinnern Sie sich an Vitalian.
Nein, Gott gebe mir die Weisheit, ihre Absichten zu erkennen und die Kraft, dies nicht zuzulassen!"

Kuber glaubte, dass der neue Kaiser Konstantin die
Politik des Heraclius fortsetzen würde, und schickte Gesandte, um ihm mitzuteilen, dass er ein Heer anführe, dem
er teilweise zu dienen bereit sei, solange er es in Thessaloniki stationiere und der Kaiser dessen Unterhalt übernehme. Die Gesandten wurden von Bojaren Tarasius angeführt. Terasius wurde prächtig empfangen und erhielt
formell den Titel eines Patriziers, ein goldenes Schwert
und einen Ring mit der Inschrift: "Gottesmutter, hilf Tarasius, Ipatus und Archont der Kuberianer." Konstantin befahl seinen Untertanen, den Dragowiten, ihren Tribut an
Unterhalt zu zahlen und öffnete die Tore von Thessaloniki.
Mavar war an der Spitze dieser Bersiten, und als er Thessaloniki betrat, war die Stadt geteilt. Die Mehrheit begrüßte ihn mit Begeisterung, weil er Bulgare war, aber die
Griechen trauten ihren Augen nicht. Sie stöhnten:

„Unser lieber, lieber Heiliger Demetrius! Du hast
uns vor acht Belagerungen von Awaren, Bulgaren und Slawen bewahrt, und nun hat Konstantin selbst den Bulgaren
die Tore geöffnet."

Die Griechen begannen mit Hilfe griechischer Strategen bei verschiedenen Gelegenheiten, bulgarische Familien nach Konstantinopel zu verbannen, aber Mavar - um
dies zu verhindern - schickte Boten zu Konstantin, um ihm

mitzuteilen, dass er mit Kuber breche und dem Reich gegenüber völlig loyal werde. Konstantin schickte daraufhin
einen schriftlichen Befehl zur Ernennung von Mavar
(Mauro) zum Konsul und ein Banner - als Zeichen der
Gunst. Er ordnete an, dass alle Karamysier, von denen er
glaubte, dass sie sich von Kuber getrennt hatten, unter
Mavars Befehl gestellt werden. Dieser Befehl wurde veröffentlicht und in das Register für Wehrpflichtige eingetragen. Von nun an wurden alle Bulgaren in Thessaloniki und
Umgebung Mavar unterstellt, und er wurde ihr Befehlshaber. Mavar ernannte seine eigenen Loyalisten zu Komman-
deuren von Einheiten von 100, 50 und 10 Mann. Und seine
Soldaten, tapferen Männer, die von vielen Schlachten ge-
härtet waren, hielten Tag und Nacht Wache und erhielten
ihren Unterhalt aus der Schatzkammer.

Mavar war in ständigem Kontakt mit Kuber. Die
Trennung von Kuber wurde vorgetäuscht, und die beiden
warteten auf einen günstigen Moment, um die römischen
Truppen aus Saloniki hinauszuwerfen. Ihr Plan war: In der
Nacht des großen Samstags gegenüber dem großen Fest,
wenn alle in der Stadt die Feierlichkeit der erlösenden Auferstehung Christi feiern würden, würden er und seine
kriegserfahrenen Männer einen Bürgerkrieg anzetteln, und
an bestimmten festgelegten Orten Feuer legen. In der so
geschaffenen Situation, den Hafen einzunehmen und die
Tore für die Armee von Kuber zu öffnen. Ob es nun Konstantins Instinkt war, der ihn dazu veranlasste, oder ein
Verräter, Konstantin schickte den frommen Sisinius, der
damals der Strategen der Schiffe war, mit seinem unterge-
ordneten Marineheer nach Thessaloniki, und zwar mit
nichts, was einen Verdacht auf Mavar verraten könnte.

Sisinius war ein fähiger militärischer Befehlshaber. Er brach von seinem Stützpunkt in Hellas auf und erreichte die Insel Scythia, eine der Sporaden, am Sonntag vor dem ersten Tag der heiligen Passionswoche. Dieser Sonntag wird in allen orthodoxen Städten gefeiert und wird Palmsonntag[268] genannt. Mavar konnte sehen, dass es nicht gut lief, aber Sisinius spielte sein Spiel souverän und beruhigte ihn. Sisinius' erster Schritt war es, zu verkünden, dass viele Slawen sich weigerten, die Berziten zu versorgen und dass die Berziten massenhaft in Thessaloniki Schutz suchten. Er sagte ihm, dass er so viele Flüchtlinge wie möglich aufnehmen wolle, und da es in der Stadt sehr eng sei, solle Mavar aus der Stadt herauskommen und im westlichen Teil ein Lager aufschlagen und die Flüchtlinge aufnehmen. Daraufhin fuhr Sisinius mit den Schiffen zum Lager, ließ viele Soldaten anlanden und teilte Mavar mit, dass der Kaiser sein Heer in Konstantinopel treffen wolle und ihn persönlich sprechen wolle. In den Ohren von Mavar dröhnten die Worte von Kuber, "...und unseren Namen aus der ganzen Welt auszulöschen", aber er konnte nichts tun. Mavar wurde in Konstantinopel prächtig empfangen, mit offiziellem Zeremoniell in den Rang eines Patriziers erhoben und formell zum Oberbefehlshaber ernannt. Er erhielt vom Kaiser persönlich ein goldenes Schwert und ein persönliches Siegel mit der Inschrift: Patricias Mauro, Archon der Sermesianer und Bulgaren, wie es einst Kubrat gewesen war. Konstantin schickte jedoch von den Isauriern, die für besonderen militärischen Aufgaben vorbereitet waren, und befahl ihnen, herauszufinden, wo Mavars Familie in

---

[268] Auf Bulgarisch - Vrabnitsa.

Lichnida lebte, und zu beobachten, wie die Familie dieses „Flüchtlings" behandelt wurde. Als seine Spione ihm die Nachricht brachten, dass die Familie von Mavar in Ohrid in noch größerem Ansehen stand als zuvor, beschloss Konstantin, den alten Plan, der immer gute Ergebnisse brachte, bis zum Äußersten auszuführen. Er lieferte ihn nicht dem Tod aus, sondern nahm ihn seine Würden und verbannte ihn in die Vorstadt, wo er unter Bewachung leben sollte. Er entmachtete ihn und seine Armee und hielt diesen Befehl eine Zeit lang vor seinen Soldaten geheim, um eine Meuterei zu verhindern. So wurde die Armee von Mavar von der von Kuber isoliert.

Asparuch

Asparuch wurde 612 geboren, ein Jahr bevor Jurgana mit einer Gesandtschaft nach Konstantinopel ging. Asp bedeutet auf Persisch Pferd. Aspa-rich bedeutet Herrscher der Kavallerie. Es war, als ob sein Name seine Vorliebe zu den Pferden vorbestimmt hätte. Schon als Kind hat er sich nicht von der Kavallerie getrennt. Als Jugendlicher gewann er oft Rennen auf Festivitäten. Er war ein viel besserer Soldat als Kubrat. Er kannte die kompliziertesten Pferdenummern. Im Jahr 633 überrannten die Uzen die Gebieten am Fluss Wolga erneut mit einem Heer. Kubrat betraute ihn dann mit der Herrschaft über die Länder der Utiguren, Kutriguren und Slawen entlang der Flüsse, die von den Karpaten herabflossen. Asparuchs Krönung fand am „Edinajden" statt, also am Nulltag zwischen 632 und

633[269]. 633 war das Jahr des Drachens im bulgarischen Kalender. Ein euthalitischer Chronist notierte, dass er auf Vereni-Alem geboren wurde. Seit er Herrscher wurde, nunmehr 47 Jahre, kämpfte er immer wieder im Osten Seite an Seite mit Boyan und hielt dem Reich den Rücken frei. Sein ständiges Hauptquartier war im alten Alania am Fuße des bulgarischen Gebirges, manche nannten es Dziakan, andere Sugan. Es ist ein Gebirgszug zwischen Balkaria und Digoria im Westkaukasus. Als Kuber sich auf den Weg machte, einigten sie sich darauf, um 679-680 gleichzeitig über die Donau zu sein, wenn Gott es so wollte. Beide waren reife und erfahrene Männer, beide waren nachdenklich über das, was vor ihnen lag, aber beide waren Kinder von Kubrat - wenn sie sich ein Ziel setzten, erreichten sie es, auch wenn es Jahrzehnte dauern sollte. Diese Beharrlichkeit bewahrte die Bulgaren und sicherte ihnen ein gutes Leben. Als die berzitischen Truppen in Pannonien einmarschierten, lag es auf Asparuchs Schultern, zwei Millionen Bulgaren vor diesen Schlächter, die Türken, zu schützen. Obwohl er immer wieder Siege errang, drohte das wirtschaftliche Leben durch den Verlust des Handels an der Mündung des Flusses Wolga und in Berzitia zu ruinieren. Es war notwendig, Großbulgarien zwischen dem Tanais und der Donau zurückzuziehen und die Donau zu überqueren, wenn Gott es wollte. Die Ufer des Tanais ließen sich leichter verteidigen als die endlosen Steppen des Kuban, wo die Uzen eine Region nach der

---

[269] Die Konstruktion der bulgarischen Kalender erlaubt ein Jahr mit einer Genauigkeit bis zum vierten Kommastelle des Astronomischen Jahres. Die Korrekturen werden durch Zellen oder nicht von den s.g. Nulltagen, nach einen bestimmten Regel - die kürzesten oder die längsten Tage im Jahr.

anderen einnahmen. Das Kalkül war einfach: Hätte Kuber damals den westlichen Balkan besetzt, hätte Byzanz nicht die nötigen Kräfte zum Widerstand gehabt.

Boyan hatte bereits das Delta von Wolga verloren. Genau wie Kubrat es vorausgesagt hatte. Dies führte zur Bildung eines neuen Staates, der Khazaria genannt wurde. Dies war nur möglich, weil die Evthaliten von Berzitia zustimmten, als reguläres Heer von Kazarien zu dienen. Das waren jene Evuthaliten, die vom Hindukusch kamen und nicht nach Europa weiter gingen. Damit verlor Großbulgarien auch den Zugang zum Derbent-Pass. In Kasarien lebten hauptsächlich Kozaren und Bulgaren. Die Türken setzten sich gegen den Kubrat-Clan durch und wurden die herrschende Nationalität. Es gab auch viele Juden im Staat, die aus Persien nach einem missglückten Aufstand kamen. Die Türken behielten die Kubrat-Organisation der Gerichte bei. Boyan schloss einen Vertrag mit ihnen, der es seinen Kaufleuten erlaubte, mit ihren Schiffen zum Kaspischen Meer hinunterzufahren und im Delta Handel zu treiben, als Gegenleistung für einen Tribut "von jedem Haus in seinem Reich in Form einer Sobel-Pelz". Dies war im Interesse aller.

Es war ein Kummer für ihn, dass er einen seiner Söhne als Geisel nach dem Vertrag schicken sollte, aber am schwersten wog für ihn, dass die evthalitische Armee bereits zusammen mit den Türken in Kasarien den Islam angenommen hatte und sein Sohn in einer anderen Religion erzogen werden würde. Boyan war wie sein Vater - ein Christ.

Die Bewegung von den Ausläufern des Kaukasus bis zur Donau dauerte zwei Jahre. Zwei Millionen Männer mit ihrer Ausrüstung, Wagen, riesige Herden von Pferden, Bisons und Braunvieh. Schließlich erreichten sie das Delta. Asparuch verlegte einen Teil der Herden auf die Insel Pevki, da dort nur wenige Männer zur Bewachung benötigt wurden, und konzentrierte sich auf den Donauübergang. Damals hatte ein Handelsschiff auf der Donau in Istrien einen kurzen Zwischenstopp eingelegt. Ein armenischer Geograph war mit ihm unterwegs und schrieb dieses Ereignis auf.

Der Druck von Tanas[270] wurde enorm, und als die Menschen hinter den Dnjepr abrückten, musste die bewachte Grenze am Dnjepr verlegt werden. Die Bulgaren von Mysien waren in ständigem Kontakt mit ihm. Von ihnen wusste er, dass es am besten war, die Donau bei der kleinen Siedlung Isaktscha zu überqueren. Es gab eine Ebene mit Seen, die von einer Bergkrone umgeben war, so dass sich die Herden nicht zerstreuen konnten. Auf der einen Seite war der Arm der Donau, auf der anderen Seite die Berge.

Die Siedlung, die auf Pfeile aufgebaut wurde, oder wie die Einheimischen sie nannten, Nakolez[271],war wie ein Amphitheater von Bergen umgeben und überblickte die Ebene. Das wäre der beste Platz für die Kavallerie. Früher oder später würde Konstantin III. mit seiner Flotte kommen, und es war das Beste, dass Asparuch den Ort der Schlacht selbst wählte. Asparuch wusste, dass ein Teil ihrer Armee mit den Arabern engagiert war und der andere gegen seinen Bruder Kuber stand.

---

[270] Don.
[271] Auf Bulgarisch "Na-Kolez" bedeutet auf dem Pfeil.

Seine Spione brachten ihm ständig, welche Kräfte sich in Konstantinopel sammelten. Ein Teil der Garnison von Adrianopel wurde nach Konstantinopel gebracht und auf Schiffe verladen. Ein anderer Teil bewegte sich am Meer.

Die Nachrichten von Kuber wurden immer besser. Die gesamte Balkanhalbinsel war nun in seiner Hand. Den Byzantiner blieben nur noch die Küsten, wie es Hunderte von Jahren zuvor gewesen war, und die Städte entlang der Fluss Hebros[272]. Sie hatten keine Bulgaren mehr in ihrem Dienst. Kuber beförderte ungehindert alle verfügbaren Schiffe aus Sirmium[273] und Singidunum[274] ins Delta. Mit ihnen fand die Überquerung der Donau über das Delta statt. So transportierten sie die gesamte Kavallerie mit ihren Proviantkarren und die Bisonherden über den Donau. Alle kamen aus dem Staunen über dieses herrliche Land nicht mehr heraus. Es gab Wasser in Hülle und Fülle, saftige Weiden für die Pferde, Land zum Pflügen... Jeder Zenturio hatte einen mysischen Bulgaren als Führer. Das war notwendig, denn es gab viele Sümpfe, und nur sie kannten die Durchgänge zwischen ihnen. Ein griechischer Chronist würde in sein Tagebuch schreiben: "Der Platz davor ist durch unwegsames Gelände geschützt, und das, weil er sumpfig ist. Die Rückseite hingegen ist von einer Mauer aus unzugänglichen Felsen umgeben."

Es war der Frühling des Jahres 680.

Konstantin führte die Flotte in den mittleren Arm des Deltas, der von Saluna ausging. Asparuch hatte zu

---

[272] Maritsa
[273] Sremska Mitrovitsa
[274] Belgrad

jedem Zeitpunkt eine klare Vorstellung davon, wo und welche Kräfte sich bewegten. An der Küste von Isaktscha angekommen, ordnete Konstantin an, einen Brückenkopf zu errichten, aber die Ankunft der Armee abzuwarten, die sich bereits bei Tomi befand. Vier Tage vergingen. Die Armee kam zersplittert an, da die Mysier sich verstreut hatten und es niemanden gab, der sie durch die Sümpfe führen konnte.

Sein Vater hatte zwei Bojaren hinterlassen, Aziz und Ayet, die nun über 80 Jahre alt waren, aber zu den erfahrensten Strategen in Großbulgarien gehörten. Schon zu Lebzeiten war ihm befohlen worden, sich alles, und er meine alles, was diese Männer zu sagen hatten, sehr genau anzuhören. Aziz war fast blind, aber er erinnerte sich an alles, was sie berichteten, und hatte ein klareres Bild von der Situation als die Sehenden. Kubrat hat immer mit seinen Jungs gescherzt, als sie klein waren:

„Boyan, siehst du?"

Wenn Boyan abgelenkt war und die Frage nicht richtig beantwortete, sagte Kubrat ihm das mit strengem Blick:

„Du schaust, aber du siehst nicht. Sehen und Schauen sind zwei verschiedene Dinge. Sehen ist eine geistige Aktivität und bedeutet: Ich verstehe, was vor sich geht, ich verstehe, wer an den Ereignissen beteiligt ist, was die Zusammenhänge und treibenden Kräfte der Prozesse sind." Deshalb schätzte Kubrat Aziz, schätzte vor allem seine Fähigkeit, zu analysieren und Handlungen viele Schritte vorauszudenken. Es gab immer noch keinen Mann, der Aziz im persischen Schach schlagen konnte, obwohl er kaum sehen konnte. Dieses Spiel hatte sich in

Bulgarien ausgebreitet, als Wallach vier Jahre lang Schah von Persien war, nachdem er Peroz' Armee und ihn selbst ausgelöscht hatte. Seine Frau, die Perserin Boarix, war eine leidenschaftliche Verehrerin dieses Spiels."

Aziz rief sein Gefolge zusammen und, da er wusste, dass Asparuch zuhörte, erhob er seine Stimme:

„Höre mein Wort!"

Alle, aber auch alle, richteten sich auf. Die Sitzenden sprangen auf. Er sprach im bersitischen Dialekt.

„Lasst nicht zu, dass Konstantin seine Armee zusammenhält!"

Ein junger Bojar wiederholte seine Worte mit lauter Stimme.

„Diejenigen, die von Tomi kommen, werden am Nachmittag angegriffen werden. Unsere von West nach Ost! Die Sonne soll die Byzantiner blenden. Wenn wir scheitern, wird uns die Nacht retten, und wir werden uns nach Nakolets zurückziehen."

„Akamir!"

Akamir rief mit einem lauten "Ich".

„Die Slawen sollen sich nachts mit all ihren Booten den Schiffen auf einen Pfeilwurf nähern und Brandpfeile auf sie werfen. Auf diese Weise wären sie außerhalb der Reichweite der Flammenwerfer-Siphons. Die byzantinischen Soldaten auf den Schiffen werden die ganze Nacht nicht einschlafen können und werden morgen erschöpft sein. Die Pferde auf den Schiffen werden nervös sein."

„Andoing!"

Andoing rief mit einem lauten "Ich".

„In zwei der Felder - die Bisons! Zweihundert, um sie von einem Ende zum anderen zu treiben. Was auch immer übrig verwundet bleibt, wird - nicht getötet, sondern mit Arkans[275] gefangen. Die Verwundeten werden sich erholen und uns dankbar sein, dass wir sie gerettet haben."

„Akum!"

Akum meldete sich mit einem lauten "Ich".

„Die mechanischen Bögen auf den beiden Bergrücken am Eingang zu Nakolets. Setzen sie Pfeile ins Feld auf bekannten Abständen und führt heute ein Probeschießen[276] durch. Auf 10 Bögen eine Wagenladung Pfeile. Zehn Soldaten hinter jeden Bogenschützen."

Nachdem Aziz den Befehl gegeben hatte, starrten die Wojewoden Asparuch an. Asparuch sah Ayet an. Ayet nickte. Dann nickte auch Asparuch dem entsprechenden Wojewoden zu, und er verschwand schnell. Es war ein religiöses Ritual. Sie alle wussten, dass ihr Leben von der strikten Befolgung der Anweisungen dieser Weisen abhing.

„Bran!"

Bran meldete sich mit einem lauten "Ich".

„Sechs Tausend von den versteckten in den Wäldern oberhalb des Feldes. Im Kampf - übermorgen."

Manchmal widersprach Ayet. Als er an der Reihe war, erinnerte Ayet:

„Sie haben nur Nahrung und Futter für einen Tag."

„Valamer!"

Valamer rief mit einem lauten "Ich".

---

[275] Schlaufen aus relativ steifen Seilen, die die bulgarischen Soldaten zum Einfangen von Tieren und Feinden verwendeten, Lassos.

[276] Pfeile werden in einem bestimmten Winkel zum Horizont abgeschossen. Je nachdem, aus welcher Richtung die Pfeile abgeschossen werden, erreichen sie unterschiedliche Entfernungen in unterschiedlichen Winkeln. Dies wird durch die Versuche festgestellt.

„Essen für vier Tage für die gesamte Kavallerie in den Wäldern!"

Asparuch sah Ayet an, Ayet nickte, und Asparuch nickte Valamer zu. Valamer verschwand.

„War!"

War rief mit einem lauten "Ich".

Dann wartete Aziz. War war ein Bojar von Terwel, Sohn von Asparuch. Ihm konnte er nicht einmal indirekt befehlen. Aspruch befahl:

„Rede!"

„Jeder mit drei frischen Pferden. Die Pferde der Byzantiner sind müde. Keine direkten Kämpfe. Nur der „Hunnengruß"!"

Jeder wusste, was der Hunnengruß bedeutete. Es war die älteste Taktik der Gallier, Scheinangriffe zu unternehmen und beim Rückzug die Bogenschützen ihre Köcher auf die Verfolger leeren zu lassen. Die Verfolger mussten große Verluste hinnehmen, wenn sie diese Taktik nicht rechtzeitig begriffen.

So war es den ganzen Vormittag.

Die Kämpfe dauerten zehn Tage. Die Bodenkavallerie der Byzantiner schmolz dahin. Nachdem die Byzantiner am ersten Tag unbehelligt am Rande der Wälder entlang geritten waren, taten sie dies am zweiten Tag noch kühner. Dann kam das Grauen. Die im Wald versteckte Kavallerie überraschte sie in der Flanke und rottete sie aus. Konstantin schickte seine Reiter von den Schiffen aus, aber sie waren müde, und gerade als sie dachten, dass sie in sicherer Entfernung ritten, kam eine Wolke von weitreichenden Pfeilen aus den Steilhängen bei Nakolets und schlug Pferde und Soldaten nieder.

Konstantin war ein kluger Herrscher, und ihm gefror das Blut in den Adern bei dem, was er sah. Er sah eine ausgezeichnete Armee, die mit allen Kriegskünsten operierte. Er sah die Herden und die Menschen im Delta selbst, und sein Urteil war, dass eine ganze Nation gekommen war und dass ihre Ressourcen weitaus größer waren als seine Expeditionsarmee - verlängerte Feindseligkeiten hätten hier zur absoluten Katastrophe geführt. Wenn er seine gesamte Armee verlieren würde, würde er auch seinen Thron und sicherlich sein Leben verlieren. Dann gab er den Befehl zum geordneten Rückzug. Der Rest der Bodentruppen zog sich geordnet nach Tomi, Karauna, Odessos zurück und überquerte die Pässe von Emona. Sie lieferten sich kleine Verteidigungsschlachten mit Asparuchs Aufklärungseinheiten. Die Flotte zog sich unversehrt zurück und kehrte mit Zwischenstopps bei Odessos und Anchialos nach Konstantinopel zurück. Konstantin ließ das Gerücht verbreiten, er sei erkrankt und müsse nach Anchialos zum Thermalbad gehen. Andere sagten, dass die Generäle dachten, er würde fliehen und ihm deshalb den Rückzug befahlen, aber das stimmte nicht. Die Bulgaren hatten einfach mit so viel Geschick und militärischer Überlegenheit gewonnen, dass Justinian nun ein anderes, noch größeres Problem hatte.

Asparuch befahl, dass die sich Zurückziehenden nicht verfolgt werden sollten. Nun gab es zwei wichtige Aufgaben: Die Befestigung der Pässe von Em[277] zwischen Odessos und Mesembria. Diese vertraute er den Sibirern

---

[277] Em ist der thrakische Name für das Balkan-Gebirge. Die Griechen schrieben es Hemus zu. Heute ist es der Name von Kap Emona im östlichen Kamm des Balkangebirges, der ins Schwarze Meer abfällt.

an. Sie waren auch Hunnen. Die Slawen nannten sie Severer. Er einigte sich mit den Mysian-Bulgaren über die künftige Struktur des Staates und holte ihre Bojaren in die Regierung. Dann lud er eine riesige Menge von Slawen und siedelte sie in die bulgarische Morava, Drava und Sava ein. Ihre Aufgabe war es, Kubers Volk zu helfen und eine starke Verteidigung gegen die Awaren aufzubauen. Die Awaren hatten immer noch beträchtliche Kräfte und niemand dachte daran, sie zu unterschätzen. Mit den Slawen schloss er ehrenvolle Verträge für ein ewiges Bündnis. Erlaubte den slawischen Bojaren, Steuergelder für die Verteidigung zu verwenden. Zum ersten Mal seit Decibalus hatten die Slawen das Gefühl, in einer Staatlichkeit zu leben und waren sehr stolz darauf. Dies lockte viele Slawen aus den Oberläufen der Karpaten an und sie stiegen in die Ebenen Richtung Donau und Theiß hinab. Dies wiederum reduzierte die Spannungen zwischen den Slawen und den weiterhin in den Bergen lebenden Walachen die Latein sprachen. Nur wenige Monate danach florierte der Handel auf der Donau. Viele Chronisten begannen, nicht mehr über Großbulgarien, sondern über Donaubulgarien zu schreiben. Und Boyan-Bulgarien wurde Wolga-Bulgarien genannt, weil die Ausländer den richtigen Namen des Flusses Attil nicht kannten und ihn "Bulgarischer Fluss" oder Bolga tauften. Die Griechen hatten den Laut "b" nicht und schrieben daher Wolga.

Nachdem sich Ober- und Niedermysien mit Menschen gefüllt hatten, kapitulierten die byzantinischen Festungen an der Donau schnell eine nach der anderen. Ohne eine Verbindung mit Konstantinopel könnten sie nicht existieren. Aziz riet, den Vorteil, den sie sich geschaffen hatten, zu nutzen und mit einer schnellen Kavallerie in Thrakien einzumarschieren. Davor sagten sie den Bulgaren in Thrakien, sie sollten auf die Truppen warten und, wenn sie kämen, sich vom Reich lösen. Und so war es auch. Da war Konstantin noch mehr erschrocken als beim ersten Mal. Es war kein Überfall von Awaren oder Slawen, die zu den Mauern kamen, das Land plünderten und wieder abzogen. Es war ein organisierter Staat mit alten militärischen Traditionen, der den Balkan zu einer Faust zusammenzog, die ihn zerquetschen konnte. Es schickte Botschafter mit einem Friedensangebot. Asparuch sagte ihnen, er würde Frieden schließen, wenn dadurch der Handel zwischen den beiden Ländern geregelt würde. Er versprach, ihnen Mesembria und Anchialos zurückzugeben, aber dafür musste Konstantin Tribut zahlen. Gerade zu dieser Zeit hatte Konstantin das Sechste Ökumenische Konzil in Konstantinopel einberufen, das sich mit einem anderen Problem zu befassen hatte - der Liquidierung des Schismas in der Kirche, das zu einem Bürgerkrieg hätte führen können. Also einigten sie sich auf Frieden gegen Tribut.

Während der Herrschaft von Asparuch erschien in Arabien ein Prophet der Muslime namens Muhammad. Er heiratete eine reiche Frau und erhielt von ihr erhebliche Mittel. Nach langem Überlegen und Grübeln, wie er seinen Landsleuten, die sich gegenseitig tötenden Beduinen, helfen könnte, fand er nicht nur akzeptable Lebensregeln für sie, sondern schließlich auch eine "wahre Berufung" für sie, nämlich, indem er sie in einem vereinte, um den heiligen Krieg gegen alle Ungläubigen zu führen. Es stellt sich jedoch heraus, dass dies die ganze umgebende Welt ist. Die Expansion des arabischen Staates war explosiv. In kurzer Zeit nahm diese Macht weite Gebiete in Besitz und drang in mehreren Wellen auch auf den Balkan und an die Wolga vor. Nach der Thronbesteigung von Heraklius' Sohn, Konstantin IV. Pogonatus, bereitete der Anführer der Sarazenen sofort eine große Anzahl von Seeschiffen vor und schickte sie 673 gegen Byzanz. Ihr Häuptling, den sie in ihrer eigenen Sprache Kalif nannten, erfahren, höchst vertrauenswürdig und bewährt in der Kriegsführung, bewaffnet, machte sich auf den Weg in die Vororte von Byzanz über den Küstenbezirk namens Ebdomon. Als Konstantin dies erfuhr, stellte er sich ihm mit einer großen Flotte entgegen. Dazwischen gab es vom Frühjahr bis zum Herbst täglich zahlreiche Seeschlachten und Scharmützel. Als der Winter kam, wurden die Sarazenen zum Überwintern nach Kyzic verlegt, und als der Frühling kam, kamen sie wieder heraus, und so führten sie den Seekrieg. Die sarazenische Flotte hielt sieben Jahre lang den Krieg aus, war aber, um viele tapfere Männer beraubt, viele grausam verwundet, und schließlich gezwungen, die Segel zu streichen und nach Hause zurückzukehren. Als sich die Flotte in der Nähe des Meeres von Sileia befand, wurde sie von starken Winden und Meereswellen eingeholt, und alle kamen um. Im Jahr 680, am 6. April, starb Muawiyah I ibn Abu Sufyan, der Herrscher der Sarazenen. Er war 20 Jahre lang ein Stratege und 24 Jahre lang ein Emir. Sein Sohn Isis begann zu regieren. Als Isis von dem Unglück erfuhr, das seiner Flotte widerfahren war, schickte er Botschafter nach Konstantinopel, um einen Vertrag mit dem Kaiser zu schließen, unter der Bedingung, ihm einen jährlichen Tribut zu zahlen. Er empfing sie, hörte sich ihre Vorstellungen an und schickte den Patrizier Johannes, auch

Pidsigaudia genannt, sehr erfahren und weise, um mit ihnen Frieden auszuhandeln. Als er im Land der Sarazenen ankam, schloss er einen Frieden von dreißig Jahren, der durch Eide bestätigt wurde und die Bedingung enthielt, dass die Sarazenen den Römern jährlich einen Tribut von 3000 in Gold, 50 Sklaven und 50 Pferden zahlen sollten.

Und so beendeten die Byzantiner den Siebenjährigen Krieg mit den Muslimen, nachdem die Bulgaren das byzantinische Heer 680 an der Donaumündung besiegt und zu Tributzahlungen gezwungen hatten.

Die Awaren waren sehr erschrocken. Byzanz führte keinen Krieg mehr. Dann schickten die Awaren und die von ihren Herrschern abhängigen Völker, die im Westen lebten, durch Botschafter Geschenke an den Kaiser, um Frieden zu erlangen. Dies wurde ihnen vom Kaiser im Jahr 680 gewährt, und danach herrschte im Osten und Westen Frieden und Ruhe. Und so wurde Byzanz nun das geringste Problem für die Awaren. Ihr Problem wurden die Franken und die Bulgaren.

Patriarch Nikephoros notierte diese Dinge in seinen Aufzeichnungen.

Konstantin wies seinen Sohn Justinian an, den Frieden mit Bulgaren und Arabern strikt einzuhalten, wenn er wollte, dass sich Byzanz überhaupt erholt.

Asparuch und Kuber hielten sich strikt an den Vertrag, und Konstantin lebte den Rest seines Lebens, bis 685, in Frieden. Im siebzehnten Jahr seiner Herrschaft starb er. Seine Überreste wurden in der königlichen Gruft in der Kirche der Heiligen Apostel in Konstantinopel beigesetzt.

Krieg am Ägäischen Meer

Als Konstantin IV. Pogonatus im Jahr 685 starb, wurde er durch den 16-jährigen Jüngling Justinian II. ersetzt. Für die Menschen in Konstantinopel war Justinian ein unvergleichlicher Mistkerl. Er verbrachte mehr Zeit auf dem Hippodrom als irgendwo anders. Er hatte einen Schwarm von Konkubinen und wollte trotz des Rates des Patriarchen Paulus sein ausschweifendes Leben nicht aufgeben. Justinian hatte weder eine gute Bildung noch die Reife eines Herrschers, und außerdem fehlte ihm der Verstand, um zu verstehen, dass er auf den Senat und den Rat erfahrener Generäle hören sollte. Er dachte, dass die Eroberung von Makedonien, Epirus, Thessalien, dem Weiß-Meer-Thrakien[278] und den beiden Mysien eine vorübergehende Erscheinung sei, und dass er die Bulgaren nun leicht vertreiben würde, weil sein Vater ein Feigling war und er nicht. Zuerst wollte er Thessaloniki zurückgewinnen. Zwar waren die Soldaten von Mavar nach Kleinasien verlegt worden und hatten keine Verbindung zu Kuber, aber nachdem die Flotte Thessaloniki sechs Jahre zuvor verlassen hatte, nahmen die Bulgaren die Stadt einfach kampflos von innen ein. Alle Senatoren erinnerten ihn an das Versprechen seines Vaters, den Friedensvertrag mit den Bulgaren einzuhalten, aber er lachte sie aus, nannte sie Feiglinge und riet ihnen, sich am Hintern ihrer Frauen zu wärmen und sich nicht in Angelegenheiten einzumischen, die sie nie verstehen würden. Die Senatoren hassten ihn! Zuerst verlegte er Kavallerie von Asien nach Thrakien. Der Frieden

---

[278] Ägäische Thrakien.

wurde 687 mit Räuberei am hellsten Tage an der Grenze gebrochen. Es gab keine starke Gegenreaktion und dies ermutigte Justinian. Im Jahr 688 startete er einen massiven militärischen Feldzug. Die Kavallerie marschierte parallel zur Küste am Weißen Meer, und die Flotte folgte. Der Nachschub kam von den Schiffen, da Bulgarien das Festland beherrschte. Slawen und Bulgaren waren friedlich beschäftigt, jeder in seiner eigenen Beschäftigung, als die Reiter in ihre Felder und Siedlungen eindrangen. Die Slawen hatten unabhängige Fürstentümer, die von Kuber und Asparuch von Steuern befreit waren, aber die Aufgabe hatten, im Bedarfsfall gegen Byzanz zu kämpfen. Die Byzantiner nannten sie Slawinien. Die Überraschung gelang, und die Soldaten nahmen etwa 100.000 Mann, wählten aus ihnen 30.000 Bulgaren und Slawen als Soldaten aus und brachten sie nach Asien, nach Opsikon, eine Kriegsregion im nordwestlichen Kleinasien, südlich des Marmarameers, und überquerten das Meer bei Abydos an der kleinasiatischen Küste des Hellespontes. Wo einige Slawen sich wehrlos fühlten, unterwarfen sie sich freiwillig Justinian, solange er ihnen neue Ackerflächen zur Verfügung stellte. Justinian gab an, und die Senatoren schüttelten nur den Kopf und sagten ihm, dass er noch keine bulgarische Armee gesehen habe, was Justinian und sein halb betrunkenes Gefolge nur zu lautem Lachen veranlasste. Als Antwort auf den Spott der Senatoren befahl Justinian, die 30.000 abkommandierten Männer zu bewaffnen und nannte sie ein "Erlesene Truppe". Er ernannte einen der bulgarischen Adligen, genannt Nebulus, zu ihrem Befehlshaber. Nebulus wusste, was mit Mavar geschehen war, er wusste aber, dass er im Zwang war, und er hielt sich zurück und wartete auf einen günstigen Moment, um zu entkommen. Der Rest der gefangenen wurden von Justinian im Tal der Struma eingesiedelt, und er nannte diese kleine Schlucht "Thema".

Kuber wurde über die Ereignisse informiert, und schickte eine starke Kavallerie ins Feld bei Salonica. Als Konstantin ankam und sah, dass er sie nicht besiegen konnte, marschierte er zurück. Kuber hatte Asparuch benachrichtigt, und Asparuch schickte Prinz Tervel mit der kutrigurischen Kavallerie den Mesta-Fluss hinunter zum Weißen Meer. Er befahl ihnen, eine starke Aufklärung durchzuführen und Konstantin nach Thessaloniki zu lassen. Sie sollten die Kavallerie in den zahlreichen miteinander verbundenen kleinen Schluchten oberhalb des Passes zwischen Kavala und Xanthi verstecken und abwarten. Auf ihrer Rückkehr, als die Byzantiner den Fluss Mesta erreichten, wurde das Signal zum Angriff gegeben. Von Hügel zu Hügel wurden die Truppen durch Rauchsignale in Bereitschaft gebracht. Sie griffen aus der Richtung von Kavala an und trieben alles Lebendige wie Schafe in Richtung des Flusses Mesta. Die Bogenschützen von den Hügeln töteten viele Menschen. Die Mesta war ein reißender Fluss und nicht leicht zu überqueren. Pferde und Männer drängten sich am Ufer, und nur diejenigen entkamen, die keine Furt suchten, sondern die Pferde ins Wasser stießen und mit ihnen hinüberschwammen. Unter ihnen war auch Justinian. Ein Saufkumpan von ihm warf ihm zu, bevor sie Konstantinopel betraten, armselig wie Sklaven:

„Justy, Justy, es scheint, dass der Krieg mit den Hunnen nicht wie Wetten auf ein Pferderennen ist?"

Die Nachricht von Justinians Niederlage verbreitete sich in der ganzen Welt. Es erreichte sogar die Franken. Einen von deren Chronisten notierte lakonisch: "689 brach Justinian den Frieden, den er mit den Bulgaren geschlossen hatte, und zog mit ihnen in den Kampf, gewann zunächst die Oberhand, wurde dann plötzlich von ihnen angegriffen und entkam nur knapp."

Nach dem Sieg lud Kuber Tervel nach Ohrid ein. Tervel ordnete die Disposition der Armee in Weißmeer-Thrakien und reiste ab. Er war begeistert von der Landschaft dieses Landes. Ein herrlicher, fischreicher See, umringt von einem Kranz von Bergen. Der Palast von Kuber war von den starken Mauern von Ohrid umgeben. Tervel bewunderte die römische Baukunst, wie man Aquädukte, Bäder, Wohnhäuser, Theater baut... Die Städte Ohrid, Resen, Struga, Verediana und viele andere hatten prächtige Kirchen. Er verbrachte gerne und viel Zeit in ihnen. Er war über alles informiert.

Eines Abends hatten sich alle adligen Bojaren mit ihren Familien und Dienern zum Abendessen im Palast versammelt. Tagsüber gab es gebratene Ochsen und abends wurde Fleisch mit viel Gemüse serviert. Es gab viel Jubel, Gesang und Heiterkeit, und alle genossen die Früchte des neuen Sieges. Sie erzählten ihm die Legenden über Ohrid, über die Peonen, darüber, dass hier früher Menschen in Stelzensiedlungen lebten.

„Und jetzt haben wir ein Dorf namens Nakolets. Derselbe Name wie der Name des Dorfes, wo ihr mit deinem Vater nach der Überquerung der Donau kam", warf jemand ein."

Die Leute machten Löcher in den Holzboden ihrer Häuser, ließen die Körbe fallen und holten Fische heraus, so viele Fische gab es im See. Tervel hatte diese Geschichte von seinem Großvater Kubrat gehört, der dafür sorgte, dass sie erfuhren, dass Herodot ein wichtiger Schriftsteller war und studiert werden sollte. Kubrat lachte, als er erzählte, dass sie ihre Kinder mit Seilen festbanden, damit sie im Wasser nicht ausrutschten. Und jeder Bräutigam musste einen Baum vom Berg fällen und ihn ins Wasser stecken, damit sich das Dorf ausdehnen konnte. Es gab auch seltsame Lieder über irgendeine schreckliche Katastrophe in der Ägäis, bei der die Täler überflutet wurden und nur die Gipfel der Berge als Inseln übrigblieben, und dass die Überlebenden in die Berge sich umsiedeln mussten.

Da fragte Tervel plötzlich:

„Ich höre hier in den Kirchen überall Predigten auf Bulgarisch. Seit wann ist das so?"

Der Patriarch begann langsam und lehrreich:

„Seit etwa dem Jahr 400, als Bischof Nikita aus der Stadt Remesiana, die wir heute Bjala Palanka nennen, zwischen Niš und Pirot, das Evangelium unter den Besen predigte, und bereits im 5. Jahrhundert, als die anderen thrakischen Stämme größtenteils romanisiert waren, hatten die Besen christliche Gottesdienste in ihrer Muttersprache."

Der Patriarch der Bulgaren wusste, dass sein Großvater und sein Vater und seine Onkel getauft waren.

„Mein Sohn, deine Seele strebt nach unseren Kirchen. Ich sehe, mit welchem Fleiß du das glagolitische Alphabet gelernt und die von Urfil übersetzten Bücher gelesen hast."

Der Patriarch gab das Zeichen, und einer der Diener brachte ein brandneues Buch:

„Nimm dieses Buch als Geschenk. Die Transkription ist speziell für dich. Es wurde von Bogomil, dem Lehrer von Urfil, geschrieben. Auf Griechisch heißt Bogomil Theodor, und die Lateiner nennen ihn Domino, also wundere dich nicht. Dies ist eine Biografie von Upravda, den sie auch Justinian nennen, unseren großen Justinian von Veridiana. Es ist in unserer Sprache geschrieben. Justin machte ihn zum Bischof von Sardica und gab ihm Geld, um dort eine schöne Kirche zu bauen. Sie widmeten es der Heiligen Sophia. Heute sagt man nicht mehr Sardica, sondern Sofia. Bogomil war der erste Bischof dieser Kirche und er diente in bulgarischer Sprache. Nun ist die Stadt Sofia voll von Utiguren und Kutriguren, Sie wissen, dass der häufigste Name unter ihnen Ute oder Wute und Kute ist."

Tervel nahm das Buch aufgeregt in die Hand. Der Patriarch fuhr fort:

„Ich weiß, dass dein Vater wegen der Kriege keine Zeit hatte, dich zu taufen. Sag mir, willst du nicht die heilige Taufe empfangen wie dein Vater, wie deine Onkel und wie dein Großvater, der große Kubrat, möge sein Andenken hell sein!"

Alle gossen aus ihren Bechern, und einer donnerte in den Saal:

„Amen n n n!"

„Ja, Vater, das werde ich! Aber wir werden es feierlich tun, mit den notwendigen Vorbereitungen in der nahen Zukunft. Sie wissen, dass auch die Menschen sich vorbereiten müssen. Jetzt muss ich zurück nach Silibria an der

Donau. Sie wissen, wenn ein Herrscher stirbt, gibt es immer Leute, mit denen man vorsichtig sein muss."

Der Patriarch lächelte, denn er wusste, mit wem er vorsichtig sein musste. Es war der Sohn von Tervel, der, zum Leidwesen aller, nicht in die Fußstapfen von Kubrat, Asparuch und Tervel getreten ist. Dann nickte er mit dem Kopf. Auch Kuber nickte zustimmend mit dem Kopf.

„Dein Wille geschehe, Knyaze!"

Erst im Jahre 703 erlaubten die Ereignisse der kommenden Jahre, dass Tervel in Ohrid zusammen mit vielen Bulgaren aus Alt-Alanien und Kuban getauft wurde. Er nahm den Namen Theoctistus an. Die Chronisten hielten dieses wichtige Ereignis fest.

Die Epopöe der Soldaten von Mavar

Mit einer "Erlesene Truppe" bereitete sich Justinian darauf vor, die Araber von Mohammed ein für alle Mal zu besiegen. Der Grund für den Krieg war, dass die Muslime ihren Tribut an Byzanz in Goldmünzen mit einer arabischen Schrift zahlten, nicht mit einem byzantinischen. Das Schicksal war nicht großzügig zu einigen der Bulgaren in dieser Armee. Sie marschierten von Großbulgarien nach Pannonien, von Pannonien zum Karamysischen oder Bitolischen Feld, von Bitolja nach Thessalien und Thessaloniki, von Thessaloniki nach Opsikon in Kleinasien und von Kleinasien zu den Schlachtfeldern gegen die Araber.

Sich auf die „Erlesene Truppe" verlassend, brach Justinian den Frieden, den sein Vater 692 mit den Sarazenen geschlossen hatte. Er verlegte auch Soldaten, die im

Berg Libanon stationiert waren, nach Syrien. Er marschierte gegen die Sarazenen und kam nach Sewastopol, im ersten Armenien, die die Araber Sulu Sarai nannten. Von Anfang an gelang die Überraschung und die Araber wurden in mehreren Schlachten besiegt. Die Sarazenen erfuhren von seinem Marsch und kamen ebenfalls dort an.

Bevor die Schlacht begann, sagten Mohammeds Gesandte, dass sie die Friedensbedingungen fest einhielten, aber wenn die Römer sie brechen wollten, würde Gott der Richter über die Schuldigen sein. Da Justinian aber den Krieg vorzog, hängten die Sarazenen den schriftlichen Friedensvertrag an ein hohes Banner, befahlen, es vor sich her zu tragen, und rückten gegen die Römer vor. Zuvor jedoch schickte Mohammed dem Anführer der Slawen der „Erlesenen Truppe" einen Sack voller Geld und bot ihm mit vielen Versprechungen an, mit 20.000 Slawen zu ihm zu fliehen. Andere sagten - ein Köcher voller Gold. So bereitete Nibul seine Flucht vor den Römern vor. Der Schlag der Araber war ohnehin sehr stark. Die Römer schlugen in die Flucht. Die slawische " Erlesene Truppe" wartete nur darauf. Nibul hatte endlich den lang ersehnten Moment gefunden, sich von Byzanz zu lösen. Er schloss sich den Sarazenen an und massakrierte zusammen mit ihnen die byzantinische Armee.

Justinian war wütend. Er hatte kein Mitleid mit Slawen und Bulgaren, auch nicht mit seinen Soldaten. Er war wütend bei dem Gedanken, die Senatoren zu treffen und ihre hässlichen Gesichter zu sehen. In seiner Wut befahl er, die restlichen 10.000 zusammen mit ihren Frauen und Kindern auszurotten. Die Isaurier trieben sie wie Vieh zu einem Abgrund über dem Golf von Nikomedia, der Levante genannt, und umzingelten sie in einem Halbkreis. Zwei Tage lang schossen sie mit Pfeilen auf sie. Diejenigen, die sich nicht von den Felsen stürzten, kamen durch die Pfeile um. Tagelang trieb dort das Stöhnen der Sterbenden. Schwärme von Raubvögeln hingen monatelang über dem Ort. Für Dutzende von Jahren danach kam niemand mehr über den Platz, und er wuchs mit Wald zu. Die Leute nannten es spontan "bulgarisches Grab" und erzählten ihren Kindern, dass dort Geister spazieren gehen.

Am 5. Oktober 693, während der dritten Stunde des Tages, gab es eine solche Sonnenfinsternis, dass einige Sterne deutlich sichtbar waren. Dieses Phänomen wurde von den Philosophen in Konstantinopel vorhergesagt. Viele Menschen sahen in dieser Sonnenfinsternis ein böses Omen. Als Folge ihres Sieges wurden die Sarazenen noch dreister und richteten im Jahr 693 noch größeren Schaden im oströmischen Staat an. Mohammed zog gegen Byzanz, brachte die flüchtigen Slawen mit, die Byzanz gut kannten, und nahm viele Gefangene mit. Der Patriarch wiederholte mehrmals in den Messen, dass dieses Unglück die Strafe Gottes für die Nichteinhaltung der Verträge sei.

Im Jahre 696 wurde Leontius inthronisiert, und überall herrschte Frieden. Leontius machte dem angestauten Hass der Senatoren und des Volkes gegen Justinian Luft, schnitt ihm die Nase ab und vertrieb ihn aus dem Staat. Justinian floh zu den Hasaren. Viele machten ihm Vorwürfe, dass er ihn nicht tötete, aber er machte ihnen Gegenvorwürfe:

„So war die Schmach für ihn viel größer, und ich befleckte meine Hände nicht mit Blut und blieb rein vor Gott."

Zehn Jahre später sollte Leontius für diese Gnade mit seinem Leben bezahlen.

Ein griechischer Chronist hielt fest, dass noch 60 Jahre später Slawen auf der Seite der Muslime gegen Perser kämpften: "Abu-Muslim, ein persischer Kriegsherr, Gouverneur von Mesopotamien, der sich nach dem Tod Mohammeds gegen seinen Nachfolger Abdellah al-Mansur, einen abbasidischen Kalifen um 750, auflehnte, sammelte 755 sein Heer und zog mit Abdellah bei Nizibis in die Schlacht, besiegte ihn und tötete viele. Und die meisten von ihnen waren Slawen und Antiochiener."

Der Tod von Asparuch

Nach einer Sonnenfinsternis im Jahr 693, als Justinian Krieg gegen die Araber führte, starb Asparuch im folgenden Jahr. Es war 694, das Jahr des Pferdes. Ein bersitischer Chronist berichtete, dass Asparuch 61 Jahre regierte: "...Diese fünf Fürsten regierten das Fürstentum auf der anderen Seite der Donau 515 Jahre lang mit kahlgeschorenen Köpfen. Und dann kam auf dieser Seite der Donau Knyaz Isperich." Und ein Armenier schrieb: "Dieser König tötete eine große Schar von Ismaeliten und dann töteten ihn die Ismaeliten an der Donau." Ja, Asparuch starb an der Donau in schweren Kämpfen mit den Hazaren. Mit diesen Schlachten trieben die Bulgaren die Hazaren hinter den Dnjepr. Die Beerdigung war wie die von Kubrat. Sein Grab blieb unbekannt im Land der einst vertriebenen Besen, genannt Bessarabien.

Sein Sohn Tervel folgte nach ihn auf dem Thron der Bulgaren.

ENDE

Justinians Feldzug gegen Bulgaren und Slawen im Jahr 688

Die Lehrer der Bulgaren

Prolog

Das Ende des Nikephoros

28. Juli 811. Bulgarien. Die Schreie und das Stöhnen über die Gräueltaten des byzantinischen Kaisers Nikephoros waren noch nicht verklungen, die Feuer nach der Vernichtung seiner Armee noch nicht erloschen. Zwischen der Donau und dem Balkan suchten die Menschen nach ihren Verwandten oder deren Leichen, um sie zu begraben. Sie waren auch auf der Suche nach ihren Herden oder dem, was von ihnen übriggeblieben war. Der Knyaz der Bulgaren, Krum, hatte alle Wojewoden zusammengerufen, um das weitere Vorgehen zu beraten. Sein Lager war in der Nähe der ersten Schlucht am Fluss Titscha nach Preslav. Die Truppen sammelten die Waffen der getöteten Byzantiner ein. Sie alle kamen mit ihren Gefolgsleuten in voller Ausrüstung, niemand dachte auch nur einen Moment an Ruhe. Die Seele eines jeden war zerrissen von der Trauer um gefallene Familienmitglieder. In den Augen der Jungen las man einen unstillbaren Durst nach Rache. Die Alten wussten jedoch, dass lediglich ein Kopf des Drachens abgeschlagen worden war, dass es aber noch weitere gab und daher die nächsten Handlungen genau überlegt werden mussten. Ständig kamen Reiter mit Nachrichten an und nachdem sie Befehle erhalten hatten, brachen sie wieder auf.

Knyaz Krum war körperlich stark und sehr widerstandsfähig. Er wurde in der alten Tradition der Berziten erzogen, die ständige körperliche Bewegung erforderte. Vor seinem Zelt wurden viele Feuer entzündet. Es gab auch Karren mit Lebensmitteln und Ausrüstung für die mobilen Militärwerkstätten. Nachdem verkündet wurde, dass die Wojewoden versammelt waren und warteten, ging Krum hinaus. Sein Bruder Andag[279] trat auf ihn zu und sie umarmten sich innig. Sie standen alle auf, nahmen ihre Helme und Unterhelme ab und verneigten sich respektvoll. Dann hörte Krum einem nach dem anderen zu, was sie zu sagen hatten. Es herrschte eine Stille, die niemand zu brechen wagte.

„Hört mein Wort!"

Seine Stimme verriet keine Aufregung. Der Ansager wiederholte lautstark.

„In zwei Tagen werden Truppen aus Srem[280], Banat und Walachei eintreffen. Ich ernenne meinen Bruder Andag zu meinem Oberbefehlshaber und Stellvertreter!"

„So sei es, Knyaze[281]!", hallten die Stimmen zustimmend.

„Andag wird diese Armee in drei Richtungen führen! Die erste geht nach Sardica[282]. Lasst uns dort unsere Macht konsolidieren, damit es keine Überraschungen in unserem Rücken gibt! Die zweite geht nach Konstanz. Die byzantinische Flotte darf nicht landen! Beschlagnahmt alle

---

[279] Der wirkliche Name seines Bruders ist uns nicht überliefert.
[280] Sirmium, Sremska Mitrovitsa
[281] König auf Bulgarisch.
[282] Krum hatte Sardica bereits vor dem 8. April 809 eingenommen, aber seine Macht dort war nicht von Dauer bis 811.

Schiffe, um den Nachschub nach Messembria[283] zu blockieren! Die dritte Richtung ist Messembria, Debelt und Adrianopel. Um die Garnison von Adrianopel nach Versinikia zu locken und zu unseren Bedingungen zu kämpfen - lass sie zuerst angreifen!"

„Der Stratege Leo wird Andag unterstellt!"

Leo bekreuzigte sich und sagte laut:

„Ich schwöre bei Gott, dass ich Euch treu dienen werde, Knyaze!"

Leo war ein byzantinischer Feldherr bulgarischer Abstammung, der auf die Seite der Bulgaren übergetreten war, nachdem Nikephoros die asiatische Bevölkerung ihrer Heimat entrissen, ihren Besitz verkauft und sie quasi als Sklaven in Thrakien angesiedelt hatte. Nikephoros' Ziel war es, die slawischen Gemeinden zu schwächen, aber das Gegenteil geschah. Einige begingen Selbstmord wegen des Verlustes ihrer Lebensgrundlage, aber die Mehrheit ging massenhaft auf die Seite der Bulgaren über.

„Südlich des Balkans, von Beroja bis zum Weißen Meer, soll Dultroini der Erste sein! Er soll der Ichirgu-Boil[284] für meine rechte Seite sein! Die Strategen Warda und Jani sollen seine Untergebenen sein!"

„So soll es sein, Knyaze!"

„Das andere Drittel der Armee ist auf dem Weg nach Anchialos, Debelt, Sozopol und Ranulli. Sie soll dem Boilen – Kawkhan[285] Iratis für meine linke Seite untergeordnet werden. Seine Untergebenen sollen Kordil und Grigora sein!"

---

[283] Nessebar
[284] Erster Vertrauter des Herrschers.
[285] Oberbefehlshaber, Mitregierender.

„So soll es sein, Knyaze!"

„Dieser Auftrag soll in Stein gemeißelt werden[286]! Der Zweck all unserer nächsten Kriege ist es, unser Gebiet südlich des Balkans mit dem von Makedonien, Illyrien und Dardanien zu verschmelzen. Knyaz Telerig versuchte es im Jahr 774, scheiterte aber. Er wurde von den Christen an seinem Hof verraten. Die Byzantiner warteten auf ihn, als er an die Struma kam, und er musste zurückkehren. Aber jetzt ist es an der Zeit, zu beenden, was er begonnen hat. Zu diesem Zweck ist ganz Thrakien zu besetzen und der gesamte Lauf des Flusses Hebros'[287] einzunehmen! Noch einmal: Zuerst die Garnison von Adrianopel vernichten, dann den Hebros hochziehen. Und denkt daran: Wie schwer es auch sein mag, meine Soldaten, behandelt die Gefangenen gut! Sonst werden die byzantinischen Gemeinden nicht massenhaft zu uns überlaufen. Und erinnert euch, woran der awarische Staat zugrunde ging. An der Ungerechtigkeit! Nicht aus Mangel an Reichtum!"

Aglanpst, der Wojewode der awarischen Söldner, der ebenfalls bei dieser Versammlung war, schluckte.

„Die Menschen, die zu uns kommen, wollen mit gerechten Gesetzen und Sitten leben", so Krum weiter.

Dabei warf er dem Strategen der Awaren Aglanpst sowie den Byzantinern Leo, Cordil und Grigore einen langen und intensiven Blick zu, als wolle er ihnen noch einmal seinen festen Willen bezeugen, mit allen Bulgaren und Slawen auf Augenhöhe zu leben.

---

[286] Eine Inschrift mit diesen Befehlen wurde auf einem Hügel beim Dorf Hambarlii gefunden, jetzt Dorf Malamirovo, Bezirk Elhovo.
[287] Fluss Maritsa.

Der Wojewode Jani schauderte, als er sich daran erinnerte, wie die Männer von Nikephoros befohlen hatten, die kleinen Kinder von Preslav zu versammeln und sie mit Dikanjas[288] zu zerquetschen. Jani und seine Männer kämpften einen verzweifelten und ungleichen Kampf, um sie zu retten, waren aber gezwungen, sich zurückzuziehen. Jani war ein Mann mit starkem Willen, aber solche Grausamkeit war überhaupt nicht vereinbar mit seinem menschlichen Wesen. Ein paar Tage zuvor hatte Dultroini seine wenigen verbliebenen Soldaten kaum davon abhalten können, die Byzantiner unvorbereitet anzugreifen, als sie hörten, dass die Byzantiner Streifen aus Ochsenhaut schnitten und das Heulen der Ochsen durch das Universum schallte. Der Stratege Leo erinnerte sich an die zahllosen christlichen Kirchen, die von Nikephoros' Männern geschändet worden waren. "Das waren wilde Heiden", dachte er. Als hätte er die Gedanken seines Wojewodas gelesen, fügte Krum hinzu:

„Denkt auch daran, dass diejenigen, die die Gräueltaten in unserem Land begangen haben, jetzt tot sind![289]"

Es herrschte eine Grabesstille, in der die Herzen der Menschen vor Schmerz laut pochten!

„Der Schädel des Nikephoros soll wiederholt gekocht und wie ein Becher mit Silber überzogen werden!"

„Woo, woo, woo!" ertönte ein heftiger Schrei der Zustimmung.

Als nach dem erfolgreichen Krieg der Bulgaren gegen die Besiegten auf der kimmerischen Halbinsel die

---

[288] Verleimte Holzbretter mit nach oben gebogener Front. Auf ihrer unteren Fläche befinden sich gleichmäßig gesetzte, scharfe Feuersteine.

[289] Am 26. Juli 811 wurde Nikephoros' Armee bei Pliska vernichtet.

Bulgaren die stolzen, starken und schönen Alanen am Fuße des Nordkaukasus besiegten, wurde dieser alanische Brauch auf die Bulgaren übertragen. Von da an dienten die Alanen in den Armeen der Bulgaren, Byzantiner und Geten.

Es gab viele Frauen in der Armee von Krum. Als sie Nikephoros gefangen nahmen, zogen sich die Männer absichtlich zurück und ließen die Frauen nach vorne. Keine der Frauen griff nach ihrer Waffe. Sie alle griffen nach Steinen und zerschlugen ihn, wie es sich für die niederträchtigste Kreatur gehörte, die ihre Kinder ausgerottet hatte.

Krum fuhr fort:

„Und denkt an eines! Dieser Krieg wird drei bis vier Jahre dauern. Hütet dafür unsere Soldaten! Führt vor jeder Operation intensive Aufklärung mit doppelt so vielen Reitern wie üblich durch! Lasst Euch nicht auf Feindseligkeiten ein, bevor der Vorteil nicht gesichert ist! Noch einmal: Das Wichtigste ist, unsere Soldaten und Ressourcen zu schützen. Byzanz ist ein reiches Land und wir können es nur besiegen, indem wir ihm Schritt für Schritt seinen Reichtum wegnehmen und es dazu bringen, uns zu dienen!"

Die Ereignisse überschlugen sich danach und schienen gemäß dem Plan des klugen Krum zu verlaufen. Der in Pliska verwundete Sohn von Nikephoros - Stavrakis[290]- dankte bereits am 2. Oktober 811 ab. Sein Nachfolger wurde Michael Rangave. Kurz darauf, am 5. November

---

[290] † 12.1.812

811, eroberte Krum die Stadt Messembria und nahm 36 feuerwerfenden Pumpen mit. Dies war ein großer Schlag gegen die Byzantiner, da sie das Geheimnis des flüssigen Feuers, mit dem sie jahrhundertelang erfolgreich gegen jede Flotte gekämpft hatten, sehr streng hüteten. Krums Bruder nahm Debelt durch Belagerung ein und siedelte dessen Bewohner um. Byzantinische Truppen aus Opsikon und die Thraker begannen einen Aufstand gegen Michael Rangave. Dies wurde bekannt und die römische Armee war völlig demoralisiert. Die Byzantiner gerieten in Panik und verließen Anchialos, Beroe[291], Nikea[292], Provat, Philippopolis[293], Philippi und das gesamte Flusstal von Struma. Schließlich wusste Krum, dass er genug Kräfte gesammelt hatte, um die Garnison von Adrianopel zu besiegen.

Es war der 22. Juni 813. 44 km östlich von Adrianopel bei Versinika. Zwei riesige Armeen standen sich seit 15 Tagen gegenüber. Michael Rangave hatte neben den regulären Truppen allerlei Gesindel versammelt, Verbrecher „von Pfählen und Seilen"[294], alle Arten von Schleuderern, Bauern mit primitiven Waffen... Gegen Krums 60.000 Reiter stand ein 100.000 Mann starkes Heer. Während dieser 15 Tage wechselte Krum regelmäßig die Frontsoldaten, die Wache halten mussten, während der Rest der Soldaten und Pferde ruhte. Er wusste, dass der Feind vor Müdigkeit geschwächt würde und dass sie schleppend angreifen und bei den ersten Verlusten fliehen würden. Und es war möglich, dass selbstgerechte römische Generäle seinen Befehl -

---

[291] Heute Stara Sagora in Bulgarien
[292] Heute Hasfa, südwestlich von Adrianopel in Türkei.
[293] Heute Plovdiv in Bulgarien.
[294] Bulgarische Redewendung: Männer "von Pfählen und Seilen" bedeutet Menschen Verbrecher, die zuvor gefesselt mit Seilen und gebunden an Pfählen, waren.

nicht zuerst anzugreifen - als Schwäche auslegen würden.
Das wäre das Beste gewesen, was hätte passieren können.
Durch die große Anzahl von Flüchtlingen hatten sie ein
vollständiges Bild von der römischen Armee, dem Zustand
ihrer Versorgung und Moral. Und doch beobachteten die
Reiter von Krum ständig die kleinste Bewegung des Feindes. Der Schmerz über die Niederlage bei Pliska war so
groß, dass Krum es sich nicht leisten konnte, auch nur einen Moment lang überrascht zu sein.

Michael Rangave war ein inkompetenter Stratege.
Es war sein General Leo[295], der über außergewöhnliche
Energie verfügte, und er hätte es sein sollen, der die
Schlacht anführte, aber das Schicksal wollte es, dass er
dem Kaiser Michael diente und nicht dieser ihm. Dies zu
erdulden, war unerträglich für ihn. Kaiser Michaels Berater interpretierten Krums Verhalten als Schwäche und
überredeten den Kaiser, die Schlacht zuerst zu beginnen.
Darauf hatte die bulgarische Armee gewartet. Die Bogenschützen rückten immer weiter von der vorrückenden Infanterie weg, und die Römer mussten viele Verluste hinnehmen. Leo jedoch durchschaute Krums Taktik und
befahl, dass sie beim Kontakt mit den Bulgaren Schildkrö-
ten[296] bilden sollten und nur die Bogenschützen der zweiten Reihe Pfeile werfen sollten. Dies stabilisierte seine
Reihen. Gerade zu diesem Zeitpunkt wurde er informiert,
dass die Truppen von Kaiser Michael sich beugten und zurückzogen. Da explodierte die immense Eifersucht, die
sich seit Jahren in seiner Seele gegen den Kaiser aufgestaut
hatte, und er beschloss, mit Kaiser Michael ein für alle Mal

---

[295] Der zukünftige Kaiser Leo V. von Armenien (813-820).
[296] Schilde nahe beieinander, die Gruppen von Soldaten schützen.

fertig zu werden. Er befahl den Truppen, sich geordnet und schnell nach Konstantinopel zurückzuziehen. Weder Kaiser Michael noch Krum verstanden diese Aktion zunächst. Krum entschied, dass es sich um eine Falle handelte und befahl 500 Reitern, die Römer zu verfolgen und genau zu berichten, was vor sich ging. Endlich zeichneten die Berichte ein eindeutiges Bild. In der byzantinischen Armee gab es einen Machtkampf! Leo war mit großem Tempo dabei, die Macht in Konstantinopel zu ergreifen und Kaiser Michael der Gnade von Krum zu überlassen! Krum befahl eine kesselartige Einkreisung von Kaiser Michaels Truppen, was auch passierte. Ein Massengemetzel der byzantinischen Armee begann. Kaiser Michael gelang es, sich mit einem kleinen Gefolge loszureißen, aber er war im Rennen um Konstantinopel schon zu spät dran - Leo bestieg den Thron. Und Leos Truppen erlitten große Verluste - die Nachzügler ergaben sich entweder oder wurden, wenn sie Widerstand leisteten, von den bulgarischen Soldaten abgeschlachtet, die wütend über den Verlust ihrer Angehörigen waren, die von Nikephoros abgeschlachtet wurden. Nach dieser Schlacht war ganz Thrakien nun Krum unterstellt. Es blieb nur noch, das wenig besiedelte Adrianopel zu besetzen. Krum schickte seinen Bruder mit einer kleinen Armee dorthin und sagte zu ihm:

„Adrianopel ist voll von Armeniern und Bulgaren. Nachdem sie sich ergeben haben, was sie tun werden, da sie keine Verteidigung haben, nehmt die gesamte Bevölkerung nach Messembria, setzt sie auf Schiffe und versetzt sie an die Mündung der Donau. Von dort aus werden wir sie später entlang der Donau zerstreuen und an die äußeren

Bojaren[297] übergeben. Es müssen etwa 100 000 mit ihren Familien sein. Das wird einige Monate dauern, aber lasst das ihre Aufgabe sein. Und keine Gewalt! Sie sollen in ihren neuen Grenzsiedlungen von allen Steuern befreit werden, damit sie die Mittel haben, sich an der Verteidigung der Grenzen zu beteiligen. Wählt die Adligen aus und schickt sie mit ihren Familien nach Tarnovo[298]. Geben Sie ihnen die üblichen Zahlungen als Gastbojaren und lassen Sie sie frei leben. Wenn sie der armenischen Dynastie entstammen – krümmt ihnen kein Haar! Ich gehe nach Konstantinopel!"

„Gott sei mit dir, Bruder!", antwortete Andag.

Adrianopel

Im Jahr 777 war Knyaz Telerig bereits seit 13 Jahren an der Macht. Die Türken und Bulgaren in Hasarien nannten ihn Teler-khan, und die Slawen in Bulgarien – Telerich. Der Namenszusatz „Rich" war im Gotischen identisch mit „Zar" und bedeutete Kaiser. Die Slawen waren die eigentlichen Erben der Geten.

Im Jahr 774 beschloss Telerig, 12.000 Reiter nach Ohrid zu schicken, um die Berziten aus Makedonien nach Mysien umzusiedeln. Seine Pläne wurden von den Spionen an seinem Hof durchkreuzt und Konstantin V. wartete mit einem 80.000 Mann starken Heer in Thrakien auf ihn. Es blieb Telerig nichts anderes übrig, als kampflos zurückzukehren. Dies mag Konstantins größter Erfolg gegen

---

[297] Die Verwalter der Grenzregionen werden äußere Bojaren genannt. Die Verwalter der inneren Regionen werden innere Bojaren genannt.

[298] Hauptstadt Bulgariens.

Bulgarien gewesen sein. Daraufhin beschloss Telerig, die Spione ausfindig zu machen und sich für den Verrat zu rächen. Telerig schrieb Konstantin V., dass er großen Ärger mit einigen Bojaren habe und daher aus Bulgarien auswandern müsse. Er bat Konstantin ihm zu sagen, welchen Leuten er vertrauen kann, um Bulgarien zu verlassen. Konstantin schickte ihm einen Isaurier[299] mit einer Liste seiner Vertrauensleute in Bulgarien. Daraufhin tötete Telerig jeden, der auf der Liste genannt wurde. Das sprach sich natürlich herum, und der Spott am Hofe Konstantins über seine unglaubliche Dummheit nahm kein Ende. Kaiser Konstantin V. hatte Bulgarien bis zu Telerigs Zeit acht Mal angegriffen und verdiente sich den Spitznamen Compronymus[300], den ihm seine eigenen Leute gaben, da er sie in sinnlosen militärischen Operationen erschöpfte. Welcher Teufel ihn dazu trieb, sein Glück zum neunten Mal gegen die Bulgaren zu versuchen, und das im Januar mit einem Seefeldzug, wusste niemand. Die Griechen waren ein altes Seefahrervolk, und der Stratege der Flotte ermahnte ihn wiederholt und vergeblich, die Sommermonate abzuwarten. Das byzantinische Landheer war auf dem Weg nach Aheloy, dem ältesten Land des Myrmidoniers Achilles. Am 21. Januar 775 versenkte ein Sturm um Messembria 2.600 Schiffe mit Soldaten und Pferden. Telerig schätzte richtig ein, dass er in der Lage sein würde, auch die Landarmee zu vernichten und tat dies auch. Die Schlacht fand bei Anchialos[301] statt. Die bulgarische Kavallerie wartete

---

[299] Bewohner des Bezirks Issurien, Zentralkleinasien. Die Isaurier sind für ihre wilde Natur bekannt. Kaiser Zeno brachte sie als Garde nach Konstantinopel, aber sie wurden nach ihm vertrieben.
[300] Scheiße
[301] Heute Aheloy

in den Wäldern von Hem[302], oberhalb von Anchialos, bis das byzantinische Landheer in die Ebene unter ihnen kam. Dann gab Telerig den Befehl zum Angriff. Die Schlacht war schrecklich, denn die Byzantiner erkannten, dass sie keine Hilfe vom Meer bekommen werden, und kämpften verzweifelt. Bei Einbruch der Dunkelheit kippte der Sieg zu Gunsten der bulgarischen Armee, und es begann eine wahnsinnige zweitägige Verfolgung bis nach Debelt. Das Heer von Byzanz hinterließ rund um Anchialos ihre Knochen, die auch noch zu Krums Zeiten zu sehen waren.

Trotz dieser Erfolge von Telerig baute die alte Familie von Kardam ihren Einfluss in Bulgarien kontinuierlich aus. Kardam wurde in altskythischen Traditionen erzogen, was dem Volk gefiel. Ihre Familie herrschte nämlich immer noch über die Jati-Gebiete in Nordindien. In der Schlacht von Anhiallo führte er die ihm anvertrauten Truppen bravourös an und erlangte so immense Autorität im Volk. Im Jahr 777 wurde er auf einem Volkskonzil zum ersten Herrscher erhoben und Telerig zu seinem Mitregenten und Untergebenen. Telerig wusste sehr wohl, dass er ein guter Herrscher war, und dass unter ihm Bulgarien im Vergleich zu dem Bulgarien während der unruhigen Zeiten von Telets, Sabin und Boyan noch stärker geworden war, aber die Großbojaren dachten, dass Kardam nach den schrecklichen Unruhen, in denen Knyaz Sabin nach Byzanz floh, eine noch stärkere einigende Persönlichkeit sein würde. Telerig wusste, dass Sabin in Byzanz zum Patrizier ernannt worden war und dort in hohem Ansehen stand. Nach Konstantins Tod tauschten er und der neue Kaiser,

---

[302] Balkangebirge

Leo IV. Chasar[303], viele freundliche Briefe aus. In gewisser Weise war Leo Telerig dankbar, dass er die militärische Macht seines Rivalen praktisch liquidiert hatte. Obwohl Telerig schwor, Kardam treu zu dienen, konnte sein Stolz diesen Zustand nicht ertragen, und ironischerweise schrieb er einen anderen Brief an den neuen byzantinischen Kaiser, aber diesmal mit wirklichen Absichten auszuwandern. Dies war, als er mit seinem Gefolge in der Festung Merkeli war. Eines Nachts verließen sie Merkeli und erreichten Anchialos, und von dort gelangten sie mit dem Schiff nach Konstantinopel. Leo freute sich sehr und bereitete ihm einen prächtigen Empfang. Er erklärte ihm vorher, dass er eine Prinzessin der königlichen Familie heiraten müsse, um ein formales Recht auf seine Gunst zu haben. So wurde Telerig zunächst getauft, der Kaiser selbst wurde sein Taufpate. Dann heiratete er als Christ eine Cousine der Kaiserin Irene und erhielt in einer feierlichen Zeremonie den Titel eines Patriziers. Er bekam einen kleinen Palast, in dem er sein Leben verbringen konnte. Er und seine Frau und die Kaiserin Irina verstanden sich auf Bulgarisch, weil sie chasarische Prinzessinnen waren und Bulgarisch sprachen. Aus diesem Grund hatte der Kaiser, Leo IV., den Spitznamen Chasar.

Von seiner ersten Frau in Bulgarien hatte er einen Sohn. Auch von diesem wurde der Kaiser Pate und er wurde nach ihm benannt - Leo. Er war damals sieben Jahre alt. All dies schien nur vordergründig eine freundliche Geste zu sein. In der Tat hatte Byzanz viel Erfahrung mit adligen Flüchtlingen, und der Kaiser wusste, dass es

---

[303] Regiert von 25.I.775 bis 8.IX.780.

passieren konnte, dass mit Hilfe von fremden Truppen Flüchtlinge nach seinem Thron griffen. So wurden solche Flüchtlinge ganz höflich von der Macht ferngehalten, umgeben von vielen Truppen. Nach einiger Zeit siedelte er die Familie Telerigs zu den armenischen Adligen in Adrianopel an. Adrianopel hatte die stärkste militärische Garnison in Europa. Zu diesem Zeitpunkt erkannte Telerig, dass seine Dynastie ihren Reichtum und Einfluss dauerhaft verloren hatte und er neu anfangen musste. Auf seinem Ring stand nun zwar "Christus helfe deinem Sklaven Telerig, dem gottesfürchtigen Patrizier", wie auf dem Ring des großen Kubrat "Dem Patrizier Kubrat" stand, aber Kubrat war ein Patrizier, bevor er ein Knyaz von Gottes Gnaden wurde, und Telerig, nachdem er ein Knyaz von Gottes Gnaden war. Was für ein Sturz! Von einem Herrscher des mächtigsten Staates zu einem Provinzadligen in einer Soldatenstadt, den jeder Stratege befehligen kann. Nicht lange nach der Umsiedlung nach Adrianopel starb Telerig. Er wurde mit großen Ehren beigesetzt.

Leo

Leo[304], Telerigs Sohn, war 813 in den Rang eines Substrategen aufgestiegen. Seine Aufgabe während des Krieges in jenem Jahr war es, für die Versorgung von Adrianopel zu sorgen und die Rüstungsmanufakturen ununterbrochen am Laufen zu halten. Im Juli 813 kamen die Überlebenden von Versinikia in einem erbärmlichen Zustand an und berichteten von der Niederlage der Armee.

---

[304] Der Vater von Cyril und Methodius

Leo wusste, dass eine unblutige Einnahme von Adrianopel unmittelbar bevorstand, da die Stadt keine Nahrungsmittelreserven mehr hatte und keine Hilfe von außen zu erwarten war. Zwei Welten kämpften in seiner Seele: die eine, ich bin ein Bulgare, die andere, ich bin ein byzantinischer Beamter. Von seinem Vater in Bulgarien hatte er jedoch gelernt, dass die Fähigeren und Mächtigeren in der Gesellschaft, was immer auch geschah, die Verantwortung hatten, die Gemeinschaften zu führen und ihnen zu helfen, das Leben der Menschen in ihnen zu organisieren, und er folgte diesem Beispiel. Er riet den Menschen, die voluminösen Gegenstände an die letzten Spekulanten, die am Fluss Hebros handelten, zu verkaufen, möglichst für Juwelen, die man leicht verstecken kann, denn er kannte die Politik seiner Vorfahren - die Grenzgebiete der eroberten Staaten werden von möglichen Verbündeten des feindlichen Staates gesäubert. Leo war in allen vornehmen armenischen Familien willkommen. Als Armenien vor Jahrhunderten seine Unabhängigkeit verlor, flohen die königlichen Familien nach Konstantinopel, aber als die Perser und Araber versuchten, sie für ihre Eroberungszwecke zu gewinnen, wurden sie nach Adrianopel verbannt. Viele Generationen lang heirateten sie nur untereinander und verloren weder ihre Abstammung noch ihren Stolz als Herrscher. Leo, der Statthalter von Adrianopel, war mit einem von ihnen befreundet. Er war mit einer Bulgarin verheiratet, und sie hatten ein zweijähriges Kind, das sie Wasil[305] nannten. In der Stadt herrschte Panik, und diejenigen, die Verwandte in Konstantinopel hatten, wanderten aus, aber die

---

[305] Basilius I., Vater von Basilius II. dem Bulgarentöter.

Familien der Soldaten, die nicht aus Versinikia zurückkehrten, zitterten vor der unbekannten Zukunft. Die Preise
der Bootsführer am Maritsafluß waren fabelhaft. Der Gouverneur bat Leo, berittene Parlamentarier zu schicken, um
die Ankunft von Krums Armee zu erwarten und auf Bulgarisch zu vermitteln, dass die Stadt keinen Widerstand
leisten und sich Krums Willen unterwerfen würde, im Vertrauen auf seine berühmte Gerechtigkeit. Andag kam an
und befahl den Soldaten, alle Boote auf der Tundja und
Maritsa zu beschlagnahmen. Damit war die Möglichkeit
einer einfachen Flucht aus der Stadt über den Fluss Europa
abgeschnitten. Es folgten Vorkehrungen für die Evakuie-
rung der Bevölkerung nach Anchialos.

„Jeder soll mitnehmen, was er tragen kann und was
er braucht, um sich an einem neuen Ort niederzulassen und
ein neues Leben zu beginnen! Ihr sollt Lebensmittelvorräte
und Saatgut für die Aussaat aufladen! Euer Eigentum wird
nicht geplündert, ihr zieht nur von einem Ort zum anderen.
Ihr seid keine Gefangenen, sondern freie Menschen."

Die reicheren Leute beluden ihre Karren und nutzten
ihre Schätze, um eine etwas erträglichere Reise zu ihren
neuen Siedlungen zu machen; die Ärmeren mussten mit
dem auskommen, was sie auf dem Rücken trugen. Viele
der überlebenden Krieger folgten der Karawane, denn sie
wussten nicht, wie sie sonst ihren Lebensunterhalt verdienen sollten. Eine kleine Gruppe der armenischen Adligen
wurde zusammen mit ihren Dienern nach Tarnowo gebracht. Unter ihnen war auch die Familie des kleinen Wasil. Andag befahl allen Bauarbeitern, sich zu trennen und
schickte sie in einem speziellen Konvoi nach Tarnowo.
Nach der Zerstörung von Pliska wollte Krum seine

Hauptstadt nach Tarnovo verlegen, da dort gewaltige Bau-arbeiten bevorstanden[306].

Strahota

Von den etwa 100.000 Menschen aus Adrianopel und Umgebung wurden 40.000 für mehrere Monate an die Donaumündung - zwischen Tulcea und Galati - umgesiedelt. Man berichtete Andag, dass sich unter den Verbannten Leo, Telerigs Sohn, befand, worauf er antwortete:

„Nach unseren Gesetzen gibt es ein Todesurteil für seinen Vater, aber er ist bereits tot. Der Sohn hat das Land jedoch nicht aus freien Stücken verlassen, und daran trägt er keine Schuld. Also soll er in Bulgarien leben wie alle anderen Bulgaren auch."

„Und als Sohn eines bulgarischen Herrschers ist es nicht richtig, dass er in der Hauptstadt lebt?", fragte der Schreiber von Andag.

„Ja, es wäre richtig gewesen, wenn sein Vater nicht auf der Flucht vor dem Staat gewesen wäre."

Leo war jetzt 43 Jahre alt. In Galati an der Donau verbrachte Leo die besten Jahre seines Lebens. Er war damals in Adrianopel mit einer Bulgarin verheiratet. Ihr erster Sohn war geboren worden, den sie *Strahota*[307] nannten. Für den fünfjährigen Jungen war diese Reise äußerst interessant. Er sah das große Schwarze Meer, die große Donau

---

[306] Paisii Hilendarski spricht darüber.

[307] Der Heilige Methodius, der Bruder des Heiligen Konstantin-Kiril. Später, als er getauft wurde, nahm er den Namen Methodius an. Von der Bedeutung her ist Methodius die griechische Übersetzung von Strahota. Seine Familie nannte ihn immer Strahota. Als Administrator beider Reichen und als Gelehrter ist er als Methodij oder Methodius in Erinnerung geblieben.

und alle Arten von Menschen. Der örtliche Bojar erkannte schnell die Qualitäten von Leo, Telerigs Sohn, und ernannte ihn zum Gouverneur einer Garnison, die von den neu angekommenen Siedlern gebildet wurde. Leo teilte sie in Siedlungen ein, organisierte ihre Gemeinden und die Regierung, erstellte Listen mit Wehrpflichtigen und Steuer bezogen nur auf die Rinder, und das Leben ging ruhig weiter. Das Fischen in der Donau hat sie in den ersten Jahren gerettet. Danach begannen sie zu ernten und wurden wohlhabend. Das Land rund um die Donau war Gold wert. Sie zahlten keine Steuern, außer der Rindersteuer, aber im Gegenzug schickten sie, wenn die Nachricht von einem Angriff der Magyaren, der Petschenegen oder der Anten kam, die Garnison über den Prut, bis die Gefahr beseitigt war.

Strahota entwickelte sich als ein sehr kluger Junge. Sein Vater nahm ihn überall mit hin, und so begann er, alles zu lernen, was mit der Regierung eines Dorfes, einer Gemeinde, einer Stadt oder eines Bezirks zu tun hatte. Alle um ihn herum waren Christen, und er lernte in seiner Kindheit neben den Gesetzen Justinians auch die Rechtsprechung nach dem christlichen Recht. Sechs weitere Kinder wurden Leo und seiner Frau geboren, das letzte kam im Jahr 827 zur Welt. Sie tauften ihn auf den Namen *Zarho*[308].

---

[308] Der Heiligen Konstantin-Kiril. Als er getauft wurde, bekam er den Namen *Konstantin*. In den letzten Tagen seines Lebens, wurde er als Priester geweiht und bekam den Namen *Kiril*. Der Welt ist der Gelehrte Philosoph als Kiril in Erinnerung geblieben, sein Leben aber verbrachte er unter dem Namen *Zarho*. Der Name Zarho ist heute noch weit verbreitet unter den Bulgaren.

Zarho

Die Eltern freuten sich über alle ihre Kinder, aber dieser Zarho... Mit eineinhalb Jahren begann er, alle Worte, die er hörte, zu wiederholen und auswendig zu lernen. Seine Mutter war erschrocken! Sie sprachen auf thrakisch-bulgarisch, um sie herum wurde bulgarisch im Berzit-Dialekt gesprochen. Entlang der Donau kamen viele Bulgaren aus Pannonien, Drava, Sava, Bulgarisch-Morawa - sie sprachen wiederum einen westbulgarischen Dialekt. Die Slawen sprachen einen gotischen Dialekt, der sich kaum vom Bulgarischen unterschied. Es waren auch Griechen dabei. Von den Karpen[309] kamen Morowalachen[310], die romanisch sprachen. Seine Mutter dachte, dass dieses besonders ausgeprägte Erinnerungsvermögen seinen Kopf durcheinanderbringen würde. Der Pfarrer von Galati, der Leo manchmal besuchte, bemerkte die Fähigkeiten des Kleinen. Einmal, als Zarho schon fünf Jahre alt war, sagte der Priester zu ihm:

„Leo, mein Freund! Schickt dieses Kind jeden Tag am Morgen zu mir, damit es mit den anderen lernt. Strahota ist sehr gut in der Schule, aber dieser Kleine hat so ein Feuer in den Augen, dass es mir scheint, er wird eines Tages die Welt damit in Brand setzen. Gestern habe ich ihn auf dem Dock beobachtet, wie er herumging und die Angler fragte, wer mit welchem Köder fischte. Abends bin ich zum Markt gegangen, der direkt am Pier ist, und wieder beobachte ich, wie er zu den Fischern geht und

---

[309] Karpaten
[310] Römische Soldaten, die sich nach der Eroberung römischer Gebiete von den Bulgaren hoch in die Berge zurückzogen.

schaut, wer wie viele Fische gefangen hat. Heute Morgen zerrte er am Arm seines Bruders und erzählte ihm, dass er selbst den besten Köder gefunden hatte und dass er, wenn sein Bruder sich hinsetzen würde, in einem halben Tag so viel angeln würde wie die anderen für einen ganzen Tag. Wer hat ihm das beigebracht?"

„Niemand", antwortete Leo. „Er hat es sich selbst beigebracht. Er tut immer etwas, ist immer mit etwas beschäftigt und immer ernst, in Gedanken versunken. Sagt mir, Vater, ist es nicht zu früh für die Schule, sollte er nicht seine Kindheit leben, wie alle anderen, damit er, wenn er Soldat wird, nicht immer noch Kinderspiele spielt?"

„Leo, Leo, dieser Junge wird nie eine Waffe anfassen, er ist nicht dafür geboren."

„Und was glaubt Ihr, wofür er geboren wurde? Wir sind nur allzu oft gezwungen, uns zu verteidigen."

„Er wurde geboren, um zu lernen, viel schneller zu begreifen als andere und es ihnen verständlich zu vermitteln! Eltern haben eine Pflicht gegenüber ihren Kindern: ihre Fähigkeiten zu sehen und ihr Bestes zu tun, um das Beste aus diesen Fähigkeiten zu machen. Und merkt Euch das von mir: *Die besten Verteidiger der Menschen sind ihre Lehrer*!"

Am nächsten Morgen machten sich alle sieben Kinder von Leo wie Küken auf den Weg in die Kirchenschule. Als er an der Wache von Leo vorbeikam, bat Strahota den diensthabenden Soldaten, ihn einen Pfeil auf die Zielscheibe im Hof schießen zu lassen und prahlte damit, dass er schon ziemlich gut schießen könne.

„Hee, hee, hee ... ha, lass sehen!", quiekte Zarho.

Er wusste, dass Strahota Jana, die auch zur Schule kam, sehr mochte. Gerade als Strahota seinen Bogen konzentriert spannte, den Atem anhielt und zu zielen begann, schnappte Zarho zu:

„Gestern habe ich Jana mit Kute gesehen!"

Strahota zuckte kurz zusammen und der Pfeil schlug fünf Ellen vom Ziel entfernt ein.

„Hee, hee, hee... wir haben gesehen, wie treffsicher du schießt!", kicherte Zarho wieder und krabbelte nach vorne, um sich aus Strahotas Reichweite zu halten. Aus der Ferne lächelte er ihn süß an und sagte:

„Nein, Bruder, das ist nicht wahr mit Jana! Ich habe es nur gesagt, um deine Seele zu beunruhigen. Du siehst, die Seele eines Menschen ist wichtiger als alles andere! *Seelenkontrolle ist wichtiger als Waffenkontrolle!*"

Strahota war bereits ein kluger junger Mann, und oft war ihm selbst bewusst, dass dieser Junge nicht nur ihm, sondern allen, die er kannte, überlegen war. Er fühlte eine solche Zuneigung für den Kleinen.

Priester Johan lehrte die bulgarischen Kinder das Lesen und Schreiben im Urfil-Alphabet[311]. Er fuhr oft nach Tomi und Konstanza, aber auch nach Nikopolis ad Istrum[312] und in die Dörfer am Fluss Jantra, um bulgarische Bücher in glagolitischer Schrift zu kaufen. Urfil war einer der Gallier in Kappadokien und schuf diese Buchstaben für die "kleinen" Goten, die vom Jantra-Fluss bis nach Timi lebten, die überhaupt kein kleines Volk waren. Die Festung, in der sie nun am linken Donauufer lebten, wurde

---

[311] Glagolitsa. Goten nennen das Urfils Alphabet Gotika, da es für die kleinen Goten am Fluss Jantra im heutigen Nordbulgarien geschaffen wurde.
[312] Heute Ruinen nicht weit von Stadt Lovetsch im Nordbulgarien.

ebenfalls von Galliern gegründet, daher der Name Galati. Zarho erfasste schnell die Idee, dass jeder Klang ein Zeichen hat. Nach einigen Wochen begann er, alle Geräusche von lebenden Tieren und Vögeln in Buchstaben auf Wachstafeln aufzuzeichnen. Johan lachte:

„Was, du willst doch nicht etwa wissen, was die Tiere und Vögel sagen?"

„Warum nicht? Du hast uns gesagt, dass wir aus Klängen Wörter mit Bedeutung machen. Sowohl Vögel als auch Tiere machen aus Geräuschen Wörter mit Bedeutung. Die Aufnahme ist die einfachste Sache, aber was sagen sie? Gott kann nicht nett zu uns Menschen gewesen sein und gemein zu unserem Essen, sonst wäre er gemein zu uns. Also sind sie auch intelligent wie wir, nur hat Gott mir noch nicht genau offenbart, wie sie kommunizieren. Und stell dir vor, ich treffe auf Menschen, die nicht in ihrer eigenen Sprache schreiben können. Dann werde ich das Gleiche tun. Ich werde ihre Sprache in Laute zerlegen, wie ich es bei den Vögeln mache. Es gibt keinen Unterschied. Und dann werde ich sehen, ob ich Zeichen für alle Laute aus einem mir bekannten Alphabet habe."

„Und wenn nicht?", wollte Johan wissen, was sich dieser unglaubliche Junge dabei gedacht hat.

„Ah, ganz einfach. Buchstaben sind Züge, Striche, Schnörkel und was nicht alles. Man kann immer ein Zeichen für etwas zeichnen. Hier ist das Kreuz auch ein Zeichen für etwas."

Johan bekreuzigte sich dreimal und dankte Gott. Das Schicksal des Lehrers ist nicht immer freudig. Kinder sind alle unterschiedlich und es gibt zwei von hundert, die alles lernen, was er wusste. Der Rest enttäuschte ihn im

Allgemeinen: manche mehr, manche weniger. Aber ein Kind mit tiefer philosophischer Bedeutung sprechen zu sehen, bevor es eine hellenische, lateinische oder persische Bildung erhalten hatte ... das war nicht zu glauben, wenn es nicht vor seinen Augen stattfand...

Sie studierten das Alte und Neue Testament. Einmal unterhielt sich Zarho auf dem Kai mit jüdischen Kaufleuten aus Chasarien und prahlte vor ihnen mit dem, was sie lernten. Einer von ihnen begann, ihn interessiert zu befragen und sagte schließlich:

„Ja, aber ihr studiert nicht das Buch der Kriege!"

Am nächsten Tag erzählte Zarho Johan den Vorfall und fragte ihn, warum das so sei. Johan sagte zu ihm:

„Die Geten waren einst ein sehr kriegerisches Volk. Als Urfil die heiligen Bücher übersetzte, übersetzte er absichtlich nicht das Buch der Kriege, weil er keine Kriegslust in den ohnehin schon kriegerischen Herzen seiner Landsleute schüren wollte.

Das waren gute Zeiten. Es waren friedliche Zeiten. Knyaz Omurtag war ein weiser Herrscher. Er war auch ein Christ. Es gab goldene Medaillons mit seinem Porträt darauf, die ihn mit dem Kreuz in der Hand zeigten. Einige nutzten sie als Zahlungsmittel. Überhaupt, seit die Donau ein bulgarischer Fluss ist, fuhren auf ihr viele Boote aller Art. Kleine, mittlere, sehr große wie Schiffe, Schiffe, die vom Schwarzen Meer kamen. Auf den Märkten der Häfen hörte man die Rede von Franken und Bajuwaren, die den Inn und die Donau hinunterkamen, von Italienern, die ihre Waren mit Maultieren, bis zur Drau und Save und von dort mit Schiffen die Donau hinunterbrachten, von Slawen aus allen Teilen der Karpaten, die alle Flüsse hinunterkamen, von Bulgaren aus dem Banat und der Theiß. Griechen aus Cherson, Varna und Messembria, Juden aus Chasaria. Es gab sogar einige seltsame Matrosen, die eher wie Soldaten als wie Kaufleute aussahen. Sie sagten, sie kämen aus Skandza[313]. Manche nannten sie Wikinger. Sie fuhren den Dnjepr und das Schwarze Meer hinunter. Strahota wusste von Leo, dass sie Schwerter verkauften, die aus einem besonders flexiblen Stahl geschmiedet waren. Knyaz Kardam hatte den äußeren Bojaren[314], wo immer sie solche Waren sahen, befohlen, sie auf Staatskosten zu kaufen und nach Tarnowo zu schicken. Dies wurde auch von Leo ausgeführt. Zarhos Lieblingsbeschäftigung war es, sich an Kaufleute zu klammern und ihnen beim Reden zuzuhören. Er wählte immer Gruppen, die einen bulgarischen Dolmetscher hatten. Er prägte sich schnell unbekannte Sätze und deren Bedeutungen ein. Das sprach sich herum, und es kam vor, dass ein Händler, der keinen Dolmetscher hatte, ihn anrief:

„Hey, Zarho, willst du ein Täschchen mit Zündfaden, Feuerstein und Eisen?"

Natürlich tat er das, jeder wollte sein eigenes Feuer machen können.

„Dann übersetze mir, was dieser Grieche mir sagt."

Wenn ihn jemand in einer anderen Sprache rief, versuchte er auch, ihm zu helfen. Am Abend gab er vor den Nachbarskindern und seinem Vater stolz mit seinem Feuerzeug an. Sie liebten ihn auf dem Markt. Im ganzen Dorf

---

[313] Getischer Name von Skandinavien.
[314] Gouverneure der Grenzbezirke, auf Persisch Mrzapani genannt. Großvater Mraz (Opa Frost) ist in der bulgarischen Folklore eine mythische Figur, die von weit herkommt, aus den äußeren Regionen. In der deutschen Folklore ist das der Nikolaus.

Galati hatte dieser Junge den Respekt eines weisen alten Mannes. Leo wusste um diese Dinge und war froh darüber.

Strahota war besonders interessiert an den christlichen Regeln für das Leben in der Kommune. Leo bemerkte dies und begann, ihn bei der Schlichtung von Streitigkeiten unter den Bewohnern des Viertels mitzunehmen. Strahota wurde volljährig und Leo befahl ihm, eine Kommune in der Nähe von Galati zu regieren. Das Volk liebte ihn, respektierte seine Urteile in Streitigkeiten. Strahota stellte jedoch einen großen Mangel an Büchern und an gebildeten Menschen in den Gemeinden fest. Einmal, als die ganze Familie beim Abendessen saß, fragte er seinen Vater:

„Vater, an wen sollen wir uns um Hilfe wenden, damit wir genügend Lehrer ausbilden können, die das Volk lesen und schreiben lehren?"

Leo war über diese Frage nicht überrascht. Er hatte sich selbst schon oft die Frage gestellt. Langsam schnitt er Scheiben vom dicken Bauernbrot ab und reichte sie jedem. Als er zu Strahota kam, sagte er:

„Dafür braucht man viel Geld, mein Sohn. Nur der große Herrscher – der Knyaz von Gottes Gnaden - kann anordnen, dass von den Steuergeldern in den Bezirken Gelder beiseitegelegt werden, um Lehrer und Schreiber zu ernähren, Menschen auszubilden und Bücher zu kopieren. Aber selbst, wenn dies geschehen würde, haben wir nicht so viele Männer wie die Griechen oder Lateiner für diese Arbeit. Wir brauchen Gott, der uns ein Wunder schickt, damit kluge bulgarische Köpfe versammelt werden, um diese Arbeit zu tun. Und es wird mindestens ein halbes Jahrhundert dauern. Aber eines ist klar, wenn wir unser

Volk besser ausbilden als die Byzantiner, wird Byzanz nie eine Bedrohung für uns sein."

Zarho saugte jedes Wort seines Vaters auf.

„Und müssen Menschen unbedingt Christen sein, um schreiben zu können?"

Leo war nicht mehr überrascht von Zarhos raffinierten Fragen.

„Nein, Zarho. Die Chaldäer, von denen wir abstammen, schrieben lange vor Christus. Nach dem Trojanischen Krieg schrieben auch unsere Landsleute, die um den Berg Belasitsa lebten, mit sogenannten belasgischen Buchstaben. Die Griechen, weil sie keinen Buchstaben für "b" hatten, schrieben "mp" und viele Leute nannten sie dann auch mpelasgische-Buchstaben. Homer hat seine berühmten Bücher "Die Ilias" und "Die Odyssee" mit diesen Buchstaben in unserer Sprache aufgezeichnet. Ein paar hundert Jahre später übersetzten die Griechen sie und beanspruchen sie nun als ihre Bücher. Nein, sind sie nicht. Ebenso verhält es sich mit dem Buch „Das Denken", das Kallisthenes, Alexanders General, aus Persien an Aristoteles schickte. Er schrieb dann seine „Logik", und nun denkt jeder, es sei ein griechisches Werk, aber das ist es nicht[315]. Die Chinesen schreiben, und sie sind ein großes Volk. Inder schreiben - und sie sind ein riesiges Volk. Und sie sind nicht alle Christen! Dieses Handbuch, wie man seine persönliche Wirtschaft organisiert, ist ebenfalls chaldäisch. Es wurde zu Urfils Zeiten ins Getische übersetzt und ist jetzt von großem Nutzen für uns. Die Slawen nennen es „Domovoy"."

---

[315] „Essais sur la Philosophie des Hindous par M. H. I. Colebrooke etc. Paris. "

Leo riss langsam an den Stücken der Lammkeule, und nach einer Weile fügte er nachdenklich hinzu:

„Aber eine literarische Vereinigung ist für die Bulgaren notwendig. Wir haben viele Dialekte und viele Religionen. Die Handwerker, die wir einst aus Pannonien auf den westlichen Balkan und nach Süden auf den Peloponnes angesiedelt haben, sind die fähigsten unseres Volkes. Und sie sind alle Christen. Wenn also Gott jemandem die Macht gibt, diese Frage zu lösen, sollte dieser jemand nicht auf der Krim oder an der unteren Donau beginnen, sondern in Ohrid. Dort leben heute die meisten gebildeten Bulgaren."

Zarho trank seine Schale mit Birnengetränk und fragte:

„Wie viel kostet ein Buch?"

Hier begann Strahota etwas zu sagen, schaute aber zuerst Leo an, um zu sehen, ob er ihn lassen würde. Leo nickte zustimmend.

„Die Schönschreiber schreiben langsam. Ein 200-seitiges Buch zu transkribieren, dauert sechs Monate - wenn es keine Zeichnungen gibt. Und das ist nur die mechanische Arbeit. Der Schreiber erdenkt sich nicht den Text des Buches. Wenn er das tun würde, würde es viel länger dauern. Um tausend Bücher zu transkribieren, braucht man also 500 Leute, die ein Jahr lang arbeiten. Wir ziehen 500 Soldaten aus 10.000 Menschen zusammen, d.h. 100 Dörfer mit 100 Menschen müssen diese Menschen ein Jahr lang mit ihrer Arbeit unterstützen, ohne zu verarmen. Dies kann vom Staat getragen werden, solange der Herrscher dazu bereit ist. Es ist viel teurer, einen Lehrer pro 1.000 Einwohner zu unterhalten. Wir sind etwa 14 Millionen Menschen, also brauchen wir 14.000 Lehrer."

An dieser Stelle fragte Zarho erneut:

„Vater, was ist besser, 14.000 Soldaten oder 14.000 Lehrer zu unterhalten?"

„Es kommt darauf an. Wenn dein Volk in Gefahr ist, ausgerottet zu werden, dann brauchst du Soldaten."

Zarho wollte noch etwas wissen und sagte:

„Nun, die Länder sind immer von Kriegen bedroht! Heißt das, dass Menschen niemals gebildet sein sollten?"

Leo hatte keine Antwort auf diese unerwartete Frage. Dann sagte Zarho mit unerwarteter Entschlossenheit und Festigkeit der Stimme:

„*Nur ein törichter Herrscher hält sein Volk ungebildet! Der kluge Herrscher bildet es aus. Und je größer die Bedrohung für das Leben der Menschen des Staates, desto größer muss seine Sorge sein, dass sie gebildet werden! Der Schwächere besiegt den Stärkeren nur durch List und Wissen!*"

Leo und Strahota nickten zustimmend.

Leo jedoch schauderte, denn er kannte diese unerschütterliche Entschlossenheit von seinem Vater, Knyaz Telerig. Er war in der Tat davon überzeugt, dass *der Charakter das Schicksal eines Menschen ist*. Es war der Charakter seines Vaters, der ihn bis zur Unversöhnlichkeit von Knyaz Kardam trennte, und beide waren großartige Männer.

„Zarho, Strahota, große Taten erfordern starke Verbündete. Die Bildung der Bulgaren kann man nicht gegen den Herrscher machen, sondern nur mit ihm! Herrscher sind auch Menschen und sie brauchen, auch wenn sie die Vernünftigsten sind, Erklärungen, Argumente, Überzeugung vom Nutzen. Und der Nutzen des Aufzeichnens ist enorm, denn viele Menschen nehmen eine Menge Erfahrungen auf, die dann für jeden von Nutzen sind, der das Geschriebene verstehen kann. *Philosophie ist nichts anderes als aufgezeichnete Erfahrung*! Euer Großvater, Knyaz Telerig, empfing viele Philosophen in unserem Haus in Konstantinopel und Adrianopel, und sie stritten zwar darüber, ob die Welt erkennbar sei, waren sich aber einig, dass niedergeschriebene Vorschriften, wie man etwas zu tun habe, funktionierten, egal ob wir uns auch dessen bewusst waren, was unseren Sinnen darin verborgen war oder nicht."

Galina, ihre Mutter, beobachtete sie mitleidig und sorgte dafür, dass jeder gleich viel zu essen bekam. Leo und Galina sahen sich an und man konnte in ihren Augen lesen, dass sie glückliche Eltern waren.

Einmal, um das Fest des Heiligen Georg herum, studierte Zarho während des Gottesdienstes die Ikonen an den Wänden der Kirche. Es machte einen starken Eindruck auf ihn, dass der heilige Clement als Soldat gemalt wurde. Nach dem Gottesdienst fragte er Johan, warum das so sei:

„Der heilige Clement stammte aus einer sehr wohlhabenden römischen Familie. Er stieg zum Offizier in der Armee auf, war aber entsetzt über die Grausamkeit, mit der die römischen Behörden die Christen behandelten, und begann ihnen zu helfen. Nach einiger Zeit wurde er selbst zum Christen. Der Kaiser befahl seine Ermordung, setzte dann aber seine Strafe aus und schickt ihn zum Dienst nach Cherson auf der Krim. Dort gründete er jedoch selbst christliche Gemeinden. Das Volk liebte ihn. Der Kaiser hörte davon und befahl, ihn von einer Klippe ins Meer zu stürzen. Auf dieser Insel gab es bis vor kurzem eine kleine

Kirche, die aber nicht mehr gepflegt wurde und zerstört wurde. Aber die Zuneigung zu ihm blieb und wir haben seine symbolische Ikone in allen Kirchen eingraviert."

Zarho hatte bereits für sich selbst entdeckt, dass die Seele stärker ist als alles andere, und Clements Schicksal bestätigte dies nur. Wie ist es sonst zu erklären, dass Clement auf Reichtum, Einfluss und das gute Leben verzichtete.

„Vater, wo ist der Unterschied zwischen Selbstmord und Selbstverleugnung?"

„Selbstverleugnung ist die Tötung des Geistes in dir, damit ein anderer Geist sich niederlassen kann. Es ist kein spiritueller Mord, sondern die Befreiung von etwas, das deinem Wesen zuwiderläuft. Aber du lebst körperlich weiter und hast das Gefühl, dass du besser lebst. Und Selbstmord ist das, was der menschlichen Natur am meisten widerspricht, und deshalb lässt Gott ihn nicht zu. Der Sinn des menschlichen Lebens ist zu leben! Es ist nicht mehr, wie viele Philosophen meinen, aber es ist auch nicht weniger!"

„Aber du selbst hast uns gesagt, dass das Leben manchmal schlimmer werden kann als der Tod. Und dann sollte man sich nicht umbringen?"

Johan wurde nachdenklich. Das Christentum erlaubte keinen Selbstmord aus irgendeinem Grund, aber in diesem Fall...

Zarho fuhr fort:

„Wenn Gott den Selbstmord auf keinen Fall zulässt, warum lässt er dann eine solche Gewalt zu, dass der Tod manchmal viel attraktiver erscheint als das Leben?"

„Religion, mein Sohn, hat keine Antwort auf alle Fragen. Suche die Antworten selbst, mit deinem Verstand und mit deiner Seele! An etwas zu glauben, bedeutet nicht, den Verstand aufzugeben. Der Glaube hat einen Platz in unserem Leben, die Vernunft einen anderen!"

„Und gibt es keine Vernunft im Glauben?"

„Es gibt sie, aber sie ist versteckt und nur wenige verstehen sie. Um ihn zu verstehen, frage dich: Gibt es den Glauben wirklich? Und wenn die Antwort "Ja" lautet, dann ist es sinnvoll. Denn Gott hat alles, was existiert, so gemacht, dass es vernünftig ist - in dem Sinne, dass es einen Grund dafür gibt, dass es existiert."

„Aber ist es nicht möglich, dass der Mensch seinen Geist mit der Wissenschaft erhebt und sich so Gott durch Wissen statt durch Instinkt nähert?"

Johan wusste, dass er mit einem geborenen Philosophen sprach, der die natürliche Gabe besaß, in das Jenseits durchzudringen, das andere nicht sehen können! Noch während Zarho Fragen stellte, war er schon weit gegangen, um Antworten auf sie zu finden. Er war oft einfach nur neugierig, was andere dachten. Seine Augen haben immer geleuchtet.

„Ich weiß es nicht, mein Sohn, ich weiß es nicht, ich hoffe, ich erlebe den Tag, an dem du die Antwort auf diese Frage gefunden hast."

Es war das Jahr 836. Zarho war neun Jahre alt. Johan hatte schon gesehen, wie musikalisches Talent in diesem Alter bei Kindern hervorbrach, aber das Talent des Erforschens der menschlichen Seele..., das Talent, im Immateriellen die treibende Kraft des Materiellen zu sehen... Das hatte er nicht gesehen. Das wurde von Menschen mit viel

342   Hurrikan über dem Balkan

Lebenserfahrung erwartet... und mit einer sehr hohen Bildung. Ein Gedanke plagte ihn auf grausame Weise: "Der Junge muss auch eine weltliche Bildung bekommen, diese kann ich ihm nicht geben."

Johan gehörte zu den mysischen Bulgaren, die Alexander der Große vor 11 Jahrhunderten an den nördlichen Ozean vertrieben hatte, und die dann in großer Stärke zurückkehrten und Epirus, Thessalien, Makedonien, Dardanien und Illyricum besetzten. Die Menschen verehrten ihn nicht nur, weil er Priester und Lehrer ihrer Kinder war, sondern auch, weil er unzählige Legenden, Lieder und Geschichten über ihre Vorfahren, die Hunnen und die Geten, kannte. Die Geschichten von Attila und Irnik, von ihren Kriegen in Persien und mit den Franken, rissen die Menschen mit, und Zarho war Feuer und Flamme für die Geschichten von den getischen Philosophen Orpheus, Awar, Zelmoxis und Anacharchis und ihren Erfindungen. Aber es gab etwas, das ihn nicht in Frieden ließ - die Zeit. Vieles hat er verstanden, aber was war die Zeit? Er fragte Johan einmal:

„Sag mir, Lehrer, was ist Zeit? Kann es berührt werden? Warum spricht jeder von ihr als von Gott, aber niemand hat sie gesehen?"

John war perplex und hob die Schultern.

„Alles, was ich weiß, mein Sohn, ist, dass die Chaldäer die Sonne und die sieben Planeten beobachteten und die Zeit deshalb in Wochen von sieben Tagen einteilten. Ich weiß auch, dass die Zeitrechnung, die du und ich verwenden, die genaueste ist, die dem Menschen bekannt ist, weil unsere Vorfahren verstanden haben, dass das in die Erde gestochene Speer an jedem Tag des Jahres den gleichen Schatten in Länge und Richtung wirft. Das hilft uns, rechtzeitig zu säen und rechtzeitig zu ernten. Wir Bulgaren haben eine berittene Armee, aber wir sind seit der Zeit von Achilles und dem Trojanischen Krieg ein Volk der Landwirtschaft, deshalb ist für uns das genaue Datum im Jahr entscheidend. Ich weiß auch, dass die Sarazenen das Jahr nach dem Mond messen, aber bei ihnen weiß nur ihr Priester, welches Datum heute ist, und das einfache Volk weiß es nicht, weil diese Methode sehr ungenau ist."

Zarho hörte gebannt zu, aber er erfuhr nicht, was er wissen wollte.

Abendessen in Galati

Im Jahr 831 wurde Prinz Malamir[316], der Sohn von Knyaz Omurtag, an die Donau geschickt, um eine große Flotte zu bauen und sie für einen Feldzug an der oberen Donau auszurüsten. Die Bajuwaren und Franken versuchten, die Kontrolle über Ober-Pannonien zu übernehmen und mussten zurückgeschlagen werden. Malamir traf dann Leo persönlich. Er war sehr beeindruckt davon, wie dieser bulgarische Fürst die Gesetze Bulgariens befolgte und, obwohl sein Vater ein Knyaz von Gottes Gnaden war, sein Leben ein Ergebnis seiner eigenen Verdienste war. Er war sehr beeindruckt von seinem Wissen über die administrative Organisation aller Länder, über die wirtschaftlichen Mechanismen, die das Leben akzeptabel und stabil machten, und über die Gabe, die unterschiedlichen Fähigkeiten verschiedener Menschen zu nutzen, um ein gewünschtes

---

[316] Der Tronfolger.

Ziel zu erreichen. Er konnte Griechisch und Latein, was bei vertraulichen Verhandlungen Dolmetscher überflüssig machte. Also beschloss er, Leo anzubieten, sein Berater zu werden und ihn auf verschiedenen Missionen zu begleiten. An einem Frühlingstag wurde Leo angekündigt, dass er Besuch von Isbul, dem Kavhan[317], und Malamir, dem Kanar-Tikin[318], bekommen würde. Leo beschloss, sie mit einem "Drusan-Kebap"[319] zu verköstigenden. Früh am nächsten Morgen schlachteten Leos Hausangestellte ein Kalb, gruben eine Grube im Garten und machten ein großes Feuer darüber. Nach dem Mittag deckten sie die Grube von der Glut auf und legten das Kalb waagerecht auf einen Pfeil gespießt, gereinigt, innen mit Gewürzen imprägniert und in seiner eigenen Haut eingewickelt. Sie bedeckten es mit heißer Erde und Glut. Bei Einbruch der Nacht kamen etwa zwanzig Reiter, angeführt von Malamir und Isbul. Galina ging mit den Diener hinaus und servierte ihnen Brot und Salz auf einem mit einem bunt gewebten Tuch bedeckten Tanur[320]. Sie war eine sehr stolze Frau mit hoch erhobenem Kopf, und obwohl sie schon über das mittlere Alter hinaus war, hatte sie einen außergewöhnlichen Charme. Malamir und Isbul brachen ehrfürchtig einen Bissen ab, tauchten ihn in Salz und Bohnenkraut und steckten ihn in den Mund - mit Dank und Lobpreisung des Hauses ihrer Gastgeberin. Im Garten hatten sie niedrige dreibeinige Paralien[321] und viele dreibeinige Hocker aufgestellt. Die Gäste ließen sich nieder und unterhielten sich lautstark

---

[317] Bulgarischen Titel: Oberbefehlshaber.
[318] Bulgarischen Titel: Thronfolger.
[319] Besonders zubereitetes Kalbsfleisch.
[320] Flacher Holzteller.
[321] Tische, auf welchen man Geld zählt.

miteinander. Die Aufregung war groß, denn es sollte ein Botengang zu Ludwig dem Frommen in Franken vorbereitet werden. Zwei stämmige Soldaten von Leos Wache räumten die Asche über der Feuerstelle weg und legten die beiden Enden des Holzspießes frei. Zuvor war ein Teppich aus Walnusslaub vorbereitet worden, den sie in der Nähe der Feuerstelle legten. Die Gäste beobachteten diese Szene mit Freude. Sie hatten zwar von diesem Gericht gehört, sich aber nie mit der Art der Zubereitung und des Servierens beschäftigt. Die beiden hoben das Kalb zusammen mit der Asche und der Glut darüber. Eines der Dienstmädchen eilte mit einer Schüssel mit Wasser und einem Besen mit darin getauchten Zweigen herbei. Geschickt räumte sie die Rückstände auf der Haut weg. Ein dritter Soldat begann, die unverbrannten Fäden zu schneiden, mit denen die Haut zusammengenäht worden war. Die Haut selbst fiel auf den Boden. Duftender Dampf erfüllte Leos Garten und alle schrien vor Freude. Dann geschah das Interessanteste - die Soldaten rasselten mit dem Spieß über den Teppich aus Walnusslaub und das gut gegarte Fleisch löste sich von den Knochen und fiel auf den Teppich. Es war unter den bulgarischen Müttern allgemein bekannt, dass im Walnusslaub etwas sehr Gesundes steckt, und so badeten sie die Säuglinge in Wasser mit gekochten Walnussblättern[322]. Ein Teppich, der aus solchem Laub aufgeschüttet war, galt also als sauber und gesund. Die Tradition verlangte, dass Leo den Kanartikin[323] Malamir einladen sollte, das Fleisch zu verteilen, aber Malamir machte eine Geste, die diese Ehre an Leo abtrat. Brot und verschiedene Getränke

---

[322] Heute weist man, das Kaliuminhalt in den Blättern desinfizierend wirkt.
[323] Oberbefehlshaber.

wurden hervorgeholt: Weine aus Larissa, der Krim und Srem, vergorene Säfte aus Kornelkirschen mit verschiedenen Früchten, die getrocknet aufbewahrt wurden und jederzeit zur Herstellung dieser Getränke verwendet werden konnten, in Wasser und Wein aufgelöster Honig, Bier, dessen Herstellungsprozess die nach Norden ausgewanderten Thraker vergessen hatten, die gebliebenen Thraker aber noch kannten. Alle waren gut gelaunt. Dann wurde Malamir ernst und sprach über die Politik seines Vaters Omurtag.

„Mein Vater wollte in Frieden mit Byzanz und den Franken leben. Und das gelang ihm in den ersten Jahren, nachdem mein Großvater Krum die thrakischen Armeen von Byzanz zerschlagen hatte. Aber jetzt haben sich die Dinge geändert. Byzanz wurde stärker und begann, Festung um Festung in Thrakien zu befestigen. Die kleine Garnison von Plovdiv war gezwungen zu gehen. Der Knyaz antwortete absichtlich nicht mit Krieg, um zu sehen, wie weit sie gehen würden, und schickte Isbul mit Boten, um die Byzantiner daran zu erinnern, die Verträge zu respektieren und sich freiwillig zurückzuziehen. Dies ist jedoch noch nicht geschehen. Inzwischen befinden sich die Sarazenen[324] seit 30 Jahren im Krieg mit Byzanz. Die Slawen an der Struma machen sich dies zunutze, indem sie sich mit den Slawen von Peloponnes und Thrakien zusammenschließen und eine gewaltige Streitmacht aufstellen. Früher oder später werden wir gegen sie in den Krieg ziehen müssen. Die Franken greifen periodisch Böhmen und Oberpannonien an und entreißen uns unsere Territorien.

---

[324] Dies ist die Bezeichnung für die Araber der arabischen Halbinsel, die nach Mohammed begannen, ihren territorialen Besitz rasch auszuweiten.

Ihr Ziel ist es, die Slawen anzulocken und die Gebiete zwischen Drau und Save einzunehmen und auch bis zur Theiß vorzustoßen. Die Politik von Omurtag in dieser Situation war folgende: mit Ludwig dem Frommen zu verhandeln, um die Grenze zu regeln; gleichzeitig mehrere slawische Pufferstaaten zu schaffen, mit einer gegen die Franken gerichteten und uns wohl gesonnenen Politik."

„In dieser Situation werden wir in der Lage sein, Byzanz sukzessive anzugreifen, und dann werden wir mit den Südslawen in den Krieg ziehen müssen. Also, Leo, nimm die Staatsgeschenke, die der Knyaz an Ludwig schickt, und geh nach Fulda, um den Frieden fortzusetzen. Hier sind deine Staatsbriefe mit Bevollmächtigungen. Du sollst mit Schiffen auf der Donau nach Ritisbona[325] reisen, an den Fuß der Alpen, und von dort aus sorgen die Franken gewöhnlich selbst für den Transport der Delegierten zu den Orten der Konzilien. Ihr Kaiser ist ein Reisender. Er hat nicht nur eine Festung als seine Hauptstadt, sondern viele, die als königliche Festungen bezeichnet werden. Die Einheimischen rüsten sie für das Leben aus, wenn ihr Kaiser kommt, und unterstützen sein Gefolge. Auf diesen Versammlungen wurden auch wichtige Staatsangelegenheiten, sowohl der Innen- als auch der Außenpolitik, beschlossen. Aber das ist nicht deine einzige Aufgabe. Es ist uns zu Ohren gekommen, dass Fürst Moimir von Pannonien versucht, seinen Rivalen Pribina, der unser Mann ist, zu beseitigen. Besuche Pribina und seinen Söhnen Kozel und Rathbod, die, wie ich höre, Christen geworden sind. Finde heraus, wie ihre internen Kämpfe verlaufen, und

---

[325] Regensburg

wenn du siehst, dass Moimir die Oberhand gewinnt, sag Pribina und seinen Söhnen Kozel und Rathbod, dass sie in Bulgarien immer willkommen sind. Aber sei vorsichtig, halte auch zu Moimir ein gutes Verhältnis und sorge dafür, dass er nicht herausfindet, was du anderen anbietest. Wähle dein eigenes Gefolge. Was auch immer du erreichst, teile es uns mit schnellen Schiffen und Reitern mit."

Leo fühlte sich stolz, nach so vielen Jahren wieder in der großen Politik zu sein. Er wusste, dass es jetzt an der Zeit war, Strahota in das politische Leben Bulgariens einzuführen.

„Herr, darf ich meinen ältesten Sohn mitnehmen?"

„Wo ist er? Darf ich mit ihm sprechen?"

„Strahota!", rief Leo.

Es erschien ein junger Mann in seinen besten Jahren. Stark gelockter, schwarzer, gepflegter Bart, wache, blaue, beobachtende Augen. Sein weißes Hemd schimmerte. Darüber trug er einen Kaftan, der am Kragen und an den Rändern mit Zobelpelzen verziert war. Er trug kurze Stiefel. An seinem Gürtel entsprach die Anzahl der Glocken dem Gouverneur einer großen Gemeinde. Er hielt seine Mütze in der Hand. Er verneigte sich tief vor dem Thronfolger und dem Oberbefehlshaber, salutierte würdevoll vor dem Gefolge.

„Sie nennen mich Strahota, Sohn von Leo, der der Sohn von Telerig ist!", sagte er und erstarrte in Erwartung. Malamir schaute ihn forschend an. Er wusste alles über die Familie von Khan Telerig und fragte ihn forschend:

„Strahota, erzähl uns von der Schlacht von Aheloy."

Strahota begann. Er nannte alle Details, die Vorbereitungen, die politische Situation, die Geografie der zweitägigen Schlacht und benannte sogar die Einheiten mit den Dörfern, aus denen sie geschickt wurden. Er listete die Reserven und ihre Disposition auf. Er zeigte ein tiefes Verständnis für die Mechanismen der Versorgung und die damit verbundenen Risiken. Es war, als ob er einem Militär Bericht erstatten würde. Alle haben gezuckt. Ein vollständiges Bild einer der größten Schlachten der bulgarischen Armee wurde vor ihren Augen lebendig.

„Woher weißt du diese Dinge?", fragte der Oberbefehlshaber Isbul aufgeregt.

Strahota sah Leo an und Leo nickte.

„Erstaunlich, erstaunlich!", sagte der sonst so zurückhaltende Isbul.

Isbul dachte „...ja..., sein Vater war der Kommandant der größten Garnison in Byzanz, nicht wahr. Das sind wertvolle Menschen für jedes Land...". Er war sich der Spannung bewusst, die in Malamirs Kopf vor dieser prominenten Königsfamilie entstehen konnte. Denn was sie im Moment am wenigsten brauchten, waren Thronanwärter. Jeder wusste von der Unstimmigkeit zwischen Malamir und seinem Bruder Nravota. Alle schauten zu, um zu sehen, ob es Arroganz, Überheblichkeit bei Leo und Strahota gab. Aber es gab nicht einen Anflug davon. Strahota hat lediglich die Fakten aufgelistet:

„Du, junger Mann, hast ein erstaunliches Wissen über die Organisation des Krieges und des Staates. Aber erzähl mir jetzt etwas anderes. Wie siehst du die Entwicklung unserer Beziehungen zu den Westslawen von der Theiß bis zu den Franken und der Save?"

„Dort sind vier unabhängige Staaten praktisch schon fast gebildet. Die stärkste ist die der Mährer. Sie werden wahrscheinlich die anderen vereinen. Es gibt viele Bulgaren in diesem Staat. Es ist nur eine Frage der Zeit, bis sie sich von uns trennen. Dies wird mit Sicherheit geschehen. Wir müssen also so mit ihnen kommunizieren, dass dies mit unserer Zustimmung und nicht gegen uns geschieht. Das größte Problem dabei ist, dass sowohl Rom als auch der deutsche Klerus in diese Länder eindringen wollen. Wir müssen uns also auch geistig dagegen wehren."

„Geistig?" Malamir hörte sehr aufmerksam zu.

„In Mähren gibt es viele Christen, aber auch viele unbekehrte Slawen. Sie werden früher oder später konvertieren. Die Frage ist nur, durch wen. Durch die Deutschen? Durch Rom?"

„Oder durch uns?", lächelte Malamir verschmitzt.

„Das ist richtig, mein Herr! Wir müssen nur eine große Menge unserer Bücher produzieren, die Leute schulen und sie zu ihnen schicken. Um 1.000 Bücher nachzudrucken, bräuchten wir die Steuereinnahmen von 100 Gemeinden mit je 100 Personen für ein Jahr."

Er erinnerte sich an Leos Anweisung, dass die Vorteile eines Vorschlags den Herrschenden offenbart werden sollten, und fuhr fort:

„Und es wird von großem Nutzen für unser Land sein. Wir haben 14 Millionen Menschen. Unter ihnen gibt es viele kluge Leute, die Erfahrungen und Wissen sammeln. Wenn diese Menschen es aufzeichnen könnten, würden nicht nur ihre Kinder von ihren Erfahrungen profitieren, sondern viele andere. Nun kommt es vor, dass die Kinder nicht die Interessen des Vaters haben, und so geht die Erfahrung dieser Menschen mit ihnen ins Grab. Wir brauchen einen Lehrer für je 1.000 Menschen. Das würde eine Armee von 14.000 Lehrern bedeuten. Herr, wenn wir das Volk besser ausbilden als das byzantinische Volk, wird Byzanz nie wieder eine Bedrohung für uns sein!"

Alle waren begeistert von dem, was sie gehört hatten, nur Malamirs Gesicht verfinsterte sich. Er hatte ähnliche Diskussionen mit seinem Bruder Nravota. Es machte ihm nichts aus, dass die Bekehrung der Unbekehrten von der Peripherie Bulgariens zum Zentrum erfolgen sollte, und nicht umgekehrt. Die Erfahrung seines Vaters Omurtag zeigte, dass es, obwohl Omurtag konvertierte, viele einflussreiche alte Familien der Kutriguren und Sebiren in Tarnowo gab, die nicht damit einverstanden waren, mit den Slawen gleichgesetzt zu werden. Und genau das würde passieren, wenn sie das Christentum als Staatsreligion einführen würden. Und das wollten die Südslawen in Thrakien und Peloponnes. Die Bojaren rühmten die von dem großen Kubrat praktizierte Toleranz zwischen den Religionen und fürchteten zu Recht einen Bürgerkrieg, der Bulgarien schwächen würde. Auch Malamir verstand diese Argumente. Das Problem war jedoch etwas anderes: Nravota hatte sich bereits mehrfach im großen Rat gegen ihn ausgesprochen. Das war inakzeptabel! Malamir wusste, dass niemand die Autorität des Knyaz von Gottes Gnaden untergraben sollte. Früher oder später würde er Nravota töten lassen, wenn er sich nicht selbst in ein Kloster zurückziehen würde. Aber Nravota war sein leiblicher Bruder! Von den Anwesenden wusste nur Isbul, was in Malamirs Seele vor sich ging. Nach einer langen Pause sagte Malamir:

„Leo, du bist mit einem solchen Sohn gesegnet! Möge er lange leben und gesund sein! Ich gebe dir die

Erlaubnis, ihn als deinen Helfer zu nehmen. Gott gebe ihm die Kraft, diese Ideen zu verwirklichen, sie sind weise. Wir helfen mit allem, was wir können. Aber sag mir trotzdem, junger Mann, warum sollten wir die Gründung eines neuen Staates auf unseren Territorien unterstützen? Was hat das zu bedeuten?"

„Die Magyaren werden zu einer wachsenden Kraft. Wir sehen ihre Aktivitäten am Dnjepr täglich. Sie werden uns eines Tages entweder von der Donaumündung aus oder über die Ugrischen Pässe, oben in den Karpaten, angreifen. Wenn es uns gelingt, die Magyaren hier zu stoppen, wird der ganze Schlag auf das Banat und die Siebenbürgen-Bulgaren und dann auf Mähren fallen. Durch unsere Verwicklung im Süden mit Byzanz und den Südslawen haben wir nicht genug Ressourcen, um eine Verteidigung an den ugaritischen Pässen zu organisieren - aber die Banater und Siebenbürgen-Bulgaren im Bündnis mit den Mähren schon. Deshalb, mein Herr, ist es klug, die Gründung von Mähren zu unterstützen, die ohnehin ohne uns entstehen wird."

Isbul hörte nicht auf, über diesen jungen Mann zu staunen. Er hatte große Erfahrung in der Ausbildung von Soldaten und wusste, dass er sich immer auf gebildete Ausbilder verlassen konnte, aber die waren so rar. Isbul kannte auch die Dutzenden von "Strategikons", "Erdbeschreibungen", "Reiseführer" und andere Bücher der Römer und Byzantiner und war selbst von ihrem Nutzen überzeugt. Seine Seele schwand, weil es nicht genug Bulgaren gab, um solche Bücher zusammenzustellen.

Die Gefolgschaft war äußerst zufrieden mit der Unterhaltung, und das Kalbfleisch, das Leo ihnen servierte, war ausgezeichnet. Alle lobten das Haus und das Geschick der Hausherrin. Galina freute sich an diesem Abend über alles, vor allem aber über die Tatsache, dass ihr Geschlecht in die Höhen des Staates aufstieg, aus dem ihr Schwiegervater freiwillig abgestiegen war.

Morava, die Franken

Im folgenden Jahr, 832, starb der Große Knyaz Omurtag und sein Sohn Malamir kam an die Macht. Kavkan Isbul wurde vom Volksrat zum Mitregenten gewählt.

Wie befohlen, wurde die Delegation unter der Leitung von Leo vorbereitet. Am festgesetzten Tag legten zwei beladene Segelschiffe mit Ruderern von der Werft in Galati ab und fuhren die Donau hinauf. Galina und die sechs Kinder winkten zum Abschied an der Anlegestelle.

Als sie Srem erreichten, wurden sie von Fürst Moimir persönlich empfangen. Srem war ein thrakischer Herrscher, der Alexander einst von der Insel Pevka an der Unteren Donau vertrieb. Er ging dann die Donau hinauf und gründete diese Stadt. Da es später unter den römischen Soldaten auch viele Verehrer des Gottes Mithras gab, wurde Srem auch Sremska Mitrovica genannt. Das Symbol des Mithras, ein mit einem Kranz geschmückter Ochsenkopf, war überall zu sehen: auf den Friedhöfen, in den Skulpturen, in den Fresken der Häuser. Es war eine große und reiche Stadt, mit einer starken Festung und vielen Häusern von Handwerkern, einem Markt, dem es an nichts fehlte. Im Zentrum der Stadt stand eine schöne Kirche. Es wurde gesagt, dass einer der siebzig Jünger der Heiligen

Petrus und Paulus, der Heilige Andronikus, der erste Bischof hier war. Strahota verbrachte eine lange Zeit in dieser Kirche. Er traf sich mit dem Priester und unterhielt sich lange mit ihm, vor allem darüber, ob die ungetauften Slawen bereit wären, sich taufen zu lassen. Der Priester war Bulgare, obwohl er den Namen Ignatius trug. Er schrieb in Glagolitisch und Latein. Ignatius teilte seinen Schmerz:

„Die Menschen sehnen sich danach, in ein Leben mit respektablen Regeln gebracht zu werden. Die Bulgaren hatten alte Gesetze, die Christen hatten Gesetze, und die unbekehrten Slawen hatten nur das Gewohnheitsrecht. In älteren Zeiten hatten die Geten auch christliche Gesetze, schließlich waren sie die ersten Christen auf dem Balkan! Aber die Besigeten trennten sich von ihnen und gingen nach Gallien, viele der Ostrogoten gingen nach Italien, die Vandalen zogen über Spanien nach Karthago und blieben dort. Nur die Gepiden blieben übrig, die sich mit den Bulgaren vermischten. Viele von ihnen waren Christen, aber die Neuansiedler, die übrig gebliebenen Awaren, Sorben, Kroaten usw. waren keine Christen. Aber meine große Sorge ist, dass es keine Lehrer, keine Bücher gibt. In Böhmen haben sich bereits Deutsche eingeschlichen, und in diesen Gegenden gehen Missionare Roms durch die Gemeinden. Und sie scheinen die Mittel zu haben...“

Dann bat Strahota ihn, Listen mit der Verwaltungsstruktur der Gemeinden und der Anzahl der Einwohner in jeder von ihnen zu erstellen. Dies war für Otez[326] Ignatius nicht schwierig, da die Verwaltungseinteilung des

---

[326] Pater.

Diokletian[327] erhalten geblieben war. Nur die Bevölkerung änderte sich.

Pribina[328] wurde im Jahr 840 Fürst des Fürstentums Balatno. Sie befand sich zwischen der Drau und der Donau. Seine Hauptstadt war Blatnograd[329]. Und er empfing die Delegation, wie es sich für einen bulgarischen Prinzen gehört. Leo erzählte ihm nichts von den Zielen seiner Mission bei den Franken, sondern befragte ihn ausführlich über die Innenpolitik des Staates, über Steuereinnahmen und deren Verteilung, über Religionsgemeinschaften. Ignatius war auch bei diesen Treffen anwesend. Ignatius erzählte, was er Strahota erzählt hatte, und übergab Listen mit der Verwaltungsstruktur der vier bulgarischen Vasallenfürstentümer, zusammen mit dem Bedarf an Lehrern und den Mitteln für deren Unterhalt. Danach diskutierten alle die Frage der Ausbildung und des Unterhalts von Lehrern.

Als sie mit Pribina allein waren, erzählte er ihnen freimütig, dass die Anhänger von Moimir, seinem Rivalen, immer stärker wurden. Dann sagte Leo zu ihm:

„Knyaze, du und deine Familie seid bei uns immer willkommen! Wenn du im schlimmsten Fall Blatnograd verlassen musst, komm über die Donau nach Belgrad oder weiter runter und von dort treffen wir dich in Tarnowo. Unser Knyaz von Gottes Gnaden hat immer Arbeit für treue und fähige Männer wie dich."

Strahota verglich die beiden Herrscher. Die vorherige Begegnung mit Moimir war weitaus schwieriger

---

[327] Römischer Kaiser.
[328] 840-861.
[329] Heute Zalavar in Ungarn.

gewesen. Moimir war ein Soldat mit einer engen Sicht auf die Welt. Obwohl er gütig war, glaubte er, dass die vier slawischen Staaten, von Mitrovica bis zu den Polanen, zu einem vereinigt werden sollten, um sich besser gegen die Franken verteidigen zu können. Auf Leos Frage, ob er glaube, dass er trotz einer Einigung in naher Zukunft ein Heer aufstellen und ausbilden könne, um den Franken entgegenzutreten, gab er freimütig zu:

„Nein, das würde mehr Zeit kosten. Wenn eine bulgarische Flotte die Flüsse Drau und Save hinaufkäme und die bulgarische Herrschaft in jeder Gemeinde wiederherstellen würde, dann würde die Abhängigkeit aller Slawen von den Franken zumindest in dieser Region stark reduziert werden."

Leo erkannte, dass Moimir noch nicht wusste, dass die größte Gefahr für die Westslawen die Magyaren waren, aber er sagte es ihm nicht. Er konnte sehen, dass das Erfordernis einer bulgarischen Armee an der Drau und der Save auch für Moimirs persönliche Pläne von Vorteil war. Er sagte ihm nicht, dass dies auch Bulgarien zugutekommen würde.

Sie fuhren dann weiter nach Ratisbona. Wie zu erwarten war, holten Postbediensteten des Kaisers sie von dort ab. Leo hat mit Interesse wahrgenommen, dass es sich um Privatpersonen handelte, die vom Staat für diese spezielle Dienstleistung bezahlt wurden. Ludwig der Fromme empfing sie auf einem der Konzile. Leo öffnete die Truhen mit den königlichen Geschenken für ihn, übergab den Brief von Knyaz Malamir mit der Bitte, die Grenze zu regeln. Es gab ein mehrtägiges Fest, und am Ende erhielt die bulgarische Delegation keine Antwort. Das bedeutete sehr viel! Es bedeutete genau, dass Ludwig Appetit auf bulgarisches Gebiet hatte und sich stark genug fühlte. Leo schickte sofort eine schnelle Nachricht von einem der Schiffe an Malamir, dass die Franken sich auf einen Krieg mit Bulgarien vorbereiteten, dass die vier slawischen Fürstentümer, zerrissen wie sie waren, nicht in der Lage sein würden, Ludwig zu widerstehen, und dass er in Anbetracht der Situation riet, ein Korps vorzubereiten, das die Flüsse Drau und Save hinaufgeschickt werden sollte, um die bulgarische Macht in den Julianischen Alpen wiederherzustellen, wie sie seit der Zeit von Knyaz Sean bestanden hatte. Sowohl Malamir als auch Pribina waren furchtbar überrascht, dass, kaum dass Leos Schiff, das aus Ratisbona kam, und Mitrovica verlassen hatte, eine mächtige bulgarische Flotte über die Drau und die Save einfuhr und einen Monat lang die bulgarische Autorität in den Julianischen Alpen mit Feuer und Schwert wiederherstellte. Das war ein Signal an die Franken, das sie sehr gut verstanden, aber nicht nur an sie. Malamir sollte nicht denken, dass Bulgariens Macht geschwächt sei und er irgendetwas gegen sie ausrichten könne.

Die Franken schickten Gesandte aus Istrien nach Byzanz, um sie darüber zu informieren, dass Bulgarien sich im Krieg mit ihnen befand, in der Hoffnung, Byzanz würde den 30-jährigen Frieden mit Bulgarien brechen. Als Reaktion darauf fiel Byzanz mit Truppen in Bulgarien ein.

Prowat und Burdepto

Das war schon zu viel. Malamir und Isbul ordneten eine Generalmobilmachung an. Sie wussten ganz genau, dass auf den Krieg mit den Byzantinern ein Krieg mit den Südslawen folgen würde, und so wollten sie ihren Feinden einem nach dem anderen die echte Überlegenheit ihrer Kräfte zeigen. Malamir machte sich auf den Weg nach Provadia. Sie wollten einer byzantinischen Flotte nicht erlauben, Truppen an der Schwarzmeerküste zu versorgen. Isbul marschierte mit einer großen Streitmacht in Richtung Plovdiv. Bevor die byzantinischen Hauptkräfte Plovdiv besetzten, stieg er bei Sofia herab und bezog in einem dreitägigen Marsch Stellungen in der Nähe der Festung Burdepto, rund um die Siedlung Skutare. Die Lateiner nannten es Scutarion, das an der Straße von Beroe nach Plovdiv lag, in der Nähe von Plovdiv. Sie hatten mit Malamir vereinbart, dass jeden halben Tag ein Reiter von einem Heer zum anderen kommen sollte. Wenn das aufhörte, dann soll Malamir schnell nach Plovdiv gehen. Der Plan ist gelungen. Isbul war zu dieser Zeit der erfahrenste Soldat auf dem Balkan. Er ließ es erst gar nicht zu, dass das byzantinische Heer sich gruppieren konnte, sondern griff es an, als es in Bewegung war. Schon beim ersten Sonnenuntergang war klar, dass sie nicht in der Lage sein würden, einen organisierten Kampf zu führen. Am nächsten Tag griff die bulgarische Kavallerie ständig an und zog sich zurück. Das Terrain der Thrakischen Ebene war dafür ideal. Die Byzantiner litten grausam unter den bulgarischen Pfeilen. Das Schlimmste kam bei Einbruch der Dunkelheit. Malamirs Truppen kamen aus dem Osten und versperrten den

Byzantinern den Weg zum Rückzug. Dann kapitulierten viele. Isbul schickte Boten nach Plovdiv, um für ihn die Schlüssel der Stadt vorzubereiten und 50 Ochsen zu schlachten, um seinem Heer von 20.000 Mann ein Festmahl zu geben. Er teilte den Bürgern mit, dass er persönlich kein Eigentum beschlagnahmen würde, sondern sie entschädigen würde. Er besaß bereits den Schatz des besiegten Heeres, der den Sold der byzantinischen Soldaten für ein halbes Jahr enthielt.

Die Feier in Plovdiv war beispiellos! Über eine lange Strecke entlang der Ufer des Hebros-Flusses[330] weideten Pferde, und Soldaten und Bürger schlemmten fünf Tage lang. Bei der Feier ließ Isbul eine Inschrift auf Säulen schnitzen, die an mehreren Orten in Bulgarien aufgestellt werden sollten und diesen Sieg priesen. Dies wurde getan[331].

Der Vertrag

Malamir kehrte nach Tarnovo zurück, und Isbul blieb in Plovdiv wegen der beunruhigenden Nachrichten, die von den Smoljanern kamen. Die Smoljaner waren ein großes slawisches Volk, das in der Awarenzeit von den Kutriguren am Fuße des Rhodopengebirges angesiedelt wurde. Nach ein paar Jahrhunderten wurde das Volk noch größer und noch stärker. Die Smoljaner an den südlichen Hängen der Rhodopen waren Steuerzahler von Konstantinopel, und die an den nördlichen Hängen – Steuerzahler

---

[330] Maritsa.
[331] Die Inschrift-Chronik von Knjs Malamir wurde auf einer Säule auf dem türkischen Friedhof an der Stanbul Moschee in Schumen gefunden.

von Bulgarien. Aber die meisten Smoljaner waren am Fluss Mesta in der Region Drama. Es war ein sehr fruchtbares Tal.

Im Jahr 836 griffen die Araber Byzanz erneut an. Nach dem Sieg von Malamir und Isbul bei Plovdiv hatte Byzanz keine Reserven mehr und die Smoljaner beschlossen, dass die Zeit gekommen war, sich von Bulgarien und Byzanz zu lösen und ein eigenes Slawinien[332] zu gründen, wie jene auf dem Peloponnes.

Der Zeitpunkt war höchst ungünstig, denn die Abwesenheit des Kavhans Isbul in Tarnovo erlaubte es Malamirs Gegnern, ihn zu töten. Presijan, Sohn von Zviniza, kam an die Macht. Zviniza war der dritte Bruder von Malamir. So bestieg Presijan den Thron, die Hände mit dem Blut durch den Brudermord beschmutzt. Isbul hatte es kommen sehen, aber er konnte die Grenze in diesen stürmischen Zeiten nicht unbewacht lassen. Berichte über Ermordungen bulgarischer Bojaren kamen einer nach dem anderen.

Dann kam ein Brief von Kaiser Theophilus[333]. In dem Brief plädierte er eindringlich für ein Treffen mit Presijan. Presijan hatte seine Macht noch nicht gefestigt und befahl Isbul, zu dem Treffen zu gehen. Das Treffen fand auf einem Schiff auf dem Hebros-Fluss statt, nicht weit von Adrianopel entfernt. Dieser Ort war für beide am bequemsten, da er auf dem Wasserweg zu erreichen war. Theophilus betrachtete Isbul als den würdigsten Vertreter Bulgariens. Der Brudermord auf dem Thron gefiel ihm

---

[332] Die Byzantiner nannten Slavinien unabhängige oder halbunabhängige slawisch-bulgarische Fürstentümer.
[333] Theophilus regierte vom 2.10.829 bis 20.1.842.

nicht, denn er war ein schlechtes Beispiel für andere Länder. Und Isbuls erstaunliche Loyalität gegenüber drei Herrschern erregte seine Bewunderung. Sie sprachen stehend, jeder auf seinem eigenen Schiff. Sie hatten sich vorher darauf geeinigt, niemanden auf den Schiffsdeck zu haben. Isbul verbeugte sich tief, um einem großen Herrscher seinen Respekt zu erweisen. Theophilus tat dasselbe - offiziell war Isbul Mitregent in Bulgarien. Er sprach Griechisch und Latein. Isbul fing als erster zu sprechen an:

„Imperator, das Schicksal hat es so gewollt, dass wir als Soldaten in den vergangenen Kriegen gegeneinander antreten mussten. Aber es gibt keine persönliche Feindschaft zwischen uns. Der Sieg ist wie eine leichte Frau, er ist an einem Tag mit dem einen, am nächsten Tag mit dem anderen. Lasst uns als Menschen ohne persönliche Feindschaft reden, im Bewusstsein der Vergänglichkeit der Dinge."

Theophilus wusste es, aber nun war er ein weiteres Mal überzeugt, dass er es mit einem sehr klugen Mann zu tun hatte. Isbul versuchte offensichtlich, persönliche Animositäten in zwischenstaatlichen Angelegenheiten zu beseitigen, um eine Atmosphäre zu schaffen, in der man sich über jedes Thema ohne übermäßige Spannungen unterhalten konnte.

„Unsere Majestät wäre Euch sehr dankbar, Knyaz, wenn Ihr Eure Kräfte einsetzen würdet, um den Aufstand der Smoljaner niederzuschlagen.", begann Theophilus. „Ihr habt schon meinen Vorgängern bei der Niederschlagung des Aufstandes von Thomas dem Slawen ähnliche Hilfe geleistet."

„Und warum sollte ich das tun?"

„Denn wenn die Araber mich besiegen, dann seid Ihr an der Reihe! Und weil eine große Anzahl der Smoljaner auch Eure Untertanen sind."

„Und wer wird die Kosten dieses Krieges tragen?"

„Wir sind bereit, die Kosten für diesen Krieg zu tragen, wie viel wollt Ihr?"

Isbul zögerte keinen Moment und sagte:

„Thessaloniki!"

Theophilus begann, nervös auf dem Deck umherzugehen. Er konnte nicht gleichzeitig einen Krieg mit den Arabern und den Smoljanen führen, und die Smoljanen schnitten alle Lieferungen an ihn aus Europa ab. Verzweifelt überlegte er, wie er den Verlust rückgängig machen könnte. Theophilus war ein kluger Mann.

„Einverstanden, wenn du die aus Adrianopel umgesiedelten Krum-Gefangenen rechtzeitig freilässt und sie in Thessaloniki ansiedelst."

„Ich kann nicht 40.000 Mann von der Donau nach Thessaloniki transportieren."

„Ich werde Schiffe für einen Monat aus dem Krieg herausnehmen und sie mit deiner Erlaubnis übersetzen."

Isbul ließ sich die Vor- und Nachteile dieses schlauen Schachzugs durch den Kopf gehen und sagte:

„Sie dürfen aber ohne Eigentum abreisen. Schließlich werden sie in den verlassenen Vierteln von Thessaloniki untergebracht sein."

Isbul dachte, dass er neue Leute in diesen Grenzsiedlungen ansiedeln sollte, und es wäre einfacher, wenn die bisherigen Siedler ihren Besitz verlassen würden. Theophilus wusste, dass dies schwer zu realisieren war. Die

Menschen trennten sich nicht leicht von dem, was sie erworben hatten:

„So soll es sein!"

„Und die Slawen?"

„Wir werden den früheren Zustand wiederherstellen."

„Das ist nicht machbar. Dann werde ich keinen Zugang zu Thessaloniki haben."

Theophilus knirschte mit den Zähnen, weil sein Trick nicht funktionierte.

„Dann soll die Straße von Bitola über Edessa nach Thessaloniki von dir kontrolliert werden."

„Sie wird jetzt so und so von mir kontrolliert. Ich gewinne dadurch nichts."

„Du erhältst die offizielle Anerkennung von Byzanz."

„Dann lasst die Schreiber diese Vereinbarung in zweifacher Ausfertigung auf Griechisch und Bulgarisch aufsetzen, und lasst uns morgen an demselben Ort zusammenkommen und sie unter Eid unterzeichnen."

Am folgenden Tag wurden die Verträge in der gleichen Prozedur unterzeichnet und einander zugestellt. Bevor sie sich trennten, fragte Isbul:

„Imperator, wer wird dein Verbindungsstratege sein?"

„Kurdil."

„Hm?", Isbul lächelte.

Es war ihm bereits berichtet worden, dass Kurdil, der in einer anderen Garnison an der Donau den Posten des Leo innehatte, nach Byzanz geflohen war. Die beiden Staatsmänner verbeugten sich respektvoll voreinander und signalisierten den Steuerleuten, dass die Schiffe losfahren sollten. Es war das Jahr 836.

Die Smoljaner

Presian genehmigte den Vertrag und wies Isbul an, mit dessen Ausführung fortzufahren. In Plovdiv hatten sie den Ichirguboil[334] und den Kana-boila-kolovr[335] herbeigerufen. Dies geschah nur in großen Kriegen. Einige junge Kriegsherren fragten Isbul, ob eine so starke Armee nötig sei, um die Smoljaner zu besiegen. Isbul erklärte ihnen:

„Die Smoljaner sind mit den Anten verwandt. Die Anten sind das stärkste slawische Volk. Einige von ihnen wurden von Kubrat weit nördlich von Kiew verbannt, andere kamen zuerst entlang der Donau und dann weit nach Süden. Ein Jahrhundert lang kämpften sie sowohl in den bulgarischen als auch in den byzantinischen Armeen. Sie haben alle Fähigkeiten, die wir haben. Sie haben auch hoch gebildete Menschen. Außerdem haben sie den Vorteil, in ihren eigenen Schluchten zu kämpfen. Wir können dort keine Kavallerie entfalten, wir können sie nicht mit Pfeilwolken eindecken. Wir werden sie auch dort selten sehen, bevor sie uns angreifen. Was wir also tun werden, ist, ihre Siedlungen wo die Nahrung aufbewahrt wird, Schritt für Schritt zu besetzen und sie, ohne selbst den Kampf zu suchen, zu bewachen.

Izbul schickte zuerst Boten, um zu sehen, welche Forderungen die Smoljaner gegen Bulgarien hatten. Die

---

[334] Kommandant aller berittenen Bogenschützen.
[335] Das oberste geistliche Oberhaupt der Bulgaren.

Boten kehrten nie zurück. Dann zog er in den Krieg. Und dieser gestaltete sich sehr blutig, da er als Guerillakrieg geführt wurde. Erst nach zwei Monaten bekam Isbul eine glückliche Gelegenheit. In einem Tal hatte sich ein sehr großer Trupp von Smoljanern versammelt. Ziemlich weit oberhalb dieses Ortes befahl Isbul 5.000 Männern, einen Damm auf der Mesta zu errichten, aber so, dass die Stützpfeiler mit langen, an Land gezogenen Seilen festgebunden wurden. Späher ritten ständig zum Lager der Smoljaner und kehrten zurück, um zu berichten, ob sie noch da waren. Gott sei Dank waren sie auch nach einer Woche immer noch da. Eines Morgens befahl Isbul, die Seile an die Pferdegespanne zu binden und die Stützen hochzuziehen. Eine riesige Wasserwelle stürzte mit Getöse die Schluchten hinunter und fegte alles Leben auf ihrem Weg davon. Die Kavallerie erledigte den Rest. Dann schickten die Slawen Boten, und Isbul sagte ihnen, sie sollten ihre vorherigen Boten zurückbringen. Es stellte sich heraus, dass sie massakriert worden waren. Als Isbul dies erfuhr, tötete er alle bis auf einen der Boten und schickte ihn zurück zu den Slawen, um slawische Wojewoden für Verhandlungen mit ihm zu schicken. Diesmal gehorchten die Smoljaner bereitwillig. Der Winter kam. Vor ihren Wojewoden befahl Isbul das Folgende:

„Ein Kind aus jeder Häuptlingsfamilie sollte als Geisel genommen und nach Tarnowo gebracht werden. Nach fünf Jahren sollten die Kinder zurückgegeben werden. Es soll kein Haar von ihren Köpfen fallen. Sie sollen Bulgarisch, Griechisch und Latein lesen und schreiben lernen. Die Wojewoden sollen schwören, dass sich alle an die alte Staatsordnung halten werden: die byzantinischen Slawen unter Byzanz und die bulgarischen Slawen unter Bulgarien."

Sie schworen.

Damit war der Krieg beendet.

Einige der jungen kutrigurischen Wojewoden fragten ihn: "Wird es nicht ein Fest zu Ehren dieses Sieges geben?" und erinnerten ihn an das berühmte Fest von Plovdiv, worauf Isbul antwortete:

„Junge Burschen, dies ist kein Krieg, auf den die Generäle stolz sind. Dies ist ein Krieg, in dem wir das Blut unserer Mitbürger vergossen haben, und unser Schmerz ist groß. Ihr werdet feiern, wenn ich euch gesund und munter zu euren Frauen und Müttern zurückbringe."

Isbul ließ daraufhin eine Inschrift im Namen von Presian Knyaz von Gottes Gnaden anfertigen und am Eingang der Kirche von Philippi[336] anbringen.

"... Presian Knyaz vieler Bulgaren von Gottes Gnaden, schickte Isbul den Kavhan und gab ihm alle Truppen und den Ichirgu-boila und den Kana-boila-kolobra und den Kavhan gegen die Smoljaner. Wenn jemand die Wahrheit sucht, sieht Gott, und wenn jemand lügt, sieht Gott. Die Bulgaren taten den Christen viele Wohltaten, und die Christen vergaßen. Aber Gott sieht."

In Ohrid war zu dieser Zeit der Herrscher von Westbulgarien Knyaz Michael, der ein Christ war. Isbul war verpflichtet, ihm die Organisation der Einreise nach Thessaloniki zu übergeben. Michael betrat Thessaloniki ohne jeglichen Widerstand und begann, die Stadt so organisieren, dass sie die Exilanten von Krum aufnehmen konnte.

---

[336] Heute in Griechenland zwischen den Städten Drama und Kavala. Die Inschrift ist bis heute erhalten geblieben.

Als er fertig war, schickte er eine Nachricht an Knyaz Presian. Die Truppen von Ohrid ersetzten jene von Isbul, und Isbul erfüllte zur Freude von ganz Bulgarien sein Versprechen an die jungen Männer.

Isbul war zu dieser Zeit die beliebteste Persönlichkeit auf dem Balkan!

Ohrid

Leo kannte den Griechen Kurdil. Sein Vater diente einst unter Krum. Sie empfanden nie Sympathie füreinander. Kurdil diente wie er Bulgarien in der Festung von Bolgrad[337], allerdings nicht aus Überzeugung. Er hatte sich mit seinem Schicksal nicht abgefunden und träumte davon, nach Byzanz zurückzukehren und dort in den Truppen Karriere zu machen. Im Jahr 836 verschwand er plötzlich und überließ seinem Sohn Warda das Kommando der Garnison. Es hieß, er sei auf Handelsreise, aber er floh in die Festung Sarkel am Fluss Tanais, die Theophilus kurz zuvor im Auftrag der Hasaren gegen die Petschenegen errichtet hatte. Von dort fuhr er mit dem Schiff nach Konstantinopel.

Nach dem Krieg mit den Smoljanern wurden Leo und Strahota nach Tarnowo gerufen. Leo beschloss, Zarho mitzunehmen, der bereits neun Jahre alt war.

Auf dem Weg nach Tarnowo hielten sie in Nikopol am Fluss Rositsa an, von dem sie schon so viel gehört hatten. Dies war die Heimatstadt von Isbul. Isbul hatte die drei römischen Aquädukte restauriert und der Stadt Wasser in

---

[337] Heute in Ukraine

Hülle und Fülle zugeführt. Es gab auch eine Inschrift, die davon sprach. In Nikopol gab es nach jedem Sieg von Isbul große Feiern. Dort wurden auch die Preise für die herausragenden Boils[338] und Bagains[339] vergeben.

Leo war auch von dem riesigen Bau in Tarnowo überrascht. Quasi aus dem Nichts ist eine Stadt entstanden. Die Königsfestung Zarewetz[340] war bereits eine majestätische Festung geworden. Leo dachte, dass der Herrscher auf diese Weise sicher sein konnte, ruhig zu schlafen, aber nur, wenn die Armeen der äußeren Bojaren ziemlich stark waren. Ansonsten war es nur "Schutz vor den Seinen". Die Stadt hat keine Möglichkeit, sich als Großstadt zu entwickeln. Es gibt keinen großen Fluss oder ein Meer, keinen Raum für zusammenhängende Großarchitektur. Leo dachte an die Stadtpläne aller römischen Städte an der Donau - Tarnowo war weit von ihnen entfernt.

In Tarnowo empfingen ihn Presian und Isbul recht freundschaftlich. Presian wurde von Isbul über Leo und seine Familie und über die großen Hoffnungen informiert, die sie auf Leo setzten. Isbul erinnerte sich an den "Drusan Kebap" und beschrieb Presian dieses bemerkenswerte Gericht. Presian lächelte, winkte den Dienern, zu servieren, und sagte:

„Hoffen wir, dass es Euch auch an der Tafel des Königs schmeckt."

Beim Abendessen bat Presian Ishbul, Leos Aufgabe zu erklären.

---

[338] Bojaren
[339] Kommandeure
[340] Königsfestung

„Leo, wir haben mit Theophilus vereinbart, die Gefangenen aus Adrianopel aus dem Krieg von Knyaz Krum zurückzubringen. Gott soll seinen ewigen Ruhm für immer tragen! Dafür haben wir Thessaloniki erhalten. Die Gefangenen und ihre Nachkommen werden in Thessaloniki angesiedelt. Knyaz Michael[341] von Ohrid ist bereits in Thessaloniki und ordnet die Aufnahme der Siedler an. Theophilus wird innerhalb eines Monats eine Flotte schicken. Ihre Aufgabe ist es, die Umsiedlung zu organisieren. Die Menschen dürfen ihr Eigentum nicht mitnehmen, denn in Thessaloniki werden sie eine Unterkunft erhalten. Das ist die Vereinbarung. Es wird einige unter den Vertriebenen geben, die zu den Byzantinern halten werden. Da ist zum Beispiel dieser gutaussehende Mann Wassil, sein Vater hat eine Bulgarin geheiratet, das Kind ist in Tarnowo aufgewachsen und spricht ausgezeichnet Bulgarisch, aber dieser armenische Klan strebt seit Ewigkeiten nach der kaiserlichen Macht. Wir zählen also auf dich und andere wie dich, in enger Verbindung mit Knyaz Michael von Ohrid Thessaloniki für Bulgarien zu behalten."

Leo und Strahota hatten über ihre Zukunft nachgedacht. Es war eine große Wende in ihrem Leben, aber sie fanden beide die Kraft zu sagen:

„Dein Wille geschehe, Herr!"

Sie servierten in Butter gebratene Wachteln. Die Mysier jagten sie im Herbst mit Fallen aus großen Netzen. Sie waren sehr schmackhaft. Es wurden auch Auerhühner serviert. Isbul war ein leidenschaftlicher Jäger und erklärte ihnen, dass die Auerhühnerjagd die ultimative Jagd sei.

---

[341] Basilius I. der Vater von Basilius II. dem Bulgarentöter.

Die Vögel haben ein sehr gutes Gehör und man kann nicht nahe genug herankommen, bevor sie wegfliegen, um einen Pfeil präzise zu werfen. Nur wenn die Auerhühner in der Brutzeit "singen" - hören sie nicht. Deshalb werden sie auch auf Bulgarisch „Taubvögel" genannt. Dann, während der Auerhahn singt, sollte sich der Jäger nähern, und wenn es aufhört - anhalten.

„Auerhühner und Bekassinen sind die leckersten Wildvögel."

Natürlich kam alles auf den Tisch, was Bulgarien im Überfluss hat.

***

Leo versammelte etwa hundert Männer und befahl ihnen, die Dörfer zu besuchen, in die die Gefangenen einst angesiedelt worden waren, und ihnen die Entscheidung der Knyazen und des Kaisers mitzuteilen. Die Umsiedlung war nur freiwillig. Aber diejenigen, die umsiedeln werden, lassen ihr Eigentum zurück. Sie können es verkaufen, wenn sie es wünschen.

Aber es stellte sich heraus, dass es keine einfache Angelegenheit war. Die Menschen wollten so viele Besitztümer wie möglich mitnehmen. Als Kurdil mit den Schiffen kam, traf Leo sie und sagte ihnen, welche Häfen sie anlaufen sollten. Kurdil hat Tzanz mitgenommen. Beide ermutigten die Leute heimlich, die Anordnung nicht zu befolgen und so viel Eigentum zu laden, wie sie wollten. Leo wusste, dass die Auswanderer alle bewaffnet waren und dass er keine Macht hatte, den Befehl des Knyaz gewaltsam durchzusetzen. Also schickte er eine Nachricht an die nahegelegenen Magyaren, mit denen er in jenen Jahren freundschaftliche Beziehungen gepflegt hatte, und warb sie zur Hilfe an. Die Magyaren beschlossen jedoch, sich bei dieser Gelegenheit zu bereichern und begannen zu plündern. Leo warnte sie, dass er sie nicht für ihre unvollendete Arbeit bezahlen würde, und sie sagten, dass sie das, was ihnen zustand, selbst nehmen würden. Dies bedeutete Krieg. Dann kontaktierte Leo Warda, den Sohn von Kurdil, und die beiden organisierten ein letztes Mal ihre Soldaten gegen die Magyaren. Drei Tage lang standen sie ihnen gegenüber, während die Familien auf die Schiffe verladen wurden. Am vierten Tag begannen auch die Soldaten, die gehen wollten, sich zu den Schiffen zurückzuziehen. Dann griffen die Magyaren mit großer Kraft an. Es war notwendig, dass alle zurückgehen und unter dem Kommando von Leo und Warda kämpfen. Die Magyaren begannen zu fliehen und die Soldaten wurden nur von Leo und Warda davon abgehalten, sie zu verfolgen. Leo und Warda waren die letzten, die an Board stiegen. Ihre Familien hatten bereits die Segel gesetzt.

Sie waren drei Wochen lang unterwegs. Sie hatten Glück. Manchmal gab es schreckliche Stürme im Herbstwetter. Endlich sahen sie die Enge des Bosporus, und die Byzantiner jubelten.

Sie fuhren zum Goldenen Horn, um sich mit Proviant für die Reise nach Thessaloniki einzudecken. Während der zwei Tage lud Theophilus Leo, Strahota, Kurdil und Warda zu einem feierlichen Empfang in den Palast ein.

Nach den Formalitäten hatten sich die Männer im Triklinium niedergelassen und Theophilus wandte sich an Leo:

„Mein lieber Fürst, meine Höflinge sagen mir, dass du immer noch ein byzantinischer Substratege bist." Theophilus sah ihn fragend an.

„Das war im Jahr 813 wahr, Kaiser. Seitdem sind 23 Jahre vergangen."

Für Leo war klar, was der Kaiser ihm sagen wollte. Der Kaiser wollte ihm sagen, dass er ihn immer noch für den rechtmäßigen Thronfolger Bulgariens hielt, der auch ein Diener von Byzanz war.

„Nun aber führe ich einen Befehl des Knyaz Presian aus, die Aussiedler in Thessaloniki anzusiedeln. Der Knyaz hat mir Euren Vertrag gezeigt, also wünscht Ihr das Gleiche. Der Knyaz erfüllte seinen Teil des Vertrages und unterwarf die Smoljaner. Sie haben damit den Besitz der südlichen Slawinien unter Rhodopen wiedererlangt. Jetzt seid Ihr an der Reihe, Euren Teil des Vertrages zu erfüllen und den Auftrag zu erteilen, mich bei der Besiedlung der Menschen zu unterstützen und sie zu einem normalen Leben zurückzuführen."

Theophilus befand sich immer noch im Krieg mit den Arabern, und so sehr er es auch nicht wollte, sagte er:

„Ja, so soll es sein! Kurdil, versorge die Schiffe mit Proviant für drei Tage und sieh zu, dass sie Thessaloniki erreichen! Und schickte deinen Sohn Warda auf die Militärschule. Man sagt mir, dass er ein tapferer Junge ist und sich beim Auszug tapfer verhalten hat."

Theophilus gab einem der Schwertträger ein Zeichen und befahl ihm, dem jungen Warda den Lohn eines Anwärters zukommen zu lassen. Es war ein hohes Gehalt.

„Seid Ihr mit dem alten General Warda, dem Bruder der Kaiserin Theodora, verwandt?"

„Nein, Kaiser", antwortete Kurdil, aber er war froh, dass die Dienste seines Sohnes hochgeschätzt wurden.

Theophilus wandte sich an einen Eunuchen und gab ihm ein Zeichen. Der Eunuch brachte eine Rolle mit dem Siegel des Kaisers.

„Leo, du bist jetzt ein Diener des Knyaz, aber ich ernenne dich hiermit zu meinem persönlichen Berater, Logothet! Ich freue mich, wenn du den Palast besuchst, wann immer du wünschst, damit ich mich mit dir unterhalte. Mit diesem Diplom kannst du dich überall im Reich bewegen und den Palast betreten und verlassen, wann immer du willst."

Leo stand auf, verbeugte sich und bedankte sich höflich. Dann winkte Theophilus dem Eunuchen ein zweites Mal und dieser brachte eine zweite Rolle mit dem Siegel des Kaisers.

„Wir sind über die außergewöhnlichen Qualitäten deiner beiden Söhne unterrichtet. Dies ist die Charta, mit der ich die Domäne Opsikon an Strahota zur Herrschaft überlasse. Dieser Bezirk ist voll von Slawen, und seine Fähigkeiten werden gut entlohnt werden. Wir wollen nicht, dass Ihr Bulgarien verratet und gegen das Land vorgeht. Wir bitten Euch, uns in diesen schwierigen Zeiten mit Euren Fähigkeiten zu helfen."

Leo war bewusst, dass der Knyaz Spione hatte, die der Familie von Malamir und Presian sehr nahestanden.

„Kaiser, erlaubt mir, bevor ich einwillige, Strahota zu fragen, ob er einverstanden ist. Dies ist eine anspruchsvolle Aktivität mit vielen guten und schlechten Seiten. Ich würde auch gerne die Meinung von Knyaz Presian hören und dann werde ich Euch eine endgültige Antwort geben."

„Ich habe auch nicht erwartet, dass Du etwas anderes sagst. Deine Loyalität ist bekannt und ich würde gerne mehr solcher Menschen um mich haben. Warten wir auf die Meinung von Presian. Er hat weise Ratgeber und ich gehe davon aus, dass er die Vorteile auch für Bulgarien einsehen wird. Noch eine Sache. Ich habe eine persönliche Bitte. Viele sprechen hier von den herausragenden Qualitäten deines neunjährigen Sohnes Zarho. Würde es dir etwas ausmachen, wenn er am Hof wohnen und mit unseren Kindern in die Schule von Theodosius II. oberhalb der Magnaura-Bucht gehen würde? Ich habe viele kluge Kinder in meinem Reich, aber was über Zarho gesagt wird, ist außergewöhnlich."

Leo war sich bewusst, dass Gott seine Gebete erhört hatte, dass Zarho eine weltliche Ausbildung hellenischer oder lateinischer Art erhalten sollte, und hier war die außergewöhnliche Gelegenheit. Er dachte nicht lange nach, stellte aber dennoch die Frage, die ihn plagte.

„Imperator, nehmt Ihr ihn als Geisel?"

„Nein! Er kann nur gemäß deinem und seinem eigenen Willen kommen. In diesem Fall agiere ich als besorgter Vater für meine Kinder. Du weißt selbst, wie viele kaiserliche Söhne in unserer Geschichte auf dem Hippodrom und in den Bordellen auf Abwege geraten sind, und durch sie hat das Reich nur verloren."

Er hat einen Moment lang daran gedacht, dass er auch ein neues Hippodrom gebaut hat, aber das war notwendig, um die Untertanen durch die Spiele zu kontrollieren.

„Ich möchte, dass meine Kinder in guter Gesellschaft aufwachsen. Ich bin mir sicher, dass auch du den Vorteil erkennst, dass Zarho unter den besten Lehrern der Welt wie Johannes dem Grammatiker, Leo dem Mathematiker, etc. studieren kann. Dies ist übrigens schon einmal geschehen. Heraklius wuchs einst mit eurem großen Kubrat im Palast auf. Dies war von großem Nutzen für unsere beiden Länder. Ihr habt die Awaren mit unserer Hilfe besiegt und wir mit eurer Hilfe die Perser."

„Ihr habt Recht, Imperator! So sei es!", sagte Leo in der immer noch gebräuchlichen lateinischen Formulierung.

Die Dienerschaft lud sie zu den Desserts im Nebenraum ein. Das bedeutete, dass nach den Desserts die Audienz vorbei war. Leos Herz wäre vor Aufregung geplatzt. So viele Ereignisse in diesem Jahr 836. Und Leo war auch schon in die Jahre gekommen.

Bevor sie sich trennten, wandte sich Theophilus an Leo und sagte zu ihm:

„Leo, dein Vater war ein Christ, du bist ein Christ und deine Kinder sind es nicht[342]. Wenn du dich für Strahota und Zarho entschieden hast, finde ich es richtig, dass sie auch getauft werden sollten. Die Slawen in Opsikon sind getauft und sie werden Strahota besser wahrnehmen, wenn er Christ ist. Für den kleinen Zarho wird das auch gut sein. Ich möchte, dass der Patriarch sie persönlich tauft und ich sie vom "Taufbecken" übernehme."

Leo verbeugte sich tief und sagte:

---

[342] Die Byzantiner erkennen das Arianentum nicht als richtigen Glauben an.

„Das wäre eine große Ehre für unsere Familie, Imperator."

***

Als Substratege von Byzanz und Gouverneur von Thessaloniki, ernannt durch Knyaz Presian, wurde Leo ein wohlhabendes Haus in Thessaloniki zur Verfügung gestellt. Sie ließen sich zuerst dort nieder, bevor Strahota und Zarho nach Opsikon und Konstantinopel gingen. Galina war froh und gleichzeitig ahnte ihr mütterliches Herz, dass diese beiden wunderbaren Jungen aus dem Familiennest fliegen würden. Vielleicht für immer? Ihre Seele war glücklich und traurig zugleich. Die Stadt brodelte. Viele der Siedler hatten es geschafft, einige ihrer Grundstücke in Bulgarien zu verkaufen und nun war der Markt sehr belebt von ihnen.

Es kam der Tag, an dem Strahota und Zarho nach Konstantinopel segelten. Leo und Galina winkten zusammen mit den anderen fünf Geschwistern lange an der Anlegestelle. Die beiden weinten.

In Konstantinopel erschien Strahota im Palast, um die entsprechenden Diplome in Empfang zu nehmen. Er nahm Zarho überall mit hin. Er lernte die Struktur seines Verwaltungsgebietes, die Steuer- und Wehrpflichtigenlisten und die militärischen Verpflichtungen kennen. Der Beamte, der dieses Büro führte, erklärte ihm, dass er die gleichen Listen in dem Haus finden würde, das dem Gouverneur übergeben wurde. Strahota erhielt auch sein erstes Jahresgehalt, das beträchtlich war.

Am Samstag vor der Abreise wurden die beiden in der Hagia Sophia von Patriarch Johannes Grammaticus persönlich getauft. Theophilus kam mit seinem Gefolge, das in Seide und Gold gekleidet war. Er hatte einen außergewöhnlichen Geschmack für Luxus, Wissenschaft, Kunst und Kultur. Auch der Patriarch war beeindruckend. Die kraftvollen Stimmen des mehrstimmigen Chors schufen eine magische Atmosphäre. Beide waren von der Zeremonie fasziniert. Theophilus nahm sie aus dem "Taufbecken". Er gab Strahota den Namen **Methodius** und Zarho den Namen **Konstantin**.

Am nächsten Tag überquerte Methodius zusammen mit der ihm zugeteilten Garde den Bosporus bei Abydos.

Die Magnaura-Schule

Zarho blieb mit seinem kleinen Gefolge im Palast. Er erhielt ein Zimmer mit Balkon mit Blick zum Hippodrom in einem der Gästetrakte des Palastes. Leo hatte ihm Jankul als Leibwächter und Janitsa als Dienerin gegeben. Jankul war 30 Jahre alt und Janitza war 50.

Es war alles so aufregend! Die Jahre des Friedens mit Knyaz Omurtag hatten auch in Byzanz ihre segensreichen Spuren hinterlassen. Die Staatskasse war voll und die Menschen reich.

Anfang September, als das byzantinische Neujahr begann, versammelten sie sie in dem Augustinium und führten sie in die Schule von Theodosius II. In der Gruppe waren die Töchter des Theophilus': Maria, Thekla, Anna, Anastasia und Pulcheria. Theophilus' erster Sohn war früh gestorben, aber er und seine Frau Theodora hofften immer noch auf einen Thronfolger. Auf dem Weg dorthin sprach Anna mit Zarho. Zarho bemerkte, dass ihr Griechisch ganz anders war als das, das er im Hafen von Galati gelernt hatte. Es war irgendwie raffinierter.

„Spricht jeder in Konstantinopel Griechisch wie du?"

„Ich habe noch nicht mit allen 600.000 Einwohnern von Konstantinopel gesprochen", lächelte Anna ihn spielerisch an.

"Kluges Mädchen", dachte Zarho und schämte sich für seine dumme Frage. In der Tat lehrte ihn ihre Antwort, unter diesen Adligen immer auf der Hut zu sein.

„Aber ich spreche wie Mutter, wie Theodora", sagte Anna friedfertig.

Zarho hatte bereits die berühmte Geschichte gehört, wie Theophilus Theodora auserwählt hatte, beschloss aber, sich selbst zu überzeugen, was wahr war und was nicht.

„Anna, sag mir, wie hat dein Vater Theodora auserwählt?"

Anna lachte vergnügt und sagte:

„Oh, es war eine arrangierte Damenpräsentation im Palast. Theophilus hatte im ganzen Reich Einladungen verschickt, und es kamen so viele schöne Frauen, dass selbst der Himmel von Konstantinopel vor Scham errötete. Mein Vater sprach mit jeder. Diejenige, die ihm am besten gefiel, war die Dichterin Cassia. Aber als er mit ihr sprach, sah er, dass hinter der außergewöhnlichen äußeren Schönheit ein frecher Charakter steckte, der eine freche Sprache sprach. Also ging mein Vater an ihr vorbei, und nachdem er mit allen gesprochen hatte, entschied er sich für unsere Mutter Theodora. Dies war im Jahr 821."

Die Schule, die sie besuchten, wurde durch ein Gesetz des Kaisers Theodosius II. am 27. Februar 425 im südlichen Teil der Kaiserstadt, oberhalb der Magnaura-Bucht, gegründet. Dieses Gesetz bestimmte die Anzahl und Art der Universitätsabteilungen sowie der Professoren, der sogenannten Magister. Homer, Dialektik und alle philosophischen Wissenschaften, Rhetorik, Geometrie, Arithmetik, Astronomie, Musik und alle anderen hellenischen Künste wurden gelehrt.

Patriarch Johannes Grammaticus traf sie an der Kolonnade, begrüßte sie und zeigte ihnen die Säle für den Unterricht und die persönliche Erholung, das Bad und die Bibliothek. Zarho war ekstatisch. Er hätte sich nicht vorstellen können, dass es so viele Bücher auf der Erde gibt. Aber was war seine Überraschung, als der Patriarch sagte:

„Diese Bibliothek ist sehr klein, sie dient dazu, Zugriff auf das Notwendigste zu haben. Wer Zugang zum gesamten Wissen der Menschheit haben will, sollte in die Bibliothek der Hagia Sophia gehen und lesen."

***

Die Tage vergingen wie Augenblicke. In den ersten Monaten perfektionierte Konstantin sein Griechisch und Latein. Im folgenden Frühjahr las er alles mit Leichtigkeit. Er musste auch Altgriechisch lernen, denn diese Sprache war anders als die Sprache, die um ihn herumgesprochen wurde, und es gab so viele interessante Bücher in Altgriechisch. Im ersten Jahr hatten Johannes der Grammatiker und Leo der Mathematiker seltene Auftritte bei ihnen. Sie hatten viele Assistenten, junge Lehrer, die die Grundschulklassen vorbereiteten. Erst im zweiten Jahr begannen sie, sie zu unterrichten.

Leo der Mathematiker lehrte sie zuerst das Rechnen in phönizischer und arabischer Art. Dann zeigte er ihnen mehrere Wochen lang schnelle Rechentricks. Dann lehrte er sie ägyptische Geometrie. Dann waren der Mond, die Sonne und die sieben Planeten an der Reihe. Das war so interessant. Er lehrte sie auch, Sonnen- und Mondfinsternisse zu berechnen und vorherzusagen. Es weckte auch ihr Interesse an der ptolemäischen Geografie und wie man die Entfernungen zwischen verschiedenen Punkten auf einer kugelförmigen Erde berechnen kann. Aber am interessantesten war für Konstantin die Methoden zur Zeitmessung. Er lernte, dass verschiedene Nationen unterschiedliche Anfänge ihrer eigenen Jahresrechnung hatten, unterschiedliche Anordnungen der Jahre. Leo lehrte sie, wie man von einer Jahreszählung zur anderen übergeht, um eine einheitliche Anordnung der Ereignisse in der Geschichte zu haben. Konstantin sog alles auf.

Patriarch Johannes lehrte sie griechische und lateinische Grammatik. Er schenkte dem Ursprung der Sprachen und ihrer Struktur große Aufmerksamkeit. Der Patriarch hatte, obwohl er ein geistlicher Mensch war, ein Gespür für das Schöne. Er war immer exquisit gekleidet, mit gepflegtem Bart und Haar. Das Streben nach Luxus des Gefolges von Theophilus war ihm nicht fremd. Einmal sprach er von der bulgarischen Sprache und beschloss zu prüfen, wie vertraut Konstantin mit der bulgarischen Ethnie war:

„Sage mir, Konstantin, in welchen Regionen wird Bulgarisch gesprochen?"

„Wenn wir von Westen nach Osten beginnen: Die Bajowaren, obwohl stark mit den Franken vermischt, sprechen noch Bulgarisch; in Italien gibt es viele Siedlungen, in denen neben Italienisch noch Bulgarisch gesprochen wird; auf der ganzen Balkanhalbinsel wird Bulgarisch gesprochen; in Pannonien, Siebenbürgen und Transsylvanien wird Bulgarisch gesprochen; in der ganzen Walachei bis zum Dnjepr wird Bulgarisch gesprochen; ein großer Teil der Chasaren spricht Bulgarisch; entlang der mittleren und oberen Wolga sprechen sie Bulgarisch; die ehemaligen Siedler der Hunnen in Kappadokien, am Van-See, sprechen auch Bulgarisch."

Die Mitschüler schauten Konstantin neugierig an. Der Patriarch beschloss, weiterzumachen:

„Und wie ist deiner Meinung nach, die Struktur der bulgarischen Sprache?"

„Bulgarisch ist eine chaldäische Sprache. Wir haben eine Menge babylonischer und persischer Wörter[343]."

„Und was ist der Unterschied zwischen der Sprache der Slawen und eurer?"

„Früher war unsere Sprache die Sprache der Menschen, die auf dem Belasitsa-Gebirge lebten. Sie nannten es Belaskisch. Jetzt buchstabiert Ihr es Mpelaskisch. Die Thraker sind auch ein belaskisches Volk. Lange Zeit nach dem Trojanischen Krieg teilten sich die Thraker auf, einige blieben an der Donau, das sind die Geten, und andere gingen von Belasitsa nach Pannonien, von Pannonien auf der

---

[343] Samskrit und Indosend.

Donau, bis zu den Alpen und dem Schwarzen Meer. Andere gingen vom Fluss Bregalnitsa nach Brigien, das Ihr Phrygien nennt, und bildeten die phönizische Handelsnation. Andere Thraker zogen von Kleinasien in den Kaukasus und besetzten die fruchtbaren Täler. So entstanden nach langem getrennten Leben Unterschiede. Einige sind inzwischen sogar so unterschiedlich, dass man sagen könnte, es sind verschiedene Sprachen. Aber das heutige Slawisch aus Mähren und das Bulgarische sind sich sehr ähnlich."

Patriarch Johan sah ihn herausfordernd an und fragte erneut:

„Wenn Euer Knyaz oder unser Kaiser dir befehlen würde, christliche Kirchenbücher für die Bulgaren zu verfassen, in welchem Dialekt würdest du sie verfassen?"

Konstantin war sehr bewegt. Dieser schlaue alte Mann wird doch wohl nicht seine Gedanken lesen können. Er hat mit Strahota und seinem Vater ja ihr ganzes Leben lang darüber gesprochen.

„Im Dialekt der Bewohner von Fluss Bregalnitsa. Es wird in Pannonien, Mähren, Transsylvanien, Siebenbürgen, auf dem Balkan und an der Donau gesprochen. Es ist der am besten verständliche Dialekt. Er wird sowohl von Bulgaren als auch von Slawen gesprochen."

„Und gibt es einen Unterschied zwischen der getischen Sprache von Urfil und dem modernen Bulgarisch?"

„Es gibt sie, aber ich glaube nicht groß, doch ich könnte mich irren, es sind ja schon vier Jahrhunderte vergangen. Man sollte auf jeden Fall die Bücher von Urfil verwenden."

Der Patriarch wusste, dass Urfil ein Arianer war, und es war für ihn überhaupt nicht vorteilhaft, eine solche "Häresie" unter Bulgaren und Slawen zu verbreiten, obwohl der Unterschied in der Glaubensformel gering war, und so sagte er:

„Und warum sollten seine Bücher unbedingt verwendet werden?"

„Meister, du weißt, dass die Übersetzung von Büchern nicht nur eine Anordnung der entsprechenden Wörter ist. Es gibt komplexe Konzepte, Ideen von Konzepten, die äquivalenter Ausdrücke bedürfen. Sie entstehen mit der Kultur eines Volkes. Erinnern Sie sich, wie Ptolemäus 70 Männer das Alte Testament ins Griechische übersetzen ließ. Sie haben zwei Jahre lang gearbeitet. Und die Übersetzungen sind komplett auf Griechisch, weil sie von kultivierten Menschen übersetzt wurden, die die entsprechenden exakten Ausdrücke gefunden haben. Mit verschiedenen Wörtern für dieselbe Sache drücken wir Nuancen aus. Leo der Mathematiker sagt uns, dass Übersetzung auch Mathematik ist, weshalb jede entwickelte Sprache über strenge Äquivalente verfügt. Wenn du bei der Darstellung von Nuancen abweichst, veränderst du die Bedeutung. Urfil und seine Studenten haben diese enorme Arbeit bereits geleistet. Konstantin der Große liebte ihn, weil er den Besigiten half, diese Seite der Donau zu besiedeln, Konstantin nannte ihn sogar "unseren Moses". Heute macht es keinen Sinn, diese Übersetzungen neu zu erfinden. Zu seiner Zeit gab es die belaskischen Bücher des Orpheus, die des Awar, die des Zelmox usw. Die Tradition des Übersetzens ins Thrakische war noch lebendig. Ich suchte nach diesen Büchern in der Hagia Sophia, konnte sie aber nicht finden."

Johannes der Grammatiker schämte sich für seine eigene Nation. Die Griechen zur Zeit des Justinians taten ihr Bestes, um die Gründung einer unabhängigen bulgarischen Kirche zu verhindern und verbrannten vielerorts die thrakischen Bücher. Seine gelehrte Seele konnte nicht ergründen, dass neben den Büchern, für die es griechische Übersetzungen gab, auch solche zerstört wurden, für die es keine Übersetzungen gab. Und am meisten ärgerte er sich über die Zerstörung des prächtigen Werkes des Skythen Awar aus dem 7. Jahrhundert v. Chr.

„Also", fuhr Konstantin mit entschlossener Stimme fort, „werde ich sicherlich Urfils Übersetzungen verwenden und sein Bulgarisch auf den neuesten Stand bringen. In vier Jahrhunderten verändert sich jede Sprache."

„Konstantin, du weißt, dass Amida vor vier Jahrhunderten eine blühende Stadt mit vielen Gelehrten war. Urfil arbeitete dort, bevor er fünfzig Jahre nach der Entstehung des georgischen und armenischen Alphabets nach Mysien zog. Als Euer Herrscher Wallach Persien eroberte, trieb er viele kultivierte Menschen aus Amida auf die Krim. Sie haben es auch geschafft, ein Alphabet für eure Hunnen zu kreieren. Weil sich auf der Krim das taurische Gebirge befindet, tauften sie diese Buchstaben Tauros- oder Ros-Buchstaben. Kennst du sie?"

„Ich habe von ihnen gehört, Herr Lehrer, aber ich habe sie nie gesehen. Ich habe auch gehört, dass es an der Mündung des Dnjepr und auf der Krim noch Leute gibt, die damit schreiben können, aber es sind wenige. Das Glagolitische Alphabet von Urfil ist weitaus beliebter.

Gehe in die Kirchen in der Walachei, folge dem Weg der Geten von Konstantinopel bis zur Insel Krk an der Adria und du wirst überall glagolische Schriften finden. Urfil spiegelte jeden der Laute des Bulgarischen perfekt mit einem einzigen entsprechenden Zeichen wider. So verwendete er 40 Zeichen. Mit ihnen gelang es ihm, auch alle einfachen Zahlen aufzuschreiben, aus denen auch komplexe zusammengesetzte Zahlen geschrieben werden können."

Die Mitschüler spürten, dass dies kein gewöhnliches Gespräch war, sondern ein Gespräch zwischen Philosophen über die Zukunft der kulturellen Entwicklung der Bulgaren und Slawen innerhalb und außerhalb des Reiches.

Der Logothet des Dromos'[344] Theoctistus hatte die Aufgabe, zukünftige Strategen für die Armee und Gouverneure von Militärbezirken vorzubereiten und auszuwählen. Und die Schule von Theodosius II. bildete potenzielle Kandidaten aus. Der Logothet wurde ein enger Freund von Leo und sie besuchten sich gegenseitig in Konstantinopel und Thessaloniki. Einmal traf er Konstantin im Palast und fragte ihn:

„Konstantin, ich würde gerne wissen, was ist Philosophie?"

Konstantin antwortete ihm augenblicklich:

„Die Philosophie ist die Erkenntnis der göttlichen und menschlichen Dinge, die lehrt, wie weit der Mensch sich Gott nähern kann und wie er durch Werke das Bild und Gleichnis dessen werden kann, der ihn geschaffen hat."

---

[344] Außenminister

Theoctistus hatte schon alles Mögliche zu diesem Thema gehört, aber diese Antwort gefiel ihm sehr gut. Er erkundigte sich oft beim Patriarchen, wie es Konstantin erging. Und Johan geizte keineswegs mit Lob für Konstantin. Der Logothet sah in ihm einen zukünftigen Strategen. "Wir müssen ihn nur mit einer geeigneten Patrizierin verheiraten", dachte er. Er hatte etwas im Sinn; er hatte eine schöne Patentochter, Eleanora, aus einer mächtigen Familie, die zwei Jahre jünger als Konstantin war.

Im Jahr 837 bekämpfte Theophilus erfolgreich die Araber, aber 838 nahmen sie seine Heimatstadt Amorea ein. Dies war ein großer Schlag für ihn, von dem er sich nicht erholen konnte. Am 19.1.840 gebar Theodora schließlich einen Sohn von Theophilus. Sie tauften ihn auf den Namen Michael.

Im Sommer 841 wurde Konstantin mitgeteilt, dass Leo auf dem Sterbebett lag, und er eilte nach Thessaloniki, um sich von ihm zu verabschieden. Methodius war schneller und kam mit dem Schiff, und Konstantin kam zu spät. Leo wurde mit großen Ehren von der gesamten bulgarischen Gemeinde in Thessaloniki begraben, und auch von vielen Griechen, die ihn für seine gerechte und moderate Regierung der Stadt schätzten. Leo hinterließ eine blühende Stadt. In Thessaloniki wimmelte es von Handel und Leben. Von den benachbarten Bergen kamen Slawen in Booten herunter: Sie verkauften und kauften alles. Die Via Ignatia, d.h. die Straße zwischen Dirachium über Bitola nach Ohrid und Konstantinopel, war eine ununterbrochene Kette von Händlern und Menschen.

Im Jahre 842 starb Theophilus. Michael, sein Sohn, war zwei Jahre alt. Bevor er starb, verfügte Theophilus, dass seine Töchter nicht heiraten sollten, bis der minderjährige Michael heranwuchs und die Macht übernahm. Theophilus wusste, dass jeder potenzielle Schwiegersohn ein Anwärter auf den Thron sein würde und dies die gesamte Dynastie gefährden würde. Eines Tages kamen die Mädchen nicht in die Schule und Konstantin spürte, dass Anna ihm fehlte. Sie waren in ein Kloster geschickt worden. Konstantin dachte: "Jede junge Verkäuferin auf dem Fischmarkt ist glücklicher als diese klugen und schönen Töchter des Königs."

Die Prüfung

Es war 847. Konstantin wurde 20 Jahre alt. Alle Lehrer waren überzeugt, dass sie Konstantin nichts mehr weitergeben konnten, und er hatte bereits begonnen, eigenständige Werke zu verfassen. Also beschloss man, ihm den Titel "Philosoph" zu verleihen.

Die feierliche Prüfung wurde offiziell unter der Aristokratie von Konstantinopel angekündigt und war eine der seltenen und sehr raffinierten Unterhaltungen für die Herrscher mit einem Geschmack für Kultur und Wissenschaft. Die Kaiserin Theodora, der Stratege Warda, der Logothet Theoctistus und der neue Patriarch Ignatius nahmen an der Prüfung teil. Anwesend war auch der ehemalige Patriarch Anis, der den Kampf gegen die Ikonen aufgenommen hatte und deshalb abgesetzt wurde. Als Theodora eintrat, standen alle auf und verbeugten sich. Sobald sie saß, wandte sie sich an Anis:

„Anis, wenn du diesen jungen Mann besiegst, werde ich dich wieder auf den Patriarchenthron setzen."

Und als er den jungen Philosophen sah und die, die um ihn waren, und nicht wusste, dass er den Verstand eines alten Mannes hatte, sagte er:

„Ihr seid alle unwürdig für mein Trittbrett! Wie soll ich mit Euch streiten?"

Konstantin antwortete:

„Richtet nicht nach menschlichem Urteil, sondern bedenkt die Ordnungen Gottes; denn wie du von Gott aus Erde und Seele geschaffen bist, so sind wir alle. Darum, o Mensch, schau auf die Erde und sei nicht stolz."

Anis erhob Einspruch:

„Es ist weder angemessen, im Herbst nach Frühlingsblumen zu suchen, noch einen alten Mann in den Krieg zu schicken - wie den jungen Nestor."

Konstantin antwortete:

„Du sprichst gegen dich selbst. Sag uns, in welchem Alter ist die Seele stärker als der Körper?"

Er sagte:

„Im hohen Alter."

Dann sagte Konstantin:

„Nun, zu welchem Kampf fordern wir Dich auf: zum körperlichen oder zum geistigen?"

Er sagte:

„Zum geistigen."

Dann sagte Konstantin:

„Wenn das so ist, musst du jetzt stärker sein. Also erzähl uns nicht solche Märchen. Denn wir suchen weder

Blumen zur Unzeit, noch lassen wir dich kämpfen. Denn der Heilige Geist allein entscheidet, in welchem Haupt und bis zu welchem Alter die Weisheit vorherrschen soll und wo er die Torheit einbauen soll, damit die Weisheit deutlicher hervortritt."

Alle lachten laut. Anis fuhr jedoch ungerührt fort:

„Als Gott den Hebräern durch Moses die Gebote sandte, sagte er zu ihnen: Ihr sollt euch kein Bildnis und Gleichnis Gottes machen! Sag mir, junger Mann, warum sollten wir Ikonen verehren?"

„Oh, es ist ganz einfach, Vater. Da niemand Gott gesehen hat, kann auch niemand sein Ebenbild erschaffen, geschweige denn sein Abbild. Ein Ebenbild von was? Moses sagt nur: "Versuch gar nicht erst, das Unmögliche zu tun, es wird dir sowieso nicht gelingen." Aber ansonsten können wir ein Symbol für etwas erstellen. Das Symbol „Alpha" steht zum Beispiel für den Laut „a". Die Symbole für Zahlen sind die sanskritischen Ziffern, die wir auch verwenden. Und das Symbol des Märtyrers ist das Kreuz, und das widerspricht nicht den Gesetzen des Moses. Viele der Ikonen erinnern an die Märtyrer des Glaubens, aber die Menschen haben sie nicht persönlich gesehen. Ihr Bild mag von verschiedenen Künstlern nicht genau wiedergegeben werden, aber die Ikonen sind unsere Erinnerung und unser Beispiel für ihre Werke. Und ist nicht die schöne Hagia Sophia selbst ein Symbol für Sophias Glauben an Gott, der sich in der Übergabe ihrer schönen Töchter Glaube, Hoffnung und Liebe an den Scheiterhaufen so tragisch manifestierte? Selbst der verstorbene Theophilus hat sich gegen Ende seines Lebens mit den Ikonen versöhnt."

Theodora war eine harte Herrscherin, aber ihre Augen tränten bei dem Gedanken an "Mutter Sophia". Sie bekreuzigte sich dreimal.

Photius[345], der sie in Dialektik unterrichtete, fragte ihn:

„Sag mir, junger Mann, was ist mehr auf der Erde: das Gute oder das Böse?"

„Das Böse ist zerstörerisch für den Menschen. Und obwohl es zu unserem täglichen Leben gehört, schauen wir uns diese Halle an, betrachten über den Balkon der Hagia Sophia die Statuen des Forums und des Hippodroms, schauen uns an, wie wir kommunizieren, wie wir gekleidet sind. Wenn das Böse mehr wäre, würde es das Gute überwältigen und all diese schönen Dinge würden für uns nicht existieren. Dies ist der Beweis, dass es vom Guten mehr auf der Erde gibt."

„Heißt das, dass das Gute immer gewinnt?"

„Nein, das Gute ist die göttliche Reflexion in uns. Viele von uns streben danach, aber es erfordert harte Arbeit, Anstrengung und leider auch Opfer, um es zu erreichen."

„Und was ist Güte?"

„Güte ist das höchste menschliche Streben mit dem Ziel, jedem Menschen zu helfen, der er in Not ist."

„Kann es inmitten von extremer Armut und Elend etwas Gutes geben?"

„Gott sorgt dafür, dass es überall Gutes gibt, aber das wirklich Gute sind die Starken, die den Schwachen helfen."

---

[345] Photios I., zukünftiger Patriarch in den Jahren 858 bis 867 und 877 bis 886.

Der Logothete Theoctistus dachte an die vor den Arabern fliehenden Armenier und ihre Bitte um Hilfe, die er noch nicht beantwortet hatte. Er beschloss am nächsten Tag, die Wehrfähigen gegen Gehalt in die Armee aufzunehmen und so auch ihre Familien finanziell zu unterstützen. Es gab einen Perser namens Theophob. Er war ein sehr fähiger Militärkommandant. Theophilus gab ihm sogar seine Tochter Helena zur Frau. Es wäre am besten, die neue Armee unter sein Kommando zu stellen.

„Und was denkst du, ist die beste soziale Staatsform?"

„Ihr erwartet zu hören, dass die Demokratie das beste Gesellschaftssystem ist, aber Demagogie kann sie zur Anarchie führen, dass die Aristokratie ein gutes System ist, aber mit Bestechungsgeldern kann sie zur Oligarchie entarten, oder dass die Monarchie ein gutes System ist, wenn der Monarch gut ist, aber wenn der Monarch schlecht ist, kann sie zur Diktatur entarten. Ja, das haben die Perser gedacht, das hat Aristoteles von den Büchern, die ihm Kassander von Persien brachte, aufgegriffen, aber ich würde euch sagen, dass die beste Gesellschaftsordnung eine ist, in der das Gute in dem Sinne, wie ich es gerade beschrieben habe, jeden Tag verwirklicht wird."

Alle diskutierten die Antworten miteinander. Photius blieb sichtlich zufrieden. Der Stratege Warda hob die Hand und fragte, als sich der Lärm gelegt hatte:

„Konstantin, warum hat der Thraker Achilles Krieg gegen das thrakische Troja geführt?"

„Ja, die Trojaner waren Thraker, genauso wie Achilles' Myrmidonen. Aber im Leben entstehen Kämpfe um Besitz und Macht oft nicht nur zwischen Landsleuten, sondern auch zwischen Verwandten. Die Myrmidoner wurden so genannt, weil sie die Erde wie Ameisen von Steinen befreiten, um sie mit einem Pflug zu bearbeiten. Ihr Reichtum kam schon immer aus dem Land. Sie produzierten viel Getreide in Thrakien auf der kimmerischen Halbinsel und verkauften es in der gesamten Ägäis und im Mittelmeerraum. Aber die Trojaner saßen auf der anderen Seite der Dardanellen und nahmen immer den Zehnten. Ein kleiner Zehnter von kleinen Mengen ist ein wenig, aber ein kleiner Zehnter von riesigen Mengen ist riesig. Achilles bat sie, die Steuer zu reduzieren, weil sie verwandt waren, aber Priam[346] weigerte sich. Achilles' Kriegsbeteiligung hatte also wirtschaftliche Gründe und er schloss sich Menelaos an, obwohl er ihn hasste. Aber da war noch etwas anderes. Alle alten Schriftsteller sagen, dass Achilles einen abscheulichen Charakter hatte und nach dem Krieg sogar von den Seinen verbannt wurde. Ein Teil seines Volkes wanderte nach Peonia aus, ein anderer ging über Messembria und Odessos auf die Krim, ein dritter über Trabzund in den Kaukasus."

„Ja", seufzte Warda. „Jeder will einen Wächter, der einem Verbrecher oder einem Feind den Hals umdreht, damit er in Ruhe mit seiner Frau schlafen kann, aber niemand will einen solchen Wächter als Nachbarn!" Varda wusste, wovon er sprach.

„Doch was war aus den Myrmidonen geworden?"

„Alle alten Schriftsteller sind sich einig, dass aus ihnen die Ogoren, aus den Ogoren die Hunnen und Waren, aus ihnen die Kutriguren und Utiguren und aus ihnen die

---

[346] Priam (König von Troja) auf Bulgarisch „Prjam", bedeutet so viel wie „der Direktsprechende".

Bulgaren entstanden sind. Vor euch steht also auch ein Myrmidonier."

„Nur dieser Myrmidonier bedient sich des Wissens und der Sprache besser als Achilles des Schwertes!", sagte Warda.

„Und die Leute lieben ihn!", fügte Theodora hinzu. Der Saal war erfüllt von fröhlichem Gelächter!

„Und warum nennt man sie Kimri?", fuhr Warda fort.

„Oh, die Perser nennen sie Gebri, und auf Griechisch klingt es wie Kimpri. Aber es ist das Gleiche."

„Konstantin, hier bin ich 40 Jahre und kämpfe in der Welt. Ich habe den ganzen Horror und Wahnsinn des Krieges gesehen und frage mich immer wieder - können wir Menschen ohne Kriege leben?!"

„Wissen, General, ist nur ein Tropfen im Ozean der Unwissenheit. Viele Dinge verbirgt Gott immer noch vor uns, und dies ist eines davon. Ich weiß zum Beispiel nicht, ob unser Schöpfer uns Menschen über die andere Natur erhoben hat. Wenn nicht, wenn wir Teil der Natur sind, dann gehören Erdbeben, Stürme, Zerstörung auch zu uns. Und wenn doch..."

Konstantin machte eine lange Pause und fuhr dann fort:

„Geist, Bildung und Weltanschauung bestimmen das soziale Verhalten von Menschengruppen - das wussten schon die alten Hellenen. Deshalb war für sie der Hellenismus kein Zeichen der Abstammung, sondern gerade ein Zeichen des Geistes, der Bildung und der Weltanschauung,

wie damals Isokrates[347] es formulierte. Deshalb schufen die Hellenen, obwohl sie nie einen Staat gründeten, Städte mit einer Kultur zum Nachahmen. Alle möglichen Leute strömten zu ihnen, auch viele Thraker, wie jeder weiß. *Deshalb muss in wichtigen Fragen moralische Einstimmigkeit unter den Menschen kultiviert werden, um die Ursachen von Konflikten zu reduzieren."*

Konstantin überlegte, bevor er fortfuhr.

„Der Wissenschaftler muss an der Wahrheit festhalten, ob sie jemandem gefällt oder nicht. Ich würde also hinzufügen, dass ihr, Griechen, jetzt das Gegenteil tut. Ihr sagt, dass jeder Christ ein Grieche ist und stellt damit die Natur der Dinge auf den Kopf. Der Glaube kann die Abstammung nicht bestimmen. Wie viele Christen sind keine Griechen? Kopten, Armenier, Georgier, Perser, Inder, Gepiden, Ostgoten, Besigeten, Vandalen, Schwarzmeerhunnen, Bulgaren, Slawen... Wenn man ihnen sagt, dass sie Griechen sind, denken sie sofort, dass man ihr Land will... und das denken sie zu Recht... Und die Neuziehung der Grenze geschieht immer durch Kriege. Kann es eine Welt ohne Kriege geben, wenn es immer wieder Gründe gibt, Grenzen neu zu ziehen?"

Alle genossen diese außergewöhnliche Vorstellung. Nur der alte Patriarch Anis verabscheute Konstantin. Er sah in ihm eine gewaltige Bedrohung für den griechischen Ethnos, und wenn er könnte, würde er ihn im Handumdrehen aus der Welt tilgen.

Jetzt war Leo der Mathematiker an der Reihe:

---

[347] Isokrates (436-338 vor Chr.), Paneg. 50.

„Junger Mann, ich weiß schon, dass du Mathematik und Geometrie gut beherrschst. Sag mir, wozu diese Wissenschaften gut sind?"

„Mathematik und Geometrie dienen nicht nur den Handwerkern, sondern sind auch der Sprache der praktischen Mechanik. So wird z. B. aufgezeichnet, wie man einen Feuersiphon baut, mit wie viel Petroleum, Schwefel und Salpeter man ihn füllt usw. Sie halten also fest, wie man Hafenhebewerke baut, für wie viel Gewicht welche Kraft benötigt wird usw. Mathematik ist also die Sprache unserer Ingenieure."

Leo der Mathematiker war nicht einer dieser zerstreuten Gymnosophisten, sondern ein sehr lustiger Mann. Er konnte immer etwas Kompliziertes auf eine heitere Art und Weise erklären. Und dieses Mal blieb er sich selbst treu:

„Hast du etwas über Heron von Alexandria gehört?"

Alle lachten, denn Heron hatte ein mechanisches Puppentheater erfunden, das mit Hilfe von Gewichten, einem Seil, einer Achse, darauf befindlichen Nieten und Zahnrädern die Puppen entsprechend hin und her bewegte und die Szenen dahinter veränderte, ohne dass jemand das Theater berührte. Die Darsteller haben nur die Szenen vertont. Dies war eine sehr beliebte Unterhaltung im Kaiserreich.

Konstantin aber erwähnte es gar nicht, sondern sprach davon, dass sich die alexandrinischen Türen zum Zeichen eines angenommenen Opfers von selbst öffneten, dass die Maschinen einen Kelch mit Weihwasser gegen einen Obolus ausgaben. Er kannte diese Geräte im Detail und wusste, welche natürlichen Prozesse in ihnen genutzt wurden. Schließlich sprach er von einer Dampfmaschine:

„Mit dieser Maschine konnten Menschen Pferde und Wasser als Antrieb ersetzen."

Da fragte Leo mit unverhohlener Neugierde:

„Wenn dies von solchem Nutzen ist, warum wurde es nicht in Gebrauch genommen?"

„Meister, damals kamen auf jeden freien Römer neun Sklaven. Wer hätte es nötig, Sklaven zu befreien, nur weil er ihre Arbeit durch Maschinen ersetzen könnte?"

Wieder war der Saal von Gelächter erfüllt.

„Die Wissenschaftler sind den Menschen mit ihren Entdeckungen oft voraus und die Menschen verstehen sie öfters nicht. Und das ist der Grund, warum Wissenschaftler kein reiches Leben führen. Manchmal bringt die Dummheit sie sogar um. Die Athener gaben Sokrates Gift, weil er angeblich die Jugend verdarb. Sokrates sah einfach, wie schädlich für die Erziehung der Jugend die griechischen Mythen von den bösen Göttern mit ihrer Untreue, dem Inzest, den Gräueltaten, den Morden, dem Verrat waren... Dann töteten die Blinden den einzigen, der sehen konnte!"

Basilius[348] war bei der Prüfung anwesend. Derselbe Basilius[349], der in Tarnowo gefangen war. Sie kannten ihn seit diesen Jahren. Er war ein paar Jahre älter als Konstantin. Theophilus erhob ihn zu seiner persönlichen Leibwache. Er war ein extrem starker und gutaussehender Soldat geworden, als wäre Mars selbst auf die Erde herabgestiegen. Warda sah ihn mit Bewunderung an, die jedoch die Bewunderung der Frauen im Saal in keinem Fall

---

[348] Basilius I. der Mazedonier, Vater von Basilius II., der Bulgarentöter.
[349] Wasil auf Bulgarisch.

übertreffen konnte. Die Mutter von Basilius war Bulgarin, und Basilius verbrachte sein Leben von 813, als er ein zweijähriges Kind war, bis 836 in Bulgarien. In der Tat wurde er bulgarisch erzogen.

„Sagen Sie mir, Zarho, wie viele Priester aus Rom gibt es in Bulgarien?"

„Du weißt, mein lieber Basilius, dass mein Bruder Strahota diese Dinge besser weiß als ich. Aber sie sind nicht wenige, besonders in Dardanien und Oberpannonien."

„Und deutsche Priester?"

„In der Steiermark und an den Grenzen zu den Franken gibt es seit fünfzig Jahren deutsche Priester."

„Warum wendet sich Bulgarien, das seit Justinian eine eigenständige Kirche hat, immer wieder an uns, mal an Rom, mal an die Franken, um Priester zu bekommen?"

„Du weißt, mein lieber Basilius, und der Logothet des Dromos Theoctistus, der auch hier ist, weiß, dass dies Angelegenheiten für den Knyazen von Bulgarien oder für Knyaz Michael in Ohrid sind. In der Rhetorik wurde uns nicht beigebracht, wie wir die Interessen der Unseren verraten, sondern wie wir sie verteidigen."

"Das ist eine zweideutige Antwort eines raffinierten Politikers", dachte der Logothete. „Genau die Art von Mann, die ich für die Missionen in Bagdad und in Chasaria brauche."

„Aber eines weiß ich mit Sicherheit. Bulgaren und Slawen wollen lesen und schreiben lernen. Sie sind entweder von Katholiken oder von euch umgeben. Unsere Gelehrten sind nicht zahlreich genug, also wenden sie sich an ihre Nachbarn um Hilfe. Die Nachbarn missbrauchen dies jedoch und wollen solche Gemeinden schaffen, dass sie die Kirchensteuer einziehen. Daraus entwickelte sich schließlich die Absicht, dass sich diese Bezirke ihrem jeweiligen Bundesland anschließen. Das ist nicht schwer zu erkennen, und ich gehe davon aus, dass die bulgarischen Machthaber eine dauerhafte Lösung für dieses Problem suchen werden."

„Und wie würde diese Lösung aussehen?"

Basilius Frage durchbohrte Warda und Theodora! Sie sahen sich fragend an. Diese Frage ging Basilius nichts an, und wenn er sich ernsthaft dafür interessierte, bedeutete das, dass er sich entschloss, das Reich zu regieren, und nun seine Strategie in einem außenpolitischen Problem durch den klugen Konstantin klären wollte. Es war zwar ein sehr wichtiges Problem, aber das ging ihn um Gottes Willen nichts an!!!

Konstantins Antwort blieb noch einige Zeit in der Halle hängen:

„*Massenbildung der Bulgaren in ihrer eigenen Sprache durch Einführung des Christentums als einzige Staatsreligion!*"

Den anwesenden vergangenen, gegenwärtigen und zukünftigen Patriarchen gefiel die Antwort. Peinlich war ihnen nur die Frage: „Warum musste es auf Bulgarisch sein...?"

Schließlich stand Leo, der Mathematiker, auf und gab das Zeichen. Der Schülerchor trat ein und sang die Hymne "Sei gelobt!". Leo näherte sich Konstantin und hängte ihm eine schwere Goldkette mit einem Metallmedaillon des Theodosius um den Hals. Nur die Philosophen dieser Schule erhielten eine solche Medaille. Wenn jemand mittellos war, was oft der Fall war, war das Medaillon seine Rente.

„Konstantin! Kollege! Verbreite den Ruhm deiner Lehrer in der ganzen Welt. Und möge Gott deinen Verstand zum Nutzen und Wohl der Menschen erhalten!"

Auf dem Weg nach draußen gratulierten alle dem jungen Philosophen. Als Theodora vorbeikam, lud sie ihn am nächsten Tag zum Mittagessen in den Palast ein.

Professor an der Magnaura-Schule

Theoctistus und Warda nahmen ihn auf und machten ihn mit Theodora bekannt. Keiner sparte mit Lob für den gestrigen Tag, es war in aller Munde. Theodora wandte sich an Theoctistus und er begann langsam und sehr vorsichtig:

„Philosoph, deine Vernunft und deine Weisheit haben mich schon lange dazu gebracht, dich zu lieben. Siehe, ich habe eine geistliche Tochter, die ich aus der heiligen Kuppel entnommen habe - schön, von guter und reicher Abstammung. Willst du, so will ich sie dir zur Frau geben. Und vom römischen Kaiser sollst du jetzt große Ehre und ein Fürstentum erhalten und in Zukunft mehr erwarten: Du sollst bald ein Stratege werden[350]."

Konstantin antwortete langsam, respektvoll, mit tiefer, aber entschlossener Stimme:

„Groß ist diese Gabe in der Tat, aber für diejenigen, die sie suchen; und für mich gibt es nichts Größeres als die

---

[350] Стара българска литература (1986) том 4. Житиеписни творби. Български писател, София. Altbulgarische Literatur (1986), Bd. 4. Biografien. Verlag Bulgarische Schriftsteller, Sofia.

Wissenschaft, durch die ich Weisheit erlangen und die Ahnenehre und Ahnenreichtum suchen werde[351]."

Alle wussten, dass er von seinem Großvater, dem von Telerig Knyaz von Gottesgnaden, sprach. Warda sah Theodora an, sie nickte, und er sagte:

„Überleg es dir, junger Mann. Antworte uns heute nicht. Er winkte einem der Schwertträger mit der Hand und er brachten eine große goldene Platte, die mindestens zwei Kilogramm wog. Dies ist ein Geschenk unserer Kaiserin Theodora. Wir hoffen, dass du dem Christentum und dem Imperium mit deinem Wissen helfen wirst."

Konstantin stand auf, verneigte sich tief zum Dank und sagte leise:

„Herrscherin! Auch dieses Geschenk ist großartig, aber für diejenigen, die es suchen. Aber ich kann es nicht annehmen, denn meine Seele ist in der Welt der Bücher, des Lernens, der Erleuchtung der Menschen."

Warda wiederholte freundschaftlich:

„Denk nach, junger Mann. Antworte uns heute nicht!"

Nachdem die Desserts serviert worden waren, verabschiedete sich Konstantin und verließ den Palast.

Warda kannte die Charaktere der Menschen und wusste, was für wen wertvoll war. Er teilte aufrichtig seine Bedenken, dass Konstantin sich weigern würde.

Dann wandte sich Theoctistus an Theodora und sagte zu ihr:

„Diesem jungen Philosophen gefällt dieses Leben nicht; aber um ihn nicht für die Öffentlichkeit zu verlieren,

---

[351] „Пространно житие на Константин".

wollen wir ihm die Haare schneiden lassen, ihn zu einem klerikalen Beruf weihen und ihm ein Amt geben, das des Bibliothekars des Patriarchen in der „Hagia Sophia", damit wir ihn wenigstens so halten können."

Schließlich wollte Konstantin nicht den Weg der Politik am byzantinischen Hof einschlagen. Dann rief Theodora den Patriarchen Ignatius I. zu sich und ordnete in seiner Anwesenheit an, eine Urkunde auf den Namen von Konstantin, dem Sohn von Leo, dem Sohn von Telerig, auszustellen, damit er der Hauptbibliothekar der Hagia Sophia werde - der größten Bibliothek der Welt. Sie gaben ihm auch ein passendes Haus am Ufer des Bosporus. Diese Position bedeutete, dass er auch zum Lehrer an der Schule des Theodosius ernannt wurde. Konstantin weigerte sich jedoch, sich die Haare schneiden zu lassen[352].

Endlich hatte Konstantin Zeit, sich der einen Sache zu widmen, die er gerade tun wollte und auf die er sich sein Leben lang vorbereitet hatte. Er begann, die Übersetzungen von Urfil ins moderne Bulgarisch zu überarbeiten. Er benutzte sein Alphabet, die Glagolitsa. Während der ganzen drei Jahre bis 850 konnte er keine Unvollkommenheit in den glagolitischen Buchstaben feststellen. Es war die bisher genialste Erfindung der Bulgaren. Zusammen mit einem jungen bulgarischen Mönch, Grigoriy, übersetzte er auch das Buch der Kriege aus dem Griechischen, das Urfil nicht übersetzt hatte. So wurde das Alte Testament vollständig übersetzt.

Natürlich hat er einige bulgarische Mönche in der Bibliothek von Ohrid angeworben, um ihm zu helfen. Die

---

[352] Wurde kein Geistlicher. Konstantin, als waren Wissenschaftler, hat sich in seinem ganzen Leben nie an Dogmen gebunden, obwohl er sie gut verstand.

Kosten wurden vollständig von König Michael in Ohrid getragen. Während dieser Arbeit wuchs der kleine Kaiser Michael von 7 auf 10 Jahre heran. Er spielte mit seinen Gleichaltrigen in den Palastgärten und hatte mit diesen Angelegenheiten nichts zu tun.

Es war eine enorme Arbeit. Zuerst dachte Konstantin, die Sprache hätte sich ein wenig verändert, aber das war sie nicht. Es stellte sich heraus, dass Sprache ein lebendiges Wesen ist. In den letzten vier Jahrhunderten hatte sich die Sprache unter dem Einfluss der vielen nationalen Gruppen, die in Bulgarien lebten, stark verändert. Die Hilfe der Mönche bestand darin, die Entwürfe zu nehmen und sie gründlich sauber zu kopieren. Natürlich kümmerten sie sich um den Kauf von Pergament, Tinte, Fellen zum Binden und allem, was benötigt wurde.

Er unterrichtete mit großer Freude und Enthusiasmus, während er gleichzeitig an der Übersetzung arbeitete. Aber jede freie Sekunde seines Lebens war an der Übersetzung gebunden. Er ging ins Bett und stand mit Phrasen und grammatikalischen Formen auf. Es gab so viele junge und schöne Mädchen unter seinen Schülerinnen, die für ihn starben, aber er schien von einem anderen Planeten zu sein. Er war der realste und bodenständigste, wenn es darum ging, Naturphänomene oder Glaubensfragen zu erklären, und der unnahbarste Mann, den eine Frau anstreben konnte.

Die Grammatik war sein größtes Problem. Während der Übersetzung machte er sich Notizen zu den grammatikalischen Strukturen der Sprache. Erst jetzt wurde ihm klar, dass das Bulgarische etwa 19 Zeitformen hat, dass es im Allgemeinen völlige Freiheit in der Satzbildung gibt und viele andere Dinge. Er klärte die Fallstrukturen auf. Als er die transkribierten Bücher sauber las, war er verzweifelt. Tatsächlich gab es keine einheitlichen grammatikalischen Regeln und viele gleiche Sprachstrukturen wurden unterschiedlich geschrieben. Konstantin dachte krampfhaft über die Ursprünge der bulgarischen Sprache nach und damit auch darüber, welche grammatikalischen Regeln es in der Muttersprache Bulgarisch gibt. Zar Michael hatte ihm in Ohrid erzählt, dass es in Preslav viele, aber wirklich viele alte Bücher gäbe, die von den Kotragen mitgebracht wurden, die sich nach einiger Zeit in Kotragia[353] niedergelassen hatten. Konstantin fragte ihn:

„Hast du einen Mann, der mir sagen kann, wie sie heißen und welchen Inhalt sie ungefähr haben? Ich könnte sie in der Bibliothek der Hagia Sophia in Konstantinopel suchen."

Dann riefen sie einen älteren Mann zu sich, der ihm Folgendes erzählte:

„Sohn, es gibt viele chaldäische Bücher im Hof von Preslav. Darunter sind:"

„"Sendasha" oder "Senda-Vesta" - lebendige Botschaft, Wissen. Es ist ein Gebets- und Andachtsbuch;"

„"Veda" oder "vedenie", was so viel wie Wissen bedeutet."

Die Bücher die aus Hindustan und Siam mitgebracht wurden:

„"Tripodak" - drei Brücken;"

„"Patimok" - ein Buch mit Regeln;"

„"Pravini", ein Buch der Gesetze;"

---

[353] Heute Küstendil.

„"Denker" – „Aristoteles' Logik" von Kallisthenes, Alexanders General, nach Griechenland geschickt;"

„" Reisender" - Geografie;"

„"Das Koledabuch"[354] - ein Ratgeber für die Feiertage;

"Fünf-Sterne" - Astronomie, etc."

Von diesem Tag an verfiel Konstantin in ein rasendes Fieber. Es war, als ob er von Geistern besessen wäre, die ihn unbedingt diese Bücher finden lassen wollten, um zu sehen, in welcher Sprache sie geschrieben waren und was sie mit dem Bulgarischen zu tun hatten. Schließlich fand er mit Hilfe des früheren Bibliothekars alle Bücher, die ihm in Ohrid genannt wurden. Sie wurden in Sanskrit geschrieben. Es gab Leute in Konstantinopel, die modernes Sanskrit[355] sprachen, die ihm halfen, die Schrift richtig hinzubekommen. Und dann war er erstaunt: Es stellte sich heraus, dass die Sprache der heiligen Bücher des Avesta dem Bulgarischen sehr nahe war. Selbst mit den Dialekten, die zu seiner Zeit gesprochen wurden, konnten ganze Sätze und sogar Passagen der heiligen Texte verstanden werden. Erst da merkte er, dass grammatikalische Konstruktion nicht etwas Willkürliches ist, sondern eine "militärische Disziplin", wie er seinen Studenten gerne sagte. Dann setzte er sich hin und schrieb die erste bulgarische Grammatik, eine Sammlung von Regeln über die Struktur der

---

[354] Koleda, 24.12. war ursprünglich Feiertag des Janus, der Gott der Helligkeit und der Sonne, später wurde der Geburtstag von Kolad, der Königssohn von Bolg an dem Tag gefeiert, und noch später, als die Bulgaren Christen wurden, wurde Weihnachten an dem Tag gefeiert.

[355] Richtig ist „Samskrit", wie die Sprache von den Brahmanen genannt wird, und nicht die verbreitete Bezeichnung „Sanskrit", wie es in Europa verwendet wird. Samo-skrit bedeute auf Bulgarisch "einzig-geheim", d.h. diese Sprache ist einzig und geheim. Heute wird sie nur von den Brahmanen gekannt.

Sprache. Er musste die bulgarischen Mönche in diesen Regeln schulen, und das dauerte fast drei Monate. Erst dann beauftragte er sie, die Abschriften zu überarbeiten, streng nach seiner Grammatik.

Mitten in dieser Arbeit rief ihn der Logothet Theoctistus in den Palast und bat ihn in seinem Büro, eine Mission nach Bagdad zu unternehmen. Die Sorge um alle materiellen und militärischen Angelegenheiten wurde dem Asikriten[356] Georgiy Polasha anvertraut. Theoctistus wandte sich mit äußerster Strenge an Georgiy:

„Für ein gefallenes Haar vom Kopf des Philosophen nehme ich deinen Kopf! Nimm alles, was du für sein Wohlergehen und seinen Schutz für notwendig erachtest."

Konstantin ordnete an, die Arbeit in seiner Abwesenheit fortzusetzen, und begann mit den Vorbereitungen für die Mission.

In jenem Jahr schickte Presian Knyaz von Gottesgnaden den alten Knyaz Omurtag mit seinem Enkel Boris und einer großen Delegation nach Konstantinopel, um den im Jahr 820 geschlossenen 30-jährigen Friedensvertrag zu erneuern, der auslief. Es gab große Feiern. Es wurden Spiele auf dem Hippodrom und Zirkusvorstellungen im Palast organisiert. Damals hatten die Bulgaren einen unbesiegbaren Kämpfer mitgebracht. Der junge Basilius, der zum Gefolge des Kaisers gehörte, zog immer wieder unzufriedene Gesichter, als der Bulgare einen Gegner nach dem anderen niederschlug. Endlich befahl der Kaiser Basilius, da er sich so stark fühle, er solle sein Glück mit dem Bulgaren versuchen. Anfangs hatte Basilius erhebliche

---

[356] Hofsekretär.

Schwierigkeiten, aber schließlich war das Kämpfen in Bulgarien ein nationaler Zeitvertreib, und was er in Bulgarien gelernt hatte, half ihm zu gewinnen. Boris fragte ihn, woher er komme, woraufhin Basilius auf Bulgarisch antwortete:

„Aus Adrianopel, mein Herr!"

Boris lachte laut und sagte mit lauter Stimme:

„Und doch konnte ein Grieche unseren Kämpfer nicht besiegen!"

Dieses Ereignis brachte Basilius großen Ruhm, und in diesem Moment stieg sein Stern in der Politik.

Ein Jahr danach starb Omurtag, und in Konstantinopel wurde ein Gedenkgottesdienst zu seinem ewigen Andenken abgehalten. Omurtag lebte im Allgemeinen in Frieden mit Byzanz, was sich sehr positiv auf das Leben der Menschen in beiden Ländern auswirkte.

Bagdad, Jahr 851

Bagdad war eine alte bulgarische Stadt, die von den Hunnen vor Alexander dem Großen gegründet wurde. Ihr Name „Bog-dat" war bulgarisch mit der Bedeutung „von Gott gegeben". So wurde es auch von den Persern verstanden. In persischer Zeit hielt das Christentum Einzug, bis Isigerd II. versuchte, es auszurotten, aber scheiterte. Aber nun sahen sich die Christen in dieser Region einer neuen und ungeheuren Gefahr gegenüber. Die Sarazenen hatten sie erobert. Und obwohl Mohammed das Judentum und das Christentum als Religionen anerkannte, wurde das Leben der Christen dort zur Hölle. Mohammed hatte den

Begriff des Dschihad, also des Heiligen Krieges, in den Koran eingeführt. Man könnte es so oder so verstehen: entweder als eine ungeheure Anstrengung, um etwas Gutes zu erreichen, oder als einen Krieg, um Ungläubige zu bekehren. Seine Auslegung hing von der Praxis des Islam ab. In Bagdad waren die gelehrten Interpreten des Islams Werkzeuge der Macht, aber sie wollten demagogische Gründe finden, um Christen zum Übertritt zum Islam zu bewegen. Also baten die muslimischen Kleriker Byzanz, ihnen Leute zu schicken, um "die Unklarheiten im Christentum zu klären."

Sie reisten auf dem Seeweg nach Zypern und in das kleine Alexandria, das sich im östlichsten Teil des Mittelmeers befand. Diese Reise war angenehm, weil sie an zahllosen Inseln anhielten, um sich mit dem Nötigsten zu versorgen und sich zu erholen. Von dort aus kamen sie auf Kamelen zum Tigris-Fluss. Dies war der schwierigste Teil der Überfahrt. Auf dem Tigris erreichten sie dann mit Booten leicht Bagdad. Die Menschen in den Bergregionen verkauften auf diese Weise ihre Felle. Sie spannten sie frisch auf ein Bootsgerüst und ließen sie eine Weile in der Sonne liegen. Auf diese Weise trockneten sie die auf dem Gerüst aufgespannten Felle. Sie beluden die Boote selbst mit Proviant, und in Bagdad verkauften sie die Boote selbst, wobei der Wert die Felle selbst waren.

In Bagdad wurden sie als Abgesandte der Kaiserin Theodora empfangen. Es wurden königliche Geschenke und Höflichkeiten ausgetauscht. Sie sollten sich eine Woche lang von der beschwerlichen Reise ausruhen und sich dann mit den muslimischen Gelehrten zu einer einwöchigen Diskussion treffen.

Was Georgiy Polasha am meisten verblüffte, war, wie die Araber mit so wenigen Menschen so viele Menschen erobern konnten. Konstantin wiederholte zu ihm, was er seinem Bruder als Kind gesagt hatte:

„Die Kontrolle über den Geist ist wichtiger als die Kontrolle über die Waffen. Der Alltag der Beduinen war so hart und blutig, dass ihnen Mohammeds Ordnung wie das Paradies erschien. In Medina gelang es ihm nicht, aber in Mekka waren sie sich einig, nach dem Buch Mohammads zu leben. Von da an folgten sie ihm, wohin er sie auch führte. Dies geschah auch bei seinen Nachfolgern, obwohl sie einige Bürgerkriege hatten."

In Bagdad fehlte es ihnen an nichts. Sie wurden sogar zu den von Kawad gebauten Bädern geführt, die nach römischem Vorbild erbaut waren. Sie hatten begonnen, sie arabische Bäder zu nennen, nicht wissend, dass, als die Kutrigur-Bulgaren Amida für Kawad nahmen, er die Bäder so sehr mochte, dass er befahl, sie überall in Persien zu bauen.

Konstantin empfand die Verkleidung von Gebäuden mit dekorativer Fayence als etwas sehr Ästhetisches. Der Basar bot die schönsten Teppiche der Welt. Die teuersten hatten etwa eine Viertelmillion Knoten pro Quadratellen und waren ganz aus Seide gefertigt. Die Gastgeber taten ihr Bestes, um ihnen die Pracht des Kalifats und die Kultur, in der sie lebten, zu zeigen. Es war ein nicht endend wollender Widerspruch zwischen der grausam zerstörten alten und großen chaldäischen und persischen Kultur und dem Streben nach griechischem und lateinischem Wissen, von dem sie nicht wussten, dass es weitgehend das war, was sie selbst zerstört hatten. Aber das Schlimmste war, die

Verfolgung der Christen zu sehen. Es gab spezielle Schilder an ihren Häusern, um jeden wissen zu lassen, dass dort "Dämonen" leben. Es herrschte die Praxis der gewaltsamen Islamisierung. Konstantin stellte in Frage, ob der Islam mehr erschafft als er abschafft.

Die zwölf muslimischen Gelehrten saßen im Schneidersitz, und als Konstantin und sein Gefolge eintraten, erhoben sie sich und salutierten, wobei sie ihre rechte Hand vom Bauch zur Stirn drehten. Unter ihnen waren der berühmte Abu-Ali Ahmed ben Omar, ibn-Dasta, Hudud al-Alem, al-Balhi. Nach einem Austausch von Grüßen mussten auch Konstantin und sein Gefolge im Schneidersitz sitzen. Konstantin sagte auf Persisch, dass er kein Arabisch spreche und dass, wenn seine Gesprächspartner Persisch sprechen würden, er diese Sprache bevorzugen würde. Sie haben sich darauf geeinigt, auf Persisch zu sprechen. In der allgemeinen Konversation zeigte sich, dass die Muslime in der Geometrie, in der Astronomie und in den anderen Wissenschaften gut ausgebildet waren. Sie stellten alle möglichen naturwissenschaftlichen Fragen und mussten langsam, aber sicher feststellen, dass sie einen Mann vor sich hatten, der weit mehr Wissen besaß als sie alle zusammen. Nachdem sie alle ihre Bewunderung für den Philosophen zum Ausdruck gebracht hatten, beschlossen sie, zu geistigen Dingen überzugehen. Al-Balhi begann zuerst. Er stellte sich vor, und aus seinem Namen wusste Konstantin, dass er einer der alten Balh-gar in Balh war, einem Land, das auch Baktrien genannt wird, wegen des Flusses, der durch ihre Hauptstadt Balh fließt. Nun hatten die Araber auch dort die Macht.

„Sage mir, oh hochverehrter Philosoph, habt Ihr einen Gott?"

„Ja."

„Und wenn Ihr einen Gott habt, warum habt Ihr ihn in drei Teile geteilt, Gott, den Sohn und den Heiligen Geist."

„Sag mir, oh ehrwürdiger Al-Balhi. Gibt es einen Unterschied zwischen einem Stein und einem Menschen?"

„Ja, den gibt es."

„Und gibt es Dinge, die die Menschen zu wissen glauben, danach handeln, auch ohne, dass sie irgendwo aufgeschrieben sind?"

„Ja, es gibt solche Dinge."

„Und ist das Wissen in deinem Kopf tatsächlich vorhanden?"

„Ich denke schon."

„Wenn es einen Blitz gibt, in welcher Reihenfolge siehst und hörst du?"

„Erst den Blitz, dann den Ton."

„Der Ton ist also langsamer?"

„Ja."

„Wenn du also den Schülern etwas beibringst, kommt der Ton verzögert in ihren Köpfen an."

„Ja, das ist richtig."

„Und wo ist in der Zwischenzeit das Wissen, das aus dir herausgekommen ist und sich auf den Weg zu deinen Studenten macht? Ist es verschwunden?"

Hier war Al-Balh verblüfft, denn er selbst erkannte, dass es Wissen außerhalb der Menschen gibt, dass die Vermittlung tatsächlich vorhanden ist. Er antwortete sehr leise:

„Nein, sie ist nicht verschwunden. Der Beweis dafür ist, dass meine Schüler etwas lernen."

„Ja, das ist eine reale Sache. Wenn es verschwunden wäre, wären die Studenten taub für deine Worte. Das ist der Heilige Geist, das ist das Mittel, mit dem Wissen von einem Ort zum anderen übertragen wird, unabhängig von den technischen Mitteln. Gäbe es ihn nicht, könnten wir Menschen unser Wissen nicht bewahren. Wir würden wie Steine sein, die nicht miteinander reden. Und wie könnte Gott uns einprägen, was gut und was böse ist, ohne diesen großen Heiligen Geist?"

„Ja, Philosoph, ich verstehe jetzt, dass für euch Christen der Heilige Geist der Vermittler zwischen Gott und den Menschen ist, und dass er als Gottheit verehrt werden soll."

Die anderen Weisen strichen sich die Bärte, schüttelten zustimmend den Kopf und sagten:

„Groß ist Allah, dass er uns dich geschickt hat, oh Philosoph!"

„Aber sag mir, warum braucht Ihr Jesus, wenn es doch schon einen Gott gibt?" Diesmal kam die Frage von Ben   Omar.

„Weil Menschen sündig sind und manchmal vergessen, wo der Unterschied zwischen Gut und Böse liegt. Gott hat uns Jesus geschickt, um die Menschen durch seine Qualen aufzurütteln, damit sie erkennen und besser zueinander sind. Siehe, ich sehe an vielen Häusern in Bagdad Zeichen, die für euch Dämonen bedeuten. Und in ihnen leben Menschen, die denken, dass der Mensch dem Menschen Bruder ist. Sagt mir, sollte euer Allah solche Menschen vernichten? Ich sehe viele Christen, die von

Beduinen in die Sklaverei verschleppt werden. Ich sehe Mädchen, die mit Gewalt aus ihren Familien entrissen werden. Und wo man die Christen nicht ausrottet, besteuert man sie so sehr, dass sie kaum existieren können. Ist dies der Wille Allahs? Der Schrei der Christen im Kalifat ist über die ganze Welt zu hören."

„Du sprichst zu Recht, Philosoph, dass die Menschen sündig sind und manchmal vergessen, wo der Unterschied zwischen Gut und Böse liegt. Und was du ansprichst, zeigt, dass wir auch daran erinnert werden müssen, dass das menschliche Leben heilig ist."

„Aber Ihr habt es? Ihr habt auch diesen, der Euch daran erinnert. Laut dem Koran ist Jesus ein Prophet des Islam! Mohammed hat euch verordnet, die Propheten zu ehren! Die Existenz des Sohnes Gottes im Christentum, der einmal Mensch war und dann nicht mehr ist, widerspricht also nicht dem Buch Mohammeds."

Die muslimischen Gelehrten waren erstaunt über die Belesenheit dieses jungen Philosophen. Er kannte den Koran besser als die gelehrten Muslime. Alle waren sich einig, dass er Recht hatte.

Nachdem die Diskussionen beendet waren, fragte Konstantin die Gelehrten, ob sie irgendwelche Bücher aus der Zeit Babylons in ihren Bibliotheken hätten, wobei er erklärte, dass der Name „Babi-lono" im Bulgarischen der Sitz des großen Gottes Baba bedeutet; ob sie irgendwelche Bücher über Zoroaster hätten, wobei er erklärte, dass Zora im Bulgarischen Sonnenaufgang bedeutet und die Zoroastrier den Sonnenaufgang anbeten, usw. Die Muslime starrten ihn an, sagten, es seien Dämonenbücher, erklärten sich aber dennoch bereit, ihm das ins Farsi übersetzte Buch der babylonischen Gesetze zu zeigen. Konstantin erkannte, dass es ein viel älteres Recht gab als die jüdische Thora, die Solon-Gesetze der Griechen und das römische Recht, und dass das Gewohnheitsrecht der Bulgaren den geschriebenen babylonischen Gesetzen sehr nahestand. Trotzdem war es eine anstrengende Mission. Als sie Bagdad verließen, dachten alle, dass diese Mission vergeblich war, dass Konstantin vielleicht islamische Gelehrte davon überzeugen könnte, dass das Christentum ein Recht auf Existenz unter der Sonne hatte, aber dass es die Christen nicht davor bewahren würde, in islamischen Ländern massakriert zu werden.

Zurück zu Konstantinopel

Konstantinopel empfing sie mit dem Charme einer vitalen, schönen und verruchten Frau. Die Menschen waren emsig mit ihren Geschäften beschäftigt, die Stadt wimmelte vor Aktivitäten aller Art. Konstantin hielt den Markt für die schönste Sache, weil er ohne Gewalt ablief. Die Parteien einigen sich entweder auf den Preis oder nicht. Dies sollte sich auf alle Ebenen des menschlichen Handelns übertragen. Und wo der Markt Ungerechtigkeiten geschaffen hat, sollten die Starken den Schwachen helfen. Er wunderte sich, dass er nicht schon früher zu diesem Schluss gekommen war.

Theodora lud sie zu einem Empfang ein. Georgiy Polasha hatte eine hervorragende Arbeit geleistet. Konstantin war fit und gesund, und er selbst übergab ihnen zahlreiche Notizen über die militärischen Garnisonen, die er gesehen hatte, eine Schätzung der Anzahl der Soldaten in ihnen, in welchen Gebieten die Wirtschaft funktionierte und in welchen sie völlig zerstört war. Konstantins Ruhm über den Disput von Bagdad war vor ihnen angekommen. Konstantin erzählte ihnen selbst von den Diskussionen. Er schenkte der allgemeinen politischen Situation viel Aufmerksamkeit und machte eine Prognose über zukünftige Entwicklungen:

„Niemand in Bagdad hat die Absicht, das Reich in Ruhe zu lassen. Es ist nur eine Frage der Zeit, bis der Islam durch Expansion versucht, das Römische Reich von der Erde zu tilgen."

Trotz der erschütternden Berichte war der Logothet sehr zufrieden mit der geleisteten Arbeit und gab ihnen eine beträchtliche Belohnung. Diesmal hat Konstantin es genommen. Er brauchte Geld für die Übersetzungen.

Sie ließen die Machthaber grübelnd.

Ohrid

Während der sechs Monate, in denen sie weg waren, hatten die Mönche mit großer Anspannung geschuftet. Die Übersetzungen des Alten und Neuen Testaments wurden mit Hilfe der Grammatik von Konstantin überarbeitet. Nun war ihre Sprache exquisit und unterlag den strengen Regeln der Grammatik. Konstantin las sie und genoss sie. Er unterrichtete weiterhin an der Schule, arbeitete am Psalter und am Sechs-Tage-Gottesdienst, Gottesdienste für jeden Tag in der Kirche. Seine Studenten hatten tausende von Fragen zu seiner Mission in Bagdad. Er wies seine

Studenten darauf hin, dass die allgemeine Ausbildung der Araber in den Grundrechenarten derjenigen der Römer überlegen war. Er sprach mit Leo, dem Mathematiker, darüber, und Leo beschloss, Anschauungsmaterial mit kniffligen Problemen zum Üben in Griechisch und Latein auszugeben.

Während dieser Zeit kam Methodius auf Geschäftsreise nach Konstantinopel. Als Konstantin ihm die "Bulgarische Grammatik" und die in modernem Bulgarisch verfassten Übersetzungen des Urfils zeigte, brach Methodius in Tränen aus. Er umarmte ihn und küsste ihn auf die Stirn:

„Mein Bruder, diese Arbeit wird die Bulgaren und Slawen aufwecken und sie vor der geistigen und dann physischen Vernichtung retten. Jetzt müssen wir sie nur noch zu Ende führen."

Methodius wusste, dass er eine solche Tat niemals vollbringen könnte, aber er wusste auch, dass dieser zerbrechliche und schöne Baum einen starken Schutz brauchte, bis er Früchte trug.

„Es brauchte Abschriften der Bücher. Aber du siehst furchtbar müde aus, Bruder. Du brauchst zumindest ein wenig Ruhe."

Er wusste, was Zarho bei solchen Gelegenheiten gewöhnlich sagte: "Ich ruhe mich aus, wenn ich meine Lieblingsarbeit mache."

Sie beschlossen, ihre alte Mutter in Thessaloniki zu besuchen. Sie reisten wie immer mit dem Schiff. Thessaloniki war immer noch eine bulgarische Stadt, aber die Byzantiner brachten mehr und mehr Griechen in die Stadt. Obwohl das ganze umliegende Tal von Bulgaren besiedelt war, war nicht abzusehen, wie lange die Stadt in bulgarischem Besitz bleiben würde. Als sie am Kai landeten, verbreitete sich sofort die Nachricht, dass die beiden großen Bulgaren angekommen waren. Von überall her strömten die Bulgaren herbei, um sie zu begrüßen. Die Griechen murrten mit Abneigung. Sie hatten von Knyaz Michael in Ohrid erfahren, dass Konstantin an Schaffung von Schriften in bulgarischer Sprache arbeitete, und alle warteten begierig darauf, die Gottesdienste in den Kirchen in bulgarischer Sprache zu erleben. Nach einem kurzen Aufenthalt fuhren sie nach Ohrid. Die Reise durch die Bergschluchten zu Pferd war sehr angenehm. Knyaz Michael begrüßte sie als die liebsten Gäste. Nachdem sie sich ausgeruht hatten, führte Michael sie eines Tages auf eine Wildschweinjagd. Konstantin sah wenigstens zu, dass er auf dem Pferd blieb, und Methodius verblüffte alle mit seinem präzisen Bogenschießen. Sie verbrachten den Abend in Michaels Jagdschloss. Zwei Wildschweine drehten sich am Spieß, und das Gefolge war in bester Laune.

Nach der Jagd wurden sie zum Baden eingeladen. Tatsächlich stammte der Palast aus der Römerzeit und hatte prächtige Bäder. Als sie sich am Abend um den langen Tisch im Empfangsraum des Palastes versammelten, kam Michael herein. Er war schon etwas älter, hatte graues Haar, aber einen extrem starken Körperbau. Tagsüber waren viele der Jungen nicht in der Lage, mit ihm zu reiten, und oft wurde er für eine Weile allein gelassen. Dies verärgerte den Wojevoden, der für den persönlichen Schutz des Knyaz verantwortlich war, da er junge und schnelle Soldaten bereitstellen musste, die immer in der Nähe des Knyaz sein sollten, um ihn im Bedarfsfall zu schützen.

Der Saal brummte von der angenehmen Aufregung des Gefolges, jeder erzählte Geschichten des Tages. Irgendwann stand Michael auf und alle verstummten.

„Wenn ich diese glorreichen Männer betrachte, denke ich zuerst an ihren Vater, Leo, den Sohn des Telerig, Knyaz von Gottesgnaden. Leo war ein großer Bulgare, und möge Gott sein ewiges Andenken bewahren!"

„Amen!", donnerte es durch den Saal. Alle erhoben sich und schüttelten aus ihren Tassen Wein auf dem Boden.

„In diesen Tagen ist mein Schmerz ein doppelter, denn wir wurden von Mähren gebeten, ihnen Gelehrte zu schicken, um die Lehre Christi in bulgarischer Sprache zu verbreiten, und darauf sind wir nicht vorbereitet. Aber ich weiß, dass die Erinnerung an Leo durch seine gelehrten Kinder, Strahota und Zarho, weiterleben kann." Dann wandte er sich an die beiden.

„Der große Kapkan Isbul, Gott behüte sein Andenken, hat mich über Euch informiert. Ihr wisst es vielleicht nicht, aber wir haben jeden Schritt Eurer Entwicklung verfolgt. Er informierte mich auch darüber, dass Ihr es für notwendig haltet, dass unsere Nation mit 14 Millionen Einwohnern einen Lehrer für je 1.000 Menschen braucht. Das würde bedeuten, dass ich anstelle von 14.000 Soldaten 14.000 Lehrer unterhalten müsste. Aber Ihr wisst, dass unser Land immer von Krieg bedroht ist. Was ist in diesem Fall besser, 14.000 Soldaten oder 14.000 Lehrer zu unterhalten?"

Strahota sah Zarho an, die beiden lächelten fröhlich und hielten inne.

„Na und?", Mihail sah Strahota an.

„Mein Bruder Zarho hat uns diese Frage vor einer Weile gestellt und sie dann selbst beantwortet. Er soll sie persönlich beantworten." Zarho wollte mit „....Nur ein dummer Herrscher hält sein Volk ungebildet! Ein weiser Herrscher bildet es aus..." beginnen, aber er erinnerte sich an die Worte seines Vaters „...*für große Taten braucht man starke Verbündete*" und beschloss, dass diese Worte ihm keine Verbündeten einbringen würden. Er sagte nur:

„Je größer die Bedrohung für das Leben der Menschen im Lande ist, desto größer ist die Sorgfalt, mit der die Menschen im Lande ausgebildet werden sollten! Der Schwächere besiegt den Stärkeren nur mit Gerissenheit und Wissen!"

Knyaz Michael hatte in seinem Leben alles gesehen: Liebe, Hass, Treue, Stolz, Hingabe, Untreue, Neid, Gräueltaten, Morde, alles... Aber nichts hatte sein Herz so bewegt wie die Worte dieses jungen Burschen mit den glänzenden Augen.

„Wie stellt Ihr Euch die Umsetzung dieser Arbeit in der Praxis vor?"

„Bulgarien hat zehn Militärbezirke", begann Strahota.

„Es ist notwendig, in jedem Militärbezirk eine bestimmte Anzahl von Lehrern auf Kosten des Staates zu unterhalten, die von, sagen wir, je drei Kirchendienern bedient werden sollen. Am besten ist es, hier zu beginnen, von Ohrid aus, und von hier aus, die ausgebildeten Lehrer in unsere Gemeinden in Adrianopel, Kotragia, Debelt, Trajanopolis in Thrakien, Bulgarophiga, Thrakisch Heraclea, Durazzo in Illyrien, Thrakisch Nicaea, Dardania, Nicopolis im alten Epirus, Mesembria zu schicken."

König Michael wusste, dass es auf diesem Weg ein großes Hindernis gab.

„Aber Ihr geht davon aus, dass die Erziehung unseres Volkes allein und ausschließlich durch das Christentum zustande kommt. Und Ihr wisst, dass es in unserem Land noch andere Religionen gibt, und wir haben noch keine von ihnen zur Staatsreligion erklärt, wie es einst Konstantin der Große tat."

„Es gibt noch andere Möglichkeiten, die aber schwierig sind. Die Organisation der christlichen Kirchen zu nutzen, ist die einzige wirkliche und mögliche Basis für diese Arbeit", fügte Strahota hinzu.

„Ja, ja, ... Ich verstehe", Michael dachte an all die Probleme, die entstehen, wenn eine einzige Religion zur Staatsreligion erklärt wird.

„Knyaze, Du musst entscheiden, was Dir wichtiger ist. Wenn die Bildung des Volkes für Dich das Wichtigste ist, damit Bulgarien sich erfolgreich gegen Byzanz wehren kann, dann ist die Erklärung des Christentums zur Staatsreligion früher oder später unvermeidlich."

Alle hörten aufmerksam zu und es war jedem klar, dass über etwas Größeres als Krieg und Frieden gesprochen wurde. Es ging um nichts Geringeres als um das Überleben der Bulgaren.

„Gut! Und wie fängt man an?"

Strahota hatte sich auf diese Frage vorbereitet, seit er bewusst denken konnte.

„Lasst uns im nächsten Monat durch Bitola gehen und junge und fähige Leute sammeln, etwa 30 bis 50 an der Zahl. Dann werde ich sie mit nach Opsikon nehmen. Dort werden wir so viele der dringendsten Bücher transkribieren, wie wir können, und mit diesen Leuten können wir nach Mähren gehen."

„Und werden Theodora und Warda[357] nicht unzufrieden sein?"

„Nicht, wenn ich sie als Schüler einschreibe und sie ihre Unterhaltskosten bezahlen. Und ich werde sie beide ehrlich bitten, mich von meinem jetzigen Amt zu entbinden und mich zum Verwalter des Klosters in Polychroni im asiatischen Olymp zu machen, wo 70 Mönche leben. Ich habe gehört, dass dieses herrliche Anwesen vernachlässigt wurde. Es ist auch wichtig für sie, diese Immobilie gut zu verwalten, denn ihr jährliches Einkommen beträgt 24 Spuda[358] Gold. Ich verwalte Opsikon nun schon seit 8 Jahren, aber jetzt muss ich mich den bulgarischen Büchern widmen."

Am nächsten Tag machten sich die Brüder auf den Weg, um Studenten zu rekrutieren. Sie fragten immer die örtlichen Wojewoden. Und sie riefen eine Anzahl junger Männer, mit denen sich die Brüder unterhielten. So versammelten sich nach einem Monat 50 junge Bulgaren in Ohrid, und von dort aus erreichten sie mit bulgarischen Wachen und angeführt von Methodius und Konstantin Thessaloniki. Von Thessaloniki aus setzten sie mit dem Schiff nach Konstantinopel über, und Methodius bat Theodora, ihn zu treffen. Theodora hütete sich davor, solche Dinge allein zu entscheiden, und so rief sie General Warda an. Das Treffen war angenehm. General Warda informierte Theodora, dass sich die Steuereinnahmen seit dem

---

[357] Kaiser Michael war zu diesem Zeitpunkt 2 Jahre alt. Das Reich wurde von seiner Mutter und General Warda regiert.
[358] Maßeinheit für Weizen.

Methodius Verwalter über Opsikon ist, sich verdoppelt hätten. Einer der Hauptgründe dafür war, dass die Ausschreitungen zurückgegangen waren. Warda lobte Methodius als einen der besten Kommunalverwalter, mit denen er zu tun hatte. Plötzlich warf Theodora ein:

„Unser lieber Methodius, willst du nicht Erzbischof werden? Dein Wissen und Deine Fähigkeiten sind uns stets zugutegekommen."

Methodius stand auf, verbeugte sich und bedankte sich höflichst für die große Ehre:

„Aber ich, Kaiserin, möchte mich ein wenig von den Strapazen der letzten Jahre erholen, und das Erzbistum ist eine noch größere Aufgabe als meine frühere. Ich möchte Gouverneur des Klosters Polychroni werden, aber nicht desjenigen in Chalkidiki, sondern desjenigen in Asien."

Theodora hat es nicht versäumt, daran zu erinnern, dass Polychroni ein kleiner Schatz ist und dass sie erwarten, dass die Dinge auch dort nicht nur nicht schlechter, sondern vielleicht besser werden. Alle lächelten. Warda rief zwei Eunuchen und ließ sie die Urkunden aufsetzen. Auf dem Weg nach draußen bat Methodius darum, 50 Studenten mitzunehmen, die für ihr Schulgeld aufkommen würden.

„Siehst Du, Kaiserin, Methodius hat noch gar nicht mit der Arbeit begonnen, und schon macht er Geld für Dich!"

***

Patriarch Ignatius nannte den minderjährigen Kaiser Michael in seinen Predigten oft einen wegloser Lüsterner und Trinker mit einem unbeständigen Charakter, der von allen gehasst wurde. Er war offen empört, dass dieses Kind die Staatskasse verschleuderte und sich überhaupt nicht für Staatsangelegenheiten interessierte. Dies erreichte Theodora und Warda, und Warda setzte ihn nieder und drohte, ihn grausam zu töten, wenn er weiterhin den Kaiser schmähen würde. An seine Stelle setzten sie Photios.

So wurde die Zeremonie der Ordination von Methodius in der Hagia Sophia durch den neu gewählten Patriarchen Photios durchgeführt. Damit wurde Methodius sowohl weltlicher- als auch kirchlicher Richter und Verwalter über den riesigen Besitz des Klosters Polychroni.

Herson

Methodius trat sein neues Amt im Kloster Polychroni im kleinasiatischen Olymp an. Die Brüder wussten viel über ihn und respektierten ihn als einen gerechten Verwalter. Sie waren ein wenig überrascht, als 50 bulgarische Jungen kamen, hauptsächlich aus dem Tal des Flusses Bregalnitsa in Bitola, die ins Kloster gegangen waren, zu denen sie aber keinen Zugang hatten. Nur Methodius und das Gefolge, das er mitbrachte, kommunizierten mit ihnen. Methodius durchstreifte eine Woche lang zu Pferd die Ländereien des Klosters. Ihm fiel auf, dass viele der alten Mühlen, die zum Teil reichlich Wasser führten, vernachlässigt und nicht genutzt wurden. Das war das erste, was er ändern ließ - um die Mühlen zu reparieren und die Kanäle für das Motorwasser freizumachen. Er informierte sich über die funktionierenden Mühlen bei Privatleuten über die Tarife und wies an, zu den gleichen Tarifen zu arbeiten. Die Menschen aus den umliegenden Dörfern zogen es vor, nicht weit zu gehen und begannen, ihre nahe-gelegenen Mühlen zu nutzen. Schon in den ersten Monaten stiegen die Einnahmen des Klosters. Der Logothete Teoctistus ließ es sich nicht nehmen, sich darüber zu informieren und blieb zufrieden - alles andere war ihm egal.

Es war 863. Konstantin wurde von Theodora erneut in den Palast gerufen. General Warda, der Logothete Theoctistus und Logothete der Droma waren wie immer anwesend. Patriarch Photios I. war auch dabei. Nach den üblichen Formalitäten fragte der Logothete der Droma:

„Philosoph, was weißt du über das moderne Chasaria[359]?"

„Unter dem großen Kubrat waren die heutigen Ländereien von Chasaria bulgarisch. Die Usen, die ein Stephen-Volk waren, züchteten im Laufe der Zeit viele Pferde für sich. Früher sagte man, dass es Herrscher mit 100.000 Pferden gab. Sie wussten zunächst nicht, wie man Eisen bearbeitet, aber sie lernten es. Und als sie wussten, dass an den Meeresküsten Handel getrieben wurde, begannen sie den Hundertjährigen Krieg um die nordwestliche Kaspische Küste und die nördliche Schwarzmeerküste. Boyan, der älteste Sohn von Kubrat, verlor das Delta von Atil[360]. Dies führte zur Bildung dieses Staates. Tatsächlich wurde

---

[359] Die Chasaren oder Kosaren oder Kosaken sind ein altes Volk, das bereits seit Herodot bekannt ist, der sie Agathirzi nannte. Im Griechischen bedeutet Aga Ziege, also ist Agathirzi die griechische Bezeichnung für die Chasaren. Späteren arabischen Schriftstellern zufolge sind sie ein bulgarisches Volk und sprechen bulgarisch. Die Nachfahren der alten Chasaren sind die heutigen Ukrainer.

[360] Wolga

dies erst möglich, als die Evtaliten von Berzitia zustimmten, als reguläres Heer von Chasaria zu dienen. Dies waren
die Evtaliten, die vom Hindukusch kamen. Einige von
ihnen kamen in Justinians Zeit nach Mysien, und einige
von ihnen blieben dort. Damit verlor Großbulgarien auch
den Zugang zum Derbent-Pass. In Chasaria lebten hauptsächlich Kosaken und Bulgaren. Die Türken setzten sich
allmählich gegen den Kubrat-Clan durch und wurden die
herrschende Nationalität. Es gab auch viele Juden im Staat,
die aus Persien kamen. Die Türken behielten die Kubrat-
Organisation der Gerichte und Religionen bei. Sie hatten
sieben Richter: zwei für die Moslems; zwei für die Chasaren, die nach der Thora urteilten; zwei für die Christen, die
nach dem Evangelium urteilten; und einen für die Slawen,
Russen und andere Heiden, die nach dem Gesetz der Heiden urteilten; ihre Fälle wurden nach der Vernunft entschieden. Boyan schloss einen Vertrag mit Chasaria, der es
seinen Kaufleuten erlaubte, mit ihren Schiffen zum Kaspi-
schen-Meer hinunterzufahren und im Delta Handel zu treiben - gegen eine Steuer "von einem Zobelpelz von jedem
Haus in seinem Reich." Dies ist auch heute noch der Fall.
Es war im Interesse aller. Obwohl die Türken über das
Haus Kubrat gesiegt haben, bilden Bulgaren und Kosaken,
die ein und dasselbe sind, immer noch die Mehrheit des
Volkes und sind eher geneigt, zum Christentum zu konvertieren als zum Islam. Tatsächlich wurden in der Zeit von
Wallach, der in drei Schlachten den Perserkönig Peroz vernichtete und Persien eroberte, viele Armenier und syrische
Christen auf die Krim verbannt. Sie belebten die Gemeinschaften, die der berühmte heilige Clemens gegründet
hatte, über den ich ein Lobwort geschrieben habe."

Patriarch Photios sagte enthusiastisch:

„Ein sehr schönes Werk, Philosoph, das mit großem Interesse in der Bibliothek gelesen wird!"

„Vor 33 Jahren drangen die Magyaren in das Land der Chasaren ein und übernahmen die großen Auen an den Schwarzmeer-Mündungen der großen Flüsse. So verloren die Chasaren fast ihre Schwarzmeer-Besitzungen. Die Magyaren verwenden immer noch den bulgarischen Namen für dieses Gebiet - Livadia. Einen starken Krieg zur Befreiung von den Chasaren führten die Poljanen - das größte slawische Volk. Und in naher Zukunft werden wir sie frei sehen. Der verstorbene Kaiser Theophilus half den Chasaren beim Bau der Festung am Don - Sarkel - gegen die Poljanen. Die Poljanen nannten es Belaya Vezha[361]. Wenn ein so starkes Volk wie die Poljaner ans Schwarze Meer käme, wäre das auch für Konstantinopel eine schreckliche Bedrohung. Theophilus hat also das Richtige getan. Der Herrscher in Chasaria ist nun Manasseh."

Die Anwesenden hatten großen Respekt vor diesem wandernden Lexikon. Gab es irgendetwas von irdischen Angelegenheiten, das dieser Mann nicht kannte? Der Patriarch sagte langsam:

„Es sind Boten aus Manasseh eingetroffen. Sie bitten uns, ihnen fachkundige Leute im Christentum zu schicken, um sie zu orientieren."

Photios sah Theodora an und sie nickte.

„Wir würden dich gerne mit einem geeigneten Gefolge nach Chasaria schicken. Nimm so viel Geld aus der Staatskasse, wie du benötigst."

---

[361] Weiße Festung

Warda winkte einem Eunuchen zu, und der kam zum Notieren. Konstantin jedoch widersprach. Um Christi willen war er bereit, auch ohne Bezahlung zu gehen. Da sagte der Patriarch lehrreich zu ihm:

„Sohn, geh als Abgesandter eines großen Reiches! So werden sie in den Königreichen, die du durchquerst, für deine Sicherheit sorgen - ansonsten bist du ein Fächer, den jeder beliebige Wirbelwind aus dem Leben reißen kann. Wir würden dich nicht verlieren wollen. Und wir wollen das Beispiel geben, dass das Christentum Länder stark macht."

„Und darf mein Bruder Methodius mit mir kommen?"

Theodora befahl gebieterisch:

„Er darf!"

Die Vorbereitungen waren ähnlich wie bei der Bagdad-Mission. Methodius sorgte dafür, dass die Arbeiten in seiner Abwesenheit und vor allem die Arbeit an den Abschriften mit voller Kraft vorangehen konnten. In einer Woche zeigte er dem Eunuchen, der für diese Arbeit zuständig war, eine Liste mit dem, was er brauchte, und es wurde angeordnet, dass alles besorgt werden sollte, bevor der Herbst kam. Sie reisten entlang des Schwarzen Meeres und machten Halt in Aheloy, Messembria, Odessos und Tomy. Von Tomy aus verließen sie die Küste und segelten nach der Kunst des Navigators direkt nach Cherson, das am Bug der Krim lag. Sie kamen in eine Bucht, die der des Goldenen Horns sehr ähnlich war, nur mit einer viel breiteren Mündung. Die Bucht war vor Stürmen geschützt und von allen Seiten mit Handelsschiffen gefüllt. Sie wurden von der christlichen Gemeinde sehr feierlich begrüßt. Sie brachten das Gefolge für die Nacht im Haus eines örtlichen Händlers unter.

Am ersten Abend kamen prominente Bürger, um die hohen Gäste zu begrüßen. Konstantin erkundigte sich eifrig über die Gegend, über die Struktur der Bevölkerung, über die Stärke der verschiedenen Religionen. Beim Abendessen erwähnte der Bischof von Cherson, Gregor, dass er ein Exemplar des Lebens des heiligen Klemens besitze, geschrieben vom Philosophen, das sie oft bei den Gottesdiensten vorlasen.

Konstantin fragte:

„Pater, würden Sie mir die Stelle zeigen, an der der heilige Klemens getötet wurde?"

„Ja, mein Sohn, aber es wird vernachlässigt. Dort gab es einst eine kleine Kapelle, aber gibt es noch Spuren davon?"

Konstantin kannte die christliche Welt, und er wusste, wenn er die Reliquien dieses großen Heiligen finden und sie in die bulgarischen und slawischen Länder bringen würde, würden die Menschen große Ehrfurcht vor ihnen haben. Er teilte dies im Stillen mit Methodius. Methodius lächelte, weil er sich sofort vorstellte, wie die Herrscher einen Teil der Ausgaben der Pilger zu Orten mit solchen ausgestellten Reliquien erhalten würden. Es kam vor, dass solche Orte zu Städten wurden. Das war auch von großer Bedeutung für die Gunst eines jeden Herrschers.

„Und könnten wir die Bürger von Cherson sammeln, mit Booten und Werkzeugen dorthin fahren und die Kapelle wieder aufbauen?"

„Das ist ein toller Vorschlag, mein Sohn! Und da es von dir kommt, werden die Menschen sicher folgen."

„Und kannst du das morgen weitersagen?", fragte Methodius. „Und sag, in einer Woche soll das Volk vorbereitet sein. Wir werden dort wahrscheinlich eine Woche lang arbeiten und leben. Wir brauchen Maurer, Gipser und einen Maler."

Sie blieben an diesem Abend lange auf und unterhielten sich, obwohl die Delegation von der Reise todmüde war. Die Chersoner interessierten sich für die Ereignisse in Konstantinopel, für die Kriege mit den Arabern, für die Gefahren für den Handel, von dem sie lebten. Die Gäste erfuhren, dass es interessante Menschen in der Stadt gibt. Es gab einen Samariter, der eine reiche Bibliothek hatte. Er hatte weitreichende Handelsbeziehungen mit Chasarien, lebte aber in Cherson, da er einige Schiffe auf dem Schwarzen Meer besaß. Es gab auch eine syrische Gemeinde, Nachkommen des alten Volkes von Amida[362], die vom persischen König Kavad an Knyaz Walach geschickt worden waren, nachdem die Kutriguren Amida eingenommen hatten. Methodius kannte seinen Bruder und wusste, dass er sich die außergewöhnliche Gelegenheit nicht entgehen lassen würde, an diesem interessanten Ort alles zu lernen, was er nicht wusste.

Nach einer Woche hatten reiche Leute in Cherson 20 große Boote mit Werkzeugen und Holz vorbereitet. Es gab viele Christen, die kein Geld hatten, aber bereit waren, mit ihrer Arbeitskraft zu helfen. Es war einer dieser wunderbaren Tage auf der Krim, die die Seele der Menschen glücklich machen, nur weil sie gesund sind. Obwohl sie an der nördlichen Schwarzmeerküste lag, herrschte auf der

---

[362] Diyarbekir, altes Kulturzentrum.

Krim ein mildes Klima. Alle mächtigen Länder strebten nach diesem Ort zum Leben. Nachdem sie aufgeladen und das Signal zum Aufbruch gegeben hatten, führte ein alter und wettergegerbter Seemann sie zu dem Ort. Sie waren eine bunte Truppe. Es waren junge Burschen und Mädchen, die ständig sangen und untereinander scherzten. Das Glück der Jugend machte auch die Älteren glücklich. Es war schön in diesen Nationen, dass Jung und Alt zusammenlebten. Es dauerte nicht lange, bis sie an ein Ufer mit hohen Klippen kamen, zwischen denen ein Weg deutlich sichtbar war. Sie fanden eine Stelle am Ufer, von der aus sie das Plateau über ihnen erreichen konnten. Der Bischof, Methodius und Konstantin stimmten mit ihren Begleitern überein, aufzsteigen, während die anderen auf ein Zeichen warteten. Der drahtige alte Mann führte sie wieder. Auf dem Plateau, direkt oberhalb der Klippen, standen windzerzauste Zypressen und Geröll. Den ganzen Weg über erzählte der alte Mann ihnen unaufhörlich Geschichten aus seinem Leben. Der Bischof kannte ihn und hörte nicht besonders gut zu, aber Konstantin verschlang jedes seiner Worte. Als sie gekommen waren - sagte der alte Mann zu ihnen:

„Sehen Sie, das ist der Ort."

„Gelobt seist du, Herr!", bekreuzigten sie sich alle.

Es stellte sich heraus, dass die Fundamente der Kapelle deutlich zu erkennen waren, die verwendeten Säulen waren gebrochen, aber ihre Teile waren vorhanden. Diese Säulen stammten nicht aus der Zeit des heiligen Clemens, sondern waren viel älter. Es scheint, dass dieser Ort schon seit Ewigkeiten heilig war und die Säulen von einem früheren Schrein verwendet wurden. Der Bischof nickte und der alte Mann ging, um den anderen ein Zeichen zu geben. Es sollte ein arbeitsreicher Tag werden. Zwei Architekten gaben Anleitungen. Ein Teil der Männer arbeitete, ein anderer Teil belud die Maultiere von den Booten aus und transportierte den ganzen Tag über Materialien.

Mittags saßen sie unter den Zypressen, um zu essen und sich auszuruhen, und Konstantin verschwand irgendwo mit dem alten Mann. Der alte Mann erzählte ihm, dass das Meer in der Antike sehr niedrig gewesen sei, dann, als sich der untere Bosporus öffnete, bei der Flut, sei das Meer gestiegen, aber jetzt sei es ein paar Fuß niedriger als zu Kemens' Zeiten. Das zeigte sich in den Häfen von Cherson, Theodosia, Panticapaea und Phanagoria, wo sein Urgroßvater sagte, dass sie die Kräne auf das Meer hinausfahren mussten. Dann beschloss Konstantin, das Ufer unterhalb der Felsen nach Knochen abzusuchen. Und tatsächlich fanden sie direkt unter den Felsen die Knochen eines Mannes, weiß und von der Zeit verwittert. Der alte Mann zitterte vor Aufregung und Konstantin konnte ihn kaum beruhigen. Konstantin öffnete seine lederne Reisetasche, dass er sich über die Schulter gehängt hatte, und legte die Knochen vorsichtig hinein. Am frühen Abend stiegen sie wieder auf das Plateau hinauf und waren erstaunt über das, was sie sahen - die Kapelle des Heiligen Clemens war wieder aufgebaut worden. Mit Gesang und Jubel für einen Tag, nicht eine Woche, wie sie gedacht hatten. Sogar das verwitterte alte Kreuz hatte seinen Platz gefunden.

Als sie die gefundenen Knochen zeigten, verstummten alle und steckten die Stirne in den Boden.

„Gepriesen seist du, Herr, dass du uns diese große Ehre erweist!"

Es war der 30. Dezember. Niemand zweifelte daran, dass es sich um die Gebeine des heiligen Klement handelte. Methodius kannte die Psychologie des Volkes und hielt den Gedanken zurück - "...Klement wurde im Jahre 101 getötet. Seitdem sind also sieben Jahrhunderte vergangen. Wer kann wissen, wessen Knochen das sind?" Er wusste aber von seinem Bruder, dass der Glaube sich nicht beweisen lässt „er existiert einfach als solcher".

Abends kamen sie singend an der Werft an. Am nächsten Tag hatte sich die Nachricht blitzschnell verbreitet. Der Bischof bat den Strategen, ihm Soldaten zu geben, die die ausgestellten Gebeine in der Kathedrale von Cherson mit Ehre bewachen sollten. Und dies erwies sich als von großer Bedeutung. Scharen von Menschen strömten herbei: einige, um die Neugeborenen zu taufen, andere, um von Konstantin selbst getauft zu werden, wieder andere pilgerten zu den Reliquien des heiligen Clement. Konstantin erklärte ihnen, dass er kein Geistlicher sei und dass diese Ehre seinem Bruder Methodius zustehe, und Methodius nahm sie aus dem Taufbecken. Der Markt wurde noch mehr angekurbelt. Die Menschen waren zufrieden mit der Vermietung von Unterkünften und mit dem Verkauf von Lebensmitteln zu guten Preisen. Vielleicht war nur Methodius bewusst, dass im Glauben und in der Kultur ein enormes wirtschaftliches Potenzial steckte, das bedeutsamer war als die Befriedigung der materiellen Alltagsbedürfnisse.

Durch die Seefahrer, die von Istros in Bulgarien nach Tanais in Chasaria und Fazis in Lazica segelten, verbreitete sich der Ruhm Konstantins wie ein Blitz entlang der gesamten nördlichen Schwarzmeerküste.

Zwei Wochen nach seiner Ankunft erinnerte sich Konstantin an den Samariter mit der reichen Bibliothek. Er wusste, dass sie Siedler aus der Stadt Kuta waren, die zwischen Tigris und Euphrat liegt. Alles, was er wusste, war, dass sie Althebräisch sprachen und schrieben. Er hatte sich immer gefragt: "Hat diese Stadt Kuta etwas mit den Kutriguren zu tun?" Samariter wurden sie genannt, weil die Hauptstadt ihres Staates, der von Königen namens Ombri gegründet wurde, Samara hieß. Auch Konstantin fragte sich: "Was haben die Awaren, die alle Slawen Odri oder Obri nennen, mit den Ombri-Samaritern gemeinsam?" Aber es gab eine Stadt Samara in Sogdiana, die nach den evthalitischen Hunnen von den Türken erobert wurde. Es gab auch eine Stadt Samara in Bulgarien an der Wolga. Konstantin schickte einen seiner Diener, um zu sehen, wann er den Samariter treffen könne.

Sharon war sehr glücklich. Er ließ mitteilen, dass Konstantin, wenn er es wünschte, bei ihm wohnen und seine Bibliothek in Ruhe anschauen könne.

Das Treffen war aufregend für Konstantin. Er wusste nur, dass ihr Alphabet dem phönizischen ähnelte, aber mehr nicht. Die Bücher waren tausende von Jahren alt. Er hatte solche Bücher in der Hagia Sophia gesehen, aber er konnte sie überhaupt nicht lesen, denn das neue Hebräisch war ganz anders als das alte. Sharon sprach Althebräisch, aber Gott sei Dank konnte er Griechisch und Bulgarisch. Konstantin versank in eine neue Welt. Er begann, das älteste Hebräisch zu studieren. Ihre heiligen Bücher waren die Thora und das Buch Josua. Wie groß war Sharons Erstaunen, als Konstantin nach nur einem Monat fließend lesen konnte. In Gesprächen mit ihm schrieb er jedes unbekannte Wort einmal auf und ... das war's, er kannte das Wort schon.

Es dauerte nicht lange, bis Konstantin begann, modernes Hebräisch zu lernen. Es bereitete ihm große Freude, die Entwicklung der Sprachen und ihrer Grammatik zu beobachten. Wenn er Unterschiede fand, in dem, was die Juden von heute sprachen, und dem, was in den samaritanischen Büchern geschrieben stand, und dies Sharon mitteilte, lächelte Sharon verschmitzt, und wie jeder Jude, ohne anscheinend auf irgendjemandes Seite zu stehen, sagen würde:

„Das ist die Quelle der Kultur, mein Kind, das ist die Quelle!"

Konstantin beschloss, die bulgarische Grammatik mit der jüdischen Grammatik zu vergleichen und übersetzte die acht Teile der jüdischen Grammatik ins Bulgarische. Sein Herz wäre, wie bei solchen Gelegenheiten, geplatzt. Die Grammatiken waren chaldäisch und hatten viele Gemeinsamkeiten. Aus dem Vergleich kam Konstantin zu dem Schluss, dass er an der bulgarischen Grammatik nichts ändern sollte. Und die acht Teile der hebräischen Grammatik, ins Bulgarische übersetzt, würde er den Chasaren geben - die meisten der nicht-türkischen Bevölkerung von Chasarien sprachen Bulgarisch.

In der Tat war Sharons Zuhause ein Marktplatz. Jeden Tag kamen seine Handelspartner von nah und fern. Sharon war stolz darauf, Konstantin zu jedem Abendessen einzuladen und alle waren erstaunt über seine Fähigkeit, verschiedene Sprachen zu sprechen und vor allem über das, was sie von ihm hörten. Konstantin verweilte manchmal bei den Verhandlungsparteien. Er wollte, ohne zu

fragen, jene unzähligen Zeichen entziffern, die sich die jüdischen Kaufleute bei den Verhandlungen gegenseitig
machten, aber er konnte es nicht, bis er einen Blick auf den
letzten aufgeschriebenen Preis warf. Dann erinnerte er sich
nur noch an die Zeichen vom Ende der Verhandlungen und
verglich sie mit dem, was aufgeschrieben war. Das war ein
großer Spaß für ihn. So fand er heraus, dass die Zeichen
Zahlen ausdrücken. Einmal beschloss er, mit Sharon zu
scherzen. Er nahm ein Papyrus und schrieb während der
gesamten Verhandlung die Zeichen seines Beraters so auf,
dass nur Sharon sie sehen konnte. Schließlich schrieb er
den Gesamtwert des Geschäfts auf, der aus mehreren Arti-
keln, Einheiten jedes Artikels und Einheitspreisen bestand.
Es dauerte lange, bis Sharon den endgültigen Preis erreichte, den Konstantin bereits aufgeschrieben hatte.
Sharon tat so, als ob er es nicht sehen würde, aber als sie
dem Poljanen die Hände klatschten und der Poljane weg-
ging, keuchte er in echter Freude und Entzücken:

„Weißt Du, Herr Philosoph, es ist noch niemandem
gelungen, diese Sprache für uns zu entschlüsseln - Dir
schon?"

„Zuerst war ich verzweifelt. Aber als ich anfing, mir
den aufgeschriebenen Endpreis anzusehen, wurde mir klar,
dass dies nur Zeichen für Zahlen waren! Von da an erledigte mein gutes Gedächtnis seine eigene Arbeit."

„Es ist gut! Wie hast Du denn den Endpreis so
schnell berechnet?"

Aber hier kicherte in Konstantin der kleine Zarho.

„Du hast schon von Leo dem Mathematiker gehört.
Er hat uns schnelles Rechnen beigebracht. Wenn du z. B.
mit 25 multiplizierst, ist es einfacher, durch 4 zu dividieren

und mit 100 zu multiplizieren. Es gibt so viele Regeln. Aber Gott hat dir entweder ein Gedächtnis gegeben, um sich viele Zahlensequenzen zu merken, oder nicht. Ohne das brauchst du für schnelles Rechnen eine Aufzeichnung der Zwischenergebnisse, und das ist nicht mehr ganz so schnell."

Methodius erkundigte sich nach seinem Bruder und wusste, dass ihn nichts von der Beschäftigung mit dem Erlernen des alten und neuen Hebräisch wegreißen konnte. Er hielt es auch für nützlich für die Mission, da die Chasaren ihre Herrscher nach einem alten bulgarischen Brauch wählten - der Tapferste im Kampf würde erhöht werden. Im fünften oder sechsten Jahrhundert erhoben sich die Samaritaner gegen Persien, hatten sogar eine Zeit lang einen unabhängigen Staat, aber die Perser schlugen den Aufstand schnell nieder und viele Samaritaner flohen über den Kaukasus nach Großbulgarien. In nicht allzu ferner Vergangenheit zeichnete sich ein jüdischer Jüngling so mit dem Schwert ab, dass fortan eine jüdische Dynastie regierte. Hebräisch-Kenntnisse waren also willkommen. Es tat ihm aber leid zu sehen, zu welcher Selbsterschöpfung sein "lieber kleiner Zarho" sich selbst trieb. Aber er wusste eines - Zarhos Leben und seine Arbeit lagen ganz in Gottes Hand.

Eines Tages brachte ein Freund von Sharon, Johannes von Panticapaea, einige Bücher geschrieben mit Buchstaben von Tavros. Er war ein Nachkomme der umgesiedelten Syrer von Amida. Er hatte von Konstantin gehört und wollte sie ihm unbedingt zeigen. Konstantin sah, dass die Buchstaben pelasgische Grundlage hatten - es gab 12, die auch die Griechen verwendeten.

„Gibt es eine lebendige Sprache, in der diese geschrieben sind?", fragte Konstantin auf Griechisch, denn er wusste, dass die Kaufleute Griechisch sprachen.

„Es gibt sie. Ich spreche diese Sprache", antwortete Johan auf Griechisch und lächelte etwas schelmisch.

„Würdest du mir dann etwas aus diesem Buch vorlesen?"

Johan begann zu lesen. Nach den ersten paaren Sätzen zitterte Konstantin vor Aufregung, als wäre seine Mutter gestorben. Das war unerhört! Johan las das Evangelium in bulgarischer Sprache im Dialekt der Kutriguren.

„Wer hat dieses Alphabet geschaffen?", seine Stimme zitterte.

„Es waren die syrischen Priester, die Exilanten aus Amida nach 502. Einige von ihnen waren schon lange vorher in Ägypten gewesen und hatten die koptische Schrift gelernt. Wallach hatte sie unter den Kutrigur-Bulgaren angesiedelt, und sie begannen, die Menschen in Pantikapea zu bekehren. Von Irnik an bis zu Kubrat war Panticapaea die Hauptstadt von Großbulgarien. Sie brauchten ein Evangelium und einen Psalter, und nachdem sie die Sprache gelernt hatten, erfanden sie dieses Alphabet und begannen, aus diesen Büchern zu predigen. Die Bücher sind also irgendwo zwischen 503 und etwa 555 entstanden. Kaiser Justin und der Schwiegersohn seines Bruders, Upravda, den Griechen und Lateiner Justinian nennen, unterstützten diese Gemeinde. Auch Kaiser Herakleios, der enge Freund von Kubrat, unterstützte diese Kommune. Und selbst der Kaiser Theophilus, als er die Festung von Sarkel auf Tanais baute, benutzte Panticapea als Ausgangspunkt für diese Arbeit, und die christlichen Gemeinden waren ihm von großem Nutzen, so wie er ihnen."

Während des nächsten Monats sprach er ständig mit Johan. Methodius dachte oft an die Arbeit, die sie in Polychroni zurückgelassen hatten, und prüfte ständig die Richtung:

„Zarho, ist dieses Alphabet nicht perfekter als das glagolitische?"

„Nein, ist es nicht, Bruder! Die Syrer von Amida folgten der Sanskrit-Tradition und schrieben nur die Konsonanten auf. Es ist richtig, dass die Pemen oder die Bochemen heute noch dem damaligen Kutrigur-Dialekt am nächsten sind und manchmal bis zu vier Konsonanten in einem Wort aneinanderreihen. Zum Beispiel sagen sie „hrd" zu „gradej", „grad", was eigentlich Stadt bedeutet. Aber das moderne Westbulgarisch hat eine Menge Vokale, die es klangvoll und eindeutig machen. Die Taurus-Schrift erlaubt die Freiheit, jeden beliebigen Vokal dazwischen zu setzen. Es ist nicht gut, Kinder damit zu unterrichten, weil es durch das Schreiben nicht erlaubt, richtiges Bulgarisch zu lernen, sondern nur den bereits wissenden reifen Menschen erlaubt, zu schreiben. Das Bulgarische, das wir beide verbreiten werden, ist Norm-Bulgarisch. Das heißt, es ist eine disziplinierte Sprache, sie erlaubt uns, wie Leo der Mathematiker uns lehrte, komplexe Gefühle, Ereignisse und Konzepte mit mathematischer Präzision auszudrücken. Und was das Alphabet angeht, ist das Glagolitische sogar noch präziser als das Lateinische."

„Und kann das Taurus-Alphabet perfektioniert werden?"

Zarho lächelte und zog die Tabellen heraus, die er zusammengestellt hatte, trat einen Schritt zurück und wartete still. Sie waren absolut exakte Entsprechungen des glagolitischen Alphabets als Buchstaben und als Zahlen. Die zwölf Konsonanten wurden durch pelasgische Zeichen dargestellt, die auch die Griechen verwendeten, für den Rest der glagolitischen Zeichen hatte Zarho entweder koptische Zeichen benutzt oder eigene Kalligrafie erfunden. Strahota umarmte und küsste ihn. Das Gespräch, das der kleine Zarho mit Johan in Galati geführt hatte, ratterte immer noch in Strahotas Kopf herum. "...Was, wenn sie keine Schriftzeichen haben? Ah, eine einfache Sache. Buchstaben sind Striche, Schrägstriche, Schnörkel und so weiter... man kann immer ein Zeichen für etwas erfinden. Hier ist das Kreuz auch ein Zeichen für etwas..."

„Aber mach dir keine Sorgen, Bruder! Wir werden nicht vom bereits eingeschlagenen Weg abkommen, denn dieses Alphabet ist einfach das Äquivalent des glagolitischen Alphabets und diesem in fast nichts überlegen, und Gott hat uns nicht unendliches Leben gegeben, um noch einmal von vorne anzufangen. Wer immer wieder die Fahrtrichtung ändert, kommt nicht weiter. Wenn wir aus Chasaria zurückkehren, gehen wir, wenn Gott es will, nach Bregalnitsa zu König Michael und von dort nach Mähren zu Svetopolk. Dort werden wir Menschen schulen und das Feuer aller bulgarischen und slawischen Mütter entfachen, damit sie ihre Kinder schreiben und lesen sehen. Wenn sich diese Arbeit nicht verbreitet - wird sie sterben! Möge Gott Polychroni vor Feuer schützen!"

Strahota versuchte zu lächeln, konnte es aber nicht. Der Gedanke an die auch nur geringe Wahrscheinlichkeit, dass ihre jahrelange intellektuelle Arbeit zerstört werden könnte, ließ ihn schaudern. Einen Moment lang herrschte eine solche Leere in seiner Seele. Vor seinen Augen wurde es dunkel. *"Der größte Verlust für den Menschen ist der Verlust von geistigen Gütern"*, dachte er und holte tief Luft, um seinen Verstand wiederzuerlangen.

Strahota übergab ihm die Briefe von Manasek, dem Khagan von Chasaria. Sie wurden erwartet!

Zur gleichen Zeit lenkte ein chasarischer Kriegsherr die Flotte in Richtung der Stadt Sudak und belagerte sie. Nachdem dies Konstantin mitgeteilt wurde, bat er Methodius, eine Abschrift der Briefe des Hagans anzufertigen, wobei im ersten Brief der Kaiser gebeten wird, ihm Philosophen zu schicken, und der letzte Brief an Konstantin und Methodius mit der höflichsten Einladung, ihn als Staatsgäste zu besuchen. Er bat den Strategen von Cherson, ein Schiff vorzubereiten, und am nächsten Tag brachen sie nach Sudak auf. Sudak lag auf der Südseite der Halbinsel, eine Tagesreise bei günstigem Wind. Die Stadt lag am Fuße des Taurusgebirges, das die Südküste der Krim von den kalten Nordwinden hütete, und die Vegetation um die Stadt glich der von Konstantinopel. Sie erkannten schnell das Schiff des Strategen und steuerten es an. Als sie sich näherten, sahen sie, dass etwa 100 gepanzerte Soldaten an Deck standen und mit ihren Pfeilen auf sie zielten. Konstantin sagte auf Bulgarisch und Hebräisch, dass er mit dem Strategen sprechen wolle und dass er friedliche Absichten habe. Der Stratege sah, dass es sich nicht um Militärs handelte, und befahl den Soldaten, sich zurückzuziehen. Konstantin und Methodius bestiegen die chasarische

Triere und stellten sich vor. Der Stratege hatte von ihnen gehört. Er sprach Bulgarisch. Er lud sie an seinen Tisch ein. Konstantin erklärte ihm die Briefe seines Meisters. Der Stratege verstand sofort, dass es sich um unantastbare und wertvolle Staatsgäste handelte, und dass es ihm schlecht gehen würde, wenn ihnen etwas zustoßen würde. Die Initiative, Sudak einzunehmen, war seine, nicht die des Khagans, und er urteilte, dass die Zeit nicht reif sei. Er verbrachte zwei Tage damit, über das Christentum und die Geschichte seines Volkes zu sprechen, und erfuhr von den beiden Brüdern, dass die Bulgaren eine große und alte Zivilisation sind und dass viele in Europa jetzt Christen sind. Als er herausfand, dass diese heiligen Männer, die jeder schon kannte, die Enkel von Knyaz Telerig waren, dämmerte es ihm, dass Gott ihm diese Männer schickte, und in seiner Aufregung wünschte er, dass Konstantin ihn taufte. Konstantin erklärte ihm, dass er ein weltlicher Mensch sei, dass aber Methodius ein geistlicher Mensch sei und diesen Ritus durchführen könne. Die Nachricht verbreitete sich unter der Besatzung und auf den Nachbarschiffen, und schon nach einem Viertel Tag gab es mehr als zweihundert Taufbewerber. Sie beschlossen, dass sie das Baden so machen würden, wie Johannes der Täufer es getan hatte, aber anstatt sie im Jordan zu baden, ließ Methodius sie über Bord tauchen. Das war natürlich auch für die Soldaten sehr lustig. Nur wenige verstanden das Sakrament der Taufe so gut wie der Stratege, aber sobald er getauft war, waren sie sicher, dass dies eine gute Sache ist. Durch seinen Einfallsreichtum hatte er ihnen schon oft das Leben gerettet. Es herrschte eine außergewöhnliche Stimmung. Alle freuten sich.

Als sie nach Cherson zurückkamen und erzählten, was geschehen war, atmete der Stratege auf; Johannes verkündete, dass Gott diese Männer zu ihnen geschickt hatte, damit ein Wunder geschehe, und kündigte für den nächsten Tag einen feierlichen Gottesdienst an, um der Rettung von Sudak und der Taufe vieler Matrosen der chasarischen Flotte zu gedenken. Methodius hielt diese Ereignisse an diesem Abend in seinem Tagebuch fest. Er schlief ein und fragte sich: "Wie kommt es, dass überall, wo Zarho auftaucht, äußerst interessante und ungewöhnliche Dinge passieren?"

Chasaria

Die Reise war lang, anstrengend, aber unendlich interessant. Zuerst kamen die Schiffe den Tanais hinauf bis zu der großen Biegung, die der Wolga am nächsten kam. Gerade als sie von Bord gingen und begannen, die Tiere und die Ausrüstung auszuladen, kam ein Trupp Magyaren heraus und auf sie zu. Methodius befahl ihnen, kein Zeichen des Widerstands zu geben. Konstantin fragte, ob es jemanden gibt, der Hebräisch, Griechisch oder Bulgarisch versteht. Dann schickten sie einen der Magyaren, der mit einer bulgarischen Frau verheiratet war und aus der Familie der Kuhhirten[363] stammte. Konstantin bat ihn, dem Befehlshaber zu übersetzen, wer sie waren, was ihre Mission war und zu wem sie gehen würden. Der Anführer war erschrocken. Eine Ursache für einen Krieg mit den Chasaren oder den

---

[363] Кравари, Krawari = Kuhhirte, einer der bulgarischen Stämme, die später mit den Magyaren nach Pannonien einwanderten.

Wolgabulgaren gesetzt zu haben, das würde ihm sein Herr nicht verzeihen. Der Respekt, mit dem der Dolmetscher diese Menschen behandelte, steckte ihn an, und er fragte sie, ob sie etwas brauchten - er würde ihnen Pferde verkaufen. Methodius kam dem nach:

„Pferde und Reiter haben wir genug, aber wäre es möglich, dass uns die Truppe gegen ein Entgelt bewacht, bis wir die Wolga erreichen?"

Das Eis war geschmolzen. Das Geschäft war abgeschlossen. Von dort reisten sie mit Pferden und Viehzüchtern an vielen Seen entlang bis zur Wolga. Auf dem Weg dorthin ertappte sich Konstantin immer wieder dabei, dass er mit den Magyaren sprach. Er sah, dass dies ein Dialekt der Türken war, die von Zeit zu Zeit auf dem Handelsweg nach Galati kamen. Das kleine neugierige Kind in ihm zeigte sich auch dieses Mal, und er erinnerte sich an so manches aus dem magyarischen Dialekt.

An der Wolga wurden sie von Bulgaren empfangen. Konstantin war beeindruckt von diesem großen und majestätischen Fluss, von der riesigen Handelsflotte, die Bulgarien an der Wolga unterstützte. Sie konnten die Wachen auf den Schiffen sehen, ganz in Eisen gekleidete Soldaten, die sie Bogaturi[364] nannten - "vom Gott gestellten", um sie zu schützen. Die Geschicklichkeit der Bulgaren bei der Bearbeitung von Eisen war sehr beeindruckend. Viele der Waren kamen aus Kasan[365], das sehr weit nördlich an der Wolga lag. Auf der Wolga verständigten sie sich mit bulgarischen Kaufleuten und sie führten das große Schiff

---

[364] Das bulgarische Boga-turi bedeutet „von Gott-gestellten".
[365] Der Name der gleichnamigen Stadt Kasan bedeutet „Stahlkessel". In heutigen Bulgarien gibt es die Stadt „Kasan-lak", eine Kombination von Kessel und Bogen.

wie auf dem Meer die Wolga entlang. Die Überschwem-
mungen im Delta des Flusses machte aus dem Delta den
fruchtbarsten Garten, den sie je gesehen hatten. Die Matrosen fingen eine Vielzahl von Fischen, die Konstantin und
Methodius nicht kannten. Das köstlichste davon war der
Tschist, oder bulgarischer Fisch, wie sie ihn alle nannten.
Er hatte Knorpel als Knochen, und gedünstet konnte man
alles von ihm essen. An der Mündung der Wolga näherten
sich chasarische Boote mit Zollbeamten. Sie inspizierten
die Ladung der Kaufleute, die keine Bulgaren waren, luden
den Zehnten auf ihre Boote und wünschten beim Abschied
den Zahlenden einen guten Verkauf ihrer Waren. Der Ab-
stieg nach Derbent dauerte genauso lange wie die Fahrt
von Tomi auf die Krim.

Methodius machte die ganze Zeit über Aufzeichnungen über alles, was er sah, und über die Taten Konstantins,
die er in acht Teilen zu veröffentlichen bereit war. Aus den
Berichten von Balasha und Konstantin über den Besuch in
Bagdad hatte Methodius bereits einen Reisebericht zusammengestellt. Dieser Reisebericht wurde in Byzanz mit großem Interesse kopiert und gelesen.

Berzitia[366] war ein beeindruckendes Land. Mächtige
Flüsse fielen vom Kaukasus zum Kaspischen Meer hierun-
ter und speisten fruchtbare Ebenen am Meer, in denen alles
wuchs. Die Wiesen waren voll mit Vieh. Konstantin erinnerte sich daran, dass in den samaritanischen Büchern geschrieben stand, dass das Paradies nichts anderes als ein
von einem massiven Zaun umschlossener Garten sei, und
dass ein solcher riesiger Garten in einem der kaukasischen

---

[366] Die Westküste des Kaspischen Meeres. Heute: Dagestan.

Täler existierte, in dessen Nähe die vier großen Flüsse des Kaukasus flossen.

Am Hafen von Derbent wurden sie von Ariern der Chaghan-Garde empfangen, es wurden ihnen die Grüße des Chaghans überbracht und ein schönes Haus am Wasser zur Verfügung gestellt, in dem sie wohnen durften. Die Dienerschaft lud ihr Hab und Gut direkt vom Schiff an der Anlegestelle des Hauses ab. Die Arier überbrachten ihnen den Vorschlag des Chaghans, dass sie eine Woche lang ruhen und sich dann am Sabbat im Palast treffen sollten.

Am vereinbarten Tag brachen Konstantin und Methodius mit mehreren Pferdeladungen voller Geschenke zum Palast auf. Alle sieben Strategen waren versammelt: zwei von ihnen waren Arier-Muslime, zwei Bulgaren, zwei Christen und ein Slawe für die Russen und andere Heiden. Anwesend waren auch die Oberhäupter der jeweiligen Kirchen im Chaghanat und etliche Höflinge. Es war offensichtlich, dass der Handelsstaat der Chasaren über enorme Einnahmen verfügte, alles war nach byzantinischer Art raffiniert, aber nach orientalischer Art verschwenderisch. Methodius überbrachte Manasek und seiner überaus schönen Frau Serah die Grüße und guten Wünsche der Kaiserin Theodora und öffnete die von den Diener mitgebrachten Geschenke. Manasek inspizierte höflich alles, freute sich über ein Damaskusschwert mit reicher Goldverzierung und gab seinerseits seinem Schatzmeister ein Zeichen. Er winkte mit der Hand, und die Diener brachten Geschenke für Theodora. Manasek verstand sein Geschäft. Es gab prächtige bulgarische Zobelfelle, goldgewebte Seidengewänder, viele Sogdiana-Stoffe und Halsketten, die sicherlich das Herz einer jeden Frau zum Schmelzen bringen würden, aber besonders das von Theodora. Nachdem dieser Teil vorbei war, stieg Manasek von seinem Thron herab, näherte sich Konstantin bis auf drei Schritte und fragte auf Hebräisch nach:

„Sage mir, Philosoph, was ist dein Rang, damit wir dich an den richtigen Platz setzen können, der deinem Rang entspricht?"

Konstantin hob stolz den Kopf, sah erst Methodius, dann Manasek an und sagte klar und verständlich in modernem Hebräisch.

„Ich hatte einen Großvater, sehr groß und reich, der in der Nähe des Königs saß. Als er aber die große Ehre, die ihm zuteilwurde, freiwillig ablehnte, wurde er verstoßen und ging in ein fremdes Land, wurde arm und gebar dort mich. Ich suchte die Ehre meines früheren Urgroßvaters, konnte sie aber nicht erlangen, denn ich bin Adams Enkel[367]."

Konstantin wiederholte diese drei Sätze auch auf Bulgarisch für Bulgaren und Kozaren. Er wusste, dass die diensthabenden Poljanen ihn verstehen würden. Manasek war sehr gut über die Herkunft der Brüder informiert. Denn zur Zeit der Flucht ihres Großvaters, des großen Knyaz Telerig, war die Prinzessin in Byzanz die Chasarin Irina, Tochter des Chaghans Virhor, und bei seiner zweiten Heirat heiratete ihr Großvater in Konstantinopel ebenfalls eine Chasarin. Die Brüder sollten sich also, obwohl sie nicht blutsverwandt mit den Chasaren-Herrschern waren, diesen nahe fühlen.

---

[367] „Leben von Konstantin-Kyrill", geschrieben von ihrem gut unterrichteten Schüler Klemens von Ohrid. Der Text „denn ich bin Adams Enkel" in der ursprünglichen historischen Quelle ist ebenfalls nicht zu verstehen.

„Ihr sprecht treffend und richtig, Gast!", sagte Manasek fröhlich und lud sie ein, sich als königliche Enkel neben ihn zu setzen.

Ausrufe der Zustimmung schallten durch den Saal.

Bevor sie sich setzten, nahm Konstantin acht Bücher heraus und reichte sie Manasek:

„Chaghan, das ist eine achtteilige hebräische Grammatik in bulgarischer Sprache, geschrieben in den Buchstaben von Urfil. Es würde deinen Bulgaren helfen, richtiges Hebräisch zu lernen, wenn sie wollen."

Manasek war gerührt, dass dieser vielseitige Gelehrte sich seinem Talent verpflichtet fühlte und nicht nur bei der Bildung seines eigenen Volkes, sondern auch bei anderen Völkern half.

Interessant, so dachte Methodius, er wusste sehr gut, was Neid ist und da er ein ausgezeichneter Verwalter war, erkannte er ihn bei Menschen sofort. Aber weder in der Bagdader Mission noch in Cherson noch hier sah er bei den Anwesenden einen Schatten von Neid. Er sah nur eine tiefe Bewunderung für Zarhos Können und Wissen. Dieser sein Ruhm breitete sich vor Zarho wie ein Teppich aus, bevor er überhaupt seinen Fuß daraufsetzte.

Die Mahlzeiten waren üppig. Es gab gebratenes Fleisch vom jungen Wildesel, das hervorragend schmeckte. Es gab alle Arten von Fisch. Aber am beeindruckendsten waren Zuckermelonen und Wassermelonen aller Sorten. Methodius verstand, dass die Sorten in Balkan-Bulgarien von Berzitia herübergebracht worden waren.

Manasek fragte während des Festes:

„Neben dem Christentum gibt es noch andere, weit ältere Religionen. Philosoph, sag mir, warum haben so viele Menschen das Christentum angenommen?"

„Herrscher, im Christentum gibt es auch viel von den alten Lehren der Thraker. Orpheus predigte vor dem Trojanischen Krieg Brüderlichkeit und Liebe unter den Menschen. Die Thraker bewahrten seine Lehren durch ihre Philosophen und waren am ehesten bereit, das Christentum anzunehmen. Von nichts kommt nichts! Aber in den Regeln des alltäglichen Lebens regelt das Christentum viele Beziehungen auf eine vernünftige Weise."

„So weit so gut, schauen wir uns jetzt das Thema Polygamie an. Warum erlaubt das Christentum nur eine Frau fürs Leben?"

„In der Vergangenheit ist es vorgekommen, dass ein großer Teil der männlichen Bevölkerung einer Nation in den Krieg gezogen ist und nicht zurückgekehrt ist. Damals waren die Frauen in der Überzahl und die Polygamie war eine Art Möglichkeit, die Frauen zu versorgen. Sogar Nationen, die nur aus Frauen bestehen, sind entstanden. Erinnern Sie sich, wie die sarmatischen Jungen die Amazonen heirateten. Doch mit dem Aufkommen der Söldnerarmeen änderte sich das. Das Volk arbeitete und zahlte Steuern, mit denen Kriege geführt wurden. Polygamie, wo immer sie noch üblich ist, wird in der Tat von den Reichen praktiziert, weil die Armen keine Mittel haben, um mehrere Kehlen zu unterstützen. Wenn viele Frauen nur Konkubinen sind, wird der Gesellschaft ein wesentlicher Teil der Arbeitskraft und des Intellekts vorenthalten. Haben Sie bemerkt, warum die Bulgaren seit Jahrhunderten stark sind - weil bei ihnen die Frauen an der Seite ihrer Männer arbeiten und kämpfen. Ein Mann mit vielen Frauen hat viele Erben, und so reich er auch ist, wenn er seinen Besitz aufteilt, leben seine Kinder ärmer als die Kinder aus Familien mit nur einer Ehefrau. Wenn aber nur der Älteste erbt, werden die anderen zu Sklaven und beginnen damit Aufstände und Morde, denn auch sie werden als rechtmäßige Erben ihres Vaters angesehen. Darüber hinaus weist uns Jesus an, unsere Frau nicht nur zu respektieren, wenn sie jung und schön ist, sondern auch, wenn sie alt und hässlich ist und sie nicht für eine jüngere Frau zu verlassen, denn sie hat ihrem Mann und seinen Kindern den besten Teil ihres Lebens gegeben. Wenn der Mensch einen Verwandten oder irgendjemanden beleidigt, schwärzt er seine eigene Seele an und hört auf, ein gutes Leben zu führen und trägt diese Sünde mit sich."

Einer der anwesenden muslimischen Gelehrten warf ein:

„Welche Bedeutung hat für euch Christen überhaupt die Sünde, wenn die Priester nach der Beichte zwei Wassertropfen auf eure Stirn spritzen und die Sünde vergeben ist?"

Konstantin bewahrte in solchen Fällen völlige Gelassenheit. Er benutzte nie persönliche Angriffe in der Diskussion und drückte immer Respekt für seinen Gesprächspartner aus:

„Priester haben kein Recht, schwere Sünden freizusprechen, mein lieber Qadi[368] - deshalb gibt es das "Jüngste Gericht", vor dem die Seele des Toten steht. Für schwere Sünden wird er zu ewigen Qualen in der Hölle verurteilt.

---

[368] Muslimischer Richter.

In Konstantinopel malte ein begabter Künstler namens Methodius viele Szenen des Jüngsten Gerichts auf die Außenwand einer Kirche, um die Menschen daran zu erinnern, rechtschaffend zu leben. Jetzt wird er vielerorts, besonders in Bulgarien, nachgeahmt. Und im täglichen Leben machen alle Menschen manchmal Fehler. Das ist der Grund, warum unsere Priester die Vergebung predigen. Nicht nur in der Kirche, sondern auch unter den Christen wird mit Reue um Vergebung gebetet. Der Punkt hier ist, dass eine Gesellschaft, in der jeder unendliche Bosheit in seiner Seele für kleinliche Ungerechtigkeiten anstaut, degeneriert und allen gegenüber feindlich wird. Vergebung bietet die Möglichkeit, neu anzufangen, und viele Menschen können aus dem Fehler lernen und sich verbessern. Denken Sie darüber nach, Herr, verzeiht eine Mutter ihren Kindern nicht? In vielen Rechtssystemen gibt es auch eine Verjährungsfrist, nach der für geringfügige Übertretungen keine Rechenschaft mehr abgelegt wird. So reinigt die Beichte die Psyche des Menschen, und derjenige, der vergibt, ermöglicht dem Übeltäter, besser zu werden, und so kommt derjenige, der vergibt, Gott näher. Auch die bulgarischen Nicht-Christen haben das Fest, an dem um Vergebung durch die Verwandten gebeten wird. Was die Herrscher betrifft, so sollte Großmut ihre größte Tugend sein. Wenn ein Herrscher ein Volk besiegt, das nicht aus eigenem Willen gegen ihn in den Krieg gezogen ist, sollte er den Soldaten ihre Sünde vergeben und jene Toleranz schaffen, in der ihr neues Leben organisiert werden kann."

Ein grell gekleideter Rabbiner fragte:

„Sag mir, Philosoph, ist nicht Jehova, unser Gott, älter als alle Götter und allmächtig?"

Konstantin lächelte freundlich und sagte ruhig:

„Zweiundzwanzig Jahrhunderte vor Christus war der Schutzgott von Babylon Marduk. Er ist offenbar "etwas" älter als Jehova."

Dann hielt er inne, suchte nach dem sanftesten Ausdruck und sagte:

„Wenn Jehova allmächtig wäre, warum haben die Juden kein Land, sondern sind über die ganze Welt verstreut?"

Der Rabbi wagte nicht zu sagen, dass Chasaria ein jüdischer Staat sei, da die Juden zwar herrschten, aber nur wenige waren. Es war nicht schwer für Konstantin zu erraten, was der Rabbi dachte und fügte hinzu:

„Siehe, nun verdient jetzt ein jüdisches Geschlecht durch seine Tapferkeit, Chasaria zu regieren, aber Chasaria ist weit davon entfernt, ein Staat der Juden allein zu sein."

Beifall brandete im Saal auf, und die vornehmen Gäste teilten ihre Bewunderung für die klugen und maßvollen Antworten dieses außergewöhnlichen Mannes. Während des Empfangs unterhielten sich Konstantin und Methodius mit vielen der geladenen Gäste. Sie erhielten viele Einladungen, die Häuser von Strategen, Kaufleuten und Priestern zu besuchen. Anders als im Kalifat herrschte in Chasarien eine echte Toleranz gegenüber den Religionen. An den anderen Tagen der Woche baten etwa 200 Menschen den Philosophen, sie zu taufen, und er bat wiederum Methodius, die Riten durchzuführen. Zum Abschiedsempfang im Zeichen des Chaghans brachte der Schatzmeister viele Geschenke mit. Da sagte Konstantin zu ihm:

„Mein Herr, deine Gaben sind kostbar und wir sind dir sehr dankbar dafür, aber wenn du stattdessen die christlichen Gefangenen freilassen würdest, damit sie mit uns zurückkehren, wäre unsere Dankbarkeit doppelt groß. Die christlichen Gefangenen sind mir lieber als alle Geschenke."

Der Chaghan war es gewohnt, dass Menschen zu ihm kamen, um sich persönlich zu bereichern, und dieser junge Philosoph verzichtete bereitwillig auf seinen Lohn, um den gefangenen Christen die Freiheit zu schenken. Er predigte nicht nur das Christentum, sondern praktizierte es in seiner intelligentesten und wohltätigsten Form. Der Chaghan befahl, 200 Kriegsgefangene zu versammeln und ihm zu übergeben.

Beim Abschied gab ihm der Chaghan einen Brief an die Kaiserin Theodora mit, in dem es unter anderem hieß: "Du, Herrin, hast uns einen solchen Mann geschickt, der uns durch Wort und Beispiel erklärt hat, dass der christliche Glaube heilig ist. In der Überzeugung, dass es der wahre Glaube ist, haben wir allen befohlen, sich freiwillig taufen zu lassen, in der Hoffnung, dass wir auch dasselbe tun. Wir sind alle Freunde deines Reiches und sind bereit, dir zu dienen, wo immer du darum bittest."

Sie gingen den gleichen Weg zurück. Am freudigsten waren die zurückkehrenden Gefangenen. Viele von ihnen stammten aus den Schwarzmeerkolonie-Städten von Byzanz und sie kehrten tatsächlich in ihre Heimat zurück. Der Erzbischof von Cherson war unendlich froh, sie zu sehen und feierte am ersten Sonntag einen feierlichen Dankgottesdienst. Am Abend luden sie die Brüder zu einem Abschiedsessen ein, denn sie wollten sofort nach

Konstantinopel gehen. Die größte Enttäuschung für Erzbischof Johan war, dass die Brüder die Reliquien des heiligen Clemens mitnehmen sollten.

Da der Handel zwischen Cherson und Konstantinopel sehr intensiv war, war die Nachricht von der Rückkehr der Brüder schon vor ihrer Abreise eingetroffen. Das größte bevorstehende Ereignis war, dass sie die Reliquien des heiligen Clemens bringen sollten. Patriarch Ignatius I. ordnete an, dass die notwendigen Vorbereitungen für einen höchst feierlichen Empfang der Brüder und der Reliquien getroffen werden. An dem Tag, als die Ankündigung der Ankunft ihres Schiffes kam, ging der Chor der Hagia Sophia, angeführt vom Patriarchen, singend zum Pier gegenüber von Galata. Sie trugen Reliquien und Ikonen. Die Stadt und vor allem die bulgarische Bevölkerung strömten herbei, um zu sehen, was vor sich ging, und das Gerücht verbreitete sich so schnell, dass der Stadtgouverneur von Konstantinopel Soldaten aussenden musste, um die Ordnung zu schützen. Die Prozession zur Hagia Sophia war beeindruckend: der Patriarch an der Spitze, gefolgt von den beiden Brüdern und ihrem Gefolge, gefolgt von dem Chor, der unaufhörlich sang, gefolgt von einer endlosen Prozession von Menschen, die hofften, den Gottesdienst im Tempel zu erleben. Im Tempel erinnerte sich Methodius daran, wie Kaiser Theophilus selbst manchmal den Chor persönlich dirigierte. Theophilus hatte zu Lebzeiten sogar einen Psalm komponiert, den der Chor ebenfalls vortrug. Theodora, Warda und ihr Gefolge, in all ihrer Pracht, befanden sich auf dem riesigen ersten Balkon links vom Eingang. Sie nickten den Brüdern höflich zu, als diese zu ihnen blickten.

Sie legten die Reliquien in den Schrein. Die Nachricht verbreitete sich im ganzen Reich und bewegte eine Flut von Pilgern, die bis 861 anhalten sollte.

Es gab eine offizielle Audienz, bei der Methodius Theodora die Briefe und Geschenke des Chasarischen Chaghans überreichte. Alle waren neugierig auf die Details der Mission und die Brüder gaben einen fesselnden Bericht. Als Konstantin dem Patriarchen die Abschriften der hebräischen Grammatik in bulgarischer Sprache übergab, die in der Bibliothek aufbewahrt werden sollten, rief der Patriarch einen seiner Diener und sagte etwas zu ihm. Nach einer Weile brachte der Diener einen uralten kostbaren Ritualkelch mit einer Inschrift, die bis heute niemand entziffern konnte. Konstantin sah ihn an, und obwohl er sehr müde aussah, erhellte sich sein Gesicht.

„Das ist die Sprache der alten Samariter.", sagte er.

Konstantin las die Inschrift und übersetzte sie, dann rechnete er etwas und sagte:

„Aus dieser Inschrift erfahren wir, dass vom 12. Jahr der Herrschaft Salomos bis zur Geburt Christi 909 Jahre vergangen sind. Erinnern wir uns daran, dass der aus Illyricum stammende Beli Zar[369], den ihr auf Griechisch als Belisarius bezeichnet, und der der größte Feldherr Justinians war, den Schatz der Vandalen von Karthago nach Konstantinopel brachte, und darin befand sich der Schatz von Jerusalem, den Titus erbeutet hatte. Sicherlich war diese Tasse unter diesen Objekten."

Ignatius I. frohlockte.

---

[369] Bulgarischer Name bedeutend Weißer König.

Methodius übergab Ignatius I. acht Bände der Aufzeichnungen Konstantins über die stattgefundenen Ereignisse, den Inhalt der Auseinandersetzungen mit den anderen Philosophen, um sie für die Bibliothek in reines Griechisch und Latein zu transkribieren. Diese Bücher strahlten die außergewöhnliche Kraft von Konstantins Logik, Wissen und moralischer Überzeugung aus. Methodius selbst übernahm es, sie im Kloster Polychroni zu übersetzen.

Polychroni

Konstantin beschloss, sich für eine Weile in das Kloster seines Bruders zurückzuziehen, bevor er seine Arbeit an der Schule aufnahm. Sie fanden das Kloster in gutem Zustand vor, aber ihre größte Freude waren die Abschriften - es gab bereits mehrere. Dann versammelte Konstantin diese 50 bulgarischen Jungen jeden Tag und lehrte sie das Alte und Neue Testament und die Geschichte Bulgariens und Roms. Am Anfang musste Methodius die Ländereien und die Werkstätten besichtigen und prüfen, wie die Verwaltung der Ländereien ablief. Aber wenn er die Zeit fand, lehrte er die Bulgaren die Verwaltungsstruktur einer christlichen Gemeinde und die wichtigsten täglichen kirchlichen Abläufe und Praktiken. Sie begannen sogar, die Liturgie und alle anderen Gottesdienste in bulgarischer Sprache zu halten. Die kopierten Bücher wurden nach Saloniki und von dort an einen sicheren Ort in Ohrid transportiert und per Brief persönlich an Knyaz Michael übergeben. Erst als er einen Brief von Michael erhielt, dass die Lieferung angekommen war, entspannte sich Methodius - es konnte auf dem Weg vieles passieren. Methodius setzte seine unermüdliche Arbeit fort. Er und Knyaz Michael beschlossen, alle zwei Jahre die Schüler zu wechseln. Von 851 bis 861 wurden 250 Schüler ausgebildet. Dies war nur der Anfang, aber es war der Wichtigste. Diese Jüngen waren bereits in den Gemeinden von Mazedonien und Illyrien tätig.

Das neue Kloster auf dem Fluss Bregalniza

Warda erhöhte systematisch die Zahl der Griechen in Thessaloniki. Dann beriet sich Methodius mit Konstantin und beide schrieben einen Brief an Knyaz Michael:

"Herrscher!

Warda erhöht systematisch die Zahl der Griechen in Thessaloniki. Die Griechen verehren den heiligen Demetrius als Schutzpatron der Stadt, und die Bulgaren der gesamten Region Thessaloniki verehren den heiligen Timotheus. Wer ist der heilige Timotheus? Nach dem berühmten Konzil von Nicäa im Jahre 325, auf dem Konstantin der Große die Glaubensformel genehmigte, verließen die Gesandten der Bulgaren Timotheus, Commasius, Etimasius, Eusebius und Theodore Nicäa und kehrten in ihre Heimat nach Thessaloniki zurück. Timotheus und seine Anhänger waren Arianer, das heißt, sie glaubten, dass es eine Zeit gab, in der Christus ein Mensch war, bevor er ein Gott wurde. Dies war der Anlass für die Griechen, sie zu verfolgen. Und der Grund war derselbe wie heute: der Kampf der

Griechen um die Vorherrschaft in Byzanz. In jenen Tagen waren diese heiligen Männer gezwungen, Thessaloniki zu verlassen und nach Tiberiupolis[370] zu gehen, die Stadt, die, wie Du weißt, nördlich von Thessaloniki liegt. Timotheus wurde dann Bischof von Tiberiupolis. Heutzutage herrscht unter den Bulgaren von Thessaloniki bis Ohrid der Glaube, dass nördlich von Thessaloniki, nämlich in Tiberioupolis, etwas Ungewöhnliches passiert. Die Menschen glaubten, dass diese Heiligen über ihren Gräbern erschienen und Wunder vollbrachten. Viele Bulgaren gehen dorthin in der Hoffnung auf Heilung von Krankheiten. Es wäre gut, mein Herr, wenn Du die Reliquien dieser Heiligen nach Bulgarien bringen würdest, in das Bistum am Fluss Bregalnitsa, und dort ein Kloster gründen würdest, in dem die von uns in Bulgarisch ausgebildeten jungen Mönche dienen könnten. Dies wird viele der Unseren auf ganz natürliche Weise anziehen und einbeziehen.

Du sollst wissen, dass während des Bürgerkrieges mit Licinius in Illyrien viele Kirchen zerstört wurden. Unser Konstantin, der wie Eusebius in der Nähe von Niš geboren wurde, sorgte dafür, dass sie wieder aufgebaut und neue gebaut wurden. Er baute auch eine in Sardica, die Hagia Sophia, die so berühmt wurde, dass die Menschen begannen, die Stadt nach ihr zu nennen, Sophia. Mit dieser Aufgabe beauftragte er seinen Verwandten Eusebius[371], den er später zum Bischof des neu errichteten Rom machte. Sie werden also die Reliquien des Ökumenischen Patriarchen Eusebius haben, der unseren Urfil persönlich zum Bischof

---

[370] die heutige Stadt Strumitsa, die von Titus Livius unter dem Namen Astraion erwähnt wurde, weil sie vom paeonischen Volk der Astras bewohnt war.
[371] Patriarch in Konstantinopel in den Jahren 339-341.

geweiht hat, und der Konstantin den Großen persönlich getauft hat, bevor er starb.

Mit Theodora und Warda kann es keine Probleme
geben, da diese Heiligen von den Griechen überhaupt nicht
verehrt werden."

König Michael hörte ihnen zu und befahl seinem
Bojaren Tvardina, die Reliquien zu transportieren und ei-
nen Tempel für Gott am Fluss Bregalniza zu bauen. Die
Menschen waren ekstatisch, ihre eigenen Heiligtümer des
Vertrauens zu haben, die nicht unter der Herrschaft der
Griechen standen, und die Arbeiten gingen sehr schnell vo-
ran. In nur einem Jahr öffnete der Tempel seine Türen und
begann, eine große Anzahl von Gläubigen zu empfangen.
Es wurde bekannt, dass alle Gottesdienste in bulgarischer
Sprache abgehalten wurden und dass die berühmten Brüder Bücher in bulgarischer Sprache zusammengestellt hatten. Menschen aus ganz Bulgarien kamen herbei. Viele
brachten ihre Kinder, um an heiliger Stätte getauft zu werden. Die Wohlhabenderen kauften auch Bücher. Die Kran-
ken suchten Heilung bei den Reliquien des heiligen
Timotheus.

Der junge Clement

Konstantin ruhte sich von seiner anstrengenden Chasar-
Mission aus und kehrte nach Konstantinopel zurück. In
Konstantinopel setzte er die Arbeit an dem neuen Alphabet
fort und vereinfachte die Kalligrafie der Zeichen. Das auf
40 Buchstaben erweiterte koptische Alphabet, das dem
glagolitischen Alphabet entspricht, war für diesen Zweck

gut geeignet. Dies war seine Lieblingsbeschäftigung. Generell war Konstantin der Meinung, dass alles, was an einem Buchstabenschild dekorativ ist, unnötig ist. Die babylonische -"Züge und Striche" waren das markanteste Beispiel dafür. König Michael hatte auch Jungen zu ihm geschickt, aber dieses Mal waren sie alle aus Mysia. Konstantin beschloss, ein Experiment mit ihnen zu machen. Er nahm den Psalter mit der neuen Kalligrafie auf. Er teilte die Jungen in zwei Gruppen und lehrte die eine das glagolitische Alphabet und sie studierten den Psalter durch das glagolitische Alphabet, und die andere die neue Kalligrafie und sie studierten den Psalter durch sie. Es stellte sich heraus, dass die neue Kalligrafie leichter zu übernehmen war. Die Jungen lasen auch ein wenig schneller.

Es gab einen jungen Mann aus Mysien, dessen Eltern aus einer sehr alten thrakischen Familie stammten, die sich durch die vielen Wechselfälle des Schicksals ein Bewusstsein für ihre Herkunft und wirtschaftliche Macht bewahrt hatte. Der Junge kam, bevor er nach Konstantinopel kam, durch Ohrid und wurde auf den Namen des Heiligen Clement getauft. Konstantin sah sich selbst in ihm. Clement hatte eine blitzschnelle Auffassungsgabe, ein außergewöhnliches Gedächtnis und einen Hang zur Wissenschaft. Clement war begeistert von Konstantins Alphabet und begann scherzhaft, auch an der Perfektionierung seiner Kalligrafie zu arbeiten. Was Konstantin am meisten beeindruckte, war, dass Clement die kulturelle Tradition des Bischofs Johannes von Galatien hatte - er kannte alle Legenden der Hunnen und Geten, eine riesige Menge an Liedern und Gedichten. Er hatte auch ein unglaubliches Wissen über Pflanzen. Er sagte, er habe sie von seiner

Großmutter erworben - wohin sie auch gingen, seine Großmutter befahl den Dienern immer, dieses oder jenes Kraut
zu pflücken. Sie hatten einen speziellen Raum, in dem sie
getrocknet wurden und in dem sich Clement als Kind gerne
versteckte. Es roch großartig. Diese war in der Gegend bekannt und die Leute kamen zu seiner Großmutter, um Hilfe
bei verschiedenen Krankheiten zu bekommen. Clement
sagte sogar, dass seine Großmutter ihm immer erzählte,
dass es in den alten Tagen bei den Galliern besondere
Leute gab, die diese Dinge wussten. Deshalb war der Arzt,
der diese Kunst zu den Dardanellen brachte, namens Ga-
len, einer von ihnen. Sie wurden „Dravari"[372] genannt. Die
Römer nannten sie Druiden. Als Caesar beschloss, die Gallier zu unterwerfen, befahl er, die Druiden, die Träger des
Wissens, zu erschlagen, und besiegte so die Gallier. Seine
Großmutter pflegte zu sagen, dass, solange es Wissen gibt,
es auch ein Volk geben wird.

Das erste, was Clemens tat, nachdem er begonnen
hatte, mit Konstantins neuer Kalligraphietafel zu schreiben, war, die Kräuter zu zeichnen und zu beschreiben, die
er kannte und wogegen sie halfen. Es war ein schönes
Stück Arbeit.

Clement hatte auch eine großartige Stimme. Als er
ihn einmal singen hörte, bat Patriarch Ignatius ihn, im Chor
der Hagia Sophia mitzuwirken. Clement hatte einen uner-
müdlichen Geist - sein Interesse an Musik war so groß,
dass er begann, in der Bibliothek zu stöbern und schließlich die Werke von Didor fand, die das Leben von Cadmus
und Lin beschrieben. Cadmus hatte Buchstaben nach

---

[372] Das bulgarische Wort *дърво* bezeichnet Baum. „Darvari" bedeutet Menschen, die unter
den Bäumen leben oder dienen. Darvari wird auch Dravari geschrieben.

Belasiza gebracht, die von den Menschen aus Bregalniza stammten, die in der Antike vertrieben worden waren, und Lin hatte eine Methode entwickelt, Musik aufzuzeichnen. Zu seinen Schülern gehörte auch Orpheus. Clement ruhte nicht, bis er begann, seine eigenen Kompositionen aufzunehmen. Konstantin und Ignatius waren erstaunt!

In Ohrid

Im Jahr 861 bat Knyaz Rostislav Knyaz Michael erneut um Priester, um sein Volk zu taufen und den Deutschen zu widerstehen. Konstantin und Methodius reisten mehrmals nach Thessaloniki, und von dort nach Ohrid und zurück. Sie einigten sich, welche Leute sie mitnehmen sollten, mussten aber wegen der Feindseligkeiten der Franken die Abreise mehrmals verschieben.

Im Jahr 862 kam Zar Boris an die Macht im Donau Bulgarien.

Auch Konstantin hatte eine äußerst schwierige Frage zu lösen. Er wollte die Reliquien des heiligen Clemens nach Mähren bringen. Patriarch Photios sah, welche enormen Einnahmen die Pilger zu den Reliquien brachten und hatte nicht die Absicht, sich von ihnen zu trennen. Die Sache kam zu Theodora und Warda. Warda betrachtete diese Angelegenheit aus einem ganz anderen Blickwinkel:

„Auf einem ihrer Feldzüge waren die Franken an die Theiß gekommen. Es war gut, dass die Bulgaren sie zurückgeschlagen hatten. Sie versuchten von Norditalien aus, ganz Italien zu übernehmen. Wir haben sogar ihren Herrscher mit einer der Töchter von Theophilus verlobt, aber er beleidigt unsere Krone, indem er die Hochzeit immer noch vermeidet. Wir haben Palermo und andere Städte an die Araber verloren, und jetzt versuchen wir mit den Venezianern, sie aufzuhalten. Für mich ist es wichtig, dass die Mähren über eine ausreichende Verteidigungskraft verfügen, um die Franken abzuschrecken und ihre Truppen zu beschäftigen. Und das kann nicht passieren, wenn die deutschen Prediger ihr Land dauerhaft unterwandern. Es war von vitalem Interesse für Byzanz, die Mähren gegen die Franken zu befestigen. Wenn also der heilige Clemens 700 Jahre nach seinem Tod auf diese Weise für uns nützlich sein kann - soll er doch! Es würde mich keine Münze kosten!"

Konstantin und Methodius hatten in dieser Angelegenheit einen unerwarteten und sehr starken Verbündeten. Kaiserin Theodora entschied:

„In Ordnung, Philosoph. Nimm sie!"

Der Patriarch schluckte. Damit war das letzte Hindernis überwunden.

Im Frühjahr 864 gingen die Brüder nach Thessaloniki, um ihre Verwandten vor der Abreise zu sehen. Das Treffen war spannend. Niemand ahnte, dass sie ihre lieben Brüder Zarho und Strahota vielleicht zum letzten Mal sehen würden. Strahota verteilte solche Gaben, dass durch sie die Geschwister und die alte Mutter versorgt wurden, und damit auch ihre Nachkommen. In der Tat war Strahota ein sehr reicher Mann geworden. Zarho bemerkte, dass Strahota alles verteilt und dass er offensichtlich nicht die Absicht hatte, nach Thessaloniki zurückzukehren, aber er verschwieg seine Gedanken. Sie trennten sich in aller Stille. Ihre Mutter weinte.

„Meine Lieben! Wenn einer von euch vor dem anderen stirbt, soll der andere seinen Leichnam nach Thessaloniki bringen."

Bei diesen Worten zitterte sie untröstlich. Das Herz der Mutter fühlte, dass sie sie nicht mehr sehen würde.

Alle Bücher waren schon längst in Ohrid. Von Thessaloniki aus nahmen sie ein paar Pferde für jeden des Gefolges mit und machten sich auf den Weg nach Ohrid.

Im Jahr 864 läuteten alle Glocken in Bulgarien. Simeon wurde geboren. Diese Freude in Ohrid war verbunden mit der Ausstellung der Reliquien des heiligen Clemens. Als Standort wurde die älteste Kirche in Ohrid, die Heilige Sophia, gewählt.

Beim Empfang vor ihrer Abreise beschloss Methodius, seine Kenntnisse über die politische Lage in Mitteleuropa zu überprüfen und befragte Knyaz Michael:

„Herrscher, wie kommt es, dass viele der bulgarischen Ländereien an der oberen Donau von Bulgarien getrennt wurden?"

„Als sich die Brudermorde auf dem bulgarischen Thron abspielten, beschlossen die Franken, dass es an der Zeit war, einen Teil Bulgariens abzutrennen. Das war vor 836, unter dem großen Omurtag und seinem Sohn Malamir. Damals gab es vier Fürstentümer in Mähren, die von äußeren bulgarischen Bojaren regiert wurden. Eine davon, in der Westslowakei, wurde von Knyaz Pribina[373] regiert. Von etwa 830 bis 833 herrschte am bulgarischen Fluss Morava, mit dem Zentrum in Bel-Grad[374], Fürst Moimir[375].

---

[373] Fürst Pribina regierte das Fürstentum Nitra von 825 bis 833.
[374] Weißer Stadt.
[375] Moimir I., 795-846.

Moimir stammte aus einer sehr alten Familie, dem Geschlecht der Kuber, und er hatte auch Ansprüche auf das Gebiet Westböhmens. Im Jahre 835, gerade als wir uns auf den Krieg gegen die Smoljanen vorbereiteten, entfernte Moimir Pribina und vereinigte die vier Fürstentümer. Er nannte den neuen Staat Großmähren. Pribina floh daraufhin zu Knyaz Rathbod in Bayern, wurde Christ und kam dann mit seinem Volk nach Bulgarien zu König Presian. Begleitet wurde er von seinem Sohn, der von seiner bayerischen Frau geboren wurde und den sie Kozel[376] getauft hatten, was auf Bulgarisch Ziegenbock bedeutet. Nach kurzer Zeit kam er von Bulgarien in das Land der Kroaten, das von Fürst Ratimir regiert wurde. Dann schickte der König der Bajowaren ein großes Heer gegen die Kroaten. Die Kroaten sahen, dass die Bajowaren ziemlich stark waren und gingen gar nicht erst in die Schlacht. Dann überquerten Pribina und seine Männer die Save, versöhnten sich mit den Bajowaren und standen an der Spitze des Fürstentums Blatno, zwischen Drau und Donau, mit Blatnograd[377] als Hauptstadt.

Ludwig II. der Deutsche wurde im Jahr 825 König von Bajowaria. Zwischen 840 und 843 führte er schwere interne Kriege. Seine Gegner waren, wie es manchmal im Leben geschieht, seine Söhne Carloman und Ludovic. Rostislav[378], der Neffe von Moimir, erwies sich als kluger Junge. Er akzeptierte die rebellischen Söhne und stärkte das Fürstentum. Sie wissen, dass die Bajowaren auch ein hunnisches Volk sind. Sie sind Wari, und obwohl sie sich

---

[376] 861-876.
[377] Heute die Stadt Zalawar in Ungarn.
[378] 846-870.

mit vielen Franken vermischt haben, sprechen sie immer noch bulgarisch. Sie sind die ältesten der Wari, die zu Atillas Zeiten auf seinen Befehl hin am weitesten nach Westen gewandert sind. Deshalb haben wir sie auch die alten Wari oder Bayowari genannt. Und jetzt sind sie selbst stolz auf diesen Namen. Rostislav annektierte die Gebiete zwischen den Flüssen Die und Donau, vertrieb die deutschen Priester aus Mähren und forderte uns zur Zusammenarbeit auf. Er bat auch Theodora und Warda um friedliche Beziehungen. Und im Jahr 846 wurde Rostislav Fürst von Großmähren. Ludwig II. versöhnte sich nicht mit ihm und 855 marschierte er mit einem großen Heer nach Devin. Rostislav hat sie zerquetscht. Unsere Truppen waren auch dort. Rostislav ordnete an, dass die Siedlung am Donauknie "Bratislava = Bruderruhm" genannt werden sollte. Er plünderte die Grenzgebiete der Bajowaren, brachte Karloman an die Macht zurück und erhielt im Gegenzug für diesen Gefallen die alten bulgarischen Ländereien in Pannonien.

Im Jahr 861 begannen Ludwig II. und sein Verbündeter Pribina erneut einen Krieg gegen Rostislav. In diesem Krieg fiel Pribina. Im Jahr 862 folgte ihm sein Sohn, Kozel[379], der in Bulgarien aufgewachsen war. Kozel regierte zu dieser Zeit mit der Gunst von Bajowaria und Bulgarien. Kozel und Rostislav waren gute Freunde."

Alle hörten aufmerksam zu. König Michael dachte nach und sagte:

---

[379] 862-874. Kozel starb auf einem Feldzug in Kroatien im Jahr 874. Nach seinem Tod kam sein Fürstentum unter die Kontrolle des Bayern Arnulf von Kärnten. Heute kann man die Burg von Kozel an der Straße von Pilsen nach Nürnberg unweit der deutschen Grenze sehen.

„Gott wollte, dass die Erleuchtung unserer Völker im Westen beginnt. Rostislav und Kozel haben mich schon lange gebeten, ihnen aufgeklärte Männer zu schicken, die die Gottesdienste in bulgarischer Sprache einführen, und hier hat sich endlich, nach so vielen Jahren der Mühsal, diese Gelegenheit eröffnet."

Michael hob sein Glas hoch und bat den Erzbischof von Ohrid um den Segen für die Arbeit von Konstantin und Methodius.

„Mögen wir Gott in unserer Sprache verherrlichen für immer und ewig!", sprach der Erzbischof.

„Amen!", donnerte es durch den Saal.

Michael wandte sich an Zarho und sagte:

„Wir Bulgaren haben schon lange keinen so weisen Mann mehr gehabt wie Sie, Herr Philosoph. Sie haben mich im Laufe der Jahre viele Dinge gelehrt, aber das Wichtigste, was Sie mir beigebracht haben, ist, dass die Kontrolle über den Geist wichtiger ist als die Kontrolle über die Waffen. Was Sie, Zarho und Strahota, in die Köpfe dieser jungen Menschen gepflanzt haben, von denen einige mit Ihnen gehen, ist stärker als jede Waffe, und es wird Bulgaren und Slawen durch die Jahrhunderte erhalten."

Dann wandte er sich an seinen Schatzmeister und sagte:

„Jedem der Jünger von Zarho und Strahota soll ein Pferd und ein Jahresgehalt als Soldat gegeben werden! Boris schickte mir dasselbe für die, die bei mir geblieben waren, in der Hoffnung, dass auch er im nächsten Jahr Priester und Abschriften in Pliska, Preslav und Tarnovo vorbereitet haben würde."

Dann wandte er sich an die Jünger und sagte zu ihnen: „Unter Euch sehe ich Clemens, Gorazd, Nahum, Angelarius, alles Kinder berühmter bulgarischer Bojaren. Ihr habt das Wort als Eure Waffe gewählt. Ewige Herrlichkeit für Euch! Hütet Zarho - seht, wie erschöpft und schwach er ist. Passt auf ihn auf und schützt ihn vor dem Bösen, das uns umgibt. Und Vorsicht: Die größte Gefahr für Euch wird von den deutschen Priestern ausgehen. Rostislav hat sie vertrieben, aber Kozel hat es nicht ganz geschafft. Und sie werden zurückkehren. Sie sind Eure größten Feinde."

Dann wandte er sich wieder an den Schatzmeister und befahl ihm:

„Morgen sollen die Ladungen unserer Geschenke für Rostislav und Kozel im Morgengrauen vor der Sophienkirche stehen. Dort befinden sich auch die Reliquien des heiligen Clemens, die nach Großmähren gehen werden. Möge der heilige Clement Eure Arbeit stets heiligen und beschützen!"

Mähren

Rostislav war zu dieser Zeit in Srem[380]. Auf dem Weg nach Srem kamen sie zunächst durch Vederiana, den Geburtsort von Upravda, dem Kaiser Justinian. Das Amphitheater war noch erhalten, wenn auch nicht in Gebrauch. Die Festung mit ihren vier Türmen war in hervorragendem Zustand. Die Stadt war voll von Handwerkern, und es gab einen sehr lebhaften Markt. Von dort nach Niš waren es zwei Tage ruhige Fahrt. Von Niš aus stiegen sie nach Belgrad hinab,

---

[380] Sremska Mitrocitsa.

und von Belgrad aus nahmen sie Fracht auf Schiffe und fuhren nach Srem. Die Nachricht hatte die Ankunft der lieben Gäste vorweggenommen. An der Anlegestelle empfing Rostislav sie mit den größten Ehren. Er küsste die Brüder und nannte sie „liebe Söhne". Er lud sie in den Palast ein, während er arrangierte, wo sie wohnen sollten. Seine Wojewoden hatten sich aus allen Teilen Großmährens versammelt - es gab Männer aus den Poljanen, aus den Odren, aus Tschechien und Slowakien, es gab welche von den alten Kutriguren, die an den Grenzen zu den Franken geblieben waren, und es gab viele von den Geten, die vom Marsch Theoderichs des Großen nach Italien übriggeblieben waren. Methodius arrangierte die Geschenke, und Rostislav befahl, einen rührenden Brief an Knyaz Michael zu schreiben, in dem er nicht versäumte zu sagen, dass das liebste Geschenk die beiden heiligen Männer sei, die er ihm geschickt hatte. Aber wie groß war seine Freude, als sie Dutzende von Pferdeladungen mit Büchern abluden und hereinbrachten. Rostislav wusste von der langjährigen Tätigkeit der Brüder in Polychroni und Konstantinopel und von Michaels Bemühungen in Ohrid, aber er hätte sich nie träumen lassen, einen kompletten Satz der heiligen Bücher in bulgarischer Sprache in die Hände zu bekommen. Strahota erklärte ihm, dass es sich nicht nur um kirchliche Bücher handelte, sondern dass es auch Bücher über Justinian und das christliche Recht gab. Endlich gewann Rostislav die Zuversicht, dass das, was er mit seinen Waffen gegen die Franken erreicht hatte, im Geist seiner Bulgaren und Slawen durch die Literatur bestätigt werden würde.

Rostislav ordnete an, dass die Brüder ein Haus bekommen sollten, das nach römischem Vorbild mit einem riesigen Atrium gebaut wurde. Dieses Atrium bauten sie zu einer Universität um - jeden Tag unterrichteten Stahota und Zarho unter strengem Regime den Nachwuchs. Aber ohne ihre Assistenten konnten sie nicht den Überblick über die Abschriften behalten und kontrollieren, inwieweit die jungen Priester die Rituale beherrschten. Von allen erweckten die christlichen Gesetze das größte Interesse, besonders bei den Slawen. Die Menschen hatten das Gefühl, dass eine Ordnung in ihr Leben kam, die sinnvoll und besser für das Zusammenleben in Gemeinschaften war als vorher. Nach nur zwei Monaten waren bereits die ersten Gruppen von Menschen vorbereitet.

Rostislav wurde einer der fleißigsten Schüler von Strahota. Mit seiner großen Erfahrung zeigte ihm Strahota, wie man eine Verwaltungsstruktur aufbaut, wie man Steuer- und Rekrutenlisten erstellt und wie man die Kriegsschuld gleichmäßig verteilt. Er lehrte ihn, nach welchen Kriterien er die Männer aus den neuen Jungen als Nachwuchs für die Verwalter und nach welchen Kriterien für die Geistlichen auszusondern hatte. Schon früh bemerkte Strahota, dass Rostislav dazu neigte, die Fähigeren für die Regierungsarbeit auszuwählen, und wies ihn darauf hin, dass sie gleichmäßig verteilt werden sollten - denn ohne Ausbildung kann man keinen starken Staat wie zum Beispiel den der Byzantiner aufbauen.

Am Ende des zweiten Monats fragte Strahota ihn, ob es wenigstens für die ehemaligen römischen Herrschaftsgebiete Listen in Latein für die Aufteilung nach Diözesen gäbe. Rostislav befahl Svjatoslav, einen Brief zu schreiben, in dem er den Papst und die Kaiserin Theodora bat, ihm Dokumente über die früheren Verwaltungsregelungen der früheren römischen Diözesen zu schicken. Kopien solcher Dokumente wurden sowohl aus Rom als auch aus Konstantinopel empfangen. Dann setzten sie sich zusammen und bestimmten im Laufe einer Woche, in welchen Städten Kirchen gegründet und wo diesseits des Limes alte und zerstörte wieder aufgebaut werden sollten. Und dann hat der heilige Clemens 700 Jahre nach seinem Martyrium diesem Werk wirklich geholfen. Es entstand eine Kirche nach der anderen, und alle wollten, dass sie Clemens-Kirchen (Klimenki) genannt wurden. Der Kult des heiligen Clemens verbreitete sich am schnellsten unter Tschechen und Slowaken. Noch bevor die Kirchen geweiht wurden, wurden in den Nebengebäuden für die Arbeiter der Morgen, die Stunde, das Abendgebet und die Messe gefeiert. Vor allem bei den Tschechen gab es einen unglaublichen Aufschwung. Im Jahr 867 errichteten sie in kürzester Zeit eine prächtige Kirche, die sie dem heiligen Petrus weihen wollten. Sie luden Konstantin ein, sie zu weihen. Es war 867. Fürst Rostislav war anwesend, und alle seine Bojaren mit ihrem Gefolge. Es war ein großes Fest für die Tschechen. Als Strahota die heilige Liturgie in der Sprache beendete, die jeder verstand, stand Zarho in der Kirche und auf dem Platz vor der Kirche auf und sprach über das Werk der Jünger Christi. Er erzählte auch mehrere Gleichnisse über das Wirken des heiligen Petrus. Nach ihm erhob sich Rostislav, den die Bulgaren Rastitsa nannten, mit seiner ganzen Majestät und verkündete, dass er alle Leute der Festung und der Stadt bis zum Ufer des Flusses Ceska Morava diesem Tempel zu Diensten geben würde. Das bedeutete, dass die Steuern nicht an den Fiskus, sondern an das Kloster gingen. Strahota hatte Rostislav zuvor beraten, wie viel es kosten würde, eine kirchliche Gemeinde in einer Stadt an der Elbe zu unterhalten, und Rostislavs Anordnung legte eine feste materielle Grundlage für das Christentum in Böhmen. Am Abend, inmitten der allgemeinen Freude, teilte Zarho mit seinem Bruder:

„Diese Tschechen scheinen aus anderem Teig gemacht zu sein - sie lernen sehr schnell."

Als sie abends ins Bett gingen, waren sie beide stets extrem erschöpft, aber glücklich. Einmal warf Zarho ein:

„Lieber Bruder, was denkst du - sind wir würdige Erben unseres Großvaters Telerig Knyaz von Gottes Gnaden?"

Strahota überlegte nicht lange:

„Ja! Er sieht uns! Er ist mit uns! Wir haben also nicht nur seine Herrlichkeit wiederhergestellt, sondern auch eine neue, nicht von Menschenhand geschaffene Herrlichkeit geschaffen." Selbst wenn wir heute diese Welt verlassen, hat das, was wir getan haben, bereits so starke Wurzeln, dass niemand es entwurzeln kann! Jetzt habe ich keine Angst mehr vor einem Brand im Polychroni!"

Beide brachen in fröhliches Gelächter aus.

Bei Kozel

Vierzig Monate in Mähren vergingen wie 40 Tage. Bei einem seiner Besuche in Mähren bat Kozel Rostislav, ihm die Brüder zu schicken, die für ihn Priester in bulgarischer Sprache ausbilden sollten. Als die Brüder sich anschickten zu gehen, befahl Rostislav seinem Schatzmeister, ihren Lohn auszuzahlen. Zarho sagte im Namen der beiden:

„Seit wir uns von unserer Mutter getrennt haben, haben wir auf unsere irdischen Güter verzichtet und unsere Besitztümer weggegeben. Es ist für uns Lohn genug, dass wir Eure jungen Männer ausgebildet haben, dass Ihr jetzt viele geweihte Kirchen habt, in denen Alt und Jung Christus auf Bulgarisch loben, dass die Menschen ihre Kinder schicken, um das glagolitische Alphabet und die nützlichen Dinge des Lebens zu lernen. Ihr seid ein weltlicher Mann, Rostislav, ein Mann der Macht und Autorität. Wenn wir aber in Eurer Seele eine Liebe für diejenigen entfacht haben, die leiden, dann zeigt, anstatt uns zu belohnen, Tugend und lasst die bulgarischen Gefangenen[381] frei, damit sie zur Freude ihrer Frauen und Mütter in ihre Häuser zurückkehren können."

Rostislav wandte sich an seinen Neffen und forderte ihn auf:

„Svetopolk[382], die 900 Gefangenen von Srem sollen freigelassen werden. Bevor sie in ihre Heimat geschickt werden, soll in allen unseren Kirchen ein Gebet zu Ehren unserer glorreichen Philosophen gesprochen werden, und ihre Jünger sollen zu Gott beten, dass er ihre Menschlichkeit vervielfacht und ihre Mission in Pannonien unter Fürst Kozel segnet."

„So sei es, Herrscher!"

Am nächsten Tag brachen Zarho und Strahota mit einem kleinen Gefolge und den Reliquien des heiligen Clemens nach Blatno[383] auf. Sie passierten viele Seen und

---

[381] In einer bestimmten Zeit gab es gemeinsame Aktionen von Franken und Bulgaren gegen Großmähren.

[382] Der zukünftige Fürst Svetopolk 830-894.

[383] Die Stadt Blatno existiert noch heute unweit von České Budějovice.

Flüsse. Als sie ankamen, wurden sie von Kozel fürstlich begrüßt. Er sprach Bulgarisch mit mysischem Dialekt. Der Aufenthalt in Tarnowo hatte seine täglichen Gewohnheiten beeinflusst. Kozel hatte bereits 50 Schüler ausgewählt, und Zarho und Strahota begannen bereits in der nächsten Woche mit dem Unterricht. Sie weihten auch mehrere Kirchen in Pannonien ein, und die Bevölkerung begrüßte freudig das Wunder, das auch in ihrem Land geschah.

Hier begegneten sie jedoch zum ersten Mal katholischen Priestern, und schon bei ihren ersten Gottesdiensten in den Kirchen sahen sie sich einem unversöhnlichen und heftigen Hass gegenüber. Methodius stritt sich oft mit den Deutschen über ihre unsinnigen Behauptungen, dass Gott nur in den Sprachen der Inschrift auf dem Kreuz von Golgatha verherrlicht werden sollte.

„Was für ein Blödsinn!", sagte er immer. Wie konnten die Mörder Christi bestimmen, in welcher Sprache er verherrlicht werden sollte. Methodius erklärte ihnen, dass es über 30 Nationen auf der Welt gibt, von denen jeder Christus in ihrer eigenen Sprache verherrlicht, dass es über 20 Schriften gibt, in denen Christus ebenfalls verherrlicht wird. Er war sehr verwundert, wie ungebildet die deutschen Priester waren. Viele von ihnen sprachen sogar miserables Latein und verstanden nicht, was sie in den Gottesdiensten taten. Sie hatten absolut kein Wissen über weltliche Wissenschaft und Philosophie. Aber je ignoranter sie waren, desto aggressiver verhielten sie sich. Die Brüder und ihre Jünger standen unter dem Schutz des Fürsten, und deshalb wagten die Deutschen vorübergehend nicht, ihnen Schaden zuzufügen. Es war 867.

Im Jahr 866 fand in Bulgarien ein großes Ereignis statt. Zar Boris erließ ein Gesetz, dass die einzige Staatsreligion der Bulgaren das Christentum wurde. Er hatte die adligen Fürsten samt Gefolge aus den zehn Militärbezirken eingeladen, um ihnen seine Politik zu erklären. Einige von ihnen widersprachen offen und Boris tötete sie blitzschnell. So ließ er niemanden im Zweifel über seine Politik. Er ordnete an, dass überall Steine mit der Aufschrift des neuen Gesetzes geschlagen werden sollten.

Den größten Widerstand gegen dieses Gesetz gab es in Serbien. Als Vlastimir starb, teilten seine Söhne Muntimir, Stoimir und Goinik das Land und erklärten sich gegen das Christentum. Boris schickte seinen Sohn Vladimir, aber Vladimir sympathisierte mit den Serben. Dann schickte Boris eine starke Armee. Die Serben waren erschrocken und trafen die übliche symbolische Vereinbarung mit dem Woiwoden Sandoke und schickten Boris zwei Sklaven, zwei Falken, zwei Hunde und achtzig Felle. Sandoke tötete Vladimirs Berater und nahm die Söhne des Fürsten Muntimir, Bran und Stephan als Geiseln und sagte Muntimir, dass seine Söhne getötet würden, wenn seine Männer auch nur einen einzigen Pfeil gegen seine Soldaten loslassen würden. Als sie Rasa[384] erreichten, wagte es niemand mehr, sich Sandoke zu widersetzen. Kurz nach diesen Ereignissen emigrierten die Brüder Stoimir und Goynik, die um ihr Leben fürchteten, zu Boris. Goyniks Sohn Peter wurde jedoch von Muntimir festgehalten. So wurde dieser Konflikt beendet, und die Serben begannen, langsam zu konvertieren.

---

[384] Eine Stadt am Fluss Raschka bis in die Gegenwart. Novi Pazar in Serbien.

Es wurde im ganzen Land gesagt, dass Boris in Pliska eine 99 Meter lange und 30 Meter breite, äußerst schöne Kirche gebaut hat.

Boris sandte Sandoke, um einen Besuch einer offiziellen Regierungsdelegation in Italien vorzubereiten, um mit dem Papst über die Weihe eines unabhängigen bulgarischen Erzbischofs, dem Oberhaupt der bulgarischen Kirche, zu sprechen. Sandoke erreichte die Julischen Alpen über die Drau und stieg dann nach Triest ab. Im Kloster Cividal machten sie eine große Pause. Sandoke hatte seine ganze Familie mitgenommen. Mit ihm waren sein Vater Johan und seine Mutter Maria, seine beiden Ehefrauen Anna und Sogesklausa, seine beiden Söhne Michael und Valezneo und seine fünf Töchter Bogomila, Kalia, Marga, Elena und Maria. Sie wurden von dem Ichirguboil[385] von Knyaz Michael, Peter, und dem Ichirguboil von Zar Boris, Georgi, begleitet.

Dies war für die damalige Zeit ein gewaltiges Ereignis, denn es weckte den Appetit Roms, seinen alten Einfluss auf dem Balkan wiederzuerlangen. Die Legenden über die Taten von Konstantin und Methodius hatten längst Papst Nikolaus I.[386] erreicht. Er war von ihrer Tätigkeit fasziniert und beschloss, dass, da alle bulgarischen und slawischen Herrscher ihnen ihre Länder für die Missionsarbeit zur Verfügung stellten und sogar der Zar der Bulgaren einen Erzbischof aus Rom wollte, es angemessen war, die Arbeit dieser glorreichen Männer heilig zu sprechen[387]. Er sandte ihnen eine gnädige Einladung, die Stadt des

---

[385] Erster Vertrauter des Herrschers.
[386] 24.04.858-13.11.867.
[387] legitimieren

Heiligen Petrus zu besuchen und die von ihnen in bulgarischer Sprache verfassten heiligen Schriften zur Weihe mitzubringen. Zarho und Strahota verabschiedeten sich von
Kozel und machten sich auf den Weg nach Rostislav. Von
Srem aus machten sie sich auf den Weg nach Trieste.

Zu dieser Zeit fand ein weiteres wichtiges Ereignis
statt. Jener junge und gutaussehende Gefangene, der vor
der Rückkehr von Krums Gefangenen in Tarnowo auf
Omurtags Schoß gesessen hatte und von Omurtag einen
feinen Apfel erhalten hatte, erwies sich als begabter Politiker. Er stieg vom Kavalleristen zum Offizier der Garde
auf, vergiftete schließlich den jungen Michael und übernahm am 24.9.867 die Macht in Konstantinopel. Sein
Name war Basilius I. der Mazedonier[388]. Seine Mutter war
Bulgarin, und er selbst war als Kind der bulgarischen Ge-
fangenschaft aufgewachsen.

Gerade dann starb Papst Nikolaus I. unerwartet. Papst
Adrian II.[389] löste ihn ab. Papst Adrian schickte eine Botschaft per Handelsschiff nach Triest, dass es für die Heilige
Stadt eine große Ehre wäre, die Philosophen zu empfangen, trotz der Trauer um den verstorbenen Papst. Dann
machten sich die Jünger und die beiden Brüder zusammen
mit den Reliquien des heiligen Clemens auf den Weg nach
Venedig und waren nach einem Tag bereits in der Stadt mit
ihren unzähligen Kanälen. Schon am nächsten Tag begegnete ihnen ein Grieche von großem Ansehen namens A-
nastasius und bot ihnen an, ihnen zu helfen und sie überall
hinzubegleiten. Anastasius war der Bibliothekar der

---

[388] Regiert vom 24.9.867 bis 29.8.886. Vater von Basilius II. von Bulgarien, regierte von
976 bis 1025, nachdem vor ihm 8 Kaiser in 9 Jahren wechselten.
[389] 14.11.867-14.12.872.

römischen Bibliothek, also ein Kollege von Konstantin. Zwei außergewöhnliche Persönlichkeiten trafen aufeinander, zwei Persönlichkeiten, die Zugang zu den Schatzkammern des menschlichen Wissens in den beiden großen Städten hatten, zwei Persönlichkeiten, die alte und neue Sprachen beherrschten und eine unsterbliche Bewunderung füreinander hegten. Anastasius erzählte sogleich, dass er eine Weltgeschichte schreibe und dass er große Schwierigkeiten habe, die Ereignisse genau zu datieren, woraufhin Methodius Konstantin zunickte und sagte:

„Wenn mein Bruder dir bei dieser Arbeit nicht helfen kann, wirst du keinen Menschen auf der Erde finden, der es kann."

Mehrere Tage lang erläuterte Konstantin dem Anastasius die Organisation der verschiedenen Zeitrechnungen.

„Die älteste Zeitrechnung ist die chaldäische. Wir Bulgaren verwenden diese Zeitrechnung und unser Jahr ist das genaueste von allen. Am wichtigsten ist es jedoch, dass du herausfindest, welcher Kultur der Autor angehört, aus dem du Informationen beziehst. Jetzt wirst du verstehen, warum. Die Juden begannen, die Jahre von der Geburt Adams an zu zählen, also 3761 vor der Geburt Christi. Die Griechen zählten die Jahre in Gruppen von 4 und nannten sie Olympiaden. Ihre erste Olympiade war im Jahr 775 v. Chr. 312 v. Chr. besiegten Ptolemaios I. und Seleukos I. Demetrius I. Polykrates, den Sohn von Antigonos I., in der Schlacht von Gaza. Seleukos I. wurde Herrscher von Mesopotamien. Dies wiederum markiert den Beginn des Seleukidenreiches und den Beginn der Seleukidenchronologie, auch syrische Chronologie genannt. Mohammeds

Flucht von Mekka nach Medina fand am Freitag, dem 16. Juli 622, statt. Dies wiederum wird von den Mohammedanern als Beginn ihres Zähljahres betrachtet. Ihr Römer, sagt ihr, zählt die Jahre ab der Gründung der Stadt durch Romulus und Remus, also ab dem 21. April 753 v. Chr. Aber man weiß aus Vergils Aeneis, dass Aeneis nach dem Trojanischen Krieg die Stadt zusammen mit den einheimischen Lateinern gründete. Und du weißt von unserem Homer, dass die Trojaner Thraker waren."

„Konstantin, warum sagst du "von unserem Homer"? Ist Homer Bulgare?"

„Ja, ja... Homer ist Thraker. Finde die Schriften von Didor. Sie sind in Latein. Homer, als bester Schüler von Pronapides, schrieb zwangsläufig in pelasgischer Sprache. Und wenn er schrieb, war er nicht blind. Er mag im Alter blind geworden sein, aber als Jugendlicher war er definitiv nicht blind. Und wenn er kurz nach dem Trojanischen Krieg lebte, also im 11. Jahrhundert v. Chr., und die griechische Schrift seit dem 6. Jahrhundert v. Chr. bekannt war, dann wurden die Ilias und die Odyssee zuerst in pelasgischer Sprache niedergeschrieben und Hunderte von Jahren später ins Griechische übersetzt."

Konstantin dachte einen Moment lang nach und begann, in schönem Griechisch Pavzanius zu rezitieren:

„Im Heiligtum von Delphi sind Homer die Verse gewidmet. Du suchst dein Vaterland, hast aber nur dein Mutterland."

Und nach einem Moment fuhr er fort:

„...die Bewohner von Ios zeigen auf der Insel das Grab von Homer, und in einem anderen Teil das von Klymene, von der sie sagen, sie sei die Mutter von Homer gewesen, aber kein Wort wird über den Vater gesagt? Homer wird ein meonidischer oder meonischer Dichter genannt, entweder weil er der Sohn von Meon war oder weil er in Meonia (Kleinasien) geboren wurde, und Strabo sagt uns, dass Myses und Meons und Meions ein und derselbe sind[390]."

Anastasius beobachtete mit ungebremster Begeisterung Konstantin, der elegant seine Ansichten veränderte. Methodius genoss dieses Gespräch, und fügte hinzu:

„Wir Wissenschaftler haben keine persönlichen Feindschaften in Sachen Wissen, sondern Politiker schüren sie unter den Völkern. Heute wollen die Griechen in Byzanz behaupten, dass alle menschliche Kultur von ihnen stammt. Und die Juden haben den gleichen Anspruch. Und die Perser auch... und die Ägypter auch... und die Chaldäer auch..."

Alle brachen in Gelächter aus, als sie die Absurdität dieser Behauptungen sahen.

„Aber um zu den Annalen zurückzukehren. Das Problem ergibt sich aus der Tatsache, dass es zurzeit Christi nur zwei Personen gab, die etwas über Christus aufzeichneten. Einer von ihnen war der talentierte Verräter an seinem Volk, Josephus Flavius. Alles andere in den Evangelien wurde zwei- bis dreihundert Jahre danach als Legenden aufgezeichnet und ist daher ungenau. So sahen die alexandrinischen Schreiber die Geburt im Jahr 5501 nach der Erschaffung der Welt, die Antiochier im Jahr 5492 und die Byzantiner im Jahr 5508. Es ist zu beachten, dass das antiochenische und byzantinische Jahr am 1. September

---

[390] Strabo 12.3.

beginnt. In der Osterchronik, die so genannt wird, weil sie eine Anweisung zur Festlegung des Datums von Pascha, d.h. von Ostern, enthält, beginnt die neue Zeitrechnung am 21. März 5507, während sie bei den meisten byzantinischen Schriftstellern, wie ich bereits erwähnt habe, am 1. September 5508 beginnt. Daher muss bei der Neuberechnung der Jahre in diesem Dokument vorsichtig vorgegangen werden. Sehr nützlich ist die Darstellung der sogenannten Indiktionen - das sind 15-Jahres-Zyklen. Sie stammt aus dem römischen Ägypten, als die Steuerlisten überprüft wurden, was alle 15 Jahre geschah. In Byzanz wurde diese Zählung im Jahr 312 von Konstantin I. eingeführt. Die Indiktion begann, wie in Byzanz, am 1. September. Um die Indiktion zu überprüfen, muss das Jahr der Erschaffung der Welt durch 15 geteilt werden. Die Zahl des Restes wird als Indiktion bezeichnet."

Nach einer kurzen Pause fuhr Konstantin fort:

„So kann uns nur der gesunde Menschenverstand helfen, den einen oder anderen Autor in die richtige Kultur und Zeitrechnung einzuordnen. Vergleiche von verschiedenen Autoren helfen sehr. Die Angabe der Aufstiegsdaten von großen Herrschern ist von großem Wert. Viele Autoren berichten über Ereignisse, indem sie die Jahre vom Beginn ihrer Herrschaft herabzählen. Aber, Anastasius, würdest du erraten, welches die genaueste Angabe ist?"

Methodius kannte die Antwort, aber er hielt den Mund.

„Dies sind die Hinweise auf Sonnen- und Mondfinsternisse."

„Warum?"

„Denn wir können sie willkürlich in den Jahren auf den Tag und die Uhrzeit zurückrechnen. Mit diesem Wissen haben die Bulgaren viele Schlachten gewonnen."

Konstantin dachte einen Moment lang nach und fuhr dann fort:

„Unsere Wochen sind sieben Tage, weil die Chaldäer nur sieben Planeten kannten. Aber die Römer haben sich ausgedacht, den Tag in zwölf Teile zu unterteilen, egal wie lang er ist, und die Nacht in vier Teile, so dass die Soldaten auf dem Posten viermal wechseln mussten."

Anastasius begleitete sie überall hin und lernte viel über verschiedene Ereignisse der Weltgeschichte. So ordnete er die Ereignisdaten sehr erfolgreich in seinem eigenen Werk.

In der Kirche in der Nähe des Dogenpalastes, die dem heiligen Markus, dem Schutzpatron des kommerziellen Venedigs, geweiht war, wurde ein Konzil eingerichtet, zu dem die Brüder und ihre Schüler eingeladen wurden. Interessanterweise brachten die lateinischen Priester dieselbe sinnlose Diskussion auf, dass Bulgarisch in den Kirchen nicht verwendet werden sollte, obwohl die Brüder und ihre Jünger aufzählten, wie viele Nationen bereits und in welchen Sprachen und Schriften von Indien bis zu den Säulen des Herkules Christus verherrlichten. Die Aufzählung war langweilig und banal: Armenier, Perser, Abhazier, Iberer, Sogdier, Goten, Awaren, Chasaren, Araber, Ägypter, Syrer und viele andere.

Auf dem Platz vor dem Markusdom war ein riesiger Markt. Viele Menschen kamen auch, um die Reliquien des heiligen Clemens anzubeten und die bulgarischen Lehrer zu sehen. In Venedig gab es noch Leute von den Alzek-

Bulgaren, die ihre Sprache behalten hatten, obwohl sie den neuen italienischen Dialekt sprachen. Konstantin verstand, dass dies nun eine andere Sprache als Latein war. Am meisten aber war Konstantin von den Fabriken auf den Inseln beeindruckt, die 17 000 Zimmerleute beschäftigten und eine Trierere pro Woche produzierten. Ein ständiger Konvoy von Schiffen brachte Holz von der anderen Seite der Adria - dort verschwanden Wälder, wo es Jahrtausende alte Zedern gab. Die Venezianer waren bessere Ingenieure als die Araber; sie kannten viele Regeln der Arithmetik. Methodius fand, dass von allen Orten, die sie auf der Erde betreten hatten, die venezianische Republik die größte Vitalität und Anziehungskraft für fleißige und unternehmungslustige Menschen hatte.

Wie groß war ihre Überraschung, als eines Tages die Nachricht kam, dass König Boris persönlich aus Istrien auf dem Weg nach Rom mit seiner Familie in Venedig angekommen war. Boris lud sie auf das Schiff ein, mit dem er gekommen war. Das Treffen war aufregend, denn die Brüder waren noch nie in Mysia gewesen, sondern hatten nur von seinen Taten gehört. An Deck hatten sie ein karminrotes Podium bedeckt mit Baldachinen, unter denen Tische aufgestellt und Speisen serviert wurden. Neben Boris saßen auf der einen Seite seine Brüder Todor-Dox und Gabriel, auf der anderen Seite seine Frau Maria. Dox und Gabriel saßen mit Boris' Söhnen, Rasate, Gabriel, Jakob und dem kleinen Simeon, der erst vier Jahre alt war, aber einen starken Eindruck eines sehr aufgeweckten Jungen machte. Neben seiner Frau Maria saßen die beiden Töchter Anna und Praxa. Praxa trug die Kluft einer Nonne.

Boris umarmte die Brüder und ihre Jünger und brach in Tränen aus. Die Brüder sahen vor sich einen körperlich extrem starken und mächtigen Herrscher mit enormer Geisteskraft. Sein ganzes Wesen schrie: "Gehorcht meinem Wort, befolgt meine Befehle!" Die Brüder hatten schon viele Herrscher gesehen, aber noch nie einen, der mit seiner Haltung eine solche Autorität und Macht ausstrahlte. Und wie groß war ihre Überraschung, als Boris begann, ihnen unzählige Fragen zum Christentum zu stellen. Tatsächlich bat Boris sie von Anfang an, die Dinge, über die er mit ihnen sprechen möchte, in Form von Fragen aufzuschreiben, die er dem Papst formell stellen und eine formelle schriftliche Antwort erhalten möchte[391]. Konstantin schrieb 116 Fragen auf. Er beantwortete auch jede einzelne Frage, so dass der Herrscher darauf vorbereitet war, was ihn erwartete. Nur eine Frage konnte er nicht beantworten.

„Der Papst wird dir keinen Erzbischof geben, Zar!"

„Warum?"

„Denn die Jünger Christi kamen nach Alexandrien, Antiochien und Rom, und nur diese Städte beanspruchen, Erzbischöfe zu haben."

„Nicht einmal Thessaloniki?"

„Thessaloniki auf keinen Fall!"

„Nicht einmal Konstantinopel?"

„Konstantinopel auf keinen Fall!"

„Aber Konstantinopel hat einen Patriarchen?"

---

[391] Die Fragen sind nicht erhalten, wohl aber die Päpstlichen Antworten.

„Er wird von Rom nicht als legitim anerkannt. Aus der Staatsgliederung ergibt sich keine Verwaltungsgliederung für die Kirche."

„Und wie sollen wir dann diese Frage für Bulgarien klären?"

„Beziehe dich ausschließlich auf Justinians Novelle über die Gründung von Justinian Prima vom 14. April 535. Justinian war ein Bulgare mit dem Namen Upravda, ein Sohn des Istoks aus der Stadt Vederiana unterhalb von Niš. Sein Vater wurde auch Hillwood genannt. Upravda hatte auch eine Schwester namens Beglenitsa. Da er sah, dass er die Bulgaren diesseits der Donau mit unzähligen Strategen und viel Gold nicht bis Konstantinopel unterwerfen konnte, schenkte er ihnen schließlich eine unabhängige Kirche, für die sie seit Vitalian kämpften. Wir haben also ein kaiserliches Gesetz für eine unabhängige Kirche und einen unabhängigen Patriarchen, der von niemand anderem als den bulgarischen Bischöfen gewählt wird."

Am nächsten Tag brach Boris mit seinem Gefolge nach Rom auf, während seine Familie in Venedig auf ihn wartete.

Der Bischof von Heiligen Markus konnte seine aggressiven Provinzpfarrer kaum davon abhalten, gegen die Bulgaren zu wüten. Von den Wochen an, in denen die Reliquien des heiligen Clemens in der Markuskirche zur Verehrung ausgestellt wurden, stiegen seine Einnahmen stark an. Und er wusste, dass er großen Ärger mit Papst Hadrian bekommen würde, wenn ihnen etwas zustoßen würde.

So endete das Konzil ohne eine Petition. Die Brüder und ihre Jünger machten sich auf den Weg nach Rom.

In Rom

Sie wurden von Anastasius dem Bibliothekar mit einigen Dienern angeführt. Unterwegs sahen sie die ungewöhnliche Art der Italiener, am Po zu fischen und ihre Sitte, Frösche zu essen. In der Tat hatten die römischen Legionäre diesen Brauch nach Philipopolis getragen. Als sie den Fluss Arno in Richtung Rom hinunterfuhren, fanden sie einen unglaublichen Anblick vor. Es war keine Stadt, sondern eine riesige Ruine einer Millionenstadt, in der nur noch wenige Menschen lebten. Auf Schritt und Tritt sahen sie Spuren unglaublicher Bauten, die derzeit nirgendwo auf der Erde nachgebaut werden können.

Papst Adrian traf sie im Kloster Der Heilige Engel, einer riesigen kreisförmigen Festung mit vielen Waffenwerkstätten darin. An diesem Tag verkündeten alle Glocken in Rom die Ankunft der LEHRER DER BULGAREN und der sterblichen Überreste des heiligen Clemens. Die sterblichen Überreste wurden in einem haltbaren Marmorsarkophag in einer Kirche untergebracht, die neu geweiht und nach Clemens benannt wurde. Pilger begannen, aus der ganzen katholischen Welt zu kommen.

Papst Adrian lud Konstantin, Methodius und ihre Jünger ein. Kardinal Formosa von Porto, den der vorherige Papst Nikolaus I. als seinen ausgezeichneten Schüler betrachtete, Paul von Populonia, Anastasius der Bibliothekar und andere Honoratioren waren ebenfalls beim Empfang. Adrian machte sich im Detail vertraut damit, welche der heiligen Bücher übersetzt worden waren, ob sie mit dem katholischen Kanon übereinstimmten und ob es auch zivile Übersetzungen gab, um das Leben der Gemeinden zu

regeln. Er war ekstatisch über diese vielen Jahre zielge-
richteter Tätigkeit. Als Methodius ihm von der Organisation der Kirche in Großmähren und Pannonien erzählte,
davon, wie viele Kirchen wiederaufgebaut und wie viele
neue gebaut würden, ordnete er für den folgenden Sonntag
einen feierlichen Gottesdienst an, bei dem Folgendes geschehen sollte: Er würde zuerst die bulgarische Schrift und
die Bücher segnen, damit die nutzlose Diskussion darüber,
ob die Thrakisch-Illyrer Christus in derselben Sprache verherrlichen dürfen, in der sie sich 800 Jahre zuvor zum
Christentum bekehrt hatten, ein Ende habe. Dann ließ er
Urkunden ausfertigen, mit denen er Methodius auf den
Stuhl des heiligen Andronikus weihte, d.h. auf den Stuhl
von Srem, der größten Diözese in Illyrien. Dann befahl er
den Schülern von Konstantin und Methodius, die Messe
und einige der für den Anlass passenden Hymnen in bulgarischer Sprache zu singen. Clement erzählte Adrian,
dass er eine Hymne und Musik für den Heiligen Clement
geschrieben hatte und schlug vor, dass sie von den Bulgaren gesungen werden sollte, worauf Adrian begeistert zustimmte.

Der lang ersehnte Sonntag kam und die Prozession
machte sich auf den Weg vom Kloster Der Heilige Engel
zur Kirche St. Maria, die "Krippe" genannt wird. Es war
eine große Prozession. An der Spitze schritt der Papst, neben ihm Kardinal Formosa und Kardinal Gauderig, hinter
ihnen, auf einem von schönen Pferden gezogenen Wagen,
waren auf karminroten Tüchern eine Vielzahl von Büchern
aufgestellt. Darunter waren solche, die von Konstantin und
Clement zusammengestellt und mit den neuen Buchstaben
der Konstantinischen Tafeln geschrieben wurden. Hinter

ihnen gingen die Brüder mit ihren Jüngern. Ihnen folgte eine Schar von Kardinälen mit ihren Gefolgsleuten. Unzählige Pilger und Neugierige drängten sich auf den Straßen, Balkonen, Bäumen und an jedem Ort, von dem aus die Prozession beobachtet werden konnte. Sie erreichten die Kirche von St. Maria. Darin waren Hymnen zu hören, gesungen von ihrem Chor. Die Zeit kam, und Adrian schwenkte das Weihrauchfass über den Büchern und segnete feierlich die Sprache, in der die Bulgaren und Slawen Christus in ihren eigenen Tempeln verherrlichen sollten. Zarho schaute Strahota an und beide dachten: "Bruder, die Anerkennung der bulgarischen Schrift durch Rom ist äußerst hilfreich für unsere Sache."

Dann gab Papst Adrian das Zeichen, und die Kardinäle Formosa und Gauderig riefen die Schüler von Konstantin und Methodius nacheinander und weihten sie zum Priesteramt. Jeder erhielt ein von Kardinal Formosa persönlich unterzeichnetes Diplom.

Die Prozession ging dann weiter zur Kirche des Apostels Petrus. Als die Prozession eintrat, sang der Chor. Der Name von Strahota, Sohn von Leo, Sohn von Telerig, Herrscher der Bulgaren, mit dem christlichen Namen von Methodius, wurde ausgerufen. Methodius näherte sich dem Papst, kniete nieder, küsste ihm die Hand und verneigte sich demütig. Adrian sprach von den 70 Jüngern Christi, von dem Apostel Andronikos und von seinem glorreichen Nachfolger, dem Apostel Methodius, der von heute an zum Bischof von Srem ernannt ist. Papst Adrian gab das Zeichen an Anastasius den Bibliothekar und ein Wunder ereignete sich im Petersdom - ein Chor der nun geweihten Schüler von Konstantin und Methodius begann die Feier der Großen Liturgie auf Bulgarisch. Dies war vorher nicht bekannt. Die Bulgaren und Slawen freuten sich. Dann verkündete Adrian feierlich, dass der Herrscher der Bulgaren, Boris, das Christentum zur offiziellen Religion in Bulgarien erklärt habe und dass er ihn bitte, Priester zu schicken. Er wandte sich an Kardinal Formosa und reichte ihm die Bulle, mit der er ihn mit dieser Mission beauftragte. Es folgte ein Segen für die Arbeit von Formosa in Bulgarien.

Am nächsten Tag wurde die Liturgie in bulgarischer Sprache in der Kirche von St. Petronilla gefeiert, und am nächsten Tag - in der Kirche von St. Andreas. Anastasius der Bibliothekar erinnerte an das Leben des heiligen Andreas an seine Reisen durch das Land der Slawen entlang des Dnjepr bis zum Baltenmeer und wie er von dort nach Rom hinabgestiegen war.

Am Ende der Woche wurde wieder eine Messe in bulgarischer Sprache in der Kirche des Ökumenischen Lehrers der Thraker, St. Paulus, gefeiert. Bischof Arsenios las aus dem Leben des heiligen Paulus und lenkte die Aufmerksamkeit auf die Passagen über die Gründung der kirchlichen Gemeinden in der Stadt Philipopolis in Thrakien, seine Briefe an die zügellosen Bewohner der Stadt Korinth und erinnerte an die christlichen Tugenden, die unbefleckt gehalten werden sollten. Er wurde von Anastasius dem Bibliothekar unterstützt.

Zarhos Schwäche zeigte sich beim letzten Gottesdienst. Am Ende des Gottesdienstes unterstützten ihn Clement und Angellarius bereits, um die Kutsche zu erreichen, die draußen auf sie wartete. Im Kloster legte sich Zarho auf ein Bett und stand nicht mehr auf. Dann fragte er den Strahota:

„Bruder, Vater und Großvater rufen mich! Meine Zeit ist gekommen. Ich habe es in meinem Leben vermieden, Priester zu werden, um meinen Geist des Gelehrten frei und unabhängig zu halten. Gott und ihr seid meine Zeugen, dass ich in meinen Gedanken und Taten unabhängig von irgendjemandem war. Du weißt, dass ich nicht immer mit Ihm einverstanden war! Aber jetzt, wo der Beginn meines ewigen Lebens bevorsteht, möchte ich mich mit Ihm versöhnen, wie es unser Mitbürger, der Kaiser Konstantin der Große, vor seinem Ende tat! Weihe mich zum Mönch, wie es sich unsere Mutter immer gewünscht hat. Ich möchte den Namen Kyrill annehmen!"

„...Ich sehe Galati den Marktplatz, die Fischer...die Händler...ich erinnere mich, wie treffsicher du als Bogenschütze warst, als ich in die Schule kam..."

Strahota weinte.

„Ich sehe unsere Lehrer in der Schule von Theodosius, ich sehe Bagdad, Cherson, Panticapea, ... Ich sehe Caspia und Derbent, ich sehe Thessaloniki, Ohrid, Srem, ich sehe ..."

Es vergingen 50 Tage und Kyrill hielt den Atem an. Methodius verneigte sich, schloss seine Augen und Clement sang mit Nahum, Horazd und Angelarius "Ewiges Gedenken". Kyrill wurde 42 Jahre alt. Es war der vierzehnte Tag des Februars, Indiktion Zwei, im Jahr 6377 der Erschaffung der Welt, oder 869 n. Chr.

Methodius übermittelte Papst Adrian die Bitte ihrer Mutter, die sterblichen Überreste von Kyrill nach Thessaloniki zu bringen. Zunächst war der Papst so gerührt, dass er zustimmte. Doch dann schilderten ihm die Kardinäle einer nach dem anderen, was für ein "Verlust für das Ansehen des Heiligen Stuhls bei den Bulgaren und Slawen" es wäre, wenn sie die sterblichen Überreste Kyrills nicht in Rom lassen würden. Methodius sah, dass der Philosoph schon vor 50 Tagen Recht gehabt hatte: Die Geistlichen stellten das wirtschaftliche Interesse über die Trauer und das ursprüngliche Streben eines Volkes nach Seelenfrieden. Schließlich verfügte der Papst: Kyrill sollte an der würdigsten Stelle begraben werden, neben dem Heiligen Petrus in seinem Tempel! Dann bat Methodius ihn erneut, sollte Kyrill in Rom begraben werden, dann doch wenigstens in der Nähe der Reliquien von Clemens, die er nach Rom gebracht hatte. Adrian willigte ein und befahl allen Bulgaren, die in Rom waren, und auch den Römern, sich zu versammeln, brennende Kerzen zu tragen, über ihn zu singen und ihm ein Begräbnis zu machen, wie sie es für ihn selbst gemacht hätten. Und das taten sie auch. Am Tag der Beerdigung hatte sich eine große Menschenmenge vor der Kirche St. Clement versammelt. Die Gardisten machten mühsam Platz für den Papst und die Kardinäle. Nach dem Gottesdienst wurde dem Methodius die Ehre zuteil, das letzte Wort zu sprechen:

„Heute senden wir einen geliebten eigenen Bruder, den Bruder aller Christen in der Welt und den Bruder aller friedliebenden Menschen in der Welt: Zarho, Sohn des Leo, Sohn des Knyaz Telerig, mit dem christlichen Namen Konstantin und dem klösterlichen Namen Kyrill. Unser Kummer ist groß! Durch sein Leben haben wir erfahren, wie der ewige Weg eines Heiligen beginnt. Irgendwo an der Donau, in der kleinen Festung Galati, sahen wir zum ersten Mal, wie sein lebendiger Geist die Sprachen in sich aufnahm, in denen die Menschen sprachen, und sie nach kurzer Zeit so beherrschte, wie sie sie sprachen, indem er von jedem Würdigen lernte und sich so durch seinen Geist über alle Menschen erhob. Dies setzte sich in der Schule des Theodosius fort, wo er in unerhört kurzer Zeit zum Philosophen wurde und junge Männer im ganzen Reich in den natürlichen, weltlichen und kirchlichen Wissenschaften unterrichtete. Er war darin gleich stark! Kaiser Theophilus, Kaiserin Theodora und ihr Bruder Warda sahen seine großen Gaben und versuchten auf jede Weise, ihn für die höchsten Ämter der Regierung zu gewinnen, aber er widmete sich einer weit größeren und unsterblichen Aufgabe - der Wissenschaft und der Aufklärung. Diese edlen Herrscher schickten ihn dann als Botschafter nach Bagdad, nach Khasarien und anderswohin, um das Wort der Wissenschaft und von Christus durch die Kraft seiner Vernunft zu verbreiten. Mit der Milde seines Gemüts, aber auch mit der unendlichen Festigkeit seiner Logik war er immer in der Lage, einen Widerspruch zu erkennen, wenn es ihn gab, und selbst ins Jenseits zu blicken, in das, was den meisten von uns verborgen ist."

Es war nicht das erste Mal, dass Methodius als Priester einen Toten wegschickte, aber dieses Mal war es etwas anderes, und es kostete ihn eine enorme Anstrengung, weiterzumachen:

„Zarho hatte wie ich den unstillbaren Wunsch, das bulgarische Volk durch die Wiederbelebung seiner Schrift aufzuklären. Aber nicht jedem ist die Gabe gegeben, Sprachen in ihre elementaren Bestandteile zu zerlegen, eine Schrift für sie zu finden, einheitliche Regeln der

Grammatik aufzustellen. Zarho setzte die Arbeit eines anderen Vorgängers, des gotischen Bischofs Urfil, fort, indem er die vier Jahrhunderte zuvor von Urfil übersetzten heiligen Schriften ins moderne Bulgarische umschrieb. Er fügte dem die Bücher über die Könige hinzu. Und erst nachdem er die moderne Struktur der Dialekte der Bulgaren in den größten Feinheiten verstanden hatte, schuf er einheitliche Regeln für das Schreiben, also die erste "bulgarische Grammatik". Sie entstand aus dem Nebeneinander von Sanskrit, der Mutter unserer Sprachen, und den vielen, die ihr folgten. Er schrieb auch in Bulgarisch eine Grammatik der hebräischen Sprache. Die von ihm verfasste Biografie des heiligen Clemens hat sich in der ganzen Welt verbreitet, ebenso wie die acht Bücher über die Streitigkeiten zwischen Christen, Juden und Muslimen. Doch damit gab er sich nicht zufrieden und ergänzte die Tauros-Buchstaben mit passenden für die Vokalen und schuf ein vollständiges Äquivalent zu Urfils Alphabet. Mit diesen Briefen verfasste er und sein Schüler Clemens einige der wichtigsten Bücher für den kirchlichen Gottesdienst und den weltlichen Gebrauch. Alle diese Bücher wurden vom Thron des Heiligen Petrus' geweiht und gesegnet, und die Bulgaren und Slawen erhielten eine moderne Schrift."

Tränen stiegen in Methodius auf und er schüttelte sich vor einer schrecklichen Aufregung, die alle Anwesenden ansteckte. Er fand nur die Kraft zu sagen:

„Die größte Belohnung für dich, Bruder, sind die Stimmen der Kinder in den Schulen, die die heiligen Worte auf Bulgarisch aussprechen. Sie werden die Natur kennenlernen, indem sie sie in ihrer eigenen Sprache beschreiben,

und werden davon profitieren, so wie sie Gott suchen werden, indem sie seine Gesetze in ihrer eigenen Sprache lernen, um ihre Seelen zu beruhigen. Du wirst in ihren Herzen
und in den Herzen ihrer Enkel und Urenkel als der
LEHRER DER BULGAREN bleiben."

Methodius

Die Nachricht von Kyrills Tod ging um die ganze Welt.
Papst Adrian erklärte ihn in einer feierlichen Zeremonie zu
einem Heiligen.

Auf Wunsch von König Boris wurden Formosa von
Porto und Paul von Populonia nach Bulgarien geschickt.
Zur gleichen Zeit schickte Papst Adrian den Bischof Do-
natus von Ostia, den Presbyter Leo und den Diakon Martin
durch Bulgarien nach Konstantinopel, um die Entsendung
von Priestern nach Bulgarien anzukündigen. Kaiser Basilius I. verstand "physisch", dass die Politik des listigen Boris allen seinen Plänen zur geistigen Unterwerfung der Bulgaren ein Ende setzte. Er war wütend. Er befahl, römische
Gesandte an der Grenze unweit von Tessaloniki 40 Tage
lang zu schikanieren und als "unnötig" nach Rom zurück-
zuschicken. Er befahl auch, sie nicht zu töten, "nur weil sie
aus Bulgarien kamen".

Formosa mochte Boris sehr gerne. Er verstand die Be-
dürfnisse der Bulgaren und arbeitete unermüdlich, weihte
viele Kirchen ein und ordinierte Priester. Die Bischöfe
Paul, Dominikus, Leopold und Grimold halfen ihm. Er
brachte König Boris auch die 116 Antworten des Papstes,
die sich nicht sehr von dem unterschieden, was

Konstantin-Kyrill für König Boris aufgezeichnet hatte. In Rom wurde gemunkelt, dass Formosa den derzeit stärksten Staat in Rom eingliedern würde. Viele waren der Meinung, dass dem Thron des heiligen Petrus' seit dem heiligen Paulus kein solcher Verdienst mehr zugefügt worden sei und dass Formosa würdig sei, Papst zu werden. Ein Gefühl wahnsinniger Eifersucht ergriff Papst Adrian, und er begann, seine Haltung gegenüber seiner früheren Politik abrupt zu ändern. Genau zu diesem Zeitpunkt kehrte Formosa zurück, um über seine Mission zu berichten. Mit ihm kam der Bojar Peter, ein Gesandter von König Boris, der darum bat, den Bulgaren einen Erzbischof zu weihen und als Oberhaupt der bulgarischen Kirche zu entsenden. Boris wünschte ernsthaft, dass entweder Martin oder Formosa zu ihm geschickt werden sollte. Adrian dachte gar nicht daran, Formosas Karriere zu unterstützen[392], und Martin war ihm suspekt, also schickte er Sylvester, den Boris wiederum entschieden ablehnte.

Spione berichteten diese Ereignisse Basilius I., der daraufhin seinem Kämmerer befahl, einen Weg zu finden, den einzigen verbliebenen hochrangigen Bischof in Bulgarien, Grimold, zu bestechen, damit er das Land verließ. Grimold kehrte jedoch nach Rom zurück und sagte, er sei von Boris verbannt worden. Es machte jedoch auf alle in Rom einen starken Eindruck, dass Grimold mit großem Reichtum zurückkehrte, und die Leute fragten: "Warum hat Boris, wenn er unzufrieden mit ihm war, ihn so reich belohnt?" Allerdings verbreitete sich auch das Gerücht,

---

[392] Kardinal Formosa wurde sogar am 21. April 876 mit erfundenen Argumenten aus der römisch-katholischen Kirche exkommuniziert.

Grimold habe von Basilius I. Geld erhalten, um seine Mission in Bulgarien aufzugeben.

Zar Boris erkannte daraufhin, dass das Urteil des verstorbenen Philosophen Kyrill richtig war und Rom niemals einen unabhängig gewählten Erzbischof Bulgariens entsenden oder anerkennen würde, und beschloss, der Empfehlung des Philosophen zu folgen und sich auf die Novelle Justinians für eine unabhängige bulgarische Kirche zu berufen. Dazu brauchte er aber einen Schachzug, um den Patriarchen und den Papst zum Streit über die kirchlichen Rechte über Bulgarien zu provozieren, damit er in Ruhe machen konnte, was er wollte. Er schickte denselben Bojaren, Peter, nach Konstantinopel mit der offiziellen Bitte um ein Konzil der drei Kirchen, um zu entscheiden, welche Seite die bulgarische Kirche einnehmen sollte. Am 28. Februar 870 versammelten sich griechische, lateinische und bulgarische Priester. Anastasius der Bibliothekar war der Gesandte von Rom. Anastasius war der Philosoph auf Erden, der sich am besten mit der sogenannten "bulgarischen Frage" auskannte. Bei einem der Treffen erklärte Anastasius:

„Von alters her hat das römische Bistum nach dem Kanon die beiden Epiren, den neuen und den alten, ganz Thessalien und Dardanien beherrscht und besessen, in dem auch heute noch die Stadt Dardania sich befindet, deren Land nach dem Namen dieser Bulgaren „Bulgarien" genannt wird."

Die Griechen ließen keine Dolmetscher zu. Aus diesem Grund verstand sich die Mehrheit der Anwesenden überhaupt nicht. Am vierten Tag verkündeten die Griechen, dass es eine Vereinbarung gibt, dass sich die bulgarische Kirche der griechischen Kirche unterordnen soll. Anastasius der Bibliothekar lehnte diese Entscheidung entschieden ab. Als er nach Rom zurückkehrte, berichtete er, dass es keinen solchen kollektiven Beschluss gegeben hatte, und dass die Griechen, wie eingefleischte Schurken, einfach ein von Basilius vorbereitetes Manuskript in Umlauf gebracht hatten, das von den anderen überhaupt nicht akzeptiert worden war.

Griechische Missionare begannen, nach Bulgarien zu kommen. Grimold verbreitete hartnäckig das Gerücht, die römischen Priester seien vertrieben worden, was Anastasius vor dem Papst wiederholt widerlegte.

***

In einem der Mährischen Kriege wurde Rostislavs Neffe Svetopolk von den Bajowaren gefangen genommen. Es geschah jedoch, dass Svetopolk ihrem Fürsten Carloman gefiel, und Carloman machte ihn zu seinem Befehlshaber. Tatsächlich hatten sie sich schon angefreundet, als Carloman vor seinem Vater nach Mähren geflohen war. Im Jahr 870 lockte Svetopolk seinen Onkel angeblich zu einem Gespräch über die Grenze. Wie groß war Rostislavs Überraschung, als er beim Treffen gefesselt und an Carloman übergeben wurde. Dann zog Svetopolk mit einem bajuwarischen und einem eigenen Heer blitzschnell in Srem ein und übernahm den Thron. Carloman jubelte, aber sein Jubel war verfrüht. Svetopolk verstreute die bajuwarischen Soldaten über das weite mährische Land und verlegte Truppen an die Grenzen zu den Franken und Bajuwaren. Erst da erkannte Carloman, dass Svetopolk sowohl die

Seinen als auch die Fremden ausgespielt hatte. Svetopolk war nun Herrscher über ein riesiges Land, Großmähren.

Nach Kyrills Tod kehrten Methodius und die bereits aus Rom geweihten Schüler nach Sremska Mitrovica zurück und nahmen ihre offiziellen Aufgaben auf - diesmal mit dem Segen der katholischen Kirche. Svetopolk empfing sie mit großen Ehren. Bei dem feierlichen Abendessen erzählte er ihnen:

„Lieber Strahota, ich bin so froh, dass wenigstens du und die Jünger wohlbehalten zurückgekehrt seid. Während eurer Abwesenheit haben die Leute in der Olmützer Jupa[393] eine Kirche gebaut und möchten, dass du sie im Juli im Namen des heiligen Petrus' einweihst, so wie Ihr es einst in Prag mit Zarho getan habt."

Die Einweihung war auch ein nationaler Feiertag. Johan, einer der Jünger von Zarho und Strahota, wurde zum Prior dieser Kirche geweiht. Svetopolk ordnete an, dass ein Sechstel von allem, was in der Jupa von Olmütz[394] auf der Festung abzugeben war, an die Kirche gegeben werden sollte. Einer der Brüder namens Sylvester, der sein Schreiber geworden war, hatte eine Charta vorbereitet. Der heilige Paulus überreichte es Johan feierlich bei den Feierlichkeiten.

Svetopolk war sich der Macht des Wortes bewusst, aber er war sich noch mehr der Macht des geschriebenen Wortes bewusst. So bat er Methodius, seine Taten in einem Buch zu beschreiben. Bei den langen Gesprächen in seinem Palast machte sich Methodius Notizen, und drei Monate später erschien die erste Biografie in modernem

---

[393] Militärbezirk.
[394] Die heutige Stadt Olmütz in der Tschechischen Republik.

Bulgarisch, die des Knyaz Svetopolk. Dieses Buch wurde vielfach kopiert und unter Tschechen und Mähren einfach "Methodius" genannt.

Kurz darauf wurde Methodius von Kozel, nun als Bischof von Pannonien, zum heiligen Apostel Andronikus, einem der siebzig Jünger des heiligen Apostels Paulus, gerufen. Methodius weihte zwanzig Popen, holte Schüler, die auch gute Schreiber waren, und fertigte in sechs Monaten, beginnend im März und endend am 26. Oktober, genug Abschriften an, um für jede neu geweihte Kirche, in der ein Gottesdienst in bulgarischer Sprache abgehalten wurde, zu haben. Als er fertig war, gab er Gott würdiges Lob und Ehre:

„Gott, ich danke dir, dass wir die Möglichkeit hatten, auch diese Arbeit zu tun und das Werk des Apostels Andronikus, des Lehrers des slawischen Volkes, fortzusetzen!"

Die Nachricht davon verbreitete sich schnell in Mähren und Böhmen und erreichte sogar die Slawen in den Ländern der Byzantiner und Franken. Von der Insel Reichenau kam ein Mönch, der Bulgarisch und Deutsch sprach. Unter der Aufsicht von Methodius übersetzte er das "Beichten Gebet" ins Deutsche. Auch aus den Klöstern Oberaltaich, St. Emmeram in Bayern und aus dem Kloster St. Fleury, das in Mittelfrankreich lag, kamen die Leute, um Kopien des Trebnik[395] in deutscher Sprache zu kaufen. Aus St. Emmeram kam ein aufgeweckter Junge, der eine

---

[395] Enthält die Regeln für die Durchführung der Riten der Sakramente und anderer sakramentaler Handlungen, die von der Kirche zu besonderen Anlässen vollzogen werden, die nicht in den (öffentlichen) Tempelgottesdienst des Tages-, Wochen- und Jahreskreises einbezogen sind.

Tabelle der Entsprechung der Buchstaben von Urfil, die sie dort gotisch nannten, und denen von Kyrill anfertigte, beide lernte und ohne Unterlass alle Bücher las, die sie mitgebracht hatten. Die Leute kamen von überall her, um eine Kopie des Psalters und des Evangeliums mit dem Apostel und ausgewählten Gottesdiensten, den Büchern des Vaters und dem Nomokanon, also der Rechtsregel, zu kaufen. Aber die Böhmen von Kozel waren am meisten am Nomokanon interessiert. Es gab einen unglaublichen Aufschwung unter Bulgaren und Slawen. Niemand wollte mehr die Liturgie, die Evangelien und den Gottesdienst auf Latein hören. Unfähig, dies zu ertragen, kehrte Bischof Rifald in die Diözese Juvaven[396] zurück, wo Adalvin Bischof war. Adalvin war wütend über diese Nachricht. Rifald und Adalvin schickten einen hässlichen Brief an den Bischof von Passau und dann an Ludwig der Deutsche, in dem es hieß: "Wir sind vor 75 Jahren nach Pannonien gekommen, und nun sind Methodius und seine Jünger dabei, unser ganzes Werk auszulöschen."

Und plötzlich ist Methodius einfach verschwunden!

Svetopolk befahl seinen Bojaren, überall nach ihm zu suchen, aber es gab kein Zeichen von ihm. Clemens begann, die Umstände, unter denen Methodius verschwunden war, selbst zu untersuchen. Er befragte jeden, der ihn in letzter Zeit gesehen hatte. Die Spur verlor sich im Sumpf. Es stellte sich heraus, dass einen Monat zuvor in der fremden Herberge Mönche gewohnt hatten, die sich für

---

[396] Salzburg

Kozel interessierten, für die Schüler von Zarho und Strahota, wo sie arbeiteten, wo sie wohnten... Einer der Bediensteten in der fremden Herberge hielt sie nicht für Mönche, sondern für Soldaten, denn sie trugen Schwerter und Dolche unter ihren Gewändern und sahen aus wie bösartige Hunde. Im selben Monat wurden zwei der Schüler von Zarho und Strahota geschlagen und halbtot aufgefunden. Jedem der Jünger war etwas Schlimmes passiert: Sein Haus war in Brand gesteckt worden, sein Vieh wurde gestohlen...

Einer der Mönche hatte einen Jungen angestellt, der einen Brief nach Passau bringen und mit einem anderen zurückkehren sollte. Als Clemens ihn fragte, zu wem er den Brief gebracht habe, sagte er:

„An den Bischof von Passau, Hermanrich."

Clement bat dann Kozel, ihm eine Wache zu geben, und begann, jeden auf der Straße von Blatno nach Passau zu befragen. Und alles wurde klar. Ludwig der Deutsche hatte auf einem Konzil in Bajowaria willkürlich Methodius persönlich abgesetzt und nicht nur diese vier Räuber, sondern mehrere andere Gruppen ausgesandt, deren Zweck es war, die bulgarischen Priester zu terrorisieren und wo immer sie konnten, auszurotten. Und die Spur des Methodius selbst führte in das Benediktinerkloster Ellwangen[397] am Jagdfluss, wie die dortigen Slawen es nannten. Kozel befahl zwei Soldaten, sich als Bauern zu verkleiden und in Ellwangen herauszufinden, wo genau sich Strahota befand und ob er entkommen konnte, und wenn nicht, seine Lage zu erleichtern, indem sie ihm heimlich Essen und Decken

---

[397] Gegründet im Jahr 764.

gaben. Es stellte sich heraus, dass Strahota im Kloster in einen Schweinestall geworfen wurde, der von regelmäßig wechselnden Soldaten schwer bewacht wurde. Der Stall hatte ein morsches Dach und Strahota war praktisch unter freiem Himmel. Der Ellwanger Bischof Feisingen Ano[398] hatte ein rasendes Vergnügen daran, Methodius zu demütigen und stachelte die Franken überall an, sich an seinem elenden Zustand zu erfreuen.

Die einheimischen Slawen stimmten sich ab, und als sie in der Wache einen fanden, der Bestechungsgelder annahm, begannen sie, wenn er auf Wache war, heimlich Essen zu bringen. Hermanrich sprach gar nicht mit Strahota. Sein einziger Wunsch war es, nicht nur den Strahota, sondern seine gesamte "Schar" von Jüngern auszulöschen. Die Dinge liefen "gut" für die Jünger, er wurde informiert, dass einer nach dem anderen, wenn sie nicht an Schlägen starben, das Land von Kozel verlassen und nach Svetopolk gehen würden. Der Winter kam. Strahota litt immens, fror, hungerte oft.

Manchmal sahen ihn die Passanten neben den grunzenden Schweinen beten:

„Gott, zeige mir, was ich in meinem Leben falsch gemacht habe, um mich so zu bestrafen! Wem habe ich Böses getan? Oder willst du die Menschen durch meine Leiden ermahnen, menschlich miteinander umzugehen, wie du es mit Christus getan hast?"

Die Franken waren wie Hunde. Im Vorbeigehen verspotteten und verhöhnten sie ihn. Es gab jedoch Bajowaren, die noch bulgarisch sprachen, und obwohl sie ihn

---

[398] 854-875.

scheinbar auf Deutsch verhöhnten, warfen sie ihm Essen zu und winkten ihm auf Bulgarisch zu:

„Vater, du leidest für unsere Sünden, vergib uns! Christus hat sich drei Tage am Kreuz gequält, und du bist jetzt im dritten Jahr!"

Die Qualen des Methodius waren unbeschreiblich. Fast drei Jahre lang lebte er schlechter als Hermanrichs Schwein. Während dieser Zeit schrieb Clemens wiederholt Briefe an die Päpste. Als Papst Johannes VIII. an die Macht kam, ging Clemens nach Rom und schilderte ihm persönlich die verzweifelten Folterungen des Methodius. Johannes war schockiert. Er schrieb die erste Bulle[399] an Carloman, den Sohn Ludwigs von Deutschland, zur Wiederherstellung von Methodius: "...Nachdem wir also das Episkopat von Pannonien wiederhergestellt haben, möge unser oben genannter Bruder Methodius, der vom apostolischen Stuhl dorthin berufen worden ist, seine bischöflichen Funktionen nach altem Brauch frei ausüben dürfen!"

In seiner zweiten Bulle wies Papst Adalvin an, "...Methodius als Bischof von Mähren unter Fürst Svetopolk wieder einzusetzen, ungeachtet der Politik des Fürsten, da kirchliche und weltliche Angelegenheiten verschieden sind". Gleichzeitig berief er den Bischof Freisingen Ano nach Rom, um die Verantwortung für die Folterungen zu übernehmen, denen er Methodius persönlich unterworfen hatte.

In seiner dritten Bulle verbot er Bischof Hermanrich und allen Priestern in Passau den Dienst, bis sie Methodius freigelassen hatten. Und weil er wusste, dass sie ihn vielleicht gehen lassen und dann töten würden, fügte er hinzu: "Das

---

[399] Päpstliche Verordnung, Befehl.

Gleiche gilt für den Fall, dass er in Bajowaria oder Pannonien aus irgendeinem Grund stirbt. Sie dürfen erst dann dienen, wenn Fürst Svetopolk mir einen Brief schreibt, in dem er bestätigt, dass Methodius wohlbehalten in Großmähren angekommen ist." Wenn das "Verbot zu dienen" in Kraft treten würde, käme das einer Exkommunikation gleich, schlimmer noch, jeder würde eines großen Einkommens beraubt werden. So informierten die Gesandten von Hermanrich den Svetopolk, dass er Männer schicken sollte, um Methodius zu holen, denn sie fürchteten, er sei so gebrechlich, dass er auf dem Weg sterben würde. Und ein Wunder geschah.

Am 14. Mai 873 traf eine kleine Truppe von Svetopolks Truppen ein und Hermanrich übergab Methodius an sie. Er hatte ihm zuvor befohlen, sich zu baden und anständig zu kleiden. Alle Soldaten fielen vor Methodius auf die Knie. Die Franken sahen zu, fluchten und schimpften. Die Soldaten hoben den abgemagerten Mann, der nur noch Haut und Knochen war, hoch und legten ihn auf einen strohbedeckten Wagen mit warmen Lederdecken. Methodius' Geist war nicht gebrochen. Unterwegs erkundigte er sich sehr detailliert, was in den letzten drei Jahren in Großmähren geschehen war. Es war, als käme er in ein zweites Leben zurück. Kurze Zeit später verabschiedeten sich vier der schärfsten Verfolger der bulgarischen Lehrer einer nach dem anderen aus dem Leben, angeführt von Adalvin. Gott schien seine Sache zu kennen, und irgendjemand mag ihnen geholfen haben - sie waren auch gemein zu ihren eigenen.

Svetopolk ordnete an, dass man sich um Methodius kümmern solle, damit er sich erholen könne. Und in der

Tat war Methodius ein drahtiger Mann, und sein Streben nach Leben machte ihn fast wieder gesund. Vom Schweinestall blieb jedoch der schreckliche Schmerz in seinen Gelenken. Zur gleichen Zeit kamen Slawen aus Kärnten und sagten, dass sie nach den Bischöfen Virgil, Theoderich, Otho und Hysbald keinen vom Papst geweihten Bischof hätten, und fragten weiter, ob Methodius nicht kommen würde, um in Kärnten zu predigen. Svetopolk gab den Auftrag, und nach einigen Vorbereitungen ging Methodius mit seinen Jüngern nach Kärnten. Diesmal ritt er nicht mehr wie in der Vergangenheit, sondern fuhr auf einem Karren. Er war schwach. In Kärnten waren die Slawen in heller Aufregung und gaben den lateinischen Gottesdienst auf.

Aus Bulgarien kam die Nachricht, dass König Boris die diplomatischen Beziehungen zu Johannes VIII. fortsetzt. Anfang April 878 zogen Gesandte von Boris durch Kärnten mit einem Brief an den Papst, der am 16. April 878 antwortete: "...Wir haben das Geschenk eines von Euch gesandten Mönches erhalten. Wir danken dir dafür und loben Gott, der dich gelehrt hat, uns mit Hingabe ein Geschenk zu machen, und wie wir hoffen, wirst du uns bald dein ganzes Ich schenken...".

Die Verleumdungen des deutschen Klerus' vor dem Papst hörten jedoch nicht auf. Der Papst änderte erneut seine Meinung und warf Methodius vor, die Gottesdienste in slawischer Sprache zu halten. Im Juni-Juli 879 warf Papst Johannes VIII. Svetoslav von Mähren in einem Brief vor, dass sein richtiger Glaube schwankt, und berief Erzbischof Methodius nach Rom, um zu sehen, ob er im Einklang mit der römischen Kirche predige. Und erst im Juni

880 wurde das Predigen in slawischer Sprache wieder offiziell anerkannt, und zwar von Johannes VIII. in einem Brief an Svetoslav: "... Schließlich loben wir mit Recht die slawische Schrift, die einst von Konstantin dem Philosophen erfunden wurde, damit der Gott gebührenden Gebete in ihr erklingen, und wir befehlen, dass die Predigten und Taten unseres Herrn Christus in dieser Sprache erzählt werden; denn zum Lob Gottes in allen Sprachen werden wir von der heiligen Autorität angespornt, die vorschreibt: „Lobt den Herrn, all ihr Stämme, lobt ihn, all ihr Völker." Johannes VIII. ordnete jedoch an, das Evangelium in lateinischer Sprache zu lesen, in slawischen Gemeinden dann in slawischer Sprache - ein Knicks vor dem deutschen Klerus. Um diese Zeit schrieb Papst Johannes VIII.[400] auch einen Brief an den serbischen Fürsten Mutimir[401], um ihn zu überreden, sich der Diözese Pannonien anzuschließen, die Methodius unterstand.

Im Gefühl, dass das Ende nahe war, rief Methodius in Kärnten Gorazd als seinen Nachfolger aus. Gerade dann starb Papst Johannes VIII. und Papst Stephan V.[402] nahm seinen Platz ein.

Dies drang zu den Ohren von Stephan V. und er wütete: "Ich bin der Einzige, der einen Nachfolger für den Thron von St. Andronicus bestimmen kann, nicht Bischof Methodius. Seit Karl dem Großen waren die Päpste sehr abhängig von den Deutschen - schließlich hieß der Staat der Deutschen nun "Heiliges Römisches Reich der Deutschen Nation" und ihre Kaiser wurden vom Papst gekrönt.

---

[400] Regierte von 14.XII.872 bis 16.XII.882
[401] Regierte um 843-890.
[402] Regierte von IX.885 bis 14.IX.891.

Stephan V. ließ Briefe verschicken, in denen er anordnete, die Prediger des Methodius aus Kärnten zu verbannen, und Gorazd wurde verboten zu predigen, bis er vor ihm erschien. Dann kehrten sie nach Großmähren zurück. Es war das Jahr 884.

Sie mussten nach Brünn[403] und Lutza fahren. Dort wurden bereits prächtige Kirchen wiederaufgebaut, die Methodius im Namen der Heiligen Petrus und Paulus weihte. Sie waren einst von Moimir[404] erbaut worden, doch dann wurden sie in einem der Kriege von den Franken niedergebrannt. Der Bojar Slavimir ließ sie wieder aufbauen. Fürst Svetopolk war auch anwesend. Es war eine riesige nationale Feier, die eine Woche dauerte. Die Menschen kamen von nah und fern. Viele sagen, dass die Brünner Handwerker von diesem Tag an so berühmt für ihre Kunstfertigkeit in der Herstellung von Eisenwaren wurden, dass sich Brünn als ständiger und dauerhafter Markt etablierte - insbesondere für Waffen.

Papst Stephan V. hörte von diesen Ereignissen und schickte Bischof Dominikus und die Presbyter Johannes und Stephanus, um Methodius zu verbieten, in slawischen Sprachen zu predigen. Nur die Erklärung kirchlicher Texte in slawischer Sprache durch gut ausgebildete Priester war erlaubt. In einem Brief an Fürst Svetopolk sprach Stephan V. dieselben Verbote aus, ersetzte Methodius durch Viking und befahl die Verbannung von Methodius. Dies ist jedoch nicht geschehen.

Am 6. April, 6393 nach der Erschaffung der Welt und 885 nach der Geburt Christi, starb Methodius. Ganz

---

[403] Brno.
[404] 830-846.

Mähren war in Trauer. Als seine sterblichen Überreste in der "Kongregationskirche" in Sremska Mitrovica beigesetzt wurden, strömten die Menschen in Wellen herbei.

Prinz Svetopolk nahm mit allen Bojaren und ihren Familien an der Beerdigung teil. Clement hielt nach der Beerdigung eine Rede, in der er die Taten dieses großen Mannes aufzählte und mit den Worten schloss:

„Gegangen ist unser lieber Bruder Strahota, Sohn des Leo, Sohn des Knyaz Telerig, mit dem christlichen Namen Methodius, der zweite große Aufklärer und LEHRER DER BULGAREN.

Nachwort

Die traurige Nachricht vom Tod des Methodius verbreitete sich in der gesamten bulgarischen und slawischen Welt. Patriarch Photios I. hielt es in Konstantinopel jedoch nicht für nötig, dieses Ereignis in irgendeiner Weise zu würdigen. Die Griechen waren wütend, dass das geistige Erbe der Brüder vom Papst anerkannt und gesegnet wurde. Es begann eine massenhafte Zerstörung von allem, was mit Kyrill und Methodius zu tun hatte. Nirgends, absolut nirgends, gab es in den griechischen Gemeinden eine Spur des Werkes von Kyrill und Methodius. Es gibt keine Kirche, kein Denkmal, nicht einmal ein Haus oder eine Kapelle, die mit Kyrill und Methodius verbunden sind. Dieser Zustand sollte noch Jahrtausende lang andauern.

König Boris setzte seinen ältesten Sohn auf den Thron, ließ ihn dann aber blenden und absetzen, weil er die alte bulgarische Religion wiederherstellen wollte. Sein

jüngster Sohn Simeon wuchs in Konstantinopel auf und erhielt eine hervorragende Ausbildung. Wie Konstantin-Kyrill vor ihm, beherrschte Simeon sowohl die weltlichen als
auch die kirchlichen Wissenschaften. Die Griechen bezeichneten ihn in ihrer typischen Arroganz als "Semiar-
gos"[405] und zeigten damit erneut die ungeheuerliche An-
maßung, dass jeder gebildete Mensch ein Grieche sei.
König Boris beabsichtigte, Simeon zum Oberhaupt der
Kirche zu machen, aber das Schicksal bestimmte, dass dieser hochgebildete Mann die Geschicke Bulgariens übernehmen sollte. Gleich zu Beginn seiner Herrschaft führten
die Magyaren einen erbitterten Krieg gegen Bulgarien.
Nach zwei erfolgreichen Angriffen verbündete sich
Simeon mit den Petschenegen und zerschlug sie. Von da
an verließen sie ihre Behausungen um den Dnjepr und zogen über die Oberkarpaten nach Pannonien. Der dritte
Krieg mit den Magyaren war schrecklich mit 20.000 Toten, und Simeon, obwohl er ihn gewann, war gezwungen,
das Heer an die Donau zurückzuziehen. Die Magyaren besetzten Pannonien und verbreiteten von dort aus Terror in
ganz Westeuropa. Sie erkannten jedoch, dass sie gutes
Geld für die Jünger von Kyrill und Methodius bekommen
würden und verkauften sie an die venezianischen Juden.
Boris und Simeon hatten ihre eigenen Leute in Konstantinopel, die sie aufkauften und nach Ohrid brachten. Zur gleichen Zeit schafften es Clement, Gorazd, Naum und Ange-
larii gerade noch, angeschlagen und ausgehungert, an die
Donau. Die einheimischen Bulgaren berichteten dem

---

[405] Halbgrieche.

Boritarkan[406] von Belgrad[407], und er schickte Soldaten, um
sie zu treffen. Als sie dann den Hafen in Belgrad gebracht
wurden, umarmte er sie weinend und sagte:
    „Boris dürstet nach solchen Männern wie euch!"
    Clement, Gorazd, Naum, Angelarii und die anderen
überlebenden Schüler von Zarho und Strahota schufen mit
der mächtigen finanziellen Unterstützung von Boris und
Simeon das erste nationale Bildungssystem in Europa, das
weder Byzanz noch der fränkische Staat hatten. Nach nur
sieben Jahren Arbeit war Clement froh, in den zehn Militärbezirken Bulgariens insgesamt etwa 3500 Lehrer zu sehen, die in jedem Bezirk von 300 Schülern unterstützt wurden, ihre Diener nicht mitgezählt. Sie zahlten nichts an den
König, sondern waren Diener Gottes. Und so entstanden in
etwa dreißig Jahren aus 2 etwa 10.000 LEHRER DER
BULGAREN.

    Einige von ihnen gingen von Bulgarien in die ande-
ren bulgarischen und slawischen Länder und verbreiteten
jene Kultur, die diese Völker davor bewahrte, geistig und
physisch von der Erde ausgelöscht zu werden. Der sehn-
lichste Wunsch von Zarho und Strahota ist in Erfüllung gegangen!

    Und Clement verbesserte sogar die Kalligrafie der
kyrillischen Buchstaben und viele Menschen begannen, sie
dem glagolitischen Alphabet vorzuziehen. Sie tauften sie
auf den Namen KYRILLITSA.

---

[406] Der Landeshauptmann.
[407] Heute Hauptstadt von Serbien.